Wilfried von Bredow

Die Außenpolitik der Bundesrepublik Deutschland

Studienbücher Außenpolitik
und Internationale Beziehungen

Herausgegeben von Wilfried von Bredow

Wilfried von Bredow

# Die Außenpolitik der Bundesrepublik Deutschland

Eine Einführung

2., aktualisierte Auflage

VS VERLAG FÜR SOZIALWISSENSCHAFTEN

Bibliografische Information der Deutschen Nationalbibliothek
Die Deutsche Nationalbibliothek verzeichnet diese Publikation in der
Deutschen Nationalbibliografie; detaillierte bibliografische Daten sind im Internet über
<http://dnb.d-nb.de> abrufbar.

1. Auflage 2006
2. Auflage 2008

Alle Rechte vorbehalten
© VS Verlag für Sozialwissenschaften/GWV Fachverlage GmbH, Wiesbaden 2006

Lektorat: Frank Schindler

VS Verlag für Sozialwissenschaften ist Teil der Fachverlagsgruppe
Springer Science+Business Media.
www.vs-verlag.de

Das Werk einschließlich aller seiner Teile ist urheberrechtlich geschützt. Jede Verwertung außerhalb der engen Grenzen des Urheberrechtsgesetzes ist ohne Zustimmung des Verlags unzulässig und strafbar. Das gilt insbesondere für Vervielfältigungen, Übersetzungen, Mikroverfilmungen und die Einspeicherung und Verarbeitung in elektronischen Systemen.

Die Wiedergabe von Gebrauchsnamen, Handelsnamen, Warenbezeichnungen usw. in diesem Werk berechtigt auch ohne besondere Kennzeichnung nicht zu der Annahme, dass solche Namen im Sinne der Warenzeichen- und Markenschutz-Gesetzgebung als frei zu betrachten wären und daher von jedermann benutzt werden dürften.

Umschlaggestaltung: KünkelLopka Medienentwicklung, Heidelberg
Druck und buchbinderische Verarbeitung: MercedesDruck, Berlin
Gedruckt auf säurefreiem und chlorfrei gebleichtem Papier
Printed in Germany

ISBN 978-3-531-16159-4

# Inhaltsverzeichnis

Einleitung: Lesarten für dieses Buch . . . . . . . . . . . . . . . . . . . . 11

**Erster Teil: Außenpolitik neuer Art oder traditionelles Großmachtstreben** . . . . . . . . . . . . . . . . . . . . 15

**1. Nationales Selbstbewusstsein und außenpolitische Normalität** . 17

1.1 Ein deutscher Sitz im Sicherheitsrat der
Vereinten Nationen? . . . . . . . . . . . . . . . . . . . . . . . . . . . . 17
  1.1.1 Ein Anspruch, keine Initiative . . . . . . . . . . . . . . . . . . 17
  1.1.2 Hintergrund . . . . . . . . . . . . . . . . . . . . . . . . . . . . . . . 18
  1.1.3 Pro- und Contra-Argumente . . . . . . . . . . . . . . . . . . . 20

1.2 Weltpolitik und Ordnungsmacht . . . . . . . . . . . . . . . . . . . . 23
  1.2.1 Ein Kanzler-Interview . . . . . . . . . . . . . . . . . . . . . . . 23
  1.2.2 Nationale Interessen . . . . . . . . . . . . . . . . . . . . . . . . 25
  1.2.3 Kooperative Weltordnung und nationales Interesse . . 26

1.3 Menschenrechte, Demokratie und Außenpolitik . . . . . . . . 28
  1.3.1 Menschenrechte und Demokratie . . . . . . . . . . . . . . . 29
  1.3.2 Menschenrechte in der deutschen Außenpolitik . . . . . 30
  1.3.3 Handlungsperspektiven . . . . . . . . . . . . . . . . . . . . . . . 32

**2. Was ist Außenpolitik und wer macht sie?** . . . . . . . . . . . . . . . 34

2.1 Außenpolitik-Forschung . . . . . . . . . . . . . . . . . . . . . . . . . . 34
  2.1.1 Der Gegenstandsbereich . . . . . . . . . . . . . . . . . . . . . . 36
  2.1.2 Arbeitsdefinitionen . . . . . . . . . . . . . . . . . . . . . . . . . . 38
  2.1.3 Außenpolitik und Globalisierung . . . . . . . . . . . . . . . . 42

2.2 Akteure und Institutionen . . . . . . . . . . . . . . . . . . . . . . . . . 44
  2.2.1 Auswärtiges Amt . . . . . . . . . . . . . . . . . . . . . . . . . . . . 46
  2.2.2 Nicht-staatliche Akteure . . . . . . . . . . . . . . . . . . . . . . 49
  2.2.3 Außenpolitik-Beratung . . . . . . . . . . . . . . . . . . . . . . . 51

2.3 Theorie . . . . . . . . . . . . . . . . . . . . . . . . . . . . . . . . . . . 53
    2.3.1 Proteïscher Realismus . . . . . . . . . . . . . . . . . . . . . . 54
    2.3.2 Macht zu Recht . . . . . . . . . . . . . . . . . . . . . . . . . . 56
    2.3.3 Das Netz im Auge des Betrachters . . . . . . . . . . . . . 57

**3. Aus der Not ein Erfolgsrezept** . . . . . . . . . . . . . . . . . . . . . 59

    3.1 Die Vergangenheit als Last und Mahnung . . . . . . . . . . . . 60
        3.1.1 Zweifache Last der Vergangenheit . . . . . . . . . . . . . 60
        3.1.2 Verarbeitungsgeschichte . . . . . . . . . . . . . . . . . . . 63
        3.1.3 Lehren aus der Vergangenheit . . . . . . . . . . . . . . . . 64

    3.2 Teilung und Westverschiebung . . . . . . . . . . . . . . . . . . . 67
        3.2.1 Ost-West-Konflikt und Kalter Krieg . . . . . . . . . . . . 67
        3.2.2 Dreifache Westverschiebung . . . . . . . . . . . . . . . . . 70
        3.2.3 Die „deutsche Frage" . . . . . . . . . . . . . . . . . . . . . 73

    3.3 Vereinigungsoptionen und Ost-West-Konflikt . . . . . . . . . . 75
        3.3.1 Nationale Einheit mit östlichem Vorzeichen . . . . . . . 75
        3.3.2 Neutralismus . . . . . . . . . . . . . . . . . . . . . . . . . . . 77
        3.3.3 Der Lohn am Ende des Ost-West-Konflikts . . . . . . . 77

**Zweiter Teil: Stationen einer Erfolgsgeschichte** . . . . . . . 81

**4. Der Beginn: Auf der Suche nach post-traumatischer Normalität** 81

    4.1 Auf Zehenspitzen zur Außenpolitik . . . . . . . . . . . . . . . . 82
        4.1.1 Im/Am Anfang . . . . . . . . . . . . . . . . . . . . . . . . . . 82
        4.1.2 Gleichberechtigung . . . . . . . . . . . . . . . . . . . . . . . 85
        4.1.3 Etappen . . . . . . . . . . . . . . . . . . . . . . . . . . . . . . 88

    4.2 Amts-Kontinuität . . . . . . . . . . . . . . . . . . . . . . . . . . . 90
        4.2.1 Büro . . . . . . . . . . . . . . . . . . . . . . . . . . . . . . . . 91
        4.2.2 Für Friedensfragen . . . . . . . . . . . . . . . . . . . . . . . 92
        4.2.3 Personen und organisatorische Traditionen . . . . . . . . 95

    4.3 Parlamentarischer Diskurs . . . . . . . . . . . . . . . . . . . . . 98
        4.3.1 Die erste Regierungserklärung . . . . . . . . . . . . . . . . 99
        4.3.2 Nationale Einheit . . . . . . . . . . . . . . . . . . . . . . . . 102
        4.3.3 Rheinische Außenpolitik . . . . . . . . . . . . . . . . . . . 104

**5. Souveränität und Selbsteinbindung** .................... 107

5.1 Europa, Europa ................................. 107
    5.1.1 Zum Souveränitätsbegriff ..................... 108
    5.1.2 Altes oder neues Europa? .................... 111
    5.1.3 Zentralmacht Europas ....................... 114

5.2 Über den Atlantik hinweg ........................ 115
    5.2.1 Die USA als Geburtshelfer des demokratischen
    Deutschland ................................ 116
    5.2.2 Gaullisten und Atlantiker .................... 118
    5.2.3 Nähe und Distanz .......................... 122

5.3 Ost- und Deutschlandpolitik als Entspannungspolitik ..... 124
    5.3.1 Vom Kalten Krieg zur Ost-West-Entspannung ..... 125
    5.3.2 Wandel durch Anerkennung .................. 128
    5.3.3 Multilaterale Einbettung ..................... 131

**6. Sicherheitsprobleme** ............................... 134

6.1 Bedrohungsversionen, militärisch ................... 135
    6.1.1 Der verdächtige Verbündete .................. 135
    6.1.2 Abschreckung und Verteidigung ............... 137
    6.1.3 Entspannung und Rüstungskontrolle als
    Friedenspolitik ............................. 141

6.2 Bedrohungsversionen, gesellschaftspolitisch ........... 143
    6.2.1 Wiederbewaffnung .......................... 144
    6.2.2 Nuklearwaffen ............................. 146
    6.2.3 Pazifisten und Bellizisten .................... 149

6.3 Deutsche Sonderaspekte .......................... 150
    6.3.1 Berlin .................................... 151
    6.3.2 Politik mit militärischen Mitteln ............... 155
    6.3.3 Last der Vergangenheit ...................... 158

**7. „Drüben" – Die andere deutsche Außenpolitik** ............. 161

7.1 An der Leine der Sowjetunion und im Bann
der Bundesrepublik ............................. 162
   7.1.1 Die Zone .................................. 163
   7.1.2 Konsolidierung in zwei Schritten ............... 167
   7.1.3 *Underdog* im deutsch-deutschen Verhältnis ........ 169

7.2 Anerkennung und Selbstüberschätzung ............... 171
   7.2.1 Endlich gleichberechtigt ...................... 171
   7.2.2 Beispiel Afrika ............................. 173
   7.2.3 UNO-Politik .............................. 175

7.3 Im Sog des Niedergangs .......................... 176
   7.3.1 Distanz zu Gorbatschow ..................... 177
   7.3.2 Fassade einer Mittelmacht ................... 180
   7.3.3 Was bleibt ............................... 182

**Dritter Teil: Aus dem Windschatten
des Ost-West-Konflikts** ................ 185

**8. Zäsur 1989/90** ..................................... 185

8.1 Aufgezwungene Zielstrebigkeit .................... 186
   8.1.1 Neue Aktualität der nationalen Frage ............ 187
   8.1.2 Der Zehn-Punkte-Plan Helmut Kohls ............ 190
   8.1.3 Befürchtungen ............................. 191

8.2 Visionen über den Neuanfang ...................... 193
   8.2.1 Zurück in die Zukunft? ...................... 193
   8.2.2 Ein europäisiertes Deutschland ................ 195
   8.2.3 Der Schatten der Globalisierung ............... 198

8.3 Doch wieder Krieg .............................. 200
   8.3.1 Frieden und Dividende ...................... 201
   8.3.2 Lehrmeister Krieg .......................... 202
   8.3.3 Verantwortung ............................. 203

**9. Welches Europa?** ................................... 208

9.1 Währung, Wirtschaft, Politik ....................... 208
   9.1.1 Ausfallschritt ............................... 209
   9.1.2 Der Abschied von der DM ................... 212
   9.1.3 Vertiefung ................................ 214

9.2 Ost-Erweiterungs-Politik .......................... 215
   9.2.1 Balkanpolitik ............................... 216
   9.2.2 Transformationen .......................... 218
   9.2.3 Von Freunden umzingelt ..................... 220

9.3 Intergouvernemental und/oder supranational ........... 222
   9.3.1 Föderation oder Konföderation ................ 222
   9.3.2 Kern und Peripherie ........................ 223
   9.3.3 Finalität ohne Verfassung .................... 224

**10. Gegenwärtige Probleme und Aufgaben** ................ 228

10.1 Transatlantische Beziehungen .................... 228
   10.1.1 Distanz und Nähe ......................... 229
   10.1.2 Demokratische Globalisierung ................ 230
   10.1.3 Sicherheitsbeziehungen ..................... 232

10.2 Sicherheit aus deutscher Sicht .................... 235
   10.2.1 Im UNO-Rahmen ......................... 235
   10.2.2 Im NATO-Rahmen ........................ 236
   10.2.3 Im europäischen Rahmen ................... 238

10.3 Andere wichtige Politikfelder .................... 241
   10.3.1 Wirtschaft ............................... 241
   10.3.2 Entwicklung ............................. 243
   10.3.3 Kultur .................................. 244

**Schluss: Normalität ja, aber welche?** ................... 247

**Anhang** . . . . . . . . . . . . . . . . . . . . . . . . . . . . . . . . . . . . . . . . . 253

Zeittafeln . . . . . . . . . . . . . . . . . . . . . . . . . . . . . . . . . . . . . . 253
   Bundesrepublik Deutschland . . . . . . . . . . . . . . . . . . . . . 253
   Deutsche Demokratische Republik . . . . . . . . . . . . . . . . . 255
   Europapolitik . . . . . . . . . . . . . . . . . . . . . . . . . . . . . . . . 257
   Transatlantische/Internationale Beziehungen . . . . . . . . . . 259
Berufswunsch: Diplomat . . . . . . . . . . . . . . . . . . . . . . . . . . . 261
Fragen und Aufgaben . . . . . . . . . . . . . . . . . . . . . . . . . . . . . 264
Kurzer bibliographischer Essay . . . . . . . . . . . . . . . . . . . . . . 271
Literaturverzeichnis . . . . . . . . . . . . . . . . . . . . . . . . . . . . . . 286
Abkürzungsverzeichnis . . . . . . . . . . . . . . . . . . . . . . . . . . . . 297
Sachregister . . . . . . . . . . . . . . . . . . . . . . . . . . . . . . . . . . . . 299
Personenregister . . . . . . . . . . . . . . . . . . . . . . . . . . . . . . . . . 304

# Einleitung: Lesarten für dieses Buch

Ein Studienbuch ist, so scheint es, durch seinen Namen bereits hinreichend definiert – ein Buch zum Studieren. Man nimmt es in der Regel nicht in die Hand, um es in Ruhe und mit mehr oder weniger Freude und Genuss zu lesen. Stattdessen benötigt es, wer sich in eine Materie einarbeiten will, was ja ziemlich seriös klingt, aber auch ein wenig freudlos. Studieren kann allerdings verschiedene Bedeutungen annehmen. Wenn man an der Universität ein Fach, etwa die Politikwissenschaft, studiert, setzt sich die empfohlene Studienliteratur in der Regel aus Spezial-Texten zusammen, auf die nicht unbedingt zurückgegriffen wird, wenn man einfach nur an einem bestimmten Thema, etwa der Außenpolitik Deutschlands, interessiert ist und sich darüber grundlegend informieren möchte.

Allerdings gibt es kein Verbot, das besagt, Studienbücher dürfen nicht gleichermaßen gut für die interessierten Laien und die künftigen Experten verwendbar sein. Und schon gar nicht existiert eine Vorschrift, wonach Studienbücher zwar fachlich informativ und argumentativ anregend sein dürfen, jedoch ausschließlich in hölzerner Sprache abgefasst werden müssen, um ja jede Freude an der Lektüre zu unterbinden.

Dieses Studienbuch soll nun all diese unterschiedlichen Erwartungen, die man an einen grundlegenden, man kann auch sagen: einen *einführenden Text zur Außenpolitik Deutschlands* stellen kann, gleichermaßen befriedigen. Das klingt ein wenig anmaßend. Dieser Eindruck ist jedoch keineswegs beabsichtigt. Im Gegenteil: eigentlich handelt es sich schlicht darum, dass ich gezwungen war, aus der Not eine Tugend zu machen. Denn wie man insbesondere im bibliographischen Essay am Schluss des Buches nachlesen kann, gibt es zu unserem Thema bereits eine nicht unbeträchtliche Zahl von guter Spezialliteratur, gerichtet an die Adresse von Experten, ferner auch gar nicht wenig zeitgeschichtlich oder politikwissenschaftlich grundierte Überblicksliteratur, gerichtet an Interessenten mit mehr oder weniger vielen Vorkenntnissen. Ich habe mich also gefragt und fragen lassen müssen, worin denn das Besondere dieses Buches besteht, so dass sich die Beschäftigung damit auch lohnt.

Die Antwort darauf stellte sich allerdings dann doch als gar nicht so schwierig heraus. Das liegt hauptsächlich an zwei Gründen.

*Erstens* haben sich in den letzten Jahren in den geistes- und sozialwissenschaftlichen Instituten und Fachbereichen der Universitäten die Art und Weise des Lernens und damit auch das Genre der Studienbücher verändert. Wer heutzutage studiert, hat in ganz anderer Weise als Generationen von Studierenden davor eine Fülle, ja Überfülle von Daten und Informationen gewissermaßen in Abrufnähe. Innerhalb einer Stunde kann man mittels einer Internet-Recherche z. B. eine umfangreiche Bibliographie zu unserem Thema erstellen, sich Dokumente der verschiedensten Regierungen und anderer Akteure auf den Bildschirm laden und dann ganz oder teilweise ausdrucken lassen. Ebenso leicht lassen sich Aufsätze in Fachzeitschriften erfassen, jedenfalls dann, wenn es elektronische Versionen dieser Zeitschriften gibt und wenn sie einen Zugriff auf ihre Texte erlauben. In einer rasch wachsenden Zahl von Fällen ist das in der Tat inzwischen über Verträge der Verlagshäuser mit den Universitäten geregelt.

Alle, die an einer Universität arbeiten, wissen aber auch, dass diese Zugriffsmöglichkeiten auf Daten und Informationen das Studieren nur auf einer bestimmten Ebene erleichtern, nämlich bei der Datensammlung. Wie diese Wissenspartikel hingegen in eine schlüssige Ordnung zu bringen sind, wie man kritische Ansätze und Konzepte entwirft, gar mit theoretischer Strenge zu Aussagen mit Tiefenschärfe gelangt, das bereitet große Schwierigkeiten. Deshalb gehört es zu den vordringlichen Aufgaben eines zeitgemäßen Studienbuchs zur deutschen Außenpolitik, diese in ihrem Strukturrahmen zu präsentieren, ihre Grundlinien und Schwerpunkte weniger chronologisch erzählend, sondern systematisch analysierend vorzustellen und dabei immer auch einmal wieder Seitenblicke auf den außenpolitischen Diskurs zu werfen, auf die Auseinandersetzung über die Außenpolitik zwischen Fachvertretern der Politikwissenschaft, Publizisten und Praktikern der Politik.

*Zweitens* aber hat sich der außenpolitische Diskurs in Deutschland in den letzten Jahren merklich zu verändern begonnen. Auch heute gehört die Außenpolitik *noch nicht* zu den Themengebieten, die ganz an der Spitze des öffentlichen Interesses stehen, also z. B. in Wahlkämpfen für den Bundestag von den Parteien mit besonderem Aufwand beackert werden. Dennoch lässt sich seit 1990 und ganz besonders seit 1998 erkennen, dass die gewichtigere Rolle Deutschlands im internationalen System – mit einer gewissen Zeitverzögerung – zu mehr öffentlichem Interesse an außenpolitischen und internationalen Themen geführt hat. Das hängt im Übrigen auch von der zunehmenden Internationalisierung oder Globalisierung politischer und wirtschaftlicher, nicht zuletzt auch sicherheitspolitischer

Beziehungen ab und davon, dass immer mehr Menschen in Globalisierungsprozesse einbezogen werden. Auch für nicht-akademische Zwecke ist deshalb ein Studienbuch zur Außenpolitik Deutschlands besonders brauchbar und hilfreich, wenn es die strukturelle Ebene der Außenpolitik und ihre konzeptionellen Grundlagen beleuchtet.

Es gibt verschiedene und einander ergänzende Lesarten dieses Buches. Ich habe mir vorgenommen, die oben angesprochene Regel, wonach man Studienbücher eher punktuell und häppchenweise konsumiert, für diesen Text außer Kraft zu setzen. Wer also eine gegenwartsbezogene Einführung in die Außenpolitik der Bundesrepublik Deutschland und ihre mittlerweile über fünfzigjährige Geschichte in einem Zug lesen möchte, soll ebenso auf seine Kosten kommen wie alle diejenigen, die sich mit einzelnen Aspekten und vor allem mit den Grundlinien und Schwerpunkten dieser Außenpolitik, ihren Strukturbedingungen und Deutungsschemata zu beschäftigen haben. Der Aufbau des Buches beruht auf Erfahrungen, welche ich in zahlreichen (oder etwas großspuriger: in unzähligen) Übungen und Proseminaren am Marburger Institut für Politikwissenschaft in dreißig Jahren gesammelt habe. Gerade weil das Nachfrage-Profil in diesen Veranstaltungen sich immer wieder verändert hat, ebenso wie das Studienverhalten der Studierenden, sind diese Übungen und Proseminare glücklicherweise nie zur Routine geworden.

Anregungen und oft genug auch direkt brauchbare Hinweise verdanke ich vielen guten Bekannten, Freunden und Kollegen: Marie Bernard-Meunier, Christian Hacke, Helmut Hubel, Thomas Jäger, Gerhard Kümmel, Marika Lerch, Thomas Noetzel, aus der Ferne Stephen Wood, Wichard Woyke, um nur sie zu nennen.

Michael Küllmer, Borislava Manolova, Saskia Sell und Ray Hebestreit haben mit viel Umsicht Material herbeigeschafft, kopiert, formatiert und manchmal auch vorsichtig nachgefragt, warum das denn so lange dauert. Ohne die unermüdliche Hilfe von David Bosold hätte alles noch länger gedauert.

Die Neuauflage knapp drei Jahre nach der Formulierung des Textes gab die Gelegenheit, die Entwicklungen nach dem Amtsantritt der großen Koalition nachzutragen. Erfreulicherweise ist in diesem Zeitraum auch eine Reihe anregender Studien zur deutschen Außenpolitik publiziert worden, von denen ich kritisch und selbstkritisch profitieren konnte. Nachdem sich die neuen modularisierten Studiengänge B. A. und M. A. an den Universitäten hierzulande durchgesetzt haben, verändert sich noch einmal die Funktion von Einführungs-Lehr- und Studienbüchern. Man erwartet von ihnen mehr als früher, dass sie auch direkt zur Vorbereitung für Modulprüfungen verwendet werden können. Der Katalog mit Fragen und Aufgaben gegen Ende dieses Buches ist deshalb auch unter diesem Gesichtspunkt durchgesehen worden. Nach wie vor bin ich aber der Auffassung, dass auch Fachbücher in unserer Disziplin sich an eine breitere als nur die Fachöffentlichkeit wenden und für diese eine verständliche und mitunter sogar vergnügliche Lektüre sein sollten.

Erster Teil:

# Außenpolitik neuer Art oder traditionelles Großmachtstreben

## 1. Nationales Selbstbewusstsein und außenpolitische Normalität

Egon Bahr (2003) hat als Motto für sein Buch „Der deutsche Weg" eine Gedichtzeile von Hermann Hesse gewählt: „... nimm Abschied und gesunde". Diese Aufforderung richtet sich an die deutsche Außenpolitik. Abschied soll sie nehmen von ihrer krankmachenden Fixiertheit auf die Vergangenheit. Denn damit würde der außenpolitische Handlungshorizont des Staates künstlich eingeengt:

„Normal ist, dass jeder Staat seine Interessen vertritt und versucht, seine Ziele durchzusetzen, ohne sich von seiner Vergangenheit lähmen zu lassen" (137) ... „Wir brauchen keine Angst vor uns selbst zu haben ... Eine Abart der Scheu vor Normalität ist die Angst vor Singularität. Als der Bundeskanzler (G. Schröder) zum ersten Mal vom deutschen Weg sprach, wiederholte sich reflexhaft die Sorge der Welt vor dem abschreckenden deutschen Weg aus der Vergangenheit. Und das eigene Land verstärkte sogar das Echo! Als ob es deutsches Schicksal bleiben müsste, uns die ewige Lernunfähigkeit zu bescheinigen" (137f.).

Ganz ähnlich argumentiert der Historiker Gregor Schöllgen (2003). Auch für ihn vollzieht sich gegenwärtig eine mit den weltpolitischen Strukturumbrüchen 1989/90 bereits vorprogrammierte grundlegende Veränderung der deutschen Außenpolitik.

„Mit der am 3. Oktober 1990 vollzogenen Vereinigung, also innerhalb nicht einmal eines Jahres, war die Republik nicht mehr eine im Windschatten des Ost-West-Konflikts prosperierende Wirtschaftsmacht ohne vollständige politische Souveränität, ohne umfassende politische oder militärische Handlungsfähigkeit; Deutschland war fortan ein Nationalstaat wie andere auch, mit dem Potenzial einer europäischen Großmacht" (12).

Im Frühling und Sommer 2004 organisierte die Zeitschrift WeltTrends eine fachwissenschaftliche Debatte unter Außenpolitikexperten zur deutschen Außenpolitik seit den Auseinandersetzungen über den Irak-Krieg 2002/2003. In dieser viele unterschiedliche Aspekte zur Sprache bringenden Debatte meldeten sich vor allem auch eine Reihe von Kritikern der Sichtweisen von Bahr und Schöllgen zu Wort. Hans J. Gießmann (2004) formulierte, stellvertretend für viele andere, seine Einwände folgendermaßen:

„Was manche wissenschaftlichen Beobachter heute verharmlosend als ‚Normalisierung' oder gar ‚Befreiung' der deutschen Außenpolitik von den ‚Fesseln der Vergangenheit' bewerten, wirft in Wahrheit die wichtigste grundgesetzliche Lehre aus der nationalen Katastrophe der Deutschen im 20. Jahrhundert willentlich über Bord. Die Hoffnung auf mehr Gestaltungskraft und Einflussfähigkeit deutscher Außenpolitik allein durch Mitbestimmung im Konzert der Großen ist und bleibt eine Fiktion. Sie ist im Übrigen provinziell beschränkt und knüpft zudem an Weltordnungsvorstellungen an, die von kaum jemandem noch als zukunftstauglich angesehen werden" (42f.).

Mit diesen Aussagen ist das Terrain einer politischen und einer politikwissenschaftlichen Kontroverse abgesteckt, die nach 1990 ein paar Jahre lang eher leise vor sich hingeschwelt hat, bis sie dann im Bundestagswahlkampf 2002 durch ein paar saftige Kanzlerworte an die Adresse des amerikanischen Präsidenten Bush zum Lodern gebracht wurde. Es geht bei dieser Kontroverse gleich um eine Reihe von Fragen. Ein Teil davon richtet sich an die „neue deutsche Außenpolitik" nach der Vereinigung Deutschlands, ein anderer Teil aber auch rückblickend auf die Außenpolitik der alten Bundesrepublik und ihre Rahmenbedingungen und Grundentscheidungen:

– Schlüsselbegriffe dieser Kontroverse sind *Normalität, Kontinuität, Gestaltungsmacht.* Alle drei Begriffe, vor allem aber der der Normalität, kommen ohne einen großen Anteil an weltanschaulichen Zusatzstoffen nicht aus. Gerade aus einer politisch eher linken Perspektive erscheint es unnormal und bedenklich, wenn die deutsche Außen- und Sicherheitspolitik Normalität anstrebt (vgl. Hawel 2007).

– Welche Interessen und Werte sollen von der deutschen Außenpolitik verfolgt und durchgesetzt werden? Inwieweit gehören auch die Streitkräfte zu den Instrumenten der deutschen Außenpolitik?

– Zu den wichtigsten Politikfeldern, die dabei in das Blickfeld geraten, gehören die deutsch-französischen Beziehungen, die Europa-Politik, das transatlantische Verhältnis. Aber es geht auch um allgemeine weltpolitische Fragen, und zwar sowohl auf der konzeptionellen, als auch auf der handwerklichen Ebene.

– Die an der Kontroverse Beteiligten unterscheiden sich auch nicht zuletzt durch ein anderes Verständnis von Politik, von Außenpolitik und
internationalen Beziehungen. Sie vertreten sehr unterschiedliche Auffassungen von dem, was in der Weltpolitik zukunftstauglich und was als
*anachronistisch* oder als *utopisch* (beide Begriffe hier in ihrer einseitig
negativen Bedeutung verwendet) abzutun ist.
Die Auseinandersetzungen über das deutsche Streben nach einem Ständigen Sitz im Sicherheitsrat der Vereinten Nationen geben ein gutes Beispiel ab für das neue Selbstverständnis und Selbstbewusstsein deutscher
Außenpolitik.

## 1.1 Ein deutscher Sitz im Sicherheitsrat
der Vereinten Nationen?

### 1.1.1 Ein Anspruch, keine Initiative

Im Mai 1992 gab es einen Wechsel an der Spitze des Auswärtigen Amtes.
Hans-Dietrich Genscher hatte sich überraschend von dem Amt zurückgezogen. Sein Nachfolger wurde Klaus Kinkel. Die Grundlinien der Außenpolitik wurden durch diesen personellen Wechsel nicht verändert, aber es
gab ein paar andere Akzente. Einer der wichtigsten darunter war, nicht
zuletzt wegen seiner Langzeitwirkung, der Versuch Kinkels, das deutsche
Interesse an einem Ständigen Sitz im Sicherheitsrat der UNO öffentlich zu
machen. Er wählte als Forum für diesen Schritt die 47. Generalversammlung der UNO im Herbst 1992. In seiner Rede vor den Delegierten in
New York sagte er:

„Wir ergreifen hier keine Initiative. Wenn aber eine Änderung der jetzigen Zusammensetzung des Rats konkret ins Auge gefasst wird, werden auch wir unseren Wunsch
nach einem ständigen Sitz vorbringen" (zit. nach Andreae 2002, 127).

Man kann wirklich nicht behaupten, dass diese Art der Anmeldung eines
Anspruchs grobschlächtig sei. Aber trotz aller Zurückhaltung in der Formulierung wurde von Kinkel eben doch deutlich darauf hingewiesen, dass
sich das vereinigte Deutschland nach dem Ende des Ost-West-Konflikts
für stark genug hält, eine tragende Rolle in der Weltpolitik zu übernehmen. Alle Sachkenner haben das im In- und Ausland auch so gesehen und
entsprechend kommentiert – zunächst in der Mehrzahl eher skeptisch bis
ablehnend. Nun könnte man der Meinung sein, dass ein Ständiger Sitz im

Sicherheitsrat der UNO nicht so furchtbar wichtig ist. Denn schließlich hängt die Handlungsfähigkeit der UNO von den sie einbeziehenden oder eben auch häufig genug nicht berücksichtigenden Entscheidungen ihrer Mitgliedsstaaten ab. Dies stimmt zwar, aber das allein ergibt noch keinen Einwand gegen das deutsche Streben nach einem Ständigen Sicherheits-rats-Sitz.

## 1.1.2 Hintergrund

Die Konstellation ist komplizierter, und um sie zu erhellen, werden erst noch einmal ein paar Hintergrund-Aspekte beleuchtet.

*Erstens:* Die Vereinten Nationen wurden 1945 als Nachfolge-Organisation des Völkerbundes vor allem gegründet, um den Weltfrieden und die internationale Sicherheit zu wahren, um Bedrohungen des Friedens zu verhüten und zu beseitigen sowie um Streitigkeiten zwischen Staaten, die zu einem Friedensbruch führen könnten, durch friedliche Mittel beizulegen. So steht es am Anfang der Charta der Vereinten Nationen. Der Weltfriede und die internationale Sicherheit wurden damals als etwas ganz besonders Kostbares und Schützenswertes angesehen, denn man hatte den Zweiten Weltkrieg mit seinen Millionen von Toten und Versehrten und mit seinen enormen Zerstörungen gerade überstanden. Die UNO sollte verhindern helfen, dass es je wieder zu einem solchen Krieg kommt. So gesehen, lag es auf der Hand, dass der organisatorische Aufbau der Weltorganisation, wie die UNO auch genannt wird, die Machtverteilung zum Gründungszeitpunkt widerspiegelt. Das kommt vor allem in der Konstruktion des Sicherheitsrates zum Ausdruck. Ihm obliegt laut Charta die Hauptverantwortung für die Wahrung des Weltfriedens und der internationalen Sicherheit. Er verfügt deshalb auch über ein Spektrum von Handlungsoptionen, auf die er im Namen der Vereinten Nationen zurückgreifen kann. Die fünfzehn Mitglieder des Sicherheitsrates sind in zwei Klassen unterschieden: Fünf von ihnen sind Ständige Mitglieder (China, Frankreich, Großbritannien, Russland, die Vereinigten Staaten von Amerika), die anderen zehn werden jeweils für zwei Jahre von der Generalversammlung gewählt. Inhaltliche Beschlüsse des Sicherheitsrates bedürfen der Zustimmung sämtlicher Ständiger Mitglieder. Von diesem Einspruchsrecht haben sie im Laufe der Geschichte der Vereinten Nationen auch reichlich Gebrauch gemacht.

*Zweitens:* Hält man die Vereinten Nationen nicht nur für ein wichtiges Forum internationaler Politik und ein Hilfsinstrument nationaler Außen- und Sicherheitspolitik auf internationaler Bühne, dann bedeutet der Status eines Ständigen Mitglieds im Sicherheitsrat eine ganz besondere Hervorhebung. Diesen fünf Staaten (im Diplomatenjargon P 5 genannt, wobei das P für *permanent* steht) fällt in dieser Perspektive die entscheidende Gestaltungsmacht für das internationale System zu. So war es 1945 von der Gründungsversammlung auch gemeint gewesen. So hat es aber in der Zeit des Ost-West-Konflikts nicht funktioniert, weil sich der Sicherheitsrat eben wegen der Vetomacht jedes seiner fünf Ständigen Mitglieder sozusagen ständig blockiert hat. Nach dem Ende des Ost-West-Konflikts versprach dies, anders zu werden.

*Drittens:* Allerspätestens zu diesem Moment des Umbruchs im internationalen System wurde aber auch unabweisbar, dass die Konstruktion des Sicherheitsrates anachronistisch geworden war. Die Vereinigten Staaten von Amerika, Russland (als Nachfolger der aufgelösten UdSSR) und die Volksrepublik China gehören auch heute fraglos in ein solches Gremium. Aber ob Frankreich und Großbritannien als, wenn auch über Nuklearwaffen verfügende, europäische Mittelmächte diesem exklusiven Club anzugehören haben, daran mag es Zweifel geben. Und noch mehr Zweifel an der Angemessenheit der Sicherheitsrats-Mitgliedschaft ergeben sich, wenn man daran denkt, wer in diesem Gremium *nicht* oder nur zeitweise und mit minderen Handlungsmöglichkeiten ausgestattet vertreten ist, obwohl ihr Gewicht in der internationalen Politik mindestens ebenso groß ist wie das der beiden europäischen Mitglieder. Aus den Makro-Regionen wie Südamerika, Afrika oder Asien hört man, dass das Übergewicht der westlichen Welt bei den Großen Fünf auf wachsendes Misstrauen stößt. Die Ansprüche Deutschlands und Japans kommen nun gerade von den beiden Staaten, die die Hauptverlierer des Zweiten Weltkriegs waren und gegen deren potenziellen Revisionismus sich bis heute noch Klauseln in der UNO-Charta finden. Sie sind zwar inhaltslos geworden; aber dennoch gibt es auch heute noch ein abgeschwächtes, aber keineswegs völlig erloschenes Misstrauen gegenüber den beiden Achsenmächten des Zweiten Weltkriegs. Darauf wird an anderer Stelle noch eingegangen werden.

*Viertens:* Im Grunde sind eine Reform der Vereinten Nationen und eine Revision ihrer Charta schon lange überfällig. Über beides wird auch schon sehr lange nachgedacht und spekuliert, es liegen bereits eine Menge Pläne auf dem Tisch. Zu Entscheidungen ist es jedoch noch nicht gekommen.

Dafür gibt es viele Gründe. Der wichtigste darunter ist die Unfähigkeit der Mitgliedsstaaten der UNO, gegenwärtig sind es 191, und vor allem der Großen und Mächtigen darunter, sich über ein gemeinsames Konzept über die künftige Rolle der Weltorganisation in der internationalen Politik zu einigen. Fairerweise muss man gleich hinzufügen, dass diese Unfähigkeit nicht die Folge von bösem Willen oder mangelnden Geschicks der Politiker ist, vielmehr struktureller Natur. Auf absehbare Zeit wird es deshalb keinen großen Reform-Wurf geben. Die Frage ist nur, ob es zu Teillösungen auf der Basis von Kompromissen kommen und ob eine Veränderung der Mitglieder-Struktur des Sicherheitsrates dazu gehören wird.

### 1.1.3 Pro- und Contra-Argumente

Die Befürworter des deutschen Anspruchs auf einen Sitz im Sicherheitsrat betonen zweierlei immer wieder: *erstens* die Notwendigkeit einer weitergehenden Reform der Vereinten Nationen, die gewissermaßen den Rahmen vorzugeben hat für die Verwirklichung des deutschen Anspruchs, und *zweitens* die besondere Bedeutung, welche die Vereinten Nationen und die von ihr verfolgten globalen Friedens-, Entwicklungs- und Ordnungsziele für die deutsche Außenpolitik besitzt. Karl Kaiser (2004), lange Jahre Direktor des Forschungsinstituts der Deutschen Gesellschaft für Auswärtige Politik, kann sich angesichts der vielen Herausforderungen der internationalen Politik in den nächsten Jahren keine problemangemessene internationale Ordnungspolitik ohne die Mitwirkung der Vereinten Nationen vorstellen. „Der Ausgang des Irak-Krieges belegt erneut, dass selbst die Vereinigten Staaten als stärkste Macht der Welt die anstehenden Probleme, wenn überhaupt, nur mit Hilfe multilateraler Ansätze in den Griff bekommen können" (Kaiser 2004, 62). Multilaterale Weltpolitik aber geht nur mit den Vereinten Nationen, vor allem dann, wenn es dabei auf präventive Maßnahmen zur Verhinderung von Gewalt-Eskalation ankommt. Wenn das stimmt, dann sind es aber besonders diejenigen Länder, die in ihrer nationalen Außenpolitik mit der Methode des Multilateralismus operieren, die der UNO helfen können, den weltpolitischen Herausforderungen erfolgreich zu begegnen.

„Deutschland wird als offenes Land und drittgrößte Volkswirtschaft der Welt von den Entwicklungen der internationalen Politik, insbesondere ihren Krisen, in besonderem Maß betroffen. Der deutschen Politik bietet sich in dieser Situation die Chance, über eine Mitgliedschaft im Sicherheitsrat ihre ausgeprägte Bindung an multilaterale Traditionen und ihre Verpflichtung auf eine starke Weltorganisation in diesen Prozeß einzubringen und ihn in diesem Sinne mitzugestalten" (Kaiser 2004, 62f.).

Hier stößt man allerdings auf ein Problem. Denn wenn sich Deutschland einerseits nur im Kontext einer umfassenderen Reform der Vereinten Nationen die Möglichkeit eröffnet, Ständiges Mitglied im Sicherheitsrat zu werden, so könnte andererseits diese Reform, wenn sie denn zustande kommt, dieses Ziel auch wieder teilweise entwerten, z. B. dann, wenn im Zuge der Umgestaltung dieses Gremiums seine Handlungsfähigkeit eingeschränkt wird. So gibt es Reformmodelle, die auf eine Erweiterung des Sicherheitsrates hinauslaufen, ohne dass die besondere Stellung der P 5-Mächte verändert wird. In diesem Modell gäbe es dann drei Klassen von Mitgliedern: Ständige Mitglieder mit Vetorecht, Ständige Langzeit-Mitglieder ohne Vetorecht und Nicht-Ständige, alle zwei Jahre ausgewechselte Mitglieder (vgl. FAZ v. 21.8.2004). Oder die Zahl der Mitglieder wird so groß, dass jedwede Entscheidungsfindung in diesem Gremium enorm kompliziert wird.

Nur in Klammern sei erwähnt, dass der deutsche Anspruch auf einen Ständigen Sitz im Sicherheitsrat bei den anderen europäischen Staaten auf ein gemischtes Echo stößt. Frankreich und Großbritannien hegen keine Einwände, so lange ihre eigene Position dadurch nicht schwächer wird. Als ein vehementer Gegner der deutschen Ambitionen hat sich Italien profiliert (NZZ v. 25.8.2004), was insofern ein ganz klein bisschen pikant ist, als Italien im Zweiten Weltkrieg die dritte der Achsenmächte war. Ein anderer Vorschlag sieht auf den ersten Blick attraktiv aus: Die Europäische Union mit der weiter ausgebauten Gemeinsamen Außen- und Sicherheitspolitik (GASP) könne doch die Sitze Frankreichs und Großbritanniens übernehmen. Damit würden weitere nationalstaatliche Ambitionen (Deutschland) und Anti-Haltungen (Italien) gleichermaßen ausgetrocknet und es gäbe einen heilsamen Zwang zur inner-europäischen Einigung in den Außenbeziehungen. Die Chancen, dieses Konzept zu verwirklichen, bleiben jedoch auf absehbare Zukunft ganz dicht bei Null.

Gunther Pleuger, ranghoher Diplomat im Auswärtigen Amt, hat den deutschen Anspruch folgendermaßen begründet:

„Die ständige Mitgliedschaft im Sicherheitsrat ist logische Konsequenz und letztlich unvermeidbarer Baustein multilateraler deutscher Politik. Sie ist wie keine andere Mitgliedschaft geeignet, unsere außenpolitischen Ziele, Wertvorstellungen und Grundsätze in das globale Krisenmanagement einzubringen. Der SR-Sitz ist nicht Ziel an sich. Er ist Instrument und Maßstab für die Rolle Deutschlands in der internationalen Politik" (Pleuger 2003, 688).

Demgegenüber argumentieren Gunther Hellmann und Reinhard Wolf, beide renommierte akademische Experten für die deutsche Außenpolitik, die mit einem Ständigen Sitz im Sicherheitsrat verbundenen Pflichten würden für Deutschland zu teuer. In einem Gastkommentar im Handelsblatt vom 18.5.2004 schreiben sie:

„Hat es Deutschland aber nötig, und, wichtiger noch, kann die Bundesrepublik es sich leisten, solche Forderungen zu stellen? Der vom Bundeskanzler im letzten Jahr häufig zu vernehmende Appell, den Vereinigten Staaten ‚auf gleicher Augenhöhe' zu begegnen, suggeriert zwar in der Tat, dass Deutschlands natürlicher Platz in der weltpolitischen Champions-League sei, solche Forderungen ignorieren jedoch – bewusst oder unbewusst – das zentrale Problem der deutschen Gegenwart: die Strukturkrise unseres sozioökonomischen Systems und die damit einhergehende stetige Unterminierung des Fundaments einer erfolgreichen Außenpolitik.

Diese Krise wird den Handlungsspielraum deutscher Außenpolitik und vor allem die Fähigkeit zur Wahrnehmung einer internationalen Führungsrolle noch auf Jahre, wenn nicht Jahrzehnte stark beeinträchtigen."

Sie schlagen stattdessen vor, die deutsche Außenpolitik möge sich auf ihre erprobte Stärke besinnen, nämlich behutsames Vorgehen und professionelle Konfliktschlichtung im Hintergrund. Ein Ständiger Sitz im UNO-Sicherheitsrat sei dafür nicht nötig, ja vielleicht sogar schädlich. Ganz ähnlich äußerte sich Wolfgang Schäuble in seiner Position als außenpolitischer Experte in der CDU/CSU-Bundestagsfraktion.

„Renationalisierung von Außenpolitik, der deutsche Weg des Bundeskanzlers, führt in die Irre. Europäische Integration auch als Teil atlantischer Partnerschaft, war über Jahrzehnte Grundkonsens und Konstante deutscher Außenpolitik. Sie zu fördern, entspricht der globalen Verflechtung von Chancen und Risiken so sehr wie dem nationalen Interesse und der europäischen Verantwortung Deutschlands" (Neue Zürcher Zeitung, 5./6. Februar 2005).

Schäuble mahnte hier die Kontinuität einer Balance zwischen europäischer Integration und transatlantischen Beziehungen an, die vermutlich nicht mehr so wie früher zu halten ist. Und was man genau unter der „europäischen Verantwortung" zu verstehen hat, bleibt ebenfalls unklar. Da das Streben nach einem Ständigen Sitz im Sicherheitsrat nicht etwa von der rot-grünen Bundesregierung, sondern von ihrer schwarz-gelben Vorgängerin begonnen wurde, liegt die Vermutung nahe, dass Schäuble hier in die Rolle des Oppositionspolitikers geschlüpft war und ganz in ihr aufging. Allerdings gab es dann ja wenig später einen Regierungswechsel. Als Innenminister der Großen Koalition hat sich Schäuble bei außenpolitischen Anmerkungen Zurückhaltung auferlegt.

Auch die seit Ende November 2005 regierende Große Koalition unter Bundeskanzlerin Angela Merkel strebt weiterhin einen Ständigen Sitz im Sicherheitsrat an. Sie tut das unverdrossen, aber doch etwas leiser als die Vorgängerregierung. Aber auch wenn es, was wahrscheinlich ist, nicht so bald zu einer Reform der UNO und des Sicherheitsrates kommen wird, so ist doch festzustellen, dass Deutschland in manchen weltpolitischen Fragen (Konflikte im Nahen Osten, Atomkonflikt mit dem Iran) mit den P 5 eng zusammenarbeitet und gewissermaßen als informelles Mitglied des Sicherheitsrates auftritt.

## 1.2 Weltpolitik und Ordnungsmacht

Wenn man die Argumente für und gegen das deutsche Streben nach einem Ständigen Sitz im Sicherheitsrat Revue passieren lässt, fällt auf, dass so gut wie alle deutschen Beiträge zu dieser Auseinandersetzung außerordentlich vorsichtig formuliert und gleichsam auf Zehenspitzen vorgetragen werden. Zwar gibt es auch einige wenige ruppige Beiträge, sie kommen in der Regel mit einer von Unterstellungen nicht freien Kritik an der neo-imperialistischen Politik des vereinten Deutschland von sehr weit links. (Von der gegenüberliegenden Seite des politischen Spektrums, von sehr weit rechts, kommt in den letzten Jahren diesbezüglich so gut wie gar nichts – nicht, dass man da etwas vermissen würde.) Aber selbst die zuweilen etwas triumphalischere Töne liebenden Autoren nehmen sich meistens sprachlich sehr zurück, von den anderen ganz zu schweigen. Anders gesagt: Für die große Mehrheit der Beobachter der deutschen Außenpolitik geht es, ob mit oder ohne Ständigen Sitz im Sicherheitsrat, um eine Außenpolitik der Behutsamkeit, der Vermittlung, des Multilateralismus, des Augenmaßes, der Verantwortung und was dergleichen positiv aufgeladene Begriffe mehr sind.

### 1.2.1 Ein Kanzler-Interview

So hat es auch Bundeskanzler Gerhard Schröder (2003, 13) in einem Interview mit der Chefredakteurin der Fachzeitschrift „Internationale Politik" formuliert:

„Deutschlands Verantwortung und Rolle in der internationalen Politik sind in den letzten Jahren stetig gewachsen. Unser Land leistet heute erhebliche Beiträge bei internationalen Friedenseinsätzen und bei der Bekämpfung des internationalen Terrorismus, im zivilen und militärischen Bereich. Das wird von der internationalen Gemeinschaft durchweg positiv gewürdigt. Wir leisten unseren Beitrag im Rahmen unserer Möglichkeiten und in enger Abstimmung mit unseren Partnern und Alliierten."

Seine Interviewpartnerin ist mit dieser Auskunft noch nicht ganz zufrieden. Sie bohrt ein wenig nach und fragt: „Über deutsche ‚nationale Interessen' zu reden, galt früher als Tabu. Gilt dieses Tabu heute noch oder besteht im Gegenteil geradezu die Notwendigkeit, deutsche Interessen zu definieren?" Die in dieser Frage eingepackte Aussage muss man cum grano salis nehmen, denn selbstverständlich konnte man auch früher, auch vor der Vereinigung Deutschlands, von „nationalen Interessen" reden und hat das auch getan. Tabu war dieser Begriff nicht, sieht man einmal davon ab, dass viele Politikwissenschaftler ihn für unbrauchbar hielten – aber das ist eine theoretisch-methodische Problematik und keine oder nur indirekt eine politische. Gerhard Schröder antwortet auf diese Frage:

„Selbstverständlich definiert Deutschland, so wie es auch unsere Partner und Alliierten machen, seine nationalen Interessen und bringt sie in den internationalen Foren zur Geltung. Ein Schwerpunkt unserer Politik ist richtigerweise unsere Mitgliedschaft in multilateralen Institutionen wie UN, EU, NATO oder OSZE. Diese Tatsache bringt es wiederum mit sich, dass wir in einem ständigen Prozess des Ausgleichs verschiedener nationaler Interessen leben. *Vielleicht bringt Deutschland heute seine Interessen etwas deutlicher oder klarer vor, als dies in der Vergangenheit der Fall war"* (Hervorhebung von mir).

So ganz selbsterklärend sind diese Ausführungen nicht. Sie müssen vor dem Hintergrund der von Egon Bahr und Gregor Schöllgen am Beginn dieses Kapitels zitierten Bemerkungen gelesen werden. Wenn Gerhard Schröder in der Passage oben von „der Vergangenheit" spricht, dann meint er selbstverständlich nur die Zeit zwischen 1949 und 1990, als Deutschland geteilt war. Ohne dass die Schwerpunkte deutscher Außenpolitik und die damit einhergehende Methodik sich verändert hätten, zeichnet sich das Auftreten Deutschlands auf den internationalen Bühnen doch durch ein erhöhtes Selbstbewusstsein aus. Dieses Selbstbewusstsein kommt in dem auch von außen erkennbaren und nachvollziehbaren Kalkül zum Ausdruck, ob und inwieweit bestimmte Entscheidungen, Handlungen und Verpflichtungen dem deutschen nationalen Interesse dienen. Kommt die Regierung dabei zu dem Ergebnis, dass bestimmte Entscheidungen und die Übernahme bestimmter Verpflichtungen, die andere Akteure von Deutschland erwarten, nicht oder zu wenig im deutschen Interesse liegen, dann nimmt sich die Regierung die Freiheit, „nein" zu sagen.

Genau dies ist geschehen, als es die Bundesregierung ablehnte, die von den Vereinigten Staaten forcierte militärische Intervention im Irak im Frühjahr 2003 zu unterstützen.

## 1.2.2 Nationale Interessen

An dieser Stelle müssen wir ein wenig ausholen, um die nach wie vor gegebene Brauchbarkeit des Konzepts der nationalen Interessen zu demonstrieren.

Nur Akteure haben und verfolgen Interessen. Interesse äußert sich in einem auf ein Ziel gerichteten Willen. Es handelt sich mithin um eine soziale und politische Kategorie. Max Weber hat Politik als Kampf um die Macht oder um Teilhabe an der Macht definiert. Die Sprache klingt ein bisschen martialisch, zweifellos ein Einfluss des damals herrschenden Zeitgeistes, der sozusagen immer gestiefelt und gespornt herummarschierte und von sozialdarwinistischen „Kampf-ums-Dasein"-Vorstellungen zutiefst beeindruckt war. Jedoch verdirbt diese sprachliche Einfärbung die Definition nicht, zumal wenn man sich die Anschlussfrage stellt: Macht oder Macht-Teilhabe wozu? Zur Antwort braucht es keine Spekulation über einen gattungsspezifischen „Machttrieb", sondern nur den Hinweis auf die verschiedenen Interessen, die Menschen verfolgen, wobei sie sich häufig gegenseitig in die Quere kommen.

Zur Interessen-Durchsetzung braucht es offenbar genau das, was den Grundbegriff von Politik ausmacht: *Macht,* die eben das Mittel darstellt, seine Interessen auch gegen jene anderer Akteure durchzusetzen. Macht kann aus sehr unterschiedlichen Elementen zusammengesetzt sein, von physischer Stärke über Geld bis hin zur geistigen Überzeugungskraft.

Wie gar nicht so selten in der Politikwissenschaft kommt man auch hier um die betrübliche Feststellung nicht herum, dass dem weit verbreiteten und oft sogar gedankenlosen Gebrauch des Wortes keine einheitliche Definition zugrunde liegt. Auf der Ebene der Analyse materieller politischer Prozesse wird in der Politikwissenschaft dennoch gerne und häufig mit dem Interessen-Begriff gearbeitet. Interesse wird gefasst als Leitbegriff gesellschaftlichen Handelns vom Individuum bis zum Größtkollektiv (Nation, Weltgemeinschaft). Ein politisches Interesse liegt vor, wenn das ins Auge gefasste Ziel in irgendeiner Weise mit der Ordnung des Zusammenlebens der Menschen (egal, ob einiger weniger, vieler oder aller) verbunden ist, z. B. mit der Verteilungsordnung begehrter Ressourcen oder mit der Anerkennung der Menschenrechte. Akteure haben Interessen, materielle und ideelle. Letztere nennt man Werte. Es ist vergleichsweise einfach, die Interessen von individuellen Akteuren zu erkennen. Mit den Interessen von kollektiven Akteuren wird es schwieriger. Je komplexer ein kollektiver Akteur und seine kollektive Identität werden, desto komplizierter wird es, seine kollektiven Interessen zu bestimmen. In politischen Verbänden aller Art geschieht diese Bestimmung in Selbstverständigungsprozessen, die zu einem Teil von unten nach oben, zu einem anderen von oben nach unten verlaufen.

Grundlegendes kollektives Interesse aller möglichen politischen Verbände ist ihr Überleben. Nationen wollen nicht von der politischen Bildfläche verschwinden. In der Regel wollen sie auch nicht fremdbestimmt werden. Das ist zwar richtig, bleibt aber sehr allgemein. Für die Betrachtung konkreter nationaler Interessen, also etwa der nationalen Interessen Deutschlands, muss man die geographische Lage dieses Landes, seine Position in den internationalen Beziehungen, eine ganze Reihe von ökonomischen und demographischen Kennziffern, sein politisches System und seinen außenpolitischen Diskurs untersuchen. Denn die „deutschen Interessen", über die Egon Bahr (1998) vor ein paar Jahren eine anregende Streitschrift publiziert hat, ergeben sich aus dem permanenten Mit- und Gegeneinander unterschiedlicher äußerer und innerer Handlungsbedingungen, unterschiedlicher politischer Wahrnehmungen der eigenen Situation und der anderer Akteure im internationalen System, aus einem Wettstreit unterschiedlicher politischer Konzepte und Versprechungen. Das klingt sehr volatil, weshalb es manchen überraschen mag, wenn hier festgestellt wird, dass nationale Interessen allgemein wie auch deutsche nationale Interessen sich nur langsam über die Zeit verändern und relativ konstant sind (vgl. auch Hacke 1996, 3–13).

### 1.2.3 Kooperative Weltordnung und nationales Interesse

Wenn sich sowohl die äußeren Bedingungen für nationale Politik als auch das politische System und zudem auch noch die kollektive Selbst- und Umweltwahrnehmung in einem einzigen Zuge verändern, dann verändern sich auch die nationalen Interessen (auch zusammengefasst als Singular) dramatisch. Das war so im Falle Deutschlands im Jahr 1945. Für die Jahrzehnte nach der Gründung der Bundesrepublik Deutschland gab es das

Problem, dass zwei deutsche Staaten existierten, von denen beide nationale Interessen entwickelten, die in gewissem Sinne über die innerdeutsche Grenze hinauslangten oder jedenfalls hinauslangen sollten. Allerdings war ganz klar, dass zum unantastbaren Teil der nationalen Interessen der Bundesrepublik, in einer etwas altertümlichen Terminologie auch *Staatsräson* genannt, ihre Integration in die westlichen Bündnisse und die westliche Wertegemeinschaft zählten. In diesem Kontext entwickelten sich die demokratische Grundordnung, die soziale Marktwirtschaft, die Innere Führung der Streitkräfte und in der Außenpolitik die europäische Integrations-Perspektive. Ein anderer unantastbarer Teil der nationalen Interessen wurde durch die nicht nur oberflächliche, sondern kategorische Abgrenzung vom Nationalsozialismus gebildet.

Die Abgrenzung von der NS-Vergangenheit, die Einbettung in westliche Bündnisse, ganz besonders die fortschreitende Integration Europas, aber auch andere Vernetzungsprozesse mit prinzipiell globaler Reichweite haben bewirkt, dass es sozusagen zu einem Stilelement deutscher Außenpolitik wurde, die Durchsetzung eigener nationaler Interessen mit Behutsamkeit voranzutreiben, nicht rücksichtslos und unilateral. Christian Hacke (1996, 7) spricht von „verflochtenen Interessen". Damit wird der Sachverhalt umschrieben, dass internationale Beziehungen heute weitaus stärker als früher von den (zumeist asymmetrischen) wechselseitigen Abhängigkeiten der Staaten und anderer Akteure bestimmt werden. Nationale Interessen lassen sich deshalb in der Regel nur kooperativ durchsetzen, nicht in einer Art Null-Summen-Spiel, in dem der Sieger alles und der Verlierer nichts bekommt. Nationale Interessen werden stattdessen miteinander verflochten, manchmal sogar vergemeinschaftet. Nationen wie Deutschland sind wegen der hohen Bedeutung, die Import und Export von Wirtschaftsgütern, auch Dienstleistungen für ihre Volkswirtschaft haben, dieser Interdependenz in besonderem Maße ausgesetzt. Ohne gut funktionierende internationale Wirtschaftsbeziehungen leidet die deutsche Wirtschaft Schaden.

Zu den Voraussetzungen und Rahmenbedingungen für das gute Funktionieren internationaler Wirtschaftsbeziehungen gehört auch ein internationales politisches Klima, das nicht von gewalttätigen Konflikten, Furcht und infolgedessen von Abschließungstendenzen in den einzelnen Staaten und Regionen gekennzeichnet ist, vielmehr von Regeln und Normen, die eine friedliche Beilegung von Konflikten ermöglichen, von Zuversicht und Vertrauen der Akteure in die Stabilität der internationalen Ordnung.

Wenn diese Lagebeurteilung richtig ist, dann liegt auf der Hand, warum Deutschland so nachdrücklich für eine kooperative Weltordnung, für Gewalt eindämmende Konzepte internationaler Konfliktbearbeitung, für den Multilateralismus als Methode der Abgleichung der Interessen unterschiedlicher Nationen eintritt: nicht aus Altruismus oder Utopismus, sondern weil all diese Dinge im nationalen Interesses Deutschlands liegen. Für Mittelmächte der gehobenen Klasse wie Deutschland und Kanada sind sie die optimale Voraussetzung für das eigene Wohlergehen.

## 1.3 Menschenrechte, Demokratie und Außenpolitik

In der Koalitionsvereinbarung, die die SPD und Bündnis 90/Die Grünen am 20. Oktober 1998 verabschiedeten, findet sich am Anfang des die Außenpolitik betreffenden Teils folgende Willensbekundung:

„Die neue Bundesregierung wird die Grundlinien bisheriger deutscher Außenpolitik weiterentwickeln: die friedliche und partnerschaftliche Zusammenarbeit mit den Nachbarn, die Pflege der transatlantischen Partnerschaft, die Vertiefung und Erweiterung der Europäischen Union, die gesamteuropäische Zusammenarbeit in der OSZE, die besondere Verantwortung für Demokratie und Stabilität in Mittel-, Ost- und Südosteuropa und die Förderung nachhaltiger Entwicklung in allen Ländern des Südens. Grundlagen sind dabei die Beachtung des Völkerrechts und das Eintreten für Menschenrechte, Dialogbereitschaft, Gewaltverzicht und Vertrauensbildung. Die neue Bundesregierung begreift die internationale Zusammenarbeit als Politik der globalen Zukunftssicherung" (http://archiv.spd.de/politik/koalition/uebersicht.html [31.8.2004]).

An dieser Stelle interessieren davon vor allem die beiden letzten Sätze. Die im vorletzten Satz aufgezählten „Grundlagen" umfassen fünf recht unterschiedliche Elemente: Das Völkerrecht wird als Norm für das eigene außenpolitische Handeln akzeptiert; die Menschenrechte werden (immer und überall?) unterstützt; Dialogbereitschaft wird anderen Akteuren angeboten; der proklamierte Gewaltverzicht wird noch einmal bekräftigt und Vertrauensbildung als ein permanentes Ziel außenpolitischen Handelns hervorgehoben. Im letzten Satz wird die mithilfe einer solchermaßen ausgerichteten Außenpolitik angestrebte und hoffentlich auch erreichte internationale Zusammenarbeit als Politik der globalen Zukunftssicherung bezeichnet, also nicht länger nur auf die eigenen nationalen Interessen bezogen, sondern auf höhere, nämlich auf Menschheitsinteressen.

## 1.3.1 Menschenrechte und Demokratie

Abgebrühte Politik-Beobachter reagieren angesichts solcher Formulierungen mit einem Achselzucken – das sei Sonntags-Rhetorik, nützlich zur Aufhellung des eigenen Bildes in den Augen anderer (in Demokratien vor allem der Wähler), aber eigentlich irrelevant für die real betriebene Außenpolitik. Wenn auch einiges für ein solches skeptisches Urteil spricht, so verfehlt es doch eine wesentliche Dimension demokratischer Außenpolitik. Dieser letzte Ausdruck umfasst zwei Dimensionen. Formal: Außenpolitik demokratischer Staaten. Inhaltlich: Außenpolitik auf der Basis von Grundvorstellungen und Werten, die demokratie-freundlich sind. Heuchelei und Doppelstandards gehören zwar zur Außenpolitik wie zur Politik überhaupt, und häufig genug gibt es zwischen demokratie-fördernden Werten und anderen außenpolitischen Interessen nicht unbeträchtliche Zielkonflikte. Das versteht sich von selbst. Indes können Demokratien aufgrund des Selbstverständnisses ihrer Gesellschaften weder den Anspruch auf demokratie-fördernde Elemente ihrer Außenpolitik aufgeben noch eine allzu große Glaubwürdigkeitslücke zwischen Anspruch und realer Politik entstehen lassen. Dies hat Marika Lerch anhand ihrer Analyse der Menschenrechtspolitik der Europäischen Union vorzüglich herausgearbeitet.

„Das internationale Menschenrechtsregime basiert auf dem Prinzip der ‚Universalität der Menschenrechte‘, d. h. dass alle Menschen gleich sind und als Ausfluss ihrer Menschenwürde die gleichen unveräußerlichen Rechte haben, unabhängig von nationaler Zugehörigkeit, Kultur, Rasse o. ä. Daraus wird die Instruktionsregel abgeleitet, dass alle zivilisierten Staaten ihren Bürgern diese Rechte garantieren sollten. Im internationalen Kontext haben sich die Staaten im Verlaufe des 20. Jahrhunderts zunehmend auch untereinander auf die Wahrung dieser Rechte verpflichtet. Zahlreiche Verträge und Erklärungen weisen ihnen die internationale Rolle als ‚Förderer und Bewahrer universeller Menschenrechte‘ zu ... Die Grundlagen des Menschenrechtsregimes finden sich bereits in der UN-Charta ...“ (Lerch 2004, 63).

Hier wird auf „alle zivilisierten Staaten" Bezug genommen, womit im Idealfall alle Staaten gemeint wären. Freilich steht es um die Verbreitung dieser universalen Zivilisation nicht besonders gut, wie jeden Morgen ein Blick in die Tageszeitungen aufs Neue bestätigt. Deswegen kommt den demokratischen Staaten eine besondere Bedeutung zu, denn hier können solche zivilisatorischen Standards aus der Gesellschaft heraus mit einer gewissen Sanktionsmacht eingefordert werden. Ohne solchen Druck aus der Zivilgesellschaft (= organisierte nichtstaatliche Akteure mit politischen Handlungszielen, die staatliche Politik beeinflussen wollen) würden auch demokratische Regierungen öfter dazu neigen, solche zivilisatorischen Standards, unter denen die Menschenrechte einen hervorgehobenen Platz einnehmen, hintanzustellen.

Sie tun das auch oft genug; aber wenn sie es tun, wird es in Demokratien zumeist publik, so dass die Regierungen ihr Verhalten begründen müssen. Allgemein kann man sagen, dass das Eintreten für die Menschenrechte zu einem nicht mehr abstellbaren Begleitthema demokratischer Außenpolitik geworden ist. Es ist aber aus nachvollziehbaren Gründen nirgends zum Hauptthema der Außenpolitik eines Landes geworden, und zwar aus zwei Gründen. Erstens wäre auch das stärkste Land ganz schnell überfordert, wollte es sich überall dort, wo Menschenrechte gefährdet sind, aktiv einschalten. Und zweitens lassen sich die oben angesprochenen Zielkonflikte zwischen anderen Interessen von großer Bedeutung für ein Land (etwa wirtschaftliche Interessen) und dem Eintreten für Menschenrechte nicht leugnen. Hier werden dann oft Kompromisse gesucht und gefunden, die häufig auf eine unmittelbare Priorität jener anderen Interessen hinauslaufen (Beispiele: die bilateralen Beziehungen mit der Volksrepublik China, mit Russland oder mit anderen Ländern, die wie z. B. die Erdöl-Förderländer, für Deutschland wichtige Wirtschaftspartner sind.)

## 1.3.2 Menschenrechte in der deutschen Außenpolitik

Für die Bundesrepublik Deutschland gehört das Eintreten für die Menschenrechte mittlerweile zur außenpolitischen Kultur. Die sozialdemokratisch-grüne Koalitionsvereinbarung hat deshalb mit dem diesbezüglichen Hinweis kein Novum auf die Tagesordnung gesetzt. Allerdings haben beide Parteien während der Oppositionsjahre darauf Wert gelegt, sich als besonders entschlossene Verfechter einer die Menschenrechte befördernden Außenpolitik darzustellen. Beobachter der deutschen Menschenrechtspolitik nach 1990 kommen aus der Perspektive des „Zivilmacht"-Ansatzes im Blick auf die Regierung Kohl zu einem ziemlich kritischen Urteil (Pfeil 2000). Dieser präskriptive Ansatz, in der deutschen Politikwissenschaft vor allem von Hanns W. Maull und, in leichter Veränderung, von Dieter Senghaas vertreten, weist der Außenpolitik eines demokratischen Landes die Aufgabe zu, aktiv und nachdrücklich auf eine Verminderung organisierter Gewalt in den zwischenstaatlichen Beziehungen, auf die Verrechtlichung internationaler Politik und nicht zuletzt auf die Durchsetzung der

Menschenrechte überall auf der Erde hinzuarbeiten. Eine solche Anforderung ist nach Auffassung ihrer Vertreter nicht utopisch, sondern sehr wohl einlösbar. Außerdem muss sie eingelöst werden, weil nur so die Voraussetzung für eine gedeihliche und gerechte Entwicklung aller Menschen auf der Erde geschaffen wird.

Es ist nicht schwer, sich vorzustellen, dass die Vertreter des „Zivilmacht"-Ansatzes mit der Regierungsübernahme der sozialdemokratisch-grünen Koalition 1998 große Hoffnungen auf eine die Menschenrechte stärker befördernde Außenpolitik verbanden. Die entsprechenden Formulierungen der Koalitionsvereinbarung liegen ja auch ganz auf dieser Linie.

Allerdings stellten sich bald Enttäuschungen ein. Sie bilden den etwas tristen Hintergrund des Sammelbandes zur rot-grünen Außenpolitik, den Hanns W. Maull mit zwei Mitarbeitern im Jahr 2003 herausgegeben hat. Auch Florian Pfeil hat an diesem Band mitgearbeitet. Sein Fazit über die rot-grüne Menschenrechtspolitik lautet:

„Hinter den eigenen Ansprüchen aus Oppositionszeiten, wie sie sich in der Programmatik der beiden Parteien widerspiegeln, blieben Rot und Grün weit zurück. Handlungsleitend für alle Politikbereiche, wie es beispielsweise im grünen Parteiprogramm gefordert wird, ist die Einhaltung der Menschenrechte noch lange nicht" (Pfeil 2003, 189).

Korrekt. Die Frage ist nur, ob die (von den beiden Parteien mutwillig geweckten) Erwartungen überhaupt erfüllbar waren. Da stellen sich starke Zweifel ein. Denn die Handlungsbedingungen internationaler Politik legen jeder demokratischen Regierung auf, die Balance zu halten zwischen ihrer Realpolitik, bei der es um die „handfesten" Interessen geht, und ihrer Idealpolitik, bei der es um die Durchsetzung von Werten geht. Diese Balance ist von Fall zu Fall unterschiedlich auszutarieren.

Einen neuen Anlauf dazu unternahm die große Koalition. Im Koalitionsvertrag vom CDU/CSU und SPD vom 11. November 2005 heißt es dazu: „Unsere Außen- und Entwicklungspolitik wird nicht schweigen, wenn Demokratie, Freiheit, Rechtsstaatlichkeit und Minderheitenrechte in Gefahr sind. Wir setzen auf eine glaubwürdige Außen- und Entwicklungspolitik, die Defizite ebenso offen anzusprechen weiß wie sie die Interessen unseres Landes nach Kräften fördert" (www.kmk.org/aktuell/ Dok04.pdf (12.4.2007)). Bundeskanzlerin Merkel hat in der Folgezeit menschenrechtliche Defizite offener ausgesprochen als ihr Vorgänger, z. B. gegenüber der Regierung in Peking und der Art, wie China mit Tibet und seinen Bewohnern und seiner Kultur umgeht. Viele, aber keineswegs alle Beobachter hierzulande haben dieses Auftreten der Kanzlerin als Beispiel für eine gelungene Balance zwischen der Förderung der Menschenrechte und der Förderung nationaler, etwa wirtschaftlicher Interessen gegenüber China gewertet.

### 1.3.3 Handlungsperspektiven

Die Bundesrepublik Deutschland bleibe, so hat Ludger Kühnhardt (1994, 124) formuliert, ein „außenpolitischer Staat", weil sie existenziell von äußeren Faktoren und Beziehungen abhänge. Damit wollte er vor allem diejenigen zur Ordnung rufen, die seinerzeit der Innenpolitik alleinige Priorität zuweisen und sich den Erwartungen anderer Akteure an Deutschland gegenüber taub verhalten wollten. Diese Erwartungen, etwa des damaligen UNO-Generalsekretärs Boutros-Ghali, liefen darauf hinaus, dass Deutschland einen höheren Beitrag zur internationalen Ordnungspolitik leisten sollte, sowohl im Kontext von Konflikt-Deeskalationen (auch mit militärischen Mitteln) als auch im Zusammenhang von Konfliktprävention. Eine Zeitlang sah es so aus, als blieben diese Erwartungen weit oberhalb des Niveaus der Selbsteinschätzung deutscher Außenpolitik. Das hat sich aber hier wie in der Sicherheitspolitik seit dem zweiten Drittel der 1990er Jahre sukzessive geändert.

Dieser Vorgang ist auch jetzt noch nicht abgeschlossen. Im Übrigen müssen sich das außenpolitische Selbstverständnis und der Basiskonsens über Handlungsmöglichkeiten und Prioritäten permanent weiterentwickeln, denn die innergesellschaftlichen und die internationalen Herausforderungen deutscher Außenpolitik verändern sich ebenfalls permanent.

Mittelmächte, gerade auch solche in den oberen Rängen der internationalen Rangskala, sind sowieso zu einer einseitig und auf Kosten anderer Staaten die eigenen nationalen Interessen durchsetzenden Außenpolitik nur ausnahmsweise imstande. Selbst Weltmächte mit Nuklearwaffen wie die Vereinigten Staaten können sich einen derartigen Unilateralismus nur in begrenztem Umfange leisten. Dass die deutsche Außenpolitik an der traditionellen Methode des Multilateralismus festhielt, also weiterhin Kooperation und Kompromiss sowie die Verlagerung bestimmter Problemfelder in internationale Organisationen anstrebte, kann man zwar unter Kontinuität abbuchen. Sieht man etwas genauer hin, wird man feststellen, dass sich bei dieser Politik des Multilateralismus dennoch einiges verändert hat. Der Anspruch auf einen Ständigen Sitz im UNO-Sicherheitsrat ist dafür paradigmatisch – deutsche Außenpolitik will heute in viel stärkerem Maße als früher eine herausgehobene Rolle bei der Gestaltung der internationalen Ordnung übernehmen. Das Bild dieser internationalen Ordnung kommt in groben Umrissen in den Koalitionsvereinbarungen von 1998 und 2005 sowie in zahlreichen Äußerungen der Regierungsspitze und der Außenminister zum Ausdruck.

Hier stellen sich freilich gleich eine Menge Fragen. Eine davon ist die nach dem Zusammenhang von Form und Inhalt: Ist gesichert, dass das gestärkte außenpolitische Handlungsbewusstsein und ein entsprechendes Auftreten nicht den Auftakt für einem Rückfall in altes makro-regionales Hegemoniestreben bilden? Diese Befürchtung findet sich gar nicht so selten bei gegenüber Deutschland grundsätzlich skeptisch eingestellten Beobachtern, nicht nur im Ausland, sondern auch im Inland (dort vor allem ganz weit links).

Eine zweite kritische Frage bezieht sich auf eine gegenwärtig zweifellos vorhandene Lücke zwischen diesem Mitgestaltungsanspruch und den hierfür zur Verfügung stehenden Ressourcen. Mit dem Anspruch auf einen Ständigen Sitz im UNO-Sicherheitsrat, beklagen diese Kritiker, fordern wir sozusagen über unsere Verhältnisse. Vor allem in der Sicherheitspolitik und der Ausstattung der Bundeswehr wird das sichtbar. Kräftiger Einsatz bei der Gestaltung der internationalen Ordnung im Sinne der deutschen Vorstellungen hat seine Kosten. Die muss man erst einmal aufbringen können und wollen. Aus der hier referierten kritischen Perspektive, der ich selbst einiges abgewinnen kann, hat es oft den Anschein, als würde die deutsche Außenpolitik allzu oft konzeptionell mehr wollen, als sie wirklich zu tun imstande ist.

Ein faires Urteil über diese „Fähigkeits-Lücke" ist gar nicht so einfach. Vermutlich darf man hier nicht so ungeduldig sein wie manche Kritiker der gegenwärtigen deutschen Außenpolitik. Auch in der Innenpolitik spielen achtzehn Jahre nach der Vereinigung politische und soziale, kulturelle und soziale Vorstellungen aus den Jahrzehnten davor eine wichtige Rolle. Das kann man am Verhältnis zwischen den „alten" und den „neuen" Bundesländern ablesen. Warum sollten strukturelle Veränderungen in der Außenpolitik schneller in das nationale Selbstverständnis eingehen? Noch immer befinden wir uns in einer Übergangsepoche. Wenn die Übergänge schwierig sind und eine Menge Umstellungen erfordern, dann dauern Übergangsepochen eben lange, auch wenn man es manchmal gerne etwas rascher hätte.

# 2. Was ist Außenpolitik und wer macht sie?

Warum nicht mit einem kleinen Gedankenspiel beginnen? Gesetzt also, es gäbe den von vielen als Retter vor organisierter Gewalt und Kriegen angesehenen Weltstaat – würde es im Kabinett seiner Regierung einen Außenminister geben? Vielleicht aus weltkoalitionspolitischen Rücksichten; aber er hätte nichts zu tun. Oder man muss sich gleich eine inter-galaktische *science fiction*-Welt hinzudenken, wie sie uns etwa in den verschiedenen Folgen von *Star Wars* vorgeführt wird. Die politische Grundkonstellation in diesen Filmen ist aber nichts anderes als die in den Weltraum projizierte und phantastisch kostümierte moderne Staatenwelt.

## 2.1 Außenpolitik-Forschung

Der Begriff Außenpolitik betont nachdrücklich den Unterschied zwischen zwei Bereichen der Politik, dem Innenbereich und dem Außenbereich. Wenn die Menschen auf der Erde einen Weltstaat gründen würden, entfiele der Außenbereich, denn alles, was es politisch zu entscheiden, zu regeln und durchzusetzen gibt, läge im Bereich der Innenpolitik. Im Weltstaat fielen herkömmliche Innen- und Außenpolitik in einer enorm ausgeweiteten Weltinnenpolitik zusammen.

In diesem Kapitel wird es um Definitionen von Akteuren, Strukturen, Prozessen gehen. Auf diese Weise soll auch ganz unaufdringlich vermittelt werden, was eine politikwissenschaftliche Untersuchung der Politik von anderen Arten der Beschäftigung mit diesem Gegenstand unterscheidet. Solche Unterscheidungen müssen nach drei Richtungen hin deutlich gemacht werden:

– *Erstens* gegenüber benachbarten Fachdisziplinen, die wie z. B. die praktische Philosophie, die Geschichtswissenschaft, die Soziologie, die Völkerrechtslehre oder die Wirtschaftswissenschaften ebenfalls die Politik thematisieren und mit denen interdisziplinär zu kooperieren für die Politikwissenschaft eine Menge Gewinne erbringt, vorausgesetzt alle Kooperationspartner bleiben sich über die Unterschiedlichkeit ihres Ansatzes und ihres Blickfeldes im Klaren.

- *Zweitens*, wichtiger noch, gegenüber, sagen wir, mehr intuitiven Ansätzen der Erklärung politischer Vorgänge. Solche Erklärungen können durchaus ein hohes intellektuelles Niveau aufweisen. Wer Robert Musils „Der Mann ohne Eigenschaften" liest oder Joseph Breitbachs „Bericht über Bruno", findet in diesen Romanen höchst subtile Erläuterungen über die Motive und die Handlungsmuster politischer Akteure. Davon können auch Politikwissenschaftler lernen, aber sozusagen nur indirekt. Gegenüber solchen Höchstleistungen des politischen Fingerspitzengefühls fallen dann andere intuitive Ansätze dramatisch ab, etwa das zuweilen ganz witzige, meist aber doch ungemein öde Stammtischgequatsche über die Politik, deren Hintergründe ja mit steigendem Alkoholgenuss immer transparenter zu werden scheinen. (Denkste!)
- *Drittens* und ganz besonders wichtig gegenüber all den zwar systematisch vorgehenden, aber ideologisch eingebundenen Versuchen, die wirklich zu beobachtende Politik mithilfe eines festgefügten Weltbildes zu entschlüsseln. Sozial- und damit auch politikwissenschaftliche Unter-

---

### Anforderungen und Grundregeln für das politikwissenschaftliche Arbeiten

- genaue und verständliche Sprache, Vermeidung von „Fach-Chinesisch";
- eindeutige Definitionen und übersichtliche Argumentationen;
- Offenlegung der eigenen Grundannahmen, Fragestellungen und Erkenntnisziele;
- Offenlegung der eigenen Untersuchungsgrundlagen (z. B. Quellen) und des methodischen Vorgehens;
- sachlich korrekte Bezugnahmen auf die vorhandene Fachliteratur und inhaltliche Auseinandersetzung mit allen relevanten wissenschaftlichen Positionen;
- selbstkritische Kontrolle der eigenen Untersuchungsperspektive, um „blinde Flecken" im eigenen Blickfeld zu vermeiden;
- klare Kennzeichnung und kritische Prüfung aller (oder möglichst vieler) Annahmen und Aussagen, die von anderen Autoren übernommen werden;
- höchstmögliche Transparenz der eigenen Vorgehensweise und grundsätzliche Offenheit für Kritik aus der Zunft.

(Formulierungen nach und in Weiterführung von: Werner J. Patzelt: Einführung in die Politikwissenschaft. Grundriß des Faches und studiumbegleitende Orientierung. Passau 1993[2], S. 49–61)

suchungen wollen in erster Linie auf der Grundlage in sich widerspruchsfreier Denkoperationen zu empirisch wahren und gehaltvollen Aussagen gelangen. Was sie dabei von anderen Versuchen unterscheidet, so etwas zu erreichen, sind die Offenlegung der Untersuchungsmethode, die (möglichst präzise) Kennzeichnung des eigenen Standortes einschließlich des Willens zur Vorurteilslosigkeit und die Überprüfbarkeit der Ergebnisse.

## 2.1.1 Der Gegenstandsbereich

Den Weltstaat wird es vor einer Neuauflage dieses Buches nicht geben; und danach auch nicht so bald. Die Trennung zwischen den beiden Politikbereichen der Innen- und Außenpolitik ist aber immer schon ein wenig problematisch gewesen und in letzter Zeit noch problematischer geworden.

Ein Gedankenspiel kommt selten allein. Das folgende liegt aber schon näher an der wirklich zu beobachtenden Politik (dieser Ausdruck anstelle des üblich verwendeten: politische Wirklichkeit): Im Zuge der Entwicklung der Europäischen Union zu einem nach außen hin handlungsfähiger werdenden Akteur – hier trifft man bekanntlich noch auf erhebliche Defizite – wird nach den Vorgaben des Vertrages von Lissabon (und wenn er von allen EU-Mitgliedsstaaten angenommen sein wird) das Amt des Hohen Repräsentanten für Außen- und Sicherheitspolitik mit einem eigenen diplomatischen Dienst eingeführt. Werden damit zugleich die Außenminister überflüssig und kämen die von ihnen geleiteten Ministerien in den Mitgliedsstaaten der EU auf den Absterbe-Etat? Keineswegs. Das kann man schon daran erkennen, dass eine der Aufgaben des Hohen Repräsentanten die Leitung des Außenministerrates der EU sein wird. Man muss sich also auf ein komplexes Mit- und Gegeneinander der verschiedenen nationalen und der gemeinschaftlichen Außenpolitik gefasst machen, das vielleicht, vielleicht aber auch nicht zu einem Anstieg des Anteils an gemeinschaftlicher europäischer Außenpolitik führen wird. (Eine entsprechende institutionelle Perspektive für die Militär- und Sicherheitspolitik ist gegenwärtig noch unklarer.) Die zwischenstaatlichen Beziehungen der EU-Mitgliedsstaaten mit ihresgleichen werden durch diese Entwicklung noch lange nicht zur Innenpolitik. Sie verbleiben vielmehr in der Kompetenz der Außenministerien.

Außenpolitik, hieß es oben sinngemäß, ist etwas anderes als Innenpolitik. Mit solch einer trivialen Unterscheidung lässt sich eine Reflexion über den hier in Frage stehenden Gegenstandsbereich ganz hoffnungsfroh beginnen. Dass sie nicht hinreicht, liegt auf der Hand. Die binäre Aufteilung in „innen" und „außen" ist viel zu grob. Vor allem droht sie zu verdecken, dass zumindest in Demokratien außenpolitische Vorgänge sehr stark von innenpolitischen Zusammenhängen bestimmt oder mitbestimmt werden. In der vorigen Generation von Politikwissenschaftlern gab es darüber eine Kontroverse unter dem Titel „Ist Außenpolitik wirklich *Außen*-Politik?" Die ist, wie viele solcher Auseinandersetzungen, wie das Hornberger Schießen ausgegangen, aber alle Beteiligten haben davon dennoch etwas gelernt. Unter den Kollegen der Geschichtswissenschaft gab es noch früher eine vergleichbare Debatte über die Frage, ob ein Land wie Deutschland (in allen seinen unterschiedlichen politischen Gestalten seit der Reichsgründung 1871) eher unter dem Primat der Innenpolitik oder dem Primat der Außenpolitik stehe. Hierauf hat Karl Dietrich Bracher (1964, 34) folgendermaßen geantwortet:

„So stark aber äußere Lage und Dynamik eines Staates die Gesamtpolitik bestimmen und auf die innere Politik zurückwirken mögen, so alt ist zugleich doch auch die Erfahrung von der inneren Bedingtheit außenpolitischer Kraftentfaltung. Von den Despoten der Antike bis zum Sozialimperialismus der totalitären Systeme unserer Zeit geht eine Tradition der Mobilisierung und Ablenkung innerer Dynamik auf äußere Expansion hin, wie sie sowohl in der nationalsozialistischen und faschistischen Herrschaftspraxis wie auch in der bolschewistischen Theorie von der Weltrevolution – hier in besonders enger Verflechtung innerer und äußerer Komponenten – ihren aktuellen Ausdruck gefunden hat. Anders als im Zeitalter der Kabinettspolitik ist in der Ära der Massendemokratie und der quer durch Staaten und Nationen reichenden ideologischen Weltkonflikte zugleich mit der Scheidung von innerer und äußerer Politik auch der Satz vom Primat der Außenpolitik fragwürdig geworden."

In den letzten Jahrzehnten hat sich nichts ereignet, was diese Einsicht in ihrem Kern hätte relativieren können. Trotzdem käme niemand auf den Gedanken, deswegen die Unterscheidung zwischen Innen- und Außenpolitik verschwinden zu lassen. Es gibt eine breite Schnittstelle beider Gegenstandsbereiche; aber der Kreis der Akteure, die vornehmlich in und mit der Außenpolitik beschäftigt sind, ist deutlich zu identifizieren und abzuheben von anderen politischen Handlungsträgern. Wir treffen in diesem Gegenstandsbereich auf spezielle Ämter und Organisationen, politische Aufgabenzuweisungen und Verfahrensweisen. Also ist es auch sinnvoll, diesen Gegenstandsbereich als gesondertes Forschungsfeld in den Blick zu nehmen.

## 2.1.2 Arbeitsdefinitionen

Will man sich eine brauchbare Definition der Außenpolitik (*foreign policy*, *foreign affairs* oder *external affairs* im englischen Sprachgebrauch; *politique étrangère* im Französischen, was dem Begriff noch eine kleine Nebenfärbung gibt) erarbeiten, ist man gut beraten, verschiedene Aspekte oder Dimensionen dieses Gegenstandsbereiches zu unterscheiden:

- Außenpolitik im Gegensatz zur Innenpolitik bezeichnet einen Gesamtbereich (von zweien) in der Politik, nämlich alle Handlungen eines Staates über seine Außengrenzen hinweg (*prozess-bezogener Aspekt*).
- Außenpolitik bezeichnet aber auch ein Regierungsressort, eines der ‚klassischen‘ übrigens, mit einem Minister, einer zentralen Bürokratie (Auswärtiges Amt) samt einer variablen Vielzahl von Außenposten wie Botschaften, Gesandtschaften, Konsulaten in anderen Staaten (*struktur-bezogener Aspekt*).
- Schließlich kann man unter Außenpolitik eines Landes auch die Summe der außenpolitischen Interessen, Werte, Doktrinen eines Landes verstehen (*intentions-bezogener Aspekt*).

All das macht deutlich, dass (nur) eine ganz bestimmte Kategorie von Akteuren in diesem Sinne Außenpolitik betreiben können, nämlich Staaten. Denn diese sind unter anderem auch über ihre Territorialität definiert, die mittels Grenzen markiert wird. Spitzt man dies ein wenig zu, so ergibt sich als Arbeitsdefinition für Außenpolitik:

> *Unter Außenpolitik verstehen wir das Insgesamt der Handlungen eines Staates im Verkehr mit anderen Staaten oder mit nicht-staatlichen Akteuren außerhalb seiner territorialen Grenzen. Der Staat, vertreten durch seine Regierung, reklamiert dabei (mit schwindender Wirksamkeit) eine Art End-Verantwortlichkeit für alle außenpolitisch relevanten Aktionen seiner Staatsbürger.*

Diese Definition ist nicht „neu", wie man an der Liste der Definitionen aus politikwissenschaftlichen Publikationen der letzten Jahre erkennen kann.

## Kleine Revue von Definitionen der Außenpolitik

1) „Unter Außenpolitik ... wird in der Regel nur das verstanden, was mit dem zielgerichteten Agieren – d. h. Tun und Lassen – eines Staates bzw. seiner Instanzen (Regierung, Auswärtiger Dienst) auf der eigentlich politischen zwischenstaatlichen Ebene zusammenhängt. Interessant sind dabei weniger einzelne Akte als vielmehr die umfassenden Strategien, Pläne oder Verhaltensmuster, auf die sich dann die Einzelentscheidungen gründen."
   (Hans-Joachim Lauth, Ruth Zimmerling, in: M. Mols u. a. (Hg.): Politikwissenschaft. Eine Einführung. Paderborn 1994, S. 145)

2) „Außenpolitik = Wahrnehmung hoheitlicher Belange durch den Staatsapparat nach außen."
   (Reinhard Meyers, Grundbegriffe und theoretische Perspektiven der Internationalen Beziehungen. In: Bundeszentrale für politische Bildung (Hg.): Grundwissen Politik. Bonn 1997, 3. Aufl., S. 335)

3) „Mit und in Außenpolitik nimmt die im souveränen Nationalstaat organisierte Gesellschaft ihre allgemeinpolitischen, wirtschaftlichen, militärischen und soziokulturellen Interessen gegenüber ihrem internationalen Umfeld wahr. Dazu gehören sowohl die Reaktionen auf von außen kommende strukturelle Einflüsse und aktuelle Handlungen als auch die von machtpolitischen bzw. inhaltlichen Interessen bestimmte Einwirkung auf die Umwelt bzw. deren Strukturierung."
   (Reimund Seidelmann, in: W. Woyke (Hg.): Handwörterbuch Internationale Politik. Opladen 1998, 7. Aufl., S. 1)

4) „In der euro-atlantischen Welt ist die Staatenwelt so passé wie der Feudalstaat ... Der Begriff der Außenpolitik ist ebenso veraltet; er müßte durch den der internationalisierenden Politik ersetzt werden."
   (Ernst-Otto Czempiel: Kluge Macht. Außenpolitik für das 21. Jahrhundert. München 1999, S. 70)

5) „In theoretischer Perspektive wird Außenpolitik verstanden als ein Interaktionsprozess, in dem ein Staat grundlegende Ziele und Werte in Konkurrenz zu denen anderer Staaten zu realisieren versucht. Dieser Prozess wird zum einen beeinflusst durch Anforderungen aus dem internationalen System und zum anderen durch solche aus Gesellschaft und Staat im Inneren. Das Ergebnis ist ein dynamischer Prozess wechselseitiger Anpassung und Einwirkung, der sich sowohl auf der der internationalen wie auf der innenpolitischen Ebene vollzieht."
   (Helga Haftendorn: Deutsche Außenpolitik zwischen Selbstbeschränkung und Selbstbehauptung. 1945–2000. Stuttgart 2002, S. 13)

6) „The sum of official external relations conducted by an independent actor (usually a state) in international relations."
   (Christopher Hill: The Changing Politics of Foreign Policy. New York 2003, S. 3)

Nach dem ersten Blick auf diese Liste wird klar, dass in der Tat Außenpolitik ein Geschäft des Staates ist. Transnationale Organisationen, etwa ein Großkonzern wie Siemens oder General Motors oder eine humanitäre Nichtregierungs-Organisation wie Amnesty International betreiben keine Außenpolitik, obwohl sie wahrlich grenzüberschreitende Aktivitäten aller Art entfalten können. Und wenn auch der These von Ernst-Otto Czempiel, wonach die Staatenwelt heute schon vergangen sei, wenig abzugewinnen ist, er hat gewiss Recht, wenn er auf der Grundlage dieser Annahme den Begriff Außenpolitik aufgeben und durch einen anderen ersetzen will. Kein Staat – keine Außenpolitik. Christopher Hill weist hier allerdings auf eine Erweiterung hin, derer man sich um der begrifflichen Präzision willen bewusst sein sollte. Die Einschränkung *„usually a state"* bezieht sich auf den Sachverhalt, dass die Europäische Union, die man nicht eigentlich als Staat, auch nicht als internationale Organisation bezeichnen kann, heftig damit beschäftigt ist, ihre Außenbeziehungen zu formalisieren und auszubauen. Die EU stellt also einen (politischen wie politologischen) Sonderfall dar, von dem man gegenwärtig nicht sagen kann, wie und wohin seine weitere Entwicklung verlaufen wird.

> *Wenn man die Außenpolitik eines Landes studiert, hat man es in der Hauptsache mit folgenden Untersuchungsfeldern zu tun:*
> - *das Netz aller außenpolitischen Beziehungen eines Staates in ihrer chronologischen Verlaufsform und ihren strukturellen Schwerpunktbildungen;*
> - *als Ausschnitt daraus bestimmte bilaterale Beziehungen (aus der Perspektive des einen und/oder des anderen Landes);*
> - *der außenpolitische Entscheidungsprozess innerhalb eines Landes, eines politischen Systems, einer Regierung (in Fallstudien);*
> - *gesellschaftliche Grundlagen außenpolitischer Wahrnehmungsmuster (z. B. Feindbilder);*
> - *Theorie(n) der Außenpolitik und der Disziplin der Internationalen Beziehungen.*

Der Begriff der Außenpolitik wird also so gut wie immer als ein Politikfeld definiert, auf dem der Staat das Handlungssubjekt ist. Es versteht sich von selbst, dass damit aber nur ein Teil dessen in den Blick genommen werden kann, was es an Staatsgrenzen überschreitenden politischen Aktivitäten gibt. Deshalb braucht es ein paar weitere Begriffe, die an dieser Stelle vorgestellt werden sollen.

- Der Begriff der *internationalen Politik* bezeichnet in der engeren Bedeutung des Wortes und in akteurs-zentrierter Perspektive die Summe der Außenpolitiken aller Staaten. Gleichbedeutend, aber seltener verwendet ist hierfür auch der Begriff der *zwischenstaatlichen Politik*.
- Der Begriff der *internationalen Beziehungen* bezeichnet in der engeren Bedeutung des Wortes dasselbe wie internationale Politik, aber dieses Mal unter dem Gesichtspunkt der strukturellen Verflochtenheit der Akteure und ihrer Handlungen (system-zentriert). Man könnte auch, in der Literatur findet sich das aber nur selten, von *zwischenstaatlichen Beziehungen* sprechen.
- In der politischen Alltagssprache und auch bei manchen Politikwissenschaftlern werden beide Begriffe, weil die Differenz zwischen Akteurs- und System-Zentrierung als nicht so wichtig angesehen wird, synonym verwendet. Wenn es geht, sollte man das aber vermeiden.
- Der schon etwas ältere, aber außerhalb der Fachdisziplin wenig verwendete Begriff der *transnationalen Politik* umfasst Staatsgrenzen überschreitende Handlungen, an denen Regierungen als die Repräsentanten von Staaten nur unter anderen Akteuren oder sogar überhaupt nicht beteiligt sind, weil die nicht-staatlichen Akteure ihre Ziele und Interessen unter Auslassung der Staaten verfolgen. In Betracht kommen hier ganz verschiedenartige nicht-staatliche Akteure, z. B. Firmen mit Geschäftsinteressen, Nichtregierungs-Organisationen mit humanitären oder anderen kulturellen Interessen, aber auch Verbrecherorganisationen mit kriminellen Zielen. *Transnationale Beziehungen* bezeichnet dann das gesamte Netzwerk transnationaler Politiken.
- Die Begriffe *internationale Politik* und *internationale Beziehungen* werden auch häufig in der weiteren Bedeutung des Wortes verwendet, dann umfassen sie auch die transnationale Politik/transnationalen Beziehungen.
- Sämtliche strukturell verankerten Verbindungen zwischen allen staatlichen und allen nicht-staatlichen Akteuren mit grenzüberschreitenden Beziehungen sind zusammengefasst in dem Begriff des *internationalen Systems*.
- Wenn man von Außenpolitik spricht, benutzt man das Wort zur Kennzeichnung eines Politikfeldes. Will man auf die Theorien, Konzepte und Untersuchungsansätze zu sprechen kommen, die über Außenpolitik existieren, verwendet man den Begriff der Außenpolitikforschung. Bei internationaler Politik und internationalen Beziehungen ist das anders („Beziehungsforschung" klänge auch etwas missverständlich). Im Deut-

schen hat sich zur Bezeichnung der Fachdisziplin die substantivierende Schreibweise *Internationale Politik* oder *Internationale Beziehungen* durchgesetzt. Analog zum englischen Wortgebrauch (*international relations*, aber da kann man ja aus übergeordneten Gründen das I nicht groß schreiben) gibt es auch im Deutschen ein Professionalität verheißendes Akronym für die Disziplin: *IR* (englisch) und *IB* (deutsch).

– Keineswegs vollständig, aber doch manchmal in beträchtlichem Ausmaß überschneidet sich die Außenpolitik eines Staates mit seiner *Sicherheitspolitik*. *Sicherheit* ist ein ziemlich komplexer Begriff, im Grunde einer der wenigen Fundamentalbegriffe sozialen und politischen Handelns (wie etwa *Freiheit*) und deshalb für die unterschiedlichsten Politikfelder von Belang. Unter staatlicher Sicherheitspolitik im engeren Sinne versteht man aber zumeist das Bemühen von Regierungen, die nationale Unabhängigkeit innerhalb der Staatsgrenzen zu garantieren, wozu das Instrument der Streitkräfte ein wichtiges Mittel ist, allerdings nur eines unter anderen. Außen- und Sicherheitspolitik ergänzen einander aufs Engste und müssen deshalb haarfein aufeinander abgestimmt sein.

Alles klar? Leider ja nicht so ganz, weil die hier verwendeten Definitionen zwar ganz praktikabel sind, aber keineswegs von allen und jedem in dieser Form akzeptiert werden. Viele Forscherinnen und Forscher weichen ein bisschen oder ein bisschen mehr davon ab. Wer sich systematisch mit dem Politikfeld beschäftigt, ist also gut beraten, sich immer erst darüber Klarheit zu verschaffen, welche Begriffsbedeutungen in den studierten Texten verwendet werden.

### 2.1.3 Außenpolitik und Globalisierung

Neben den Staaten hat es, seit sich die moderne Staatenwelt im 17. Jahrhundert in Europa als Strukturmuster der internationalen Beziehungen durchzusetzen begonnen hat, immer auch schon nicht-staatliche Akteure mit grenzen-überschreitendem Handlungshorizont gegeben. Es gab sie auch vor dieser Epoche schon, aber dafür braucht es eigentlich eine andere Begrifflichkeit. Je nachdrücklicher die Staaten, zunächst die Fürsten als ihre Repräsentanten (*„L'état, c'est moi"*, hat einer von ihnen gesagt, ohne im damaligen politischen Kontext als besonders prätentiös aufzufallen), später die Parlamente und Regierungen, je nachdrücklicher sie Souveränität und Grenzkontrollen für sich reklamierten, desto deutlicher kristallisierte sich die „Staatenwelt" als entscheidender Kern des internationalen Systems heraus.

Dieser Prozess erhielt durch den Frieden von Münster und Osnabrück am Ende des Dreißigjährigen Krieges kräftige Impulse. Deshalb nennen Politikwissenschaftler in ihren eher systematisch-modellhaften Überlegungen zum Aufkommen der politischen Moderne dieses so konturierte internationale System auch das „Westfälische System internationaler Beziehungen".

Internationale Systeme hat es in mannigfacher Gestalt schon in länger zurückliegenden Epochen und in vielen Regionen der Erde gegeben. Man denke etwa an das östlich-mediterrane internationale System zur Zeit der griechischen Stadtstaaten, an das *Imperium Romanum* oder an das internationale System, dessen Mittelpunkt über viele Jahrhunderte von China gebildet wurde. Ein internationales System ist nach der klassischen Definition von Raymond Aron (1963, 117) „die Gesamtheit politischer Einheiten, welche miteinander reguläre Beziehungen unterhalten und in einen allgemeinen Krieg hineingezogen werden können." Das hier verwendete Adjektiv *regulär* darf nicht mit *freundlich* oder *friedlich* gleichgesetzt werden. Vielmehr soll damit gesagt werden, dass zu einem internationalen System alle diejenigen politischen Akteure gehören, die sich gegenseitig formal oder informell als Elemente eines gemeinsamen Beziehungssystems anerkennen.

In den vergangenen Jahrhunderten bis zum Beginn der (in europäischer Periodisierung) Neuzeit genannten Epoche war es so, dass internationale Systeme nur makro-regionale Ausdehnung besaßen. Wo etwa das griechische internationale System seine äußerste Peripherie besaß und sozusagen zu Ende war, ging die Welt doch weiter. Am Kaiserhof von Xi'an mochte man von irgendwelchen weißen Völkern im Westen gehört haben, aber die galten als barbarisch, und politische Verbindungen zu ihnen wollte man nicht.

Keine Frage also, dass es durchaus nichts Ungewöhnliches hatte, wenn in den vergangenen Perioden auf der Erde gleichzeitig mehrere internationale Systeme existieren konnten. Sie hatten so gut wie nichts miteinander zu tun.

Das ist heute anders. Das gegenwärtige internationale System, hervorgegangen aus dem Westfälischen System, umfasst sozusagen jedes Fleckchen auf der Erde. Das Westfälische System internationaler Beziehungen hat sich globalisiert. Dieser Prozess ist verschiedentlich auf Widerstand gestoßen. Der Versuch der Sowjetunion, auf der Basis Marx'scher und Lenin'scher Konzepte nach 1918 zu einem den bürgerlich-kapitalistischen Staaten als grundsätzliche Alternative gegenüberstehenden „Weltsystem" zu werden, schien zeitweise sogar beträchtliche Erfolgsaussichten zu haben. Aber nur zeitweise, und nach 1990 ist dieser Versuch nichts als Vergangenheit. Auch die Führer der Sowjetunion betrachteten ihr internationales und ihr transnationales (auf der Partei-Schiene verankertes) Netzwerk als den Kern eines globalen internationalen Systems.

Den Begriff der Globalisierung verwendet man allerdings erst seit ca. zwei Jahrzehnten, um einen Namen zu haben für die zunehmende Vernetzung von immer mehr Menschen und Organisationen über den ganzen Planeten hin (dies die sozusagen unformatierte Fassung der Definition von Globalisierung). Dies ist zuvörderst ein technologischer Prozess – ohne die modernen Medien und Kommunikationstechniken, die weltweite Transaktionen ohne die geringste Zeitverzögerung („in Echtzeit") erlauben, und ohne die moderne militärische Rüstung, die es prinzipiell ermöglicht, jeden Punkt der Erde von jedem Punkt der Erde aus zu erreichen und zu zerstören, gäbe es keine Globalisierung. Erkennbar ist sie vor allem auf der ökonomischen Ebene (Internationalisierung des Handels, grenzüberschreitende Entscheidungen über Produktionsstandorte, Deregulierung der Finanz- und Kapitalmärkte.) Neben den Regierungen von Staaten treten auch mehr und mehr nicht-staatliche Akteure auf. Das trägt weiter dazu bei, dass die Bedeutung von Territorialität abnimmt und die von zwischenstaatlichen Grenzen sich verändert. Das alles hat enorme politische Auswirkungen. Deshalb werden die Außenpolitiken der Staaten auch direkt von der Globalisierung beeinflusst, manche mehr, andere weniger.


## 2.2 Akteure und Institutionen

Außenpolitik wird von Staaten gemacht, d. h. ihren Regierungen. Diese Aussage ist grundsätzlich korrekt, aber an ihren Rändern franst sie ein wenig aus. So verteilen sich die grenzüberschreitenden Handlungen einer Regierung mittlerweile über eine wachsende Zahl von staatlichen und halbstaatlichen Agenturen. Auch treten Regierungen keineswegs nur mit anderen staatlichen Akteuren in Kontakt, sondern agieren und reagieren, verhandeln und handeln gemeinsam (interagieren) mit nichtstaatlichen Akteuren. Innerhalb der Regierung eines Landes wie Deutschland ist es aber schon lange nicht mehr nur das speziell für die Außenbeziehungen eingerichtete und gewissermaßen „klassische" Ressort, das in diesem Gegenstandsbereich für die Regierung spricht und handelt. Ein anderes wichtiges Ressort ist das für die Sicherheitspolitik zuständige Verteidigungsministerium. Wie eng „klassische" Außen- und Sicherheitspolitik heute miteinander zusammenhängen, kann man u. a. an dem Konzept der Gemeinsamen Außen- und Sicherheitspolitik (GASP) erkennen, das die Europäische Union in dem Vertrag von Maastricht (unterzeichnet im Februar 1992) ins Leben rief. Auf diesen beiden sich überschneidenden Politikfeldern kommt es im Übrigen auch nicht selten zu Spannungen zwischen den Protagonisten. Dies wiederum lässt sich besonders eindringlich anhand der inner-administrativen Kämpfe zwischen dem *State Department* (Außenministerium) und dem *Department of Defense* (Verteidigungsministerium) in den USA studieren.

Ein dritter Handlungsträger in diesem bürokratischen Wettbewerb ist das Präsidialamt, der Präsident mit seinem Sicherheitsberater oder (wie im Fall der ersten Amtsperiode von George W. Bush) seiner Sicherheitsberaterin. In den meisten westlichen Demokratien kann man eine kriechende Kompetenzvermehrung der Ämter von Präsidenten oder Ministerpräsidenten auch für die Außenpolitik erkennen.

Das Bundeskanzleramt in Berlin bildet da keine Ausnahme. Obgleich starke Politiker-Persönlichkeiten in der Position des Außenministers (Willy Brandt, Hans-Dietrich Genscher oder Joschka Fischer darf man dazu zählen) auf bestimmten Feldern der Außenpolitik wirklich gestalterisch tätig geworden sind, ist es letztlich doch immer der Bundeskanzler, der hier nicht nur die entscheidenden Impulse geben, sondern auch ganze Bereiche der Außenpolitik in seinen Entscheidungsbereich, also das Bundeskanzleramt, verlagern kann. „Der Bundeskanzler bestimmt die Richtlinien der Politik und trägt dafür die Verantwortung", heißt es im Artikel 65 des Grundgesetzes. Nicht nur Konrad Adenauer in den frühen Jahren westdeutscher Außenpolitik, sondern auch Helmut Kohl und Gerhard Schröder haben sich auf diese Bestimmung stützen können, wenn sie vom Bundeskanzleramt aus in die „selbständigen Geschäftsbereiche" der Ministerien eingriffen. Wie Stefan Fröhlich (2001, 288) in seiner Studie über das außenpolitische Regierungshandeln in den 1980er Jahren einmal mehr gezeigt hat, kulminierte „die Kanzlermacht in der Außenpolitik" 1989/90 bei der Vorbereitung der deutschen Einheit. Auch Bundeskanzlerin Merkel hat in der seit 2005 regierenden großen Koalition die deutsche Außenpolitik besonders dort, wo es um spektakuläre Auftritte und Entscheidungen ging, als „Chefsache" behandelt.

## 2.2.1 Auswärtiges Amt

„Der Auswärtige Dienst ist ein Kernelement deutscher Außenpolitik. Er hält aber längst keine Monopolstellung in der Durchführung deutscher Außenpolitik mehr. Drei Entwicklungen berühren seine Rolle, wenn auch nicht seine Relevanz: *Die Ausbreitung außenpolitischer Zuständigkeiten innerhalb der Bundesverwaltung:* Gegenwärtig sind in den Ministerien des Bundes 336 Referate mit internationalen Aufgaben befasst, davon 279 auch mit Problemstellungen, die über die europäische Innenpolitik hinausreichen – das AA hat 74 Referate! *Das Entstehen einer grenzüberschreitenden Gesellschaftspolitik:* Auf dem Feld des Auswärtigen agieren inzwischen nicht nur fast alle Ministerien des Bundes, sondern auch die Länder, Städte und Gemeinden sowie die Organisationen und Institutionen der Zivilgesellschaft mit ihren vielen engagierten Mitgliedern ... *Das Heranbilden europäischer Außenpolitik* ... Für die nächsten zwei Jahrzehnte steht die Europäisierung der nationalen diplomatischen Dienste an, wenn auch vorerst kein europäischer Dienst, der die nationalen Diplomatien ersetzt" (Bertram, Däuble 2002, 11).

Alle Staaten verfügen über eine oberste Behörde, welche für die auswärtigen Beziehungen oder wenigstens für die meisten auswärtigen Beziehungen zuständig ist. In den Vereinigten Staaten heißt diese Behörde das *State Department*, in Großbritannien heißt sie *Foreign Office*. In Kanada hat sich der Name in den letzten Jahrzehnten häufig verändert, zuletzt von *Department of Foreign Affairs and International Trade* in *Department of Foreign Affairs* (woraus man schließen kann, dass für den kanadischen Außenhandel eine eigene Behörde geschaffen wurde). In Deutschland spricht man vom Auswärtigen Dienst, über den es ein eigenes Bundesgesetz gibt.

---

**Aus dem Gesetz über den Auswärtigen Dienst (GAD)**
**vom 30. August 1990**

§ 1 *Aufgaben*

(1) Der Auswärtige Dienst nimmt die auswärtigen Angelegenheiten des Bundes wahr. Er pflegt die Beziehungen der Bundesrepublik Deutschland zu auswärtigen Staaten sowie zwischenstaatlichen und überstaatlichen Einrichtungen. Er dient:
– Einer dauerhaften, friedlichen und gerechten Ordnung in Europa und zwischen den Völkern der Welt,
– der Wahrung der unverletzlichen und unveräußerlichen Menschenrechte als Grundlage jeder menschlichen Gesellschaft,
– der Erhaltung der natürlichen Lebensgrundlagen der Erde und dem Schutz des kulturellen Erbes der Menschheit,

– der Achtung und Fortentwicklung des Völkerrechts,
– dem Aufbau eines vereinten Europa und
– der Einheit und Freiheit des deutschen Volkes.

(2) Aufgabe des Auswärtigen Dienstes ist es insbesondere,
– die Interessen der Bundesrepublik Deutschland im Ausland zu vertreten,
– die auswärtigen Beziehungen, insbesondere auf politischem, wirtschaftlichem, entwicklungspolitischem, kulturellem, wissenschaftlichem, technologischem, umweltpolitischem und sozialem Gebiet zu pflegen und zu fördern,
– die Bundesregierung über Verhältnisse und Entwicklungen im Ausland zu unterrichten,
– über die Bundesrepublik Deutschland im Ausland zu informieren,
– Deutschen im Ausland Hilfe und Beistand zu leisten,
– bei der Gestaltung der Beziehungen im internationalen Rechtswesen und bei der Entwicklung der internationalen Rechtsordnung mitzuarbeiten
– und die außenpolitische Beziehungen betreffenden Tätigkeiten von staatlichen und anderen öffentlichen Einrichtungen der Bundesrepublik Deutschland im Ausland im Rahmen der Politik der Bundesregierung zu koordinieren.
...

§ 2 *Auswärtiger Dienst*
Der Auswärtige Dienst besteht aus dem Auswärtigen Amt (Zentrale) und den Auslandsvertretungen, die zusammen eine einheitliche Bundesbehörde unter Leitung des Bundesministers des Auswärtigen bilden.

§ 3 *Auslandsvertretungen*
(1) Auslandsvertretungen sind Botschaften, Generalkonsulate, Konsulate sowie ständige Vertretungen bei zwischenstaatlichen und überstaatlichen Organisationen.
...

(Bundesgesetzblatt 1990, Teil I, S. 1842ff.)

Das Auswärtige Amt, also die Zentrale des Auswärtigen Dienstes, hat im Laufe der Jahrzehnte eine Menge organisatorischer Veränderungen durchlaufen. Die Organisationsstruktur seiner Spitze sieht gegenwärtig so aus:

# Organigramm des Auswärtigen Amtes

**Leitungsstab** (Ministerbüro, Parlaments- u. Kabinettsreferat, Pressereferat)

**Bundesminister des Auswärtigen**

**Büro Staatssekretäre**

| Staatssekretär (Abteilungen 1,1A,2,2A,E) | | | | | Staatssekretär (Abteilungen GF, 3,4,5,6,K und 7) | | | | | Planungsstab | |
|---|---|---|---|---|---|---|---|---|---|---|---|
| | | | | | | Staatsminister | | | Staatsminister | Staatsminister für Europa | |
| **1** Zentralabteilung | **1A** Organisationsberatung | **2** Politische Abteilung | **2A** Beauftragter der Bundesregierung für Fragen der Abrüstung und Rüstungskontrolle | **E** Europaabteilung | **GF** Abteilung für Globale Fragen, Vereinte Nationen, Menschenrechte und Humanitäre Hilfe | **3** Politische Abteilung | **4** Abteilung für Wirtschaft und nachhaltige Entwicklung | **5** Rechtsabteilung | **6** Kultur- und Bildungsabteilung | **K** Kommunikation | **7** Protokoll |
| Personal und Verwaltung, IT, Gesundheits- und Reisedienst, Sicherheit, Aus- und Weiterbildung | Inspekteure, Controlling | Nordamerika, West-Ost-Beziehungen, Europa, NATO, ESVP, WEU, OSZE | Massenvernichtungswaffen, Landminen, Kleinwaffen | Europapolitik, Europäische Union, Europäisches Parlament, Europarat | Vereinte Nationen, Humanitäre Hilfe, Menschenrechte, Globale Fragen, Internationale Terrorismusbekämpfung und -prävention, Organisierte Kriminalität und Drogenbekämpfung | Naher und Mittlerer Osten, Afrika, Lateinamerika, Asien, Ozeanien; Sonderstab Afghanistan | internat. Wirtschafts- u. Finanzpolitik, Entwicklungspolitik, Außenwirtschaftspolitik u. -förderung, Energiepolitik, Forschungs- u. Technologiepolitik, Umwelt, Globalisierung, Exportkontrolle | Völkerrecht, Staats- u. Verwaltungsrecht, Strafrecht, Zivilrecht, Ausländerrecht, Visumrecht, Konsularrecht, Nothilfe für Deutsche im Ausland | Auswärtige Kultur- u. Bildungspolitik, Dialog der Kulturen, internationale kulturelle Zusammenarbeit | Politische Öffentlichkeitsarbeit im In- und Ausland | Staatsbesuche, Internationale Konferenzen und ausländische Vertretungen in Deutschland |

Krisenreaktionszentrum

Sonderstab Irak

Beauftragter der Bundesregierung für Menschenrechtspolitik und humanitäre Hilfe beim AA

Datenschutzbeauftragter, Personalrat, Schwerbehindertenvertreter

Koordinator für die deutsch-amerikanische Zusammenarbeit

Koordinator für internationale Personalpolitik

Koordinator für die deutsch-russische Zusammenarbeit

Gleichstellungsbeauftragte des Auswärtigen Amts

## 2.2.2 Nichtstaatliche Akteure

In den vor-demokratischen Zeiten des Westfälischen Systems waren es die Fürsten und der kleine Kreis ihrer Berater, die über die Außenpolitik entschieden. Damals befand sich die Außenpolitik im Kernbereich der arcana imperii, der geheimen Staatsvorgänge. Erst langsam veränderte sich das: Mit der Herausbildung eines auch politische Interessen artikulierenden Bürgertums entstand nach und nach ein (virtueller) öffentlicher Raum, in dem außenpolitische Vorstellungen debattiert und außenpolitische Prioritäten gesetzt wurden, zunächst einmal nur als Forderungen an die Fürsten. Fast überall blieb die Außenpolitik auch dann noch ein Bereich, der in außerordentlich starkem Maße von den Regierungen bestimmt wurde, als andere Politikbereiche sich schon lange (partieller) gesellschaftlicher Mitsprache geöffnet hatten. Die Außenpolitik war hier ein Nachzügler. In den verschiedenen Ländern verlief der Prozess der *Demokratisierung von Außenpolitik* auch nicht nach Schema F, sondern mal rascher, mal langsamer, häufig mit Rückschlägen. Unter Demokratisierung der Außenpolitik soll hier also der Vorgang verstanden werden, in dessen Verlauf nicht-staatliche Akteure aus der Gesellschaft heraus formalen und informellen Einfluss auf die Außenpolitik nehmen können, ohne dass dies als illegitim angesehen wird.

Die Basis einer solchen Demokratisierung der Außenpolitik bilden erstens innerhalb der Gesellschaft die zunehmende Differenzierung ökonomischer Aktivitäten und politischer Perspektiven und zweitens im internationalen System die zunehmende Vernetzung dieser Aktivitäten und Perspektiven über die Staatsgrenzen hinweg. Stephan Bierling (1999, 58ff.) macht drei Kategorien von nicht-staatlichen Akteuren aus, die auf die Gestaltung der auswärtigen Beziehungen Deutschlands Einfluss ausüben: Wirtschafts-Interessenten, Medien und Interessenverbände. Diese Kategorien vermischen sich allerdings im politischen Alltagsgeschäft. Wirtschafts-Interessenten bilden Interessenverbände. Bestimmte Medien stehen bestimmten Interessengruppen nahe. Löst man dieses Knäuel auf, kommt man in Bezug auf die deutsche Außenpolitik auf zwei Arten von sozio-strukturell ziemlich fest verankerten nicht-staatlichen („zivilgesellschaftlichen") Gruppierungen, die nicht immer, aber doch auch wiederum nicht selten die Außenpolitik der Bundesregierung in unterschiedliche Richtung hin beeinflussen wollen:

– *Wirtschaftsinteressen,* seien es partikulare Interessen einzelner Unternehmungen, seien es Brancheninteressen oder solche, die allgemein auf

Wirtschaftswachstum abzielen, werden traditionell von Regierungen besonders aufmerksam gehört und in der Regel gerne aufgegriffen. Schließlich gehören die Wahrung und Mehrung des Wohlstandes des eigenen Landes zu den Kernaufgaben seiner Regierung. Gerade ein Land wie Deutschland, dessen Volkswirtschaft in starkem Maße vom Außenhandel abhängt, bemüht sich, seine Außenpolitik so einzustellen, dass die Außenhandelsinteressen nicht zu kurz kommen. Es befindet sich hier durchaus in einem anstrengenden Wettbewerb mit anderen Ländern in vergleichbarer Position.

– *Humanitäre Interessen* der unterschiedlichsten Art, von der Förderung der Menschenrechte über den Kampf gegen Hunger und Armut sowie ökologische Interessen bis hin zur zivilgesellschaftlichen Friedensarbeit in den Konfliktzonen der Welt sind zwar nicht auf gleiche Weise institutionalisiert. Ihre Protagonisten wissen jedoch immer besser, sich in den öffentlichen Debatten über außenpolitische Prioritäten Gehör zu verschaffen.

Während den Wirtschaftsinteressen im öffentlichen Diskurs immer etwas Egoistisches anhängt oder angehängt werden kann, erhalten humanitäre Interessen genauso leicht moralischen Rückenwind (vgl. Speich, Bittner, Decker, Gartzke 2003). Wenn beide nicht parallel laufen, sondern aufeinanderprallen, ist die Regierung in einer Zwickmühle. Meist setzen sich wirtschaftliche Interessen durch, begründet mit der Vorstellung, dass erst eine gewisse wirtschaftliche Stärke erlaubt, auf andere staatliche Akteure auch im Sinne humanitärer Interessen erfolgreich einzuwirken. Aber humanitäre Interessen völlig zu ignorieren und ihre Protagonisten zu verärgern, das kann sich die Bundesregierung schon lange nicht mehr erlauben.

Ein aufschlussreiches, weil sich immer einmal wieder neu in den Vordergrund der öffentlichen Aufmerksamkeit schiebendes oder geschobenes Beispiel sind hier die deutrsch-chinesischen Beziehungen. Aus der Perspektive von Wirtschaftskreisen gilt es, diese Beziehungen stetig auszubauen, denn China ist schon jetzt, wird aber in der Zukunft noch deutlicher eine der führenden Volkswirtschaften der Welt. Aus der Perspektive humanitärer Gruppen ist allerdings die Menschenrechts-Bilanz der Regierung ziemlich düster. Deshalb drängen sie die Bundesregierung dazu, auf Peking einzuwirken, damit diese in den bilateralen Beziehungen bei ihrem chinesischen Partnern die Einhaltung der Menschenrechte nicht zu leise anmahnt. Vertreter der Exportwirtschaft sehen das mit sehr gemischten Gefühlen, denn sie fürchten, dass die chinesische Regierung auf solche

Mahnungen unfreundlich reagiert und dass darunter wiederum der Export nach China leidet.

## 2.2.3 Außenpolitik-Beratung

„Außenpolitik kommt ohne wissenschaftliche Beratung immer weniger aus. Die zunehmende Komplexität der außenpolitischen Aufgaben und Bindungen, die tiefgreifenden Wandlungen des zeitgenössischen internationalen Systems und nicht zuletzt dessen herabgesetzte Berechenbarkeit im Zuge der Auflösung früherer Ordnungszwänge und des Entstehens neuer Konflikt-, ja Chaospotenziale erfordert auch für die deutsche Außenpolitik eine erhöhte Eingabe wissenschaftlichen Sachverstands. Deren Notwendigkeit wird noch dadurch gesteigert, dass sich die europäische Staatenwelt substanziell verändert und die für die deutsche Politik weiterhin unverzichtbaren atlantischen wie europäischen Verklammerungen nicht revidiert, aber doch überdacht und eventuell aktueller definiert werden müssen" (Mols 1998, 253).

Es ist nicht schwer zu erraten, welchen Beruf der Verfasser dieser Passage ausübt. Er ist Universitäts-Professor für Politikwissenschaft. In gewissem Sinne verfolgen wir, wenn wir solche Sätze an die Politiker und die Öffentlichkeit adressieren, Standesinteressen, denn wer sollte besser für derlei Politikberatung geeignet sein als auf dem Feld der Außenpolitik akademisch lehrende und forschende Wissenschaftler? Aber was sich für unsereinen zunächst einmal nur als rhetorische Frage mit der logischen Antwort „Niemand!" darstellt, ist denn doch etwas komplizierter zu beantworten.

Politikberatung ist ein Vorgang, den es schon sehr lange gibt. Wer politische Entscheidungen treffen muss, braucht Informationen, um sich darüber klar zu sein, was die anstehende Entscheidung bedeutet. Er oder sie braucht aber auch Interpretationen, Abwägungen, Kontextualisierungen solcher Informationen, jedenfalls dann, wenn dem Entscheidungsfäller die Zeit fehlt, sich bis in die kleinsten Details in den Entscheidungsfall einzuarbeiten. Und das ist nur ausnahmsweise und in einer kleinen Minderheit von Entscheidungsfällen möglich. Also braucht er oder sie Berater. Im Verlauf der Moderne hat sich die Politikberatung zunehmend verwissenschaftlicht. Es ist nicht übertrieben zu behaupten, dass die Disziplin von den Internationalen Beziehungen ihren Auf- und Ausbau nach dem Ersten Weltkrieg der Vorstellung verdankt, die Welt benötige ein verlässliches Frühwarnsystem für die Eskalation von politischen Krisen und Konflikten in gewaltsame Auseinandersetzungen und Krieg. Der Sachverstand der Wissenschaftler sollte dazu dienen, die Politiker rechtzeitig zu warnen, damit diese dann, etwa im Rahmen des Völkerbundes, wirksame Konfliktprävention betreiben können.

Das hat, milde gesagt, nicht besonders gut funktioniert. Dennoch hat ein Rest dieses frühen Optimismus über die Möglichkeiten der Wissenschaft, die Politiker erstens rechtzeitig zu warnen und zweitens auch noch mit sach-angemessenen Ratschlägen für die Konfliktbearbeitung zu versorgen, die Jahrzehnte überlebt. Er reichte aus, um zu einer Inspirationsquelle für die Friedens- und Konfliktforschung zu werden, die in vielen westlichen Ländern erst gegen Ende der 1960er Jahre und dann noch einmal nach dem Ende des Ost-West-Konflikts an manchen Universitäten oder in außer-universitären Forschungsinstituten eingerichtet wurde.

Vielleicht noch wichtiger als fest institutionalisierte Einrichtungen wissenschaftlicher Politikberatung, weil gewissermaßen ihr Wurzelboden, ist für eine demokratische Gesellschaft die Existenz einer außenpolitischen Fachöffentlichkeit, die neben Politikern aus Regierung und Parlament, höheren Ministerialbeamten, an außenpolitischen Fragen besonders interessierten Fachleuten aus der Wirtschaft und Publizisten auch Wissenschaftler umfasst. Diese Fachöffentlichkeit braucht gar nicht besonders groß zu sein, sie sollte locker strukturiert sein, aber doch so, dass hier über wichtige außenpolitische Themen intelligent und kontrovers diskutiert werden kann.

Dies ist vor allem auch deshalb nötig, weil es, jedenfalls in Deutschland, in diesem Bereich einen traditionsreichen Hang zu Trennlinien gibt. Die Trennung zwischen Praktikern und Theoretikern der Außenpolitik (diese Begriffe von der jeweils anderen Seite mit einem leicht herabsetzenden Ton ausgesprochen) torpediert hierzulande immer noch weit erfolgreicher als in anderen Ländern die Kommunikation zwischen der universitären Außenpolitikforschung und den außenpolitischen Entscheidungszentren in der Hauptstadt. Zwar sind schon mehrere Brücken über diesen vorgeblichen Abgrund zwischen „Geist" und „Macht" gebaut worden. Aber dass es zu einem permanenten Austausch zwischen den einzelnen Segmenten der Fachöffentlichkeit kommt, bleibt Zukunftsmusik.

Aus diesem Wurzelboden ragen die außenpolitischen „Denkfabriken" hervor, denen die Aufgabe gestellt ist, der Regierung und dem politischen System insgesamt, aber auch der interessierten Öffentlichkeit praxis-relevante wissenschaftliche Expertise zur Verfügung zu halten. Die größten dieser Denkfabriken werden staatlich finanziert. Martin Thunert (2003, 31) nennt als „die großen außen-, friedens- und sicherheitspolitischen Denkfabriken":

- Stiftung Wissenschaft und Politik – Deutsches Institut für Internationale Politik und Sicherheit (Berlin);
- Deutsches Überseeinstitut Hamburg;
- Hessische Stiftung Friedens- und Konfliktforschung (Frankfurt/M.)
- Institut für Friedensforschung und Sicherheitspolitik (Hamburg);
- Europa- und entwicklungspolitische Forschungszentren wie Zentrum für europäische Integrationsforschung und Zentrum für Entwicklungsforschung (beide Bonn)

Außerdem zählt er privat- oder mischfinanzierte Organisationen wie die Bertelsmann-Stiftung, das Centrum für Angewandte Politikforschung (München) und das Forschungsinstitut der Deutschen Gesellschaft für Auswärtige Politik (Berlin) zu den wichtigen Denkfabriken für die Außenpolitik. Die Deutsche Gesellschaft für Auswärtige Politik soll hier besonders hervorgehoben werden, weil sie sich über viele Jahrzehnte um die Förderung einer außen- und sicherheitspolitischen Fachöffentlichkeit verdient gemacht hat. Thunerts Urteil über die Wirksamkeit der wissenschaftlichen Politikberatung in Deutschland ist moderat positiv, wobei er vor allem die beträchtlichen Veränderungen der letzten zwei Jahrzehnte vor Augen hat.

„Dennoch gibt es innerhalb der einzelnen großen Politikbereiche ... Themen, denen die politikberatende Aufmerksamkeit weniger zuteil wird, bei denen die Beratung nahezu ausschließlich über Forschungsaufträge durch Ministerien etc. gesteuert wird, oder zu denen es kaum konkurrierende Institutsangebote gibt. Zu diesen Bereichen gehören ... die Familienpolitik und Teile der Bildungspolitik, die Themen Minderheiten, Zuwanderung und Integration sowie in der internationalen Politik (militär)strategische Analysen und Risikoabschätzungen sowie Know-How über Regionen, die nicht im aktuellen Fokus der deutschen Außenpolitik stehen, dies aber morgen tun können" (Thunert 2003, 33).

Eine dieser Regionen war bis vor kurzem z. B. der Nahe Osten.


## 2.3 Theorie

Die Außenpolitik eines Staates wie Deutschland wird von internationalen Strukturen und Vorgängen jenseits seiner Grenzen bestimmt, aber auch von innenpolitischen Konstellationen und von gesellschaftlichen Interessen und Werten. Beides verknäuelt sich fest miteinander, so dass es nicht immer möglich ist, die Bestimmungsfaktoren außenpolitischer Entscheidungen genauer zu gewichten. Trotz dieser doppelten Verankerung der

Außenpolitik im Innen und Außen eines Staates, wird die Analyse der Außenpolitik in der Politikwissenschaft gemeinhin dem Bereich (der Sub-Disziplin) der Internationalen Beziehungen zugeordnet (Weller 2000, 11). Das ist eine Konvention, mehr nicht. Sie impliziert aber neben anderem, dass, wer sich mit Außenpolitik beschäftigt, um die manchmal etwas ermüdende Theorie-Debatte in den Internationalen Beziehungen nicht herumkommt. Ermüdend ist diese Debatte immer dann, wenn die disziplinhistorisch gewachsenen „Großtheorien", „Schulen" oder „Weltbilder" wie kleine Heere von Zinnsoldaten gegeneinander aufgefahren werden, um sich gegenseitig wissenschaftspolitisch abzuschießen: viel Rauch, wenig Durchsicht. Was oben mit Bezug auf die Politikberatung gesagt wurde, gilt auch hier – die mit geradezu sportlichem Ehrgeiz immer neu ausgebaggerten Trennlinien zwischen diesen Forschungs- und Deutungsverbünden erschweren die Kommunikation.

Man sollte sich auch davor hüten, allzu unbedenklich bestimmte Namen mit bestimmten „Schulen" o. ä. zu identifizieren. Bei manchen geht das zwar, aber bei manchen anderen nicht. Hier drängeln sich häufig Motive in den Vordergrund, die mehr mit wissenschaftspolitischem Verdrängungs-Wettbewerb als mit Forschungsneugier zu tun haben. Es geht halt auch um Karrieren und Seilschaften, wie alle wissen, die mit Berufungsvorgängen in Universitäten zu tun haben. Abgesehen davon bleibt es freilich wichtig, die verschiedenen Ansätze und Akzente in den Internationalen Beziehungen identifizieren zu können. Unterschiedliche, sich teilweise überschneidende Bezeichnungen stellen eine zusätzliche Komplikation dar. Aus all diesen Gründen wird dieses Unterkapitel eher kurz gehalten. Wer sich ausführlicher mit den Weltbildern und Generationswechseln auf dem Gebiet der „theorieorientierten Außenpolitikforschung" beschäftigen möchte, sei auf den Aufsatz von Harnisch (2003) verwiesen.

### 2.3.1 Proteïscher Realismus

Im akademischen Diskurs über die Theorien internationaler Beziehungen und die Außenpolitik von Staaten als eines der Elemente dieser Beziehungen stehen der „Realismus" und der „Neo-Realismus" hierzulande, aber auch in den angelsächsischen Ländern nicht so gut da, bei uns sogar ausgesprochen schlecht. Damit drückt sich auch eine gewisse Ferne zum politischen Entscheidungsprozess aus. Je näher nämlich die über Außenpolitik schreibenden Autoren an diesen Entscheidungszentren angesiedelt sind, desto „realistischer" werden ihre Perspektive und ihr Vokabular. Woran liegt das?

In der Hauptsache wird es daran liegen, dass politikentscheidungs-nahe Außenpolitikanalyse sich den individuellen Akteuren und ihrem Selbstverständnis anzupassen bestrebt ist. Für wissenschaftliche Politikberatung ist das unumgänglich, sollen ihre Vorschläge nicht umstandslos ins Archiv umgeleitet werden oder im Papierkorb landen. Den Praktikern der Politik ist an ausholenden theoretischen Erörterungen nicht gelegen. Damit haben sie recht. Die Qualität wissenschaftlicher Politikberatung misst sich aber nicht nur an der Praktikabilität ihrer Vorschläge, sondern auch an der Fundiertheit der diesen Vorschlägen unterliegenden Lageanalysen. Und dazu braucht es theoretische Kenntnisse. Deswegen ist es sinnvoll, dass es im akademischen Raum auch eine ausgiebige Theorie-Debatte gibt. Zwischen beidem zu vermitteln, ist schwierig und gelingt selten genug.

Das, was Reinhard Meyers (1997[3], 329) „Großtheorien" nennt, beruht in der Tat auf unterschiedlichen Welt- und Menschenbildern. In der akademischen Disziplingeschichte, Reinhard Meyers ist ihr getreuer Chronist, taucht das Etikett des Realismus erst als Reaktion auf den von dessen Vertretern etwas abschätzig so genannten „Idealismus" auf. Trotzdem kann man mit Fug und Recht behaupten, dass in den vielen Jahrhunderten, in denen Philosophen und politische Praktiker systematisch über Politik nachdachten (von Thukydides bis Bismarck, von Machiavelli bis Lenin), diese bei allen sonstigen Unterschieden doch eines gemeinsam hatten – eine ernüchternd kühle Vorstellung von der menschlichen Vernunft. Auf dies bezieht sich hier der in anderen Kontexten etwas komplexere Begriff des Realismus. Meyers bietet folgende Formulierung zur Kennzeichnung dieses realistischen (also: nicht überschwenglichen, dafür skeptischen) Menschenbildes an:

„Der Mensch ist eingebunden in die Widersprüche von Norm und Realität, von schöpferischen und zerstörerischen Verwirklichungsmöglichkeiten der Freiheit. Aus diesen Widersprüchen resultiert Angst, aus Angst der Versuch, durch Machterwerb Sicherheit zu gewinnen" (Meyers 1997[3], 375).

Aus dieser Konstellation heraus entsteht legitime Herrschaft. Die Beziehungen zwischen Staaten werden als prinzipiell labil angesehen; die Suche nach Macht und Sicherheit prägen das Verhalten staatlicher Akteure.

Viel mehr kann man über die „Großtheorie" des Realismus nicht sagen, denn alles was jetzt folgt, Aussagen etwa über die Handlungsprä-

55

missen, das Handlungsmilieu, die entscheidenden Wirkfaktoren außenpolitischen Handelns, all das variiert je nach der spezifischen Spielart des Realismus. So ist der „klassische" Realismus eines Hans Morgenthau akteurs-bezogen, wohingegen der Neo-Realismus eines Kenneth Waltz struktur-bezogen argumentiert. Der Realismus, schreibt Gert Krell (2000, 120) sei eine sehr heterogene Theorietradition mit vielen Gegnern; aber er würde auch oft missverstanden. Insgesamt zeugen die Darstellung und die kritische Bewertung von Krell in seinem ohnehin empfehlenswerten Einführungsbuch über die Theorien der Internationalen Beziehungen von beachtlicher Fairness.

## 2.3.2 Macht zu Recht

Die Fragestellung aller realistischen Ansätze in den Internationalen Beziehungen lautet nach Meyers (1997[3], 375): „Wie ist internationale Politik tatsächlich beschaffen?" Demgegenüber fragen alle idealistischen Ansätze nach Auffassung des gleichen Autors: „Wie *soll* internationale Politik beschaffen sein?" (Meyers 1997[3], 417) Beide Fragestellungen ergänzen einander, was den falschen Eindruck erweckt, man könne realistische und idealistische Ansätze leicht miteinander kombinieren. Das Menschenbild der idealistischen „Großtheorie" ist jedoch dem des Realismus genau entgegengesetzt:

„Der Mensch ist von Natur aus vernunftbegabt; er orientiert sein Handeln an vernunftbegründeten und deshalb für ihn einsehbaren Normen oder Idealen, die sein Handeln auf den Fortschritt zum Besseren verpflichten" (Meyers 1997[3], 417).

Dieses Menschenbild ist in eine Geschichtskonzeption eingewickelt, die sich seit der frühen Aufklärung in Europa und parallel zur Expansion des europäisch geprägten („Westfälischen") internationalen Systems über den gesamten Planeten auch weltweit verbreitet hat, nämlich die Idee des Fortschritts. Über die vielfältigen Versionen dieser Vorstellung, ihre Ausarbeitung in Geschichtsphilosophien (z. B. der von Karl Marx und Friedrich Engels) und ihr Durchsickern in unseren Alltag, kann man lange grübeln, wozu hier nicht der Ort ist. Wichtiger ist in diesem Zusammenhang, dass dieses Menschen- und Geschichtsbild die politikwissenschaftliche Analyse normativ auflädt. Das kann, wenn man sich darüber ganz bewusst ist und es auch deutlich zu erkennen gibt, sehr konstruktiv sein; es kann aber auch auf utopistische Pfade führen.

Bei den jüngeren Runden des Theorie-Streits in den Internationalen Beziehungen wird die Bezeichnung „Idealismus" nicht mehr benutzt. Krell verwendet in der Absicht zu differenzieren die Begriffe „Liberalismus" und „Institutionalismus", Meyers bringt in diesem Zusammenhang auch das Etikett „Globalismus" ins Spiel. Hier wird alles schnell ganz schön unübersichtlich, was auch eine Folge des Wachstums der Disziplin von den Internationalen Beziehungen ist. Für Liebhaber von verschachtelten Übersichten und Fließdiagrammen bleibt die Darstellung der jüngeren Theorie-Debatte eine stete Herausforderung.

Festzuhalten ist, dass alle diese dezidiert normativen Ansätze internationale Politik und damit auch das außenpolitische Verhalten von Staaten verändert sehen wollen. Letztendlich geht es darum, Macht (immer mitzudenken: gleichviel, worauf sie beruht) durch Recht zu ersetzen. Nur so könne auch erreicht werden, was ansonsten Desiderat bleiben muss, nämlich der ewige Frieden (wie es Kant 1795 formuliert hat). Dagegen spricht, was ein Zyniker so ausgedrückt hat: Die Herrschaft des Rechts bedeutet die Herrschaft der Rechtsanwälte. Und dies, alle Rechtsanwälte, die ich kenne, ausgenommen, ist doch eigentlich eine ziemliche Horror-Vision.

## 2.3.3 Das Netz im Auge des Betrachters

Während gegenwärtig alle realistischen Weltbilder und Theorieversionen in der akademischen Debatte eher als anachronistisch eingestuft werden (was ihnen nicht gerecht wird), gibt es auch einen allgemeinen Favoriten, auf den sich insbesondere die jüngere Generation von Politikforschern mit Vorliebe beruft, der Konstruktivismus. Krell (2000, 240) betont die Bescheidenheit der Anhänger des Konstruktivismus, die ihn weniger als Theorie, schon gar nicht als Weltbild, vielmehr als eine theoretisch angeleitete Forschungsperspektive für die internationalen Beziehungen ansähen. Nun gibt es bereits zahlreiche Versionen des Konstruktivismus, so dass es auch hier schon schwierig ist, den Überblick zu behalten.

„Im Vergleich zu rationalistischen Ansätzen, die gerichtetes Handeln im Sinne der Nutzenmaximierung auf ein gegebenes Ziel in den Vordergrund ihrer Analysen stellen, gehen sozialkonstruktivistische Ansätze davon aus, dass Akteure und Strukturen in der internationalen Politik nicht unabhängig von sozialen Kontexten verstanden werden können und somit Ziele und die darauf gerichteten Präferenzen sozial konstituiert werden" (Harnisch 2003, 329).

Konstruktivisten enthalten sich grundsätzlicher Äußerungen über die Natur des Menschen. Sie bewegen sich sozusagen auf einer zweiten Beobachtungsebene. Was „Realität" ist, auch „politische Realität", existiert nicht unabhängig vom Auge des Betrachters. Die Menschen konstruieren sich mithilfe von Werten, Normen, Konventionen, Vorurteilen, freilich auch über möglichst vorurteilsfreie Beobachtung ihrer Umwelt eine feste Vorstellung von dieser Umwelt. Es ist dann diese individuelle oder (über alle möglichen Vermittlungsprozesse wie Schule, Medien usw.) kollektiv gewordene Vorstellung, die zur eigentlichen Grundlage des Handelns wird. Begriffe wie sozio-politischer Kontext, politischer Code, kollektive Identität und kollektive Selbstwahrnehmung, Perzeption und Perzeptionswandel, politische Rollen prägen die Terminologie konstruktivistischer Ansätze. Das Grundbuch des Konstruktivismus in den Sozialwissenschaften ist der im englischen Original bereits 1966 erschienene Text „Die gesellschaftliche Konstruktion der Wirklichkeit" von Peter L. Berger und Thomas Luckmann, wahrhaft ein soziologischer „Klassiker".

Dass die Theorie-Debatte in den Internationalen Beziehungen mit dem Konstruktivismus sozusagen einen wissenssoziologischen *turn* gemacht hat, kommt ihr sehr zugute. Nach einem berühmten Wort von Karl Popper sind sozialwissenschaftliche Theorien Netze, mit denen die Wissenschaftler möglichst viel Wahrheit einfangen wollen. Das ist eine hübsche, aber auch eine sozialromantische Metapher. Unsere Erklärungs- und Deutungs-Netze befinden sich in unserem Kopf. Was wir damit einfangen, ist zunächst einmal nur „unsere Wahrheit". Konstruktivistische Ansätze sind gegen die Versuchung, dogmatisch zu werden oder fundamentalistisch zu argumentieren, vergleichsweise besser geschützt als alle anderen. Das kann man gar nicht hoch genug einschätzen.

# 3. Aus der Not ein Erfolgsrezept

In diesem Kapitel gehen wir auf den Ausgangspunkt deutscher Außenpolitik nach 1945 zurück. Zur terminologischen Klärung: wenn von deutscher Außenpolitik die Rede ist, meine ich, sofern nicht ausdrücklich anders erwähnt, die Außenpolitik der Bundesrepublik Deutschland. Das ist in gewissem Sinne nicht korrekt, denn es gab ja von 1949 bis 1990 zwei deutsche Staaten, die jeweils eine eigene deutsche Außenpolitik betrieben. Über die Außenpolitik der DDR folgt aber immerhin noch ein gesondertes Kapitel.

Bevor es nach 1945 wieder deutsche Staatlichkeit und damit eine Außenpolitik im vollen Sinne der Wortbedeutung geben konnte, vergingen gut vier Jahre. Und selbst nach der Gründung der Bundesrepublik Deutschland waren ihre Möglichkeiten, außenpolitisch zu handeln, sehr eingeschränkt, teils von außen wegen der „Aufsicht" der drei westlichen Siegermächte, teils aus Gründen innerer Schwäche. Die Bundesrepublik hat ihren außenpolitischen Handlungsspielraum sehr vorsichtig erweitert. Im Rückblick wird man sagen können, dass so etwas wie der „Wiederaufstieg" Deutschlands, vertreten durch die Bundesrepublik, in den Rang einer gewichtigen Mittelmacht auf der weltpolitischen Bühne relativ rasch vonstatten ging. Und doch: über Deutschland schwebte die ganze Zeit über ein Schatten, der bewirkte, dass die ansonsten recht „normale Politik" dieses Landes doch immer unter ganz besonderer Beobachtung stand. Was dies für die deutsche Außenpolitik bedeutete, soll zunächst erörtert werden. Dem schließen sich Überlegungen zur Teilung und zur „Westverschiebung" Deutschlands an. Im dritten Unterkapitel wird es dann um den Kontext Wiedervereinigung/Ost-West-Konflikt gehen. Alles drei zusammen ergibt den Grundriss deutscher Außenpolitik bis 1990. Vieles davon hat auch nach 1990 seine Bedeutung nicht verloren, manches aber doch.

## 3.1 Die Vergangenheit als Last und Mahnung

Im September 2004 lief mit mehreren hundert Kopien der Film „Der Untergang" in den deutschen Kinos an. In diesem Film werden die letzten zwei Wochen geschildert, die Adolf Hitler (gespielt von Bruno Ganz) im Führerbunker verbracht hat. Dieser Spielfilm hat ein sehr heftiges Echo hervorgerufen, von strikter Ablehnung wegen seiner ihm unterstellten verharmlosenden Wirkung auf die Zuschauer bis zu uneingeschränktem Lob. Frank Schirrmacher von der FAZ nannte den Film „nicht nur ein großes Kunstwerk, sondern ein wichtiges Datum unserer Verarbeitungsgeschichte" (FAZ v. 15.9.2004). Es ist dieser zuletzt genannte Ausdruck, auf den es in unserem Zusammenhang ankommt: Verarbeitungsgeschichte.

Die politische Kultur Deutschlands ist seit 1945 von der nationalsozialistischen Vergangenheit überschattet worden, in einer besonders nachhaltigen Weise. Der Ausdruck Vergangenheitsbewältigung (als Aufgabenstellung und als Vorgang) kennzeichnet die Situation der Deutschen bei der Neuformulierung ihres nationalen Selbstverständnisses. Die Vergangenheit des Nationalsozialismus ist von Ernst Nolte, einem meist klug, manchmal auch ziemlich unklug argumentierenden Historiker, als eine Vergangenheit bezeichnet worden, die nicht vergehen will. Was ist damit gemeint? Und vor allem: was bedeutet das für die Politik in Deutschland und speziell für die deutsche Außenpolitik?

### 3.1.1 Zweifache Last der Vergangenheit

„Daß Deutschland 1945 ein nicht nur militärisch besiegtes Land war, sondern sich auch geistig in einem völlig desolaten Zustand befand, ist wohl unbestritten. Der Nationalsozialismus, der offensichtlich für die übergroße Mehrheit der Bevölkerung völlig gescheitert war und ein moralisches Desaster von Verrat, Massenmord und hündischer Unterwürfigkeit hinterließ, hatte das Land in ein Nichts geführt – im wahrsten, materiellen und ideellen Sinne des Begriffs" (Bellers 1999, 114f.).

Das ist vielleicht etwas krass formuliert, aber dennoch richtig. 1945 war Deutschland als Nation, waren die Deutschen als Volk, war die Vorstellung, die sich die Welt von Deutschland und den Deutschen machte, unüberbietbar tief ins Negative gefallen. Wie konnte es dazu kommen, dass die Nationalsozialisten 1933 an die Macht kamen? Warum folgte ihnen die große Mehrheit der Deutschen in den organisierten Rassismus, in den Krieg, der im Osten genozidalen Charakter annahm? Gibt es eine Kontinuität in der deutschen Geschichte, in deren Licht der Nationalsozialismus nicht als die große, furchtbare Ausnahme erscheint, sondern nur als die konsequente Zuspitzung des in der nationalen Mentalität schon immer Vorhandenen? Und, politisch gewendet, was bedeuten die Antworten, die man auf diese Fragen findet, für die Zukunft Deutschlands als Nation, als Staat?

Die Deutschen, jedenfalls ihre sich artikulierende Mehrheit, kehrten sich vom Nationalsozialismus ab. Oder genauer: Sie bekehrten sich zu einem Anti-Nationalsozialismus (linke Version: Antifaschismus), der das Dritte Reich und seine Führungsfiguren als das schlechthin Inakzeptable identifizierte. Die Totalität der militärischen Niederlage 1945, die Präsenz der Vier Alliierten als Besatzungsmächte und ihre Entnazifizierungspolitik beförderten diese Umkehr.

Begleitet war diese Um- oder Abkehr von einem schon früh einsetzenden, dennoch erst später und sich intensivierenden und interessanterweise auch im letzten Jahrzehnt keineswegs auslaufenden politischen Selbstverständigungs-Diskurs der Deutschen, in dem die oben aufgezählten Fragen allgemein und *en détail* immer wieder neu aufgegriffen wurden und werden. Freilich war dieser Diskurs der *Vergangenheitsbewältigung* oder der *Aufarbeitung der Vergangenheit* (beides eher sperrige Begriffe) nicht nur geprägt vom Willen zur Aufdeckung und Aufklärung, sondern auch vom Willen, dem Stigma der Vergangenheit zu entrinnen. „Man will von der Vergangenheit loskommen: mit Recht, weil unter ihrem Schrecken gar nicht sich leben läßt, und weil des Schreckens kein Ende ist, wenn immer nur wieder Schuld und Gewalt mit Schuld und Gewalt bezahlt werden soll; mit Unrecht, weil die Vergangenheit, der man entrinnen möchte, noch höchst lebendig ist", hatte Theodor W. Adorno 1959 beobachtet. Diese Zwickmühle funktioniert nach wie vor, und alle Versuche, ihr über begriffliche Vehikel wie „Normalisierung" zu entkommen, werden noch lange scheitern. Warum sollte man das versuchen? Die Erinnerung an den Nationalsozialismus, sein Entstehen, seine Ausbreitung, seine Herrschaft und an die unter seinem Regime verübten Verbrechen ist kein lähmender Bann; sie ist stattdessen die Voraussetzung für die Chance zur kollektiven politischen Existenz.

Würden die Deutschen die unerfreulichen Aspekte ihrer Geschichte im 20. Jahrhundert (die Großmäuligkeit des Wilhelminismus und das Scheitern der Weimarer Republik) und den absoluten Tiefpunkt dieser Geschichte zwischen 1933 und 1945 vergessen oder verdrängen wollen, es wäre vergebens, denn es gibt genügend Akteure außerhalb Deutschlands, die uns daran erinnern und das Verdrängte wieder vor unsere Augen bringen würden. Bei so vielen Gelegenheiten der Nachkriegsgeschichte haben Deutschlands Nachbarn zu verstehen gegeben, dass bei ihnen jedenfalls diese Geschichte lebendig bleibt. Dahinter stecken wirkliche Sorgen und Befürchtungen, dass ein wieder erstarkendes Deutschland in Politikmuster der ersten Hälfte des 20. Jahrhunderts zurückfallen könnte. Freilich sind diese Sorgen und Befürchtungen auch oft nur vorgespiegelt, sind instrumentalisiert worden, um ein Wiedererstarken Deutschlands entweder zu verlangsamen oder mittels besonderer Mechanismen gewissermaßen unter Kontrolle behalten zu können.

Deutsche Politik im Innern und deutsche Außenpolitik sind deshalb in den ersten Jahren nach der Staatsgründung ganz besonders scharf beobachtet worden. Das hat dann später nachgelassen; aber ganz aufgehört hat es nie. Die erste Last der Geschichte, die wir zu tragen haben, ist die Geschichte des Nationalsozialismus, wie sie abgelaufen ist. Davon ist nichts rückgängig zu machen, und wenig genug war wieder gutzumachen. Die anderen Akteure des internationalen Systems, vor allem die Staaten, die von Deutschland im Zweiten Weltkrieg bekriegt wurden, haben seither ein Bild von Deutschland, in welchem diese Rückfallmöglichkeit, selbst wenn sie für sehr gering bis nicht mehr aktuell angesehen wird, dennoch weiter figurieren wird. Diese „dunklen Stellen" im Bild, das sich die anderen von Deutschland machen, bleiben noch lange. Das ist die zweite Last der Vergangenheit. Die erste wiegt viel schwerer, wie wir immer wieder erkennen, wenn wir uns wieder einmal in eine größere Auseinandersetzung mit der Geschichte des Dritten Reiches begeben. Die Anlässe dazu können ganz verschieden sein: ein Spielfilm wie Steven Spielbergs „Schindlers Liste", eine zuspitzende Buchpublikation wie Daniel Jonah Goldhagens Dissertation über Hitlers willige Vollstrecker, ein Roman wie Jonathan Littells „Die Wohlgesinnten" oder eine Ausstellung mit Fotographien über den Ostfeldzug der Wehrmacht. Es wird auch künftig immer wieder solche Anlässe geben. Die zweite Last wiegt zeitweise sehr wenig. Sie würde aber an Gewicht gewinnen, wenn Deutschland zu einer Politik überginge, die bei den Nachbarn und bei anderen Akteuren alte Befürchtungen neu belebt. Diese Rahmenbedingung deutscher Politik gehört zur deutschen Normalität dazu.

## 3.1.2 Verarbeitungsgeschichte

Vielleicht ist die Metapher von der *Last* der Vergangenheit, so stimmig sie in mancherlei Beziehung auch ist, doch etwas missverständlich, weil damit der Eindruck erweckt wird, die deutsche Außenpolitik sei dadurch gehandicapt. Sie ist es durch die oben beschriebene erste Last sehr wohl, unabwendbar nun. Die zweite Last der Geschichte hat sich aber ganz im Gegenteil als eine Chance herausgestellt. Denn sie drückte die deutsche Außenpolitik in eine Richtung, die sie ohne diesen Druck vielleicht nicht oder nur widerstrebend eingeschlagen hätte, und die sich sehr bald als eine überaus vorteilhafte Richtungsentscheidung herausstellte. Zwar ist es in der Politik immer prekär, wenn man eine Entwicklung für alternativlos hält. Denn sie hätte immer auch anders ablaufen können. Aber zuweilen drängt sich in der Politik der Eindruck auf, es gäbe jedenfalls keine sinnvolle Alternative zu dem, was abläuft oder wozu man sich entschieden hat.

So ist es auch mit der Nachkriegsentwicklung der Bundesrepublik Deutschland und mit ihrer Außenpolitik. Der starke Druck der Westmächte brachte es dahin, dass sich die neue Demokratie in die westlichen Bündnisse und damit in ein westliches Wertesystem integrierte, das vielen Deutschen vor 1933 (und während der Zeit des Nationalsozialismus erst recht) suspekt war. Dieser Druck bewirkte aber nicht, dass die großen innen- und außenpolitischen Grundsatzentscheidungen in den frühen Jahren der Bundesrepublik von den Deutschen als Fremdbestimmung interpretiert wurden. Vielmehr verinnerlichten sie sozusagen die neuen Werte, Prioritäten und Orientierungen, woran die führenden Politiker des Landes, allen voran Konrad Adenauer, tatkräftig mitwirkten.

Die Verarbeitungsgeschichte des Nationalsozialismus verlief dennoch nicht ohne Holprigkeiten. Die Gründe, warum der Nationalsozialismus sich in den Köpfen und in der Gefühlswelt so vieler Menschen einnisten und warum er dann auch „ganz normale Menschen" zu unglaublichen Grausamkeiten anstiften konnte, darüber dachte man zunächst weniger nach. (Bis heute beschäftigen wir uns mit dieser Frage.) Wichtiger war zunächst ein in vielen individuellen Biographien zuweilen mit nicht ganz ehrlicher Heftigkeit gezogener Schlussstrich. Man wollte mit dem Nationalsozialismus nichts mehr zu tun haben, auf keinen Fall mit ihm identifiziert werden.

Wegen dieser Konstellation und wegen der sie klug in politische Regeln befestigenden Politik gab es in Deutschland nur am Rande des politischen

Spektrums so etwas wie eine NS-Nostalgie, gab es trotz aller Kontroversen zwischen den Parteien und in der Öffentlichkeit über die Innen- und Außenpolitik einen sich im Laufe der Zeit verstetigenden Grundkonsens. Er setzte sich z. B. in der sogenannten Wiedergutmachungspolitik gegenüber Israel in den 1950er Jahren durch und bereitete später auch den Übergang von der Ostpolitik des Kalten Krieges zur Neuen Ostpolitik der Entspannung vor. Auch die Debatte über die Konsequenzen der Vereinigung Deutschlands am Ende des Ost-West-Konflikts war davon mitgeprägt.

### 3.1.3 Lehren aus der Vergangenheit

Wie kann man die nicht ganz freiwilligen, aber letztlich eben doch willig angenommenen Lehren, die für die deutsche Außenpolitik aus der Vergangenheit gezogen wurden, beschreiben? Von den Vorstellungen und Konzeptionen, die im Umkreis des Widerstands gegen die Hitler-Herrschaft entwickelt wurden (vgl. Erhard 2004), ging wenig in die Nachkriegsplanungen ein. Das ist nicht vorwurfsvoll gemeint, weil es sich eigentlich von selbst versteht. Die Widerständler des 20. Juli 1944 gingen von einer Eigenstaatlichkeit Deutschlands nach dem Kriegsende aus und konnten die Konstellation, die im Mai 1945 eintrat, nicht vorausahnen.

So sind es vor allem zwei Lehren, die aus der nationalsozialistischen Vergangenheit (und deren Vorgeschichte) für die Außenpolitik der Bundesrepublik gezogen wurden: *Erstens* die Akzeptanz und der geschickte Einsatz einer Außenpolitik der Zurückhaltung und freiwilligen Selbstbeschränkung und *zweitens* die Herabstufung des Nationalismus als Treibmittel nationaler Interessenpolitik und damit einhergehend die Ausrichtung auf eine kooperativ vorgehende Außenpolitik des *Multilateralismus.* Beides wurde Teil der politischen Kultur der Bundesrepublik Deutschland – und beides musste nach dem Ende des Ost-West-Konflikts und der deutschen Vereinigung neu definiert werden.

„In der Wahl der außenpolitischen Mittel verhielt sich die Bundesrepublik, als wollte sie in allem das gerade Gegenteil dessen tun, was vorher im Namen Deutschlands getan worden war. Die erste und engste Freundschaft wurde mit dem einstigen ‚Erbfeind‘ Frankreich gesucht, der erste große Akt der Wiedergutmachung gegenüber dem jüdischen Volk geleistet, das Hitler hatte auslöschen wollen. Wenn das nationalsozialistische Reich eine Hegemonie über Europa errichten wollte, so versprach das demokratische Deutschland schon in seiner Verfassung, nationale Souveränitätsrechte an künftige europäische Gemeinschaften abzugeben. In ihren ersten Jahren war die Politik der Bundesrepublik durch eine beinahe stürmische Suche nach Vertrauen und Freundschaft in der Welt charakterisiert, die nur durch die Furcht vor dem Refus in Schranken gehalten wurde. Mit einer Politik des Wohlverhaltens ging die Bundesrepublik auf moralische Eroberungen aus, um wiederzugewinnen, was durch die brutale, menschenverachtende Politik des ‚Dritten Reiches' verloren gegangen war" (Wagner 1964, 13f.).

Man spricht in diesem Zusammenhang auch von einer „Politik der Zurückhaltung" oder, wie es zwei kanadische Beobachter der deutschen Außenpolitik ausdrücken: „la culture de la retenue" (Martin Larose, Paul Létourneau 2002, 276). Helga Haftendorn (2001) hat für denselben Sachverhalt den Terminus *Selbstbeschränkung* gewählt. Das trifft freilich insbesondere für die späteren Jahre der (alten) Bundesrepublik zu, denn ganz zu Beginn war ihr Handlungsspielraum viel zu klein, als dass eine freiwillige Selbstbeschränkung schon praktiziert werden konnte. Aber sie wurde dem neuen Staat ins Fundament gebaut, wie an den von Wagner erwähnten Bestimmungen des Grundgesetzes ablesbar ist.

Noch einmal betont: Selbstbeschränkung fällt leicht, wenn man eh nichts zu fordern hat. Und das war in den ersten Jahren nach der Staatsgründung der Fall. Freiwillige Selbstbeschränkung wurde dann aber zu einem Element der außenpolitischen Kultur der Bundesrepublik.

Konrad Adenauer vermochte es auf überaus geschickte Weise, diese Politik der Selbstbeschränkung sozusagen offensiv einzusetzen (mehr darüber im nächsten Kapitel). Seine außenpolitische Konzeption, die er nach 1949 mit Geschick und Überzeugungskraft durchsetzte, ist von einer zweiten Lehre aus der Vergangenheit durchtränkt, nämlich der Vorstellung, dass die aus dem 19. Jahrhundert überlieferte nationale Konkurrenzsituation in Europa überwunden werden muss. Zwar kann man nicht einfach behaupten, dass Adenauer nationalstaatliches Souveränitätsdenken fremd gewesen wäre. Aber seine skeptische Einstellung zum Nationalismus, besonders zum deutschen Nationalismus, der seine leichte Verführbarkeit durch totalitäre Demagogie zum Ende der Weimarer Republik unter Beweis gestellt hatte, ließ ihn nach politischen Strukturen Ausschau halten, in denen die europäischen Nationalstaaten kooperativ aufgehoben werden könnten. *Aufgehoben* allerdings nur im Sinne von fester Einbindung.

Die Bundesrepublik entwickelte sich so zu einem Staat, der trotz des „Alleinvertretungsanspruchs" auf ein post-nationales Verständnis von kollektiver Identität und außenpolitischem Verhalten hinsteuerte. Für erstere wurde von Dolf Sternberger der Begriff des Verfassungspatriotis-

**Aus dem Grundgesetz für die Bundesrepublik Deutschland**

**Art. 24 (Übertragung von Hoheitsrechten auf zwischenstaatliche Einrichtungen)**

(1) Der Bund kann durch Gesetz Hoheitsrechte auf zwischenstaatliche Einrichtungen übertragen.

(1a) ...

(2) Der Bund kann sich zur Wahrung des Friedens einem System gegenseitiger kollektiver Sicherheit einordnen; er wird hierbei in die Beschränkung seiner Hoheitsrechte einwilligen, die eine friedliche und dauerhafte Ordnung in Europa und zwischen den Völkern der Welt herbeiführen und sichern.

(3) Zur Regelung zwischenstaatlicher Streitigkeiten wird der Bund Vereinbarungen über eine allgemeine, umfassende, obligatorische, internationale Schiedsgerichtsbarkeit beitreten.

**Art. 25 (Völkerrecht und Bundesrecht)**

Die allgemeinen Regeln des Völkerrechtes sind Bestandteil des Bundesrechtes. Sie gehen den Gesetzen vor und erzeugen Rechte und Pflichten unmittelbar für die Bewohner des Bundesgebietes.

**Art. 26 (Verbot der Vorbereitung eines Angriffskrieges; Kriegswaffenkontrolle)**

(1) Handlungen, die geeignet sind und in der Absicht vorgenommen werden, das friedliche Zusammenleben der Völker zu stören, insbesondere die Führung eines Angriffskrieges vorzubereiten, sind verfassungswidrig. Sie sind unter Strafe zu stellen.

(2) ...

mus geprägt, den Jürgen Habermas aufgriff und weiter populär machte. Für letzteres steht insbesondere die Politik der europäischen Integration, bei der von allen beteiligten Staaten die Bundesrepublik am wenigsten Bedenken gegen den Einbau supranationaler Elemente in die Strukturen der europäischen Institutionen hegte. Aber dieses außenpolitische Verhalten hat auch mit der Zeit den außenpolitischen Stil der Bundesrepublik eingefärbt. Die Präferenz für die Methode des Multilateralismus ist so letztlich auch eine Lehre aus der Vergangenheit.

Sozial-tiefen-psychologisch versierte Beobachter der Bundesrepublik bieten als Erklärung für dieses Verhalten den Schock über den aus maßlos übersteigertem Nationalbewusstsein hervorgegangenen Nationalsozialismus an. Wer so negative Erfahrungen mit dem eigenen aggressiven Nationalismus gemacht hat, ist sozusagen ein gebranntes Kind, welches das Feuer scheut. Das mag so sein; es schmälert aber nicht die politische Leistung, das Gemeinwesen in ein außenpolitisches Fahrwasser zu steuern, in dem die Interessen der eigenen Bevölkerung in einer sehr viel kooperativen Weise als jemals zuvor in der deutschen Geschichte verfolgt werden konnten.

## 3.2 Teilung und Westverschiebung

Bisher wurden in diesem Kapitel nur diejenigen Aspekte der Umorientierung deutscher Außenpolitik nach 1945 betrachtet, die direkt mit der totalen Niederlage im Zweiten Weltkrieg und dem Nationalsozialismus zu tun haben. Damit haben wir zwar einen ganz wichtigen Strang dieses Vorgangs der gründlichen Um- und Neuorientierung in den Blick genommen, aber wir haben ihn in von einem anderen Strang, der ebenso wichtig war, aus systematischen Gründen völlig isoliert. Jetzt wird es, in ebenso isolierender Betrachtungsweise um diesen zweiten Strang gehen. Überflüssig darauf hinzuweisen, dass in der Geschichte, so wie sie ablief, beide Stränge engstens miteinander verknüpft waren.

### 3.2.1 Ost-West-Konflikt und Kalter Krieg

Über den Ost-West-Konflikt ist viel geschrieben worden, historisch-detailliert über seinen Verlauf, systematisch-analytisch über seine Dynamik. Seit dem Ende des Ost-West-Konflikts stand in solchen Studien meist nur seine Entwicklung nach 1945 im Blickpunkt, also seine territoriale Expansion über alle Kontinente hin, seine Akzentuierung in der nuklearstrategischen Konfrontation zwischen den Vereinigten Staaten und der Sowjetunion samt ihrer jeweiligen Verbündeten und in seiner das internationale System bipolar ausrichtenden Struktur. Das ist eine erste Verkürzung der Perspektive auf diesen Grundkonflikt des 20. Jahrhunderts, denn der Ost-West-Konflikt tauchte mit der Russischen Revolution 1918 auf der zwischenstaatlichen Ebene auf und besaß mehr Dimensionen als nur die machtpolitische und die nuklearstrategische Dimension. Eine zweite, vielfach vorgenommene Verkürzung besteht darin, den Ost-West-Konflikt nach 1945 bis zu seinem Ende 1990 einfach als Kalten Krieg zu bezeichnen. Diese Bezeichnung verdeckt aber, dass seit den 1960er Jahren nicht mehr der Kalte Krieg, sondern die in sich höchst komplexe Entspannungspolitik den Ost-West-Konflikt dominierte, mindestens bis 1979 und dann wieder, nach einer eher konfrontativen Zwischenphase, ab 1985/86.

Die wichtigste Dimension, die in den heutigen Rückblicken auf den Ost-West-Konflikt oft zu kurz kommt, ist die gesellschaftspolitische Dimension. Denn welche Begriffe man immer für die Konfliktparteien verwendet, Kapitalismus versus Sozialismus etwa oder westliche Demokratie versus bolschewistische Parteidiktatur, sie alle machen implizit oder explizit darauf aufmerksam, dass es auch um die Konfrontation zweier Menschenbilder, zweier Geschichts- und Gesellschaftsentwürfe, zweier Ideologien ging. Diese Formulierung ist allerdings in einem Punkt nicht ganz korrekt, weil sie eine nicht vorhandene Symmetrie suggeriert. Die gab es nicht: Im sowjetischen Herrschaftsbereich (wie auch in den abtrünnigen Sozialismen Chinas, Albaniens, Nordkoreas) wurden Erziehung und Wissenschaft streng auf die herrschende Ideologie ausgerichtet, Abweichungen wurden nicht geduldet. Im Westen war die Toleranzbreite erheblich größer, so dass auch Anhänger der Ideologie des antagonistischen Systems ihre Vorstellungen propagieren konnten.

Der Zweite Weltkrieg (genauer: die Zeit nach dem deutschen Überfall auf die Sowjetunion im Juni 1941) war durch eine zwar von Misstrauen durchsetzte, jedoch vom Ziel des gemeinsamen Kampfes gegen die Achsen-Mächte zusammengehaltene antagonistische Ost-West-Kooperation gekennzeichnet. Nach 1945 hielt diese Kriegskoalition nicht länger. Ende 1946, Anfang 1947 trat der Ost-West-Konflikt in eine neue Phase ein, die bald Kalter Krieg genannt wurde.

Der Kalte Krieg intensivierte den Ost-West-Konflikt und ließ alle Instrumente zu seiner Austragung zu, von der permanenten Propaganda bis hin zu sogenannten Stellvertreterkriegen. Einzig die direkte militärische Konfrontation zwischen den Hauptprotagonisten blieb tabu. Deutschland war nicht das einzige oder das zentrale Territorium, auf dem der Kalte Krieg ausgefochten wurde. Aber es war zumindest für den europäischen Kontinent von entscheidender Bedeutung, ob der „Westen" oder der „Osten" hier bestimmenden Einfluss haben würde. Wer Deutschland hatte, so stellten es sich die Politiker in Moskau und Washington vor, würde bald ganz Europa haben. *Haben* meint hier: sein eigenes Gesellschafts- und Wirtschaftssystem etablieren zu können.

Der Kalte Krieg teilte, gemäß den nicht mehr wesentlich begradigten Frontverläufen am Ende des Zweiten Weltkriegs, Europa, er teilte Deutschland, und er teilte noch einmal auf ganz eigentümliche Weise die Stadt Berlin. Die drei Westsektoren Berlins wurden zu einer westlichen Enklave in der sowjetischen Besatzungszone, später der DDR. Das war eine prekäre Situation. Sie machte Berlin zu einem Brennpunkt des Kalten Krieges. Und es ist kein Zufall, sondern nur logisch, dass eine der wichtigsten Voraussetzungen für den Übergang vom Kalten Krieg zur Ost-West-Entspannung in Europa der Abschluss des Viermächte-Abkommens von Berlin vom 3. September 1971 war. Der Fall der Berliner Mauer und die Bilder von ausgelassen feiernden Menschen auf der ihrer Teilungsfunktion beraubten Mauer symbolisieren schließlich das Ende des Ost-West-Konflikts.

Der Kalte Krieg in Europa und in Deutschland bedeutete, dass beiderseits der Trennlinie der politische und wirtschaftliche Neuaufbau nach einander widersprechenden Grundsätzen organisiert wurde. Beide Seiten hofften, dass ihr eigenes Regime kurz-, mittel- oder langfristig auf ganz Europa ausdehnen würde. Es begann die Systemkonkurrenz, der Wettstreit der Systeme.

Dies nun hatte enorme Konsequenzen für Deutschland und die Deutschen. Denn dieser Wettstreit ging um alle, also auch um sie. Während also die (gemeinsame) Perspektive der Siegermächte des Zweiten Weltkriegs, unangesehen ihrer internen Differenzen, in Bezug auf Deutschland mit Begriffen wie *Kontrolle, Demontage, Reparationen, Entnazifizierung* abgesteckt werden kann, sind für die (unterschiedlichen, ja gegenläufigen) Perspektiven der Hauptprotagonisten des Kalten Krieges in Europa andere Begriffe maßgebend: *Re-Education; Wiederaufbau-Förderung; Integration* der jeweiligen Besatzungszone(n) und später des nach den eigenen Vorstellungen gegründeten deutschen Staates in das eigene Bündnissystem. Anders gesagt: der Kalte Krieg machte aus den Verlierern des Zweiten Weltkriegs Verbündete im Ost-West-Konflikt.

Dieser Perspektiven- und Konzeptions-Wechsel vollzog sich rasch und mit großer Dynamik. Allerdings geht so etwas nicht von einem Tag auf den anderen und so vor sich, dass ab einem bestimmten Datum die alten Perspektiven und Konzepte nicht mehr existieren. Sie werden vielmehr überlagert, und zuweilen lugen sie unter den neuen noch hervor.

Der Kalte Krieg besiegelte mit diesem Wechsel aber die Teilung Deutschlands und gab ihr eine andere, über die nationale Problematik hinausgehende Bedeutung. Es war nun klar, dass die Systemkonkurrenz auf deutschem Boden auch die Wege zur Überwindung der Teilung festlegte: Wer diese Konkurrenz gewinnt, bekommt ganz Deutschland.

Die Westdeutschen, die Bewohner der Bundesrepublik, trafen es besser an als die Ostdeutschen, die Bewohner der DDR. Denn die Bundesrepublik begann bald zu prosperieren, die neu eingerichteten demokratischen Institutionen wurden von einer großen Mehrheit erst hingenommen, dann aber auch recht bald in der politischen Kultur des Landes fest verankert.

### 3.2.2 Dreifache Westverschiebung

Diese beiden Aspekte, nämlich die nationale Problematik oder, in anderer Terminologie, die „deutsche Frage" mit ihren beiden Unteraspekten, Deutschlands relatives Übergewicht in Europa und die Last der nationalsozialistischen Vergangenheit, sowie die Ost-West-Systemkonkurrenz, verknüpften sich seit 1946/47 immer enger miteinander. Daraus entstand das Grundmuster deutscher Außenpolitik bis zu dem Moment, als der Ost-West-Konflikt zu Ende gegangen war.

Für die Bundesregierung war damit auch, und zwar gleich in dreifacher Hinsicht, eine Verschiebung nach Westen verbunden. Zum ersten betraf das die früheren deutschen Gebiete jenseits von Oder und Neiße.

---

**Aus der „Mitteilung über die Dreimächtekonferenz von Berlin (Potsdamer Protokoll)" vom 2. August 1945**

**VI. Stadt Königsberg und das anliegende Gebiet**

Die Konferenz prüfte einen Vorschlag der Sowjetregierung, dass vorbehaltlich der endgültigen Bestimmung der territorialen Fragen bei der Friedensregelung derjenige Abschnitt der Westgrenze der Union der Sozialistischen Sowjetrepubliken, der an die Ostsee grenzt, von einem Punkt an der östlichen Küste der Danziger Bucht in östlicher Richtung nördlich von Braunsberg-Goldap und von da zu dem Schnittpunkt der Grenzen Litauens, der Polnischen Republik und Ostpreußens verlaufen soll.

Die Konferenz hat grundsätzlich dem Vorschlag der Sowjetregierung hinsichtlich der endgültigen Übergabe der Stadt Königsberg und des anliegenden Gebietes an die Sowjetunion gemäß der obigen Beschreibung zugestimmt, wobei der genaue Grenzverlauf einer sachverständigen Prüfung vorbehalten bleibt.

Der Präsident der USA und der britische Premierminister haben erklärt, dass sie den Vorschlag der Konferenz bei der bevorstehenden Friedensregelung unterstützen werden.

## IX. Polen

...

b) Bezüglich der Westgrenze Polens wurde folgendes Abkommen erzielt:

In Übereinstimmung mit dem bei der Krim-Konferenz erzielten Abkommen haben die Häupter der drei Regierungen die Meinung der Polnischen Provisorischen Regierung der Nationalen Front hinsichtlich des Territoriums im Norden und Westen geprüft, das Polen erhalten soll ... Die Häupter der drei Regierungen bekräftigen ihre Auffassung, dass die endgültige Festlegung der Westgrenze Polens bis zu der Friedenskonferenz zurückgestellt werden soll.

Die Häupter der drei Regierungen stimmen darin überein, dass bis zur endgültigen Festlegung der Westgrenze Polens, die früher deutschen Gebiete östlich der Linie, die von der Ostsee unmittelbar westlich von Swinemünde und von dort die Oder entlang bis zur Einmündung der westlichen Neiße und die westliche Neiße entlang bis zur tschechoslowakischen Grenze verläuft, einschließlich des Teiles Ostpreußens, der nicht unter die Verwaltung der Union der Sozialistischen Sowjetrepubliken in Übereinstimmung mit den auf dieser Konferenz erzielten Vereinbarungen gestellt wird, und einschließlich des Gebietes der früheren Freien Stadt Danzig unter die Verwaltung des polnischen Staates kommen und in dieser Hinsicht nicht als Teil der sowjetischen Besatzungszone in Deutschland betrachtet werden sollen.

(Aus: Rechtsstellung Deutschlands. Völkerrechtliche Verträge und andere rechtsgestaltende Akte, hrsg. von Dieter Rauschning, München 1985, S. 29ff.)

Die Gebiete östlich der Oder-Neiße-Linie wurden zwar nur vorbehaltlich einer endgültigen Regelung auf einer Friedenskonferenz mit Deutschland abgetrennt. Aber *erstens* ist es niemals zu einer solchen Friedenskonferenz gekommen. Das wurde vor 1990 verschiedentlich bedauert; aber mit dem Zwei-plus-Vier-Vertrag aus diesem Jahr hat sich dieses Desiderat in Luft aufgelöst. Und *zweitens* taten die Sowjetunion und Polen alles, um die in diesen Gebieten wohnenden Deutschen zu vertreiben, eine Art ethnische Säuberung vor der Erfindung dieses Ausdrucks. Ähnlich machte es die Tschechoslowakei mit den auf ihrem Staatsgebiet wohnenden Deutschen. Das Ergebnis war eine riesige Zahl von Heimatvertriebenen, die nach Westen gedrängt wurden. Noch heute überschatten diese Vorgänge die politischen Beziehungen zwischen Deutschland und diesen beiden Staaten. Sie bringen von Zeit zu Zeit auch immer einmal wieder Irritationen im Selbstverständnis Deutschlands hervor, wenngleich diese „andere Last der Geschichte" wegen der politisch und wirtschaftlich insgesamt geglückten Integration der Vertriebenen kein so großes Gewicht gewann.

Die zweite Westverschiebung betrifft die Verlagerung des politischen Geschehens von Ost nach West, von Berlin nach Bonn. Die „Hauptstadtproblematik" Berlins ist davon nur ein Teil – nur der östliche Teil Berlins behielt ja die Funktion einer Hauptstadt (oder erhielt sie wieder). Dass Ost-Berlin Hauptstadt der DDR wurde, war besatzungsrechtlich nicht unumstritten, hatte aber eine nicht zu unterschätzende symbolische Bedeutung. Denn damit war praktisch der Anspruch auf die Wiedervereinigung unter östlichem Vorzeichen angemeldet. Dass Berlin zur Hauptstadt eines wiedervereinigten Deutschland werden sollte, freilich unter westlichem Vorzeichen, das wurde auch in der Bundesrepublik immer wieder und mit allerlei politischer Symbolik (z. B. Wahl des Bundespräsidenten) verkündet. Für Jahrzehnte musste es dabei bleiben, eine längere Zeitspanne, während der die katholisch geprägte Provinz- und traditionsreiche Universitätsstadt Bonn zur Hauptstadt aufwuchs. Gerade seine allem Pompösen abholde Aura machte Bonn für viele In- und Ausländer zu einer sympathischen Hauptstadt. Die *Bonner Republik* wurde sogar zu einer Art Markenzeichen der Bundesrepublik. Es sollte die provinzielle Anspruchslosigkeit, das Unaggressive und Freundliche der deutschen Politik hervorheben. Nicht immer stimmte dieses Etikett mit der politischen Alltagswirklichkeit überein; aber es kam den Bundesregierungen sehr zu Pass.

Die dritte Westverschiebung wurde insbesondere unter Intellektuellen und politischen Denkern in den Jahrzehnten nach 1945 immer wieder mit wechselnden Begrifflichkeiten diskutiert (und in der Regel nachdrücklich begrüßt). Zunächst ging es um die als „deutscher Sonderweg" bezeichnete geistig-politische Entwicklung Deutschlands im späten 19. Jahrhundert und bis 1945. Die Abkehr von diesem „Sonderweg" abseits von den Werten und Konzepten westlicher Demokratie-Entwicklung und die auch geistig-moralische Integration in den westlichen *mainstream* wurden zu einem Projekt politischen Denkens und politischer Bildung im Nachkriegsdeutschland. Es war immer aufs Engste verbunden mit der kräftigen politischen Akzentuierung einer europäischen Integrationspolitik auf der Basis der deutsch-französischen Verständigung. Der Blick nach Westen, nach Frankreich wurde sozusagen zur normalen Blickrichtung in der Außen- und Europapolitik.

Noch weiter im Westen liegen die Vereinigten Staaten von Amerika, ohne deren politische und wirtschaftliche Hilfestellung die Bundesrepublik sich nicht so rasch hätte stabilisieren können. Das Verhältnis zu den Vereinigten Staaten durchläuft seit Beginn der Amtszeit von Präsident George W. Bush eine eher durch eine gewisse Holprigkeit geprägte Phase. Aber zu anderen Zeiten sah das anders aus. Ein Echo dieser transatlantischen Verlängerung der Westverschiebung findet sich in den historischen Studien über den Einfluss der Vereinigten Staaten auf die Kultur der Bundesrepublik (wofür es den oft auch unfreundlich gebrauchten Begriff der *Amerikanisierung* gibt) und über die Ausbildung „einer gemeinsamen Werteordnung in den Gesellschaften diesseits und jenseits des Nordatlantik" (Doering-Manteuffel 1999, 13).

### 3.2.3 Die „deutsche Frage"

„Der Begriff ‚deutsche Frage' wurde im Sprachgebrauch und im politischen Alltag zu einem häufig benutzten, parteipolitisch vielfach vermarkteten Terminus. Er unterliegt somit ständig der Gefahr inhaltlicher Ausweitung und Verwässerung sowie einer oft unkritischen Verwendung als Schlagwort. Eine genauere Analyse des Begriffs ‚deutsche Frage' als eines politischen und historischen Begriffs verdeutlicht, dass das Ausland und die Deutschen hiermit weitgehend unterschiedliche Inhalte verbinden" (Gruner 1985, 15).

Schlagworte werden in der Tat meist nicht in kritischer Absicht verwendet, aber unmöglich ist eine solche Verwendungsart auch nicht. Die „deutsche Frage", die sich auswärtige Beobachter Deutschlands und manche selbstkritische Deutsche vor dem Hintergrund der Erfahrungen mit dem deutschen Expansionsstreben seit der Reichsgründung 1871 stellten, kann man so formulieren: Bedeutet ein starkes Deutschland in der Mitte Europas nicht quasi-automatisch eine Gefährdung der Sicherheitsinteressen seiner Nachbarn? Diese Frage haben die Siegermächte des Ersten Weltkriegs im Versailler Friedensvertrag, hat insbesondere Frankreich bejaht und durch eine Reihe von Maßnahmen wie Gebietsabtretungen und Reparationen die Stärke Deutschlands zu mindern versucht. Das hat, teils direkt, teils indirekt, sehr unerwünschte Folgen gezeigt.

Nach dem Zweiten Weltkrieg haben die Siegermächte, wiederum Frankreich mit besonderem Nachdruck, diese Frage ebenfalls bejaht. Die Ordnung für das Nachkriegsdeutschland, zusammengefasst in Konzepten wie Gebietsabtretungen größeren Ausmaßes, Entmilitarisierung, Demontagen und Aufteilung in Besatzungszonen, sollte die Stärke Deutschlands auf wirksamere Weise und vor allem auch längerfristig als der Versailler Vertrag einhegen.

Weil aber aus der befristet angelegten Teilung Deutschlands durch das Aufkommen des Kalten Krieges eine tiefe und die nationale Selbstbestimmung der Deutschen aufhebende, durch den Eisernen Vorhang befestigte Durchschneidung Deutschlands wurde, wurde die „deutsche Frage" für die Deutschen selbst zur nationalen Frage, verbunden mit dem Ziel der Vereinigung Deutschlands über diese innerdeutsche oder deutsch-deutsche Grenze hinweg. Formal ging es dabei sogar um Deutschland in den Grenzen von 1937, aber wer ein bisschen politischen Verstand besaß, wusste schon früh, dass die Gebiete jenseits von Oder und Neiße verloren waren.

*Diese* Version der „deutschen Frage" passte nicht sehr gut zur oben skizzierten Version. Für die Bundesrepublik und ihre politischen Repräsentanten war von 1949 an im Grunde klar, dass es nur dann einen Weg zur nationalen Vereinigung gibt, wenn diese mit den Zielen der Nachbarn, Deutschland machtpolitisch nicht zu stark werden zu lassen, kompatibel bleibt. Das blieb sie, solange den westlichen Verbündeten glaubwürdig versichert werden konnte, dass die deutsche Vereinigung nur „in Frieden und Freiheit" angestrebt wird, dass sie den Zielen der Ost-West-Auseinandersetzung untergeordnet wird und dass Deutschland im Falle der Vereinigung sich weiterhin in eine europäische Integrationspolitik einbinden wird, welche außenpolitische Alleingänge Deutschlands nach den Mustern früherer Expansionspolitik garantiert ausschließt. Man kann unschwer erkennen, dass alle Bundesregierungen, von Adenauer 1949 bis Kohl 1990, ihre Außenpolitik auf dieser Linie steuerten.

## 3.3 Vereinigungsoptionen und Ost-West-Konflikt

Die „deutsche Frage" wurde in den Ost-West-Konflikt integriert, das heißt, sie wurde auch zu einem Instrument der politischen und ideologischen Auseinandersetzungen. Beide deutsche Staaten waren zwar auch versucht, ihre eigene Staatlichkeit gewissermaßen national zu überhöhen. Aber das führte über Ansätze nicht hinaus. Ansonsten wurde das Ziel eines Gesamtdeutschlands beibehalten und manchmal mit mehr, manchmal mit weniger Dynamik verfolgt. Weil der Kalte Krieg den „Frontverlauf" in Europa festgezurrt hatte, handelte es sich aber in der Hauptsache um verbale Dynamik, um symbolische Politik.

Wenn zwei grundlegend unterschiedlich sozio-politische Konzepte und zwei antagonistische politische Akteursgruppen miteinander konkurrieren, kann man sich, rein aus der Logik der Konfrontation abgeleitet, drei Lösungstypen vorstellen: Entweder gewinnt eine der beiden Seiten oder es gibt eine Misch-Lösung jenseits der Konfrontation. Reine Logik und Politik, das passt nicht sehr gut zusammen. Dennoch ist dieses abstrakte Dreierschema auf die Vereinigungsoptionen anwendbar.

### 3.3.1 Nationale Einheit mit östlichem Vorzeichen

Noch einmal: Voraussetzung dieser Deutung von Vereinigungskonzepten für Deutschland ist der Gedanke, dass eine nur mit nationaler Terminologie legitimierte Vereinigung Deutschlands unter dem Vorzeichen des Ost-West-Konflikts keine tragfähige Option mehr war. Vielmehr mussten alle Vorschläge und außenpolitischen Strategien, die eine solche Vereinigung erreichen wollten, in der Terminologie des Ost-West-Konflikts abgefasst sein oder ihr zumindest einen Vorrang einräumen. Das schließt überhaupt nicht aus, dass viele Menschen, die sich mit dieser Frage beschäftigten, dies dennoch in nationalstaatlicher Perspektive taten. Aber festzuhalten bleibt, dass diese Perspektive einen entscheidenden Teil des politischen Problems und seiner Lösungsmöglichkeiten außen vor ließ.

Weil die Führung der Sowjetunion bei ihrer Expansionspolitik nach 1945 auf das ganze Arsenal geschichtsphilosophischer und ideologischer Rechtfertigungen zurückgriff (ob in der subjektiven Überzeugung von deren Richtigkeit oder mit Zynismus, ist für diese Betrachtung unerheblich), hatte sie Deutschland und den Deutschen gegenüber mit der Schwierigkeit zu kämpfen, politisch attraktiv zu werden. Nur eine Minderheit der

Deutschen war kommunistisch eingestellt. Als Besatzungsmacht konnte die Sowjetunion in ihrer Besatzungszone zwar auch mit einer großen Zahl Proselyten rechnen (das ist diesen gegenüber nur mäßig kritisch gemeint, denn so etwas ist halt ein *fact of life*), aber die Mehrzahl der Menschen ging doch zum Kommunismus innerlich auf Distanz oder war sogar dezidiert anti-kommunistisch eingestellt. Um die Attraktivität zu erhöhen, hat die Sowjetunion Deutschland gegenüber immer mal wieder, besonders in der Frühphase des Kalten Krieges bis 1955, die nationale Karte gespielt, wenn auch vorsichtig. Adressat dieses Strangs der sowjetischen Deutschlandpolitik war in erster Linie die Bundesrepublik, der die Auflösung vieler ihrer Westverbindungen schmackhaft gemacht werden sollte, indem als Belohnung dafür die nationale Einigung in Reichweite gerückt wurde. Genau dieses Kalkül steckt etwa hinter der in der Bundesrepublik heftig umstrittenen „Stalin-Note" vom 10. März 1952.

Umstritten war, ob diese Note und die darin aufgeführten Angebote von der Sowjetunion „ernst gemeint" seien, was eine völlig falsche Fragestellung war. Freilich war sie ernst gemeint, insofern man damit einen inner-westlichen Diskussionsprozess mit dem Ziel in Gang setzen wollte, die Westbindungen der Bundesrepublik zu lockern (vgl. Dittmann 1981). Was dann weiter passieren würde, blieb offen und war abhängig vom Verlauf dieser Auseinandersetzungen. Dass eine Vereinigung Deutschlands unter östlichem Vorzeichen für die Westmächte ganz und gar inakzeptabel war, sei am Rande erwähnt. Weil aber keiner der Alliierten für die Vertiefung der Teilung Deutschlands verantwortlich gemacht werden wollte, pflegten sie alle eine politische Rhetorik, in welcher jeweils der Gegenseite der „schwarze Peter" in dieser Angelegenheit zugeschoben werden sollte. Mit zunehmender Festigung des Eisernen Vorhangs waren ihre politischen Repräsentanten indes insgeheim keineswegs unzufrieden mit dem Status quo.

Insgesamt blieb die mit der nationalen Einheit lockende Deutschlandpolitik der Sowjetunion in der Frühzeit der DDR ohne durchschlagende Resonanz. Das gilt auch für eine Reihe nationale Symbole und Gefühlswerte betonender Bemühungen der DDR-Führung in der Schlussphase ihrer Existenz. Ihre Urheber hatten sich davon mehr versprochen.

## 3.3.2 Neutralismus

Alexander Gallus (2001) fasst die Verfechter eines vereinten Deutschland zwischen Ost und West unter dem Etikett „Neutralisten" zusammen. In sich ist diese Gruppe allerdings ziemlich heterogen. Man findet hier (un-) politische Außenseiter und Sektierer, eine Reihe trojanischer Jockeys, die national orientierte Kreise in der Bundesrepublik mit östlichem Auftrag infiltrieren sollten, versprengte Rechte mit zweifelhafter politischer Biographie, aber auch seriöse und nachdenkliche Politiker, Akademiker und Publizisten, die sich gegen die Überprägung der „deutschen Frage" durch den Ost-West-Konflikt wehren wollten. So formulierte in den späten vierziger Jahren Jakob Kaiser, Vorsitzender der CDU in der sowjetischen Besatzungszone Vorstellungen, nach denen ein vereinigtes Deutschland zu einer „Brücke zwischen Ost und West" werden sollte. Solange Deutschland noch nicht fest in den westlichen Bündnissen verankert war, das war erst seit 1955 der Fall, schien es auch einem Politiker wie Gustav Heinemann möglich, gegen den Preis der Nicht-Integration in den Westen von der Sowjetunion die Zustimmung zur Wiedervereinigung zu erlangen. Später waren es dann aus heutiger Sicht etwas versponnene Vorstellungen von einer möglichen „Konvergenz der Systeme" oder einem „dritten Weg" zwischen Sozialismus und Kapitalismus, die den Nährboden für Vereinigungskonzepte jenseits des Ost-West-Konflikts bildeten.

Politische Tauglichkeit besaß das alles nicht.

## 3.3.3 Der Lohn am Ende des Ost-West-Konflikts

„Außenpolitik war in der Bundesrepublik wie in der DDR nahezu vierzig Jahre lang hauptsächlich Deutschlandpolitik", hat Heinz Bude (1999, 23) angemerkt und dabei nur wenig überspitzt. Für die DDR stimmte dies insofern, als sie, der kleinere, ökonomisch schwächere und vor allem mit wenig innerer Legitimation ausgestatteter Staat, ihr außenpolitisches Hauptaugenmerk auf ihre internationale Anerkennung als Mitglied der Staatenwelt richten musste. Die Bundesrepublik versperrte ihr dabei lange Zeit erfolgreich den Weg, auch deshalb, weil diese Anerkennung nicht nur eine staats- und völkerrechtliche Dimension besaß. Es ging eben auch um das Bestehenkönnen im deutsch-deutschen Vergleich. Für die Bundesrepublik ging es auch darum, allerdings aus der deutsch-deutschen *topdog*-Perspektive, das Ziel der Vereinigung so zu formulieren, dass es in der Bundesrepublik nicht an Attraktivität verlor (eine Gefahr, die mit der Zeit größer zu werden drohte) und bei den westlichen Verbündeten nicht als nationalistischer Eigensinn und Ausbruch aus dem westlichen Konsens betrachtet werden konnte.

Konrad Adenauer hat hier mit seinen einfach klingenden, aber doch sehr scharfsinnigen konzeptionellen Formulierungen vor und zu Beginn seiner Amtszeit als Bundeskanzler den Grundstein für die deutsche Außenpolitik gelegt, die gemäß der Präambel des 1949 verabschiedeten Grundgesetzes auf das Ziel der nationalen Einheit hinsteuerte, aber eben nicht vor allem aus nationalen Gründen, sondern solchen, die sich aus dem Ost-West-Konflikt und dem Wettstreit der Systeme ergaben. Sein Konzept lässt sich, hinlänglich vergröbert, so skizzieren: Die Weltlage ist durch den Niedergang Europas und die seit dem Ende des Zweiten Weltkrieges die Weltpolitik beherrschende sowjetisch-amerikanische Bipolarität bestimmt. Der Kalte Krieg zwischen diesen beiden geht letztlich darum, wer von ihnen den anderen niederringen und anschließend die Welt nach seinen politischen Vorstellungen ordnen kann. In dieser Auseinandersetzung kann es für die Deutschen nur einen Platz geben, nämlich an der Seite der freiheitlichen Mächte und gegen die als totalitär wahrgenommene Sowjetunion. Die Bundesrepublik hat sich frei für diese Position entschieden; die Bevölkerung der DDR würde sich genauso entscheiden, wenn sie es dürfte. Längerfristig sind die freiheitlichen Politikprinzipien den totalitären überlegen, aber nur, wenn die westlich orientierten Mächte zusammenstehen;

„Jeder Versuch auf seiten Deutschlands, Frankreichs oder Italiens, eigensüchtige Zielsetzungen auf Kosten der westlichen Einheit zu verfolgen, verstand er darum als nationalistische Verwirrung. Kein Staat wäre ... zu einer nationalpolitischen Außenpolitik mehr legitimiert gewesen als die Bundesrepublik mit ihrem unerfüllten Wiedervereinigungswunsch. Indem der Bundeskanzler als berufenster Sachwalter deutscher Interessen der gemeinschaftlichen Freiheitssicherung vor einer riskanten Wiedervereinigung bedenkenlos den Vorrang einräumte, gewann er ein hervorragendes Argument gegenüber seinen westlichen Partnern" (Schwarz 1975, 115).

Dieses hervorragende Argument lautete: Deutschland will keine Vereinigung um jeden Preis, sondern nur im Einklang mit den Verbündeten, also eine Vereinigung unter westlichem Vorzeichen. Gegen diese Formulierung konnten die Westmächte keinen Einwand erheben und taten es auch nicht. Im Gegenteil, sie ermunterten die Bundesregierung ausdrücklich und immer wieder, dieses Ziel zu verfolgen, aber eben als Teil der westlichen Politik-Strategie gegenüber der Sowjetunion.

Als die Bundesrepublik Ende der 1960er Jahre und im Jahrfünft danach ihre Neue Ostpolitik konfigurierte, gab es bei manchen westlichen Verbündeten ein paar Befürchtungen und Irritationen, in Frankreich etwa unter dem Etikett des „Rapallo-Traumas". Aber auch die sozialdemokratisch geführten Regierungen Brandt und Schmidt dachten gar nicht daran, wegen irgendwelcher nationalpolitischen Ziele aus dem Grundkonsens des Westens auszuscheren oder auch nur mit dieser Option zu spielen, die Regierung Kohl sowieso nicht.

Der Lohn für das Durchhalten dieser Prioritätensetzung über Jahrzehnte hinweg war die zwar in einigen westlichen Ländern nicht ohne Bedenken und Grummeln, aber letztlich eben doch uneingeschränkt akzeptierte Vereinigung Deutschlands. 1989/90 unterstrich die Bundesregierung aber auch, ganz in der Adenauer'schen Tradition, ihre Bündnistreue. Der deutsche Machtzuwachs sollte nicht nationalstaatliche, sondern europäische Dynamik bekommen. Deutschland würde sich „europäisieren", sich fester in europäische Strukturen einbinden (lassen), um allen Befürchtungen vor einem „germanisierten Europa" von vornherein den Wind aus den Segeln zu nehmen.

Zweiter Teil:

# Stationen einer Erfolgsgeschichte

## 4. Der Beginn: Auf der Suche nach post-traumatischer Normalität

Die Zäsur von 1990 ist tief. Dennoch aber ist es eine Zäsur, welche keineswegs die grundlegende Einheitlichkeit deutscher Außenpolitik seit Ende des Zweiten Weltkrieges oder seit Gründung der Bundesrepublik durchtrennt. Insofern gibt es in der Tat eine Kontinuität deutscher Außenpolitik über das Ende des Ost-West-Konflikts hinweg.

Demgegenüber unterscheiden sich die außenpolitischen Zielsetzungen und Verhaltenscodes der Bundesrepublik grundsätzlich von denen früherer deutscher Regime, gleichviel, ob man an das Wilhelminische Reich, die Weimarer Republik oder die Zeit des Nationalsozialismus denkt. Allerdings gibt es, obwohl eine solche grundlegende Einheitlichkeit zwischen diesen drei genannten Staatsordnungen (die deshalb auch noch lange nicht in einen einzigen Topf gehören) und der Bundesrepublik fehlt, doch auch einige politische Stränge, die sich durch das ganze 20. Jahrhundert ziehen. Aber nicht sie, nicht eine gewisse geopolitische Persistenz, sind entscheidend, sondern entscheidend ist das Neue an der deutschen Außenpolitik nach dem Zweiten Weltkrieg. Darauf zu verweisen, ist nicht ganz überflüssig, weil man in den letzten Jahrzehnten auch auf die zuweilen recht lautstark vorgetragene Gegenthese stoßen konnte. So gehörte es zu den Standard-Annahmen der in der DDR erschienenen Studien über die (west)deutsche Außenpolitik, dass diese mehr oder weniger bruchlos an die NS-Außenpolitik anschloss oder zumindest nach den Intentionen der Außenpolitiker und Diplomaten anschließen sollte. Das war zwar Unsinn, aber als Propaganda nicht unwirksam. Auch nach 1990 gibt es noch vereinzelte Beobachter, die eine solche Kontinuität erkennen wollen. Aber während die DDR-Propaganda oft nichts als zynisch war, ihre Exponenten es also besser wussten, sind es bei diesen Studien eher die theoretischen Überzeugungen ihrer Autoren, die sich als Scheuklappen auswirken (als Beispiel: Elsässer 2003).

In diesem Kapitel wird es in der Hauptsache um das Neue in der deutschen Außenpolitik nach dem Zweiten Weltkrieg gehen. Für Gordon A. Craig, einen der besten Kenner der neueren deutschen Geschichte in Amerika, ist deren Entwicklung als „Erfolgsgeschichte" zu sehen (Craig, Vorwort zu: Hacke 2003a, 15).

## 4.1 Auf Zehenspitzen zur Außenpolitik

Es mag ein wenig willkürlich erscheinen, die Ausbildung der Grundlinien für eine neue, post-nationalsozialistische deutsche Außenpolitik im und mit dem Westen aus der Gegenüberstellung der beiden damaligen Führungsfiguren von CDU und SPD herauszulesen. Mit Blick auf die Auseinandersetzungen um die Wiederbewaffnung in der ersten Hälfte der 1950er Jahre vertritt Arnulf Baring (1969, 340) sogar dezidiert die Meinung (alle Meinungen, die er vertritt, vertritt er dezidiert), dass die Sozialdemokraten vom eigentlichen Entscheidungsprozess völlig ausgeschlossen gewesen seien. Das mag für den Entscheidungsprozess im engeren Sinn durchaus zutreffend beobachtet sein. Indes kommt es hier ja nicht so sehr auf die eine oder andere außenpolitische Entscheidung an, mag sie auch noch so wichtig und folgenreich gewesen sein. Die Sozialdemokratie war nun einmal eine entscheidende politische Strömung im Nachkriegsdeutschland, und der auf seine Weise durchaus charismatische Politiker Kurt Schumacher und seine politischen Vorstellungen erschienen der deutschen Öffentlichkeit und den Siegermächten als einzige potenzielle Alternative zu Adenauer. Auch und gerade vor dem Hintergrund der späteren Entwicklung des außenpolitischen Denkens in der SPD in den Jahren ihrer Regierungsverantwortung ist diese Gegenüberstellung nicht nur unter typologisch-systematischen Gesichtspunkten, sondern auch wegen der Unterschiedlichkeit der Personen reizvoll.

### 4.1.1 Im/Am Anfang

Arnulf Baring beginnt sein seinerzeit sehr wichtiges und vielgerühmtes Buch über „Außenpolitik in Adenauers Kanzlerdemokratie" mit dem Satz „Im Anfang war Adenauer – so lässt sich der Beginn der Bundesrepublik kurz kennzeichnen" (Baring 1969, 1). In seiner insgesamt sehr lobend ausgefallenen Besprechung dieses Buches in der Frankfurter Allgemeinen Zeitung (17. 4. 1970) nennt Hans-Peter Schwarz diesen Satz „etwas blasphemisch klingend". Allerdings zitiert er ihn dann nicht ganz korrekt so: „Am Anfang war Adenauer ...". Baring hat sich der Versuchung zur Alliteration bewusst entzogen, das „im" klingt sozusagen nur noch ansatzweise blasphemisch, wenn überhaupt. Baring wollte mit diesem Auftaktsatz unterstreichen, dass die West-Alliierten, also die entscheidenden Akteure für die deutsche Politik in der Entstehungsphase und den ersten Jahren der Bundesrepublik, in Adenauer den Repräsentanten des neuen Staatsgebildes sahen, und nur in ihm.

Manchmal werden einzelne Sätze zu Kristallisationspunkten von Kontroversen und unterschiedlichen Akzentsetzungen. Der Auftaktsatz von Barings Buch aus dem Jahr 1969 ist es jedenfalls geworden.

Helga Haftendorn (2001, 17) nimmt ihn so zum Ausgangspunkt ihrer eigenen Interpretation der Geschichte westdeutscher Außenpolitik, freilich nur, nachdem sie ihn umgedreht hat: „Im Anfang waren die Alliierten – und nicht Adenauer", wie die deutsche Zeitgeschichtsschreibung bis heute behaupte. In der dazugehörenden Fußnote verweist sie auf das Baring-Buch, aber auch auf die populäre „Geschichte der Bundesrepublik Deutschland" von Manfred Görtemaker. In dieser Fußnote findet sich auch ein Hinweis auf das Motiv, das die deutsche Zeitgeschichtsschreibung bei der starken Betonung der Rolle Adenauers verfolgt hat: „Die Bedeutung der Alliierten und ihrer Rechte wurde bewusst verdrängt, auch, um eine Identifikation mit der Bundesrepublik zu gestatten und kein neues ‚Versailles-Syndrom' entstehen zu lassen" (Haftendorn 2001, 452). Ob das ins Schwarze trifft (oder auch nur Hans-Peter Schwarz trifft), ist die Frage. Jedenfalls ist die starke Betonung der Rolle der Alliierten bei der Gestaltung des Rahmens für deutsche Politik und auch und gerade Außenpolitik nicht von der Hand zu weisen.

Auch Werner Link hat mit dem Baring'schen Auftaktsatz gespielt: „Am Anfang war die internationale Politik." Ähnlich wie Haftendorn verweist er auf das Machtgefälle zwischen der jungen Bundesrepublik und den Westalliierten. „Die Kompetenz, Außenpolitik zu betreiben, war – schrittweise – nur dann zu erlangen, wenn die deutsche Politik in Übereinstimmung mit der Außenpolitik der Westalliierten gehalten wurde" (Link 1989, 571). Anders als Haftendorn hebt er die Bedeutung der Struktur der internationalen Beziehungen jener Zeit hervor. Link sieht die Bundesre-

83

publik in der Gestalt, in der sie 1949 gegründet wurde, als ein „Produkt der internationalen Politik" an.

Im Anfang, also beim Anfang dabei, meinethalben auch mittendrin im Anfang, waren die Alliierten *und* Adenauer:
- Erstere als Rahmen-Vorgeber, gegen deren Autorität kein deutscher Politiker mit Aussicht auf Erfolg löcken konnte. Wer es dennoch versuchte, wurde harsch zur Ordnung gerufen.
- Letzterer wie kein anderer deutscher Politiker als jemand, der den vorgegebenen Rahmen optimal auszufüllen versprach und ihn gleichzeitig dabei zu modifizieren wusste. Adenauer war ein listiger und nicht leicht zu entmutigender Politiker. Er war sich klar darüber, dass man beim Ausfüllen eines vorgegebenen Rahmens dessen Gestalt nur vorsichtig und leicht verändern kann. Davon machte er mit beträchtlichem Erfolg Gebrauch.
- Dieser Erfolg beruhte auch darauf, dass Adenauer über eine klare und im Wesentlichen zutreffende Analyse der sich ausbildenden Struktur

---

**Konrad Adenauers Analyse der Lage Deutschlands und Europas vom Oktober 1945**

„Rußland hat in Händen: die östliche Hälfte Deutschlands, Polen, den Balkan, anscheinend Ungarn, einen Teil Österreichs. Rußland entzieht sich immer mehr der Zusammenarbeit mit den anderen Großmächten und schaltet in den von ihm beherrschten Gebieten völlig nach eigenem Gutdünken. In den von ihm beherrschten Ländern herrschen schon jetzt ganz andere wirtschaftliche und politische Grundsätze als in dem übrigen Teil Europas. Damit ist eine Trennung in Osteuropa, das russische Gebiet und Westeuropa eine Tatsache.

In Westeuropa sind die führenden Großmächte England und Frankreich. Der nicht von Rußland besetzte Teil Deutschlands ist ein integrierender Teil Westeuropas. Wenn er krank bleibt, wird das von schwersten Folgen für ganz Westeuropa, auch für England und Frankreich sein. Es liegt im eigensten Interesse nicht nur des nicht von Rußland besetzten Teiles Deutschlands, sondern auch von England und Frankreich, Westeuropa unter ihrer Führung zusammenzuschließen, den nicht russisch besetzten Teil Deutschlands politisch und wirtschaftlich zu beruhigen und wieder gesund zu machen."

(Aus: Konrad Adenauer: Briefe 1945–1947, hg. von Rudolf Morsey und Hans-Peter Schwarz. Berlin 1983, S. 130) des internationalen Systems verfügte. Sie ermöglichte ihm die Einsicht in die politischen Handlungszwänge, denen sich auch die westlichen Alliierten ausgesetzt sahen. Politikwissenschaftler haben meistens ihre Schwierigkeiten, wenn sie bei der Untersuchung bestimmter Sequenzen internationaler Politik entscheiden sollen, ob es bei den hier gefällten Entscheidungen mehr auf die Akteure und ihre Eigenschaften ankommt oder auf die Strukturen, die den Entscheidungsspielraum der Akteure bestimmen. Die Alternative „System oder Akteur" ist aber keine. Denn kein Akteur kann Entscheidungen vornehmen und durchsetzen, die nicht „strukturell möglich" sind. Andererseits begründen Rahmenvorgaben und Strukturen in der internationalen Politik keineswegs einen politischen Determinismus.

## 4.1.2 Gleichberechtigung

„Die Bundesrepublik begann 1949 als entmilitarisierter, wirtschaftlich und demographisch erschöpfter, politisch entmündigter und moralisch verunsicherter deutscher Teilstaat. Zum Zeitpunkt ihrer Entstehung war ihre Befugnisgewalt durch das Besatzungsstatut so eingeschränkt, daß ihr erstes und grundlegendstes außenpolitisches Ziel darin bestehen mußte, sich die Berechtigung zu einer eigenen Außenpolitik zu erwirken. Dabei wurde das Selbstverständnis der jungen Republik noch dadurch erschwert, daß sie sich selbst, der Teilung Deutschlands wegen, als Provisorium verstand" (Hanrieder 1981, 19).

Die deprimierende Ausgangslage wird von Hanrieder treffend in Worte gefasst. Die Außenpolitik der Bundesrepublik, übrigens in ähnlicher Weise auch die der DDR, musste mit Beschränkungen der Siegermächte umzugehen lernen. Für eine solche Lage bietet sich ganz unabhängig von den spezifischen historischen Umständen eine ganz bestimmte Handlungsweise an: Die Beschränkungen werden akzeptiert, um zu verdeutlichen, dass sie eigentlich in ihrer ganzen Strenge nicht mehr nötig sind. Wenn man dies den Supervisoren der eigenen Außenpolitik vermitteln kann, werden sie die Beschränkungen lockern. Das passiert in mehreren Runden und vielen, vielen kleinen Schritten. Ganz am Schluss ist eine Art Gleichberechtigung wiederhergestellt.

Bis dahin würde es allerdings noch sehr lange dauern; und im Übrigen ging es auch weniger um das rasche Erreichen dieses großen Fernziels, vielmehr um die vielen kleinen Lockerungsschritte „in die richtige Richtung".

Adenauer strebte permanent danach, den außenpolitischen Handlungsspielraum der Bundesrepublik zu erweitern, indem er zunächst einmal
dessen Einschränkung durch die Siegermächte akzeptierte. Letzteres
brachte ihm in einer Bundestags-Sitzung den bitter-hintergründigen und
sehr beleidigend gemeinten Zwischenruf von Kurt Schumacher ein:
„Kanzler der Alliierten". Das war Adenauer in gewissem Sinne zwar.
Aber er war es nicht, wie Schumachers Zwischenruf unterstellte, weil er
deutsche Interessen hintanstellte. Ganz im Gegenteil. Die vielzitierte
Anekdote mit dem Teppich der Alliierten Hohen Kommissare, den zu
betreten Adenauer bei der Überreichung des Besatzungsstatuts am 21.
September 1949 eigentlich nicht gestattet war, was er aber forsch igno-
rierte, kann man als hübsch inszenierten symbolischen Ausdruck des Ade-

---

### Die Teppich-Anekdote

„Am 21. September 1949 sollte dem neugewählten Bundeskanzler mit-
geteilt werden, dass das Besatzungsstatut in Kraft getreten sei. Adenauer hatte schon zuvor darauf gesehen, dass keine zeremonielle Feierlich-
keit das für deutsche Augen Negative dieses Vorgangs überhöhe. So
sollten die Hohen Kommissare Adenauer bloß empfangen. Sie würden
auf einem Teppich stehen, den der Bundeskanzler erst betreten dürfe,
wenn das Besatzungsstatut verkündet sei. Doch Adenauer demonstrierte, dass er bereits zu eigenen Initiativen in der Lage war. Als François-
Poncet ihn begrüßen wollte, trat er wie selbstverständlich auf den Teppich der Staathalter der Besatzungsmächte.

Das ist ein Bild von hoher Aussagekraft. Das Besatzungsstatut regel-
te die Herrschaftsverhältnisse, wie sie am Tag der Entstehung der Bundesrepublik existierten. Aber die Einsetzung eines deutschen Partners
konnte ja nicht mehr widerrufen werden. Man befand sich also seiner
Aktivität gegenüber in der Defensive. Den *status quo ante* ließ die sowjetische Konkurrenz um Deutschland nicht zu. Adenauer war ursprünglich bereit gewesen, den Teppich, das heißt die höhere Stellung, der anderen zu respektieren. Nur deswegen hatte man ihn, um im Bilde zu
bleiben, überhaupt ins Zimmer gelassen. Aber seine Vorleistung wurde
schon in der Exekution korrigiert, weil die Alliierten selbständige deutsche Schritte, wenn sie nicht gegen ihre elementaren Interessen verstie-
ßen, kaum mit Gewalt verhindern konnten."

(Aus: Waldemar Besson: Die Außenpolitik der Bundesrepublik. Erfahrungen und Maßstäbe. München 1970, S. 77f.)

nauer'schen Strebens nach Gleichberechtigung (Souveränität ist hier das glattere Synonym) durch Hinnahme der westlichen Politikaufsicht deuten.

Auch Kurt Schumacher, der bis zu seinem Tode 1952 unbestrittene Führer der Sozialdemokratie, sah in der Ost-West-Spaltung die entscheidende strukturelle Gegebenheit der internationalen Politik. Auch für ihn waren Bolschewismus in Russland und Kommunismus in allen seinen Spielarten der politische Feind, gegen den der Westen unter Einschluss der Bundesrepublik sich gemeinsam zur Wehr setzen müsse. Aber anders als Adenauer wollte Schumacher aus eben diesem Grunde die Gleichberechtigung sofort. Seine Zukunftsvision war ein Europa des demokratischen Sozialismus, gleichermaßen gefeit gegen jedweden Rückfall in den Nationalsozialismus wie gegen die totalitären Verlockungen des Sowjetkommunismus. Dafür wollte Schumacher kämpfen, notfalls auch militärisch. Aber gerade in der Frage der Wiederbewaffnung, die seit Beginn ihrer Existenz als Staat in der Bundesrepublik eines der großen, politisch heiß umstrittenen Themen war, unterschied sich Schumacher grundlegend von Adenauer. Einen deutschen Verteidigungsbeitrag sollte es erst dann geben dürfen, wenn die Bundesrepublik an allen Planungen und bei der Lastenverteilung gleichberechtigt beteiligt sein würde. In der Bundestags-Debatte am 8. November 1950, die aus Anlass der New Yorker Beschlüsse der Außenminister der drei Westmächte stattfand – diese hatten sich dort gegen eine deutsche Armee, aber für einen deutschen Beitrag zu einer europäischen Armee ausgesprochen –, sagte Schumacher: „Die große Auseinandersetzung vollzieht sich ja nicht zwischen den Remilitarisierern schlechthin und irgendwelchen absoluten Pazifisten mit einer Friedensformel des garantierten Erfolges. Die große Auseinandersetzung vollzieht sich zwischen denjenigen, die unter heutigen Umständen ihren Willen zur Remilitarisierung einfach durchdrücken wollen, und denjenigen, die eine feste nationale und internationale Voraussetzung dafür verlangen, ohne deren Durchführung sie nein sagen werden." Die Sozialdemokratie sagte nein, weil die Bundesrepublik zu Beginn der Wiederbewaffnung noch lange nicht gleichberechtigter Partner der anderen Allianzpartner war. (Es gab allerdings in ihren Reihen auch viele Pazifisten.)

## 4.1.3 Etappen

Am 7./8. Mai 1945 unterzeichneten drei Vertreter des Oberkommandos der Wehrmacht die Erklärung zur bedingungslosen Kapitulation aller deutschen Truppen. Unangesehen der verschiedenen rechtlichen Vorstellungen über den Untergang oder die modifizierte Fortexistenz des Deutschen Reiches, die später u. a. für das Verhältnis zwischen den beiden deutschen Staaten mitbestimmend wurden, ging die faktische Hoheitsgewalt in Deutschland auf die drei Siegermächte (USA, UdSSR, Großbritannien) über. Weil keine deutsche zentrale Regierung oder Behörde in der Lage gewesen wäre, die Verantwortung für die Aufrechterhaltung der Ordnung, für die Verwaltung des Landes und für die Ausführung der Forderungen der Siegermächte zu tragen, übernahmen diese selbst die Regierungsgewalt. Zwischen der bedingungslosen Kapitulation und der Gründung der Bundesrepublik gab es im internationalen System keinen Akteur namens Deutschland. Als dann im Herbst 1949 die DDR gegründet wurde, gab es gleich zwei davon.

Noch vor der Potsdamer Dreimächte-Konferenz wurde die Trias der Siegermächte durch die Provisorische Regierung der Französischen Republik zu einem Quartett erweitert. Dennoch nahm Frankreich noch nicht an dieser Konferenz teil (was die späteren Vorbehalte französischer Politiker gegen die auf den Konferenzen in Jalta und Potsdam erzielten Übereinkünfte erklärlicher macht). Auf der Konferenz wurde eine Übereinkunft erzielt über die politischen und wirtschaftlichen Grundsätze, nach denen die Alliierten mit einem gemeinsamen Regierungsinstrument, dem Alliierten Kontrollrat, das besiegte Deutschland behandeln sollten. Ein für die Deutschen wichtiger und (ein wenig) hoffnungsfroh stimmender Punkt lautete in diesem Zusammenhang: „Die endgültige Umgestaltung des deutschen politischen Lebens auf demokratischer Grundlage und eine eventuelle friedliche Mitarbeit Deutschlands am internationalen Leben sind vorzubereiten."

Diese Vorbereitungen begannen auf lokaler Ebene. Auch politische Parteien wurden bald zugelassen. „Bis auf weiteres", hieß es an anderer Stelle in der amtlichen Verlautbarung über die Potsdamer Konferenz, „wird keine zentrale deutsche Regierung errichtet werden. Jedoch werden einige wichtige zentrale deutsche Verwaltungsabteilungen errichtet werden, an deren Spitze Staatssekretäre stehen, und zwar auf den Gebieten des Finanzwesens, des Transportwesens, des Verkehrswesens, des Außenhandels und der Industrie. Diese Abteilungen werden unter der Leitung des Kontrollrates tätig sein."

Von einer einheitlichen Perspektive der Siegermächte auf das besiegte Deutschland und von einer gemeinsamen politischen Linie konnte allerdings von Anfang an keine Rede sein. Der Kalte Krieg warf schon in Potsdam seine Schatten voraus. In den folgenden zwei Jahren verschärften sich die Spannungen im Kontrollrat; es entstand ein Riss zwischen der sowjetischen Besatzungszone und den drei westlichen Besatzungszonen. Am 1. Januar 1947 schlossen sich die amerikanische und die britische Zone zur Bizone zusammen, das war bereits der Kern der Weststaatsbildung. Rolf Steininger (1983, 221ff.) nennt 1947 das „Jahr der Entscheidung". Die Truman-Doktrin vom März 1947 und das Europäische Hilfs- und Wiederaufbauprogramm, auch Marshall-Plan genannt, vom Juni 1947 bildeten wichtige Stationen bei der Ausbildung des Strukturmusters des Kalten Krieges in Europa. Die SBZ und die Westzonen drifteten politisch und ökonomisch immer mehr auseinander. Hinzu kam die ideologische Spaltung. Mit der Blockade der Westsektoren Berlins durch die Sowjetunion ab der zweiten Juni-Hälfte 1948 wurde unübersehbar, dass der Kalte Krieg der Teilung und dem Streben nach einer Wiedervereinigung Deutschlands einen völlig neuen Sinn gegeben hatte.

Das Besatzungsstatut vom 21. September 1949 gewährte der Bundesregierung die Regierungskompetenz für eine breite Palette von politischen Angelegenheiten. Die Palette derjenigen politischen Angelegenheiten, die sich die Militärgouverneure der drei Westmächte, später Hohe Kommissare genannt, zu regeln und zu überwachen selbst vorbehielten, war zwar schmäler, umfasste aber besonders wichtige Punkte. Dazu gehörten vor allem auch die „auswärtigen Angelegenheiten einschließlich der von Deutschland oder in seinem Namen getroffenen internationalen Abkommen".

Das Besatzungsstatut wurde abgelöst von dem am 26. Mai 1952 in Bonn und dann noch einmal in einer revidierten Fassung am 23. Oktober 1954 in Paris unterzeichneten „Deutschlandvertrag" (Vertrag über die Beziehungen zwischen der Bundesrepublik Deutschland und den drei Mächten). In diesem Vertrag wird der Bundesrepublik „die volle Macht eines souveränen Staates über ihre inneren und äußeren Angelegenheiten" übertragen (Artikel 1).

Von der vollen Macht eines souveränen Staates konnte zwar damals noch lange nicht ernsthaft die Rede sein. Aber der Gleichberechtigung war die Bundesrepublik ein großes Stück näher gekommen. Binnen weniger Jahre war aus dem Kriegsgegner, den die Alliierten nur mit dem Mittel der bedingungslosen Kapitulation bändigen zu können glaubten, ein respektierter Verbündeter geworden. Dieser Aufstieg bildete, zusammen mit dem „Wirtschaftswunder", das in den frühen 1950er Jahren auf Touren kam, in der Tat eine Erfolgsgeschichte. Allerdings gab es auch einen Haken: Die Teilung Deutschlands würde viel länger dauern, als ursprünglich in Rechnung gestellt.

## 4.2 Amts-Kontinuität

Was ein voll funktionsfähiger Staat so alles an Ministerien und Behörden sowie an Verwaltungs- und sonstigen Organisationen benötigt, dafür gibt es keine irgendwann festgeschriebene Liste. Es hängt vielmehr von den inneren und äußeren Umständen ab. Für die Bundesrepublik Deutschland, darauf ist sehr oft hingewiesen worden, war es von großer Bedeutung, dass der Staat schon ein paar Jahre existierte, bevor er sich Streitkräfte zulegte. Auf diese Weise konnten die organisatorische Gestalt und das innere Gefüge der Militärorganisation lange geplant und mit staatsrechtlicher Behutsamkeit in die schon einigermaßen gefestigten staatlichen und gesellschaftlichen Strukturen eingepasst werden. Auch konnte es sich die Bundesrepublik Deutschland leisten, bei der Konstruktion von Einrichtungen politischer Kontrolle der Bundeswehr kreativ zu sein. Kurz, die Demokratie und letztlich auch die Streitkräfte selbst profitierten von diesem *time lag* zwischen Staatsgründung und Einführung von Streitkräften.

Was die Außenpolitik betrifft, so gibt es ebenfalls eine, wenn auch kürzere Zeitdifferenz zwischen Staatsgründung und Gründung des Auswärtigen Amtes. Zwar handelt es sich hier nicht um gut fünf Jahre wie im Fall der Bundeswehr, sondern nur um zwei. Die früheren Mitglieder des Amtes waren für einige Jahre gezwungen, anderen Beschäftigungen nachzugehen, was in Einzelfällen – allerdings nicht nur aus diesem Grunde – zu interessanten Verschlingungen im Leben einzelner Diplomaten führte (überaus, ja fast zu lehrreich hier der Fall Dräcker: vgl. v. Hase, Marré 2000).

Die Begründung für diese verzögerte Übergabe der außenpolitischen Kompetenz an die Bundesregierung lag an den Bestimmungen des Besatzungsstatuts. Aber die Vermutung liegt doch nahe, dass auch diese Zeitdifferenz nicht ohne Auswirkungen auf die deutsche Politik geblieben ist.

Anders als im Fall der Bundeswehr ist dieser Sachverhalt in der Literatur über die deutsche Außenpolitik jedoch kaum zur Sprache gebracht worden.

## 4.2.1 Büro

Dabei gab es bereits so etwas wie eine Vorform amtlicher deutscher Außenpolitik, bevor es die Bundesrepublik gab. Gemeint ist das heute weithin vergessene „Deutsche Büro für Friedensfragen" mit Sitz in Stuttgart. Es handelte sich hierbei um eine im Rahmen der Verhandlungen der Bizonen-Ministerpräsidenten im Sommer 1947 ins Leben gerufenen Behörde, „die sich mit außenpolitischen Vorgängen beschäftigte und sich im Verständnis seiner Angehörigen als Vorläufer einer Dienststelle für Auswärtige Angelegenheiten verstand und dies zu einem Zeitpunkt, zu dem die Siegermächte sich noch ausdrücklich vorbehalten hatten, alle Fragen zu regeln, die Deutschlands Beziehungen zu anderen Ländern betrafen" (Piontkowitz 1978, 9). Selbstverständlich sollte diese Behörde nur so lange als Leit- und Sammelstelle für außenpolitische Überlegungen und Materialien existieren, bis eine deutsche Zentralregierung (damals verwendete man hierfür noch ganz unbefangen den Begriff Reichsregierung) geschaffen sein würde.

Drei unterschiedliche Akteursgruppen beeinflussten diesen Gründungsvorgang. Das waren einmal die Ministerpräsidenten der Bizone, die sich von ihrem Amtsverständnis her für die am meisten legitimierten Vertreter deutscher Interessen ansahen. Zweitens waren es die Parteiführungen, hauptsächlich von SPD und CDU, die darauf drangen, dass sie in ausreichendem Maße an solchen politischen Entwicklungen beteiligt würden – hier deutet sich schon die sich später ausbildende Gestalt des demokratischen Parteienstaates an. Drittens schließlich war die amerikanische Militärregierung daran interessiert, dass ihre Einwirkungsmöglichkeiten auf das Büro nicht durch institutionelle Vorkehrungen verringert würden. Auf diese Weise blieb das „Friedensbüro" letztlich eine Einrichtung der amerikanischen Besatzungszone.

Die Aufgaben des Büros bestanden vornehmlich in der Sammlung und Auswertung von Materialien, in denen es um die künftige Gestalt Deutschlands ging. In einer ganzen Reihe von Verhandlungen auf den verschiedensten Ebenen, am spektakulärsten auf der der Außenminister, versuchten die Vier Alliierten 1947/48 trotz des immer nachdrücklicher

ihre Beziehungen bestimmenden Kalten Krieges, eine Reihe von Teil-
kompromissen über Deutschland zu erzielen. Um für solche Verhandlungen auch deutsche Standpunkte präsentieren zu können, sollte das Friedensbüro im Sinne der Vor- und Zuarbeit Vorstellungen erarbeiten.

Aufschlussreich ist, dass die Personalrekrutierung für das Büro eine
„heterogen zusammengesetzte Gruppe" (Piontkowitz 1978, 83) ergab. Erfolgreiche Bewerber mussten im Entnazifizierungsverfahren mindestens
als „entlastet" eingestuft worden sein. Stand jemand dem Widerstand
nahe, galt das als förderlich für die Einstellungs-Chancen. Piontkowitz
schreibt, dass man davon absah, allzu namhafte Mitglieder des alten Auswärtigen Amtes in das Friedensbüro zu übernehmen. Sein erster Leiter
wurde Fritz Eberhard. Eberhard war auch Mitglied des Parlamentarischen
Rates, und er versuchte mit einigem Erfolg, das Friedensbüro an der Arbeit dieses Gremiums zu beteiligen.

Als schließlich die Bundesrepublik Deutschland gegründet war und
eine außenpolitische Leit- und Sammelstelle für die Ministerpräsidenten
völlig funktionslos geworden war, wurde das Friedensbüro unter neuer
Leitung (Peter Pfeiffer) zum Ende des Jahres 1949 etatrechtlich vom
Bund übernommen. Inzwischen war der Einfluss ehemaliger Diplomaten
des Auswärtigen Amtes (der „Wilhelmstraße", wie man auch sagte) im
Büro kräftig angewachsen. Viele bekannte Namen aus dem späteren diplomatischen Dienst der Bundesrepublik haben sich an den inhaltlichen
Arbeiten des Büros beteiligt. Es ist in der Tat zu einer Vorform des Auswärtigen Amtes geworden, das als solches erst Mitte März 1951 eingerichtet wurde.

## 4.2.2 Für Friedensfragen

Der institutionelle Vorläufer des Auswärtigen Amtes hieß also Büro für
Friedensfragen. In heutigen Rückblicken auf die deutsche Außenpolitik
im 20. Jahrhundert fällt eine angemessene Würdigung dieses kleinen Zwi-
schenspiels meistens flach, und wenn man in dem binären Schema Konti-
nuität/Neuanfang reflektiert, dann steht vielmehr die direkte, aber eben
unterbrochene Kontinuitätslinie von der „Wilhelmstraße" her in die Bundesrepublik hinein im Vordergrund.

Darüber wird im folgenden Unterkapitel noch die Rede sein. Hier geht
es um einen anderen Aspekt des Neuanfangs, nämlich den, der schon im
Namen dieser kleinen Übergangsorganisation deutlich akzentuiert ist: um

den Frieden. Es lag ein ganz nüchterner Grund vor, diesen Namen zu wählen. Denn nach der deutschen militärischen Niederlage und Kapitulation 1945 sollte es, wie in der modernen Staatenwelt üblich, nach nicht allzulanger Zeitverzögerung einen Friedensvertrag mit Deutschland geben, in welchem abschließende Bestimmungen über territoriale Veränderungen, Reparationen und andere Kriegsfolgen festgelegt würden. Erst mit einem Friedensvertrag wird der juristisch definierte Kriegszustand beendet. Die Bestimmungen eines solchen Vertrages können noch viele Jahre in die betroffenen Gesellschaften hineinwirken, naturgemäß mehr in die der Verlierer-Staaten (der Versailler Vertrag nach dem Ersten Weltkrieg ist dafür ein Beispiel). Aber grundsätzlich ist das Verhältnis zwischen den vormaligen Kriegsgegnern nach einem Friedensvertrag „bereinigt". Man reicht sich die Hand und verspricht, fürderhin normal miteinander umzugehen.

Eine solche Normalität möglichst rasch zu erreichen, war das Ziel der meisten politischen Kräfte im besetzten Deutschland, wobei allerdings die Vorstellungen darüber, was man genau unter Normalität zu verstehen hatte, unterschiedlich und diffus waren. Normalität bezieht sich ja einmal auf die „üblichen Standards" (hier also denen für den politischen Verkehr zwischen Staaten); sie bezieht sich aber auch auf das Besondere und Abweichende, von dem man sich entfernen möchte. In diesem Fall bildeten die Ideologie und die Mordpraxis des Nationalsozialismus dieses Abweichende, von dem sich die Deutschen wegbewegen wollten. Ein Mittel dazu war ein Friedensvertrag, über dessen Einzelheiten große Meinungsunterschiede zwischen den Alliierten und den Deutschen bestanden. Deswegen war es nur logisch, dass von deutschen politischen Stellen eine Institution gegründet wurde, die Materialien für die Debatte über einen Friedensvertrag sammeln und ordnen sollte. Ebenso logisch war es, ein Büro mit diesem Auftrag „Büro für Friedensfragen" zu nennen.

Neben diesem nüchternen Grund für die Namensgebung steht aber auch ein anderer, emphatischerer. Nach der Kapitulation und der Aufdeckung der nationalsozialistischen Greueltaten, die jetzt vor aller Augen lagen und nicht länger verdrängt werden konnten, war klar geworden, dass die deutsche „Abweichung von der Normalität" die Deutschen für längere Zeit stigmatisieren würde. Diese Einsicht bewirkte eine Art kollektives Trauma. Man muss vorsichtig sein mit solchen medizinisch-psychologischen Begriffen, die sich als politische Metaphern anbieten, weil man leicht ihren Metaphern-Charakter vergisst. Dieses kollektive Trauma der Deutschen, manche Autoren sprachen später maßlos übertreibend von einer kollektiven Neurose (auch als Metapher benutzt), ist zum Gegenstand einer großen Zahl von Untersuchungen, empirischen wie theoretischen, und mehr oder weniger systematischen Selbstreflexionen geworden. Die kommen auf ganz verschiedene Symptome zu sprechen. Aber wenn sie sich mit den politischen Konsequenzen dieses Traumas befassen, gehen die meisten auf eine ganz spezifische Veränderung deutscher Außen- und Sicherheitspolitik ein, auf einen Bruch in der Kontinuitätslinie außenpolitischer Grundvorstellungen in und für Deutschland. Dieser Bruch besteht darin, dass vorher unter allen deutschen Regimen seit 1871 eine militärisch forcierte Außenpolitik als das Normale galt. Mit der Niederlage 1945 hatte sich das geändert; jetzt war es der erst viel später in eine berühmte Formulierung gegossene Grundsatz, von deutschem Boden dürfe nie wieder Krieg ausgehen, der das außenpolitische Denken dominierte. Stellvertretend für viele andere sei ein Beispiel für diese Transformation des außenpolitischen Denkens zitiert, die sich bis in die Wurzeln der Politik auswirkt. In seiner Heidelberger Antrittsvorlesung am 23. November 1960 sagte der Politikwissenschaftler und Publizist Dolf Sternberger:

„Der Gegenstand und das Ziel der Politik ist der Friede. Das Politische müssen und wollen wir zu begreifen versuchen als den Bereich der Bestrebungen, Frieden herzustellen, Frieden zu bewahren, zu gewährleisten, zu schützen und freilich auch zu verteidigen. Oder, anders ausgedrückt: Der Friede ist die politische Kategorie schlechthin. Oder, noch einmal anders ausgedrückt: Der Friede ist der Grund und das Merkmal und die Norm des Politischen, dies alles zugleich" (Sternberger 1980, 304f.).

Dieser Formulierung sieht man die Zeitumstände an, die sie hervorbrachten. Die Problematik dieser Bestimmung liegt in dem „alles zugleich" am Ende der zitierten Passage. Jedoch geht es hier nicht um die Haltbarkeit der Behauptung, sondern um ihre Repräsentativität für ein gewandeltes politisches Denken, das sich in seiner eher links-bürgerlichen Version auf Kants Schrift über den ewigen Frieden und in seiner eher rechts-bürgerlichen Version auf Friedrich Gentz berufen konnte.

Auch in anderen Gesellschaften ist nach 1945 der Begriff des Friedens mächtig aufgewertet worden. Das pflegt nach dem Ende von Kriegen ohnehin der Fall zu sein. Im Kalten Krieg ist er aber zugleich auch umstandslos für propagandistische Zwecke verwendet worden, etwa in den sowjetischen Kampagnen gegen die „westlichen Kriegstreiber", gegen die auch ein „Weltfriedensrat" von Moskaus Gnaden eine Rolle spielte. Auch in anderen Gesellschaften gab es in den folgenden Jahrzehnten eine Friedensbewegung, eine Friedensforschung. Nirgends aber ist die Hinwendung zu friedlichen Methoden und Mitteln der Außenpolitik so nachdrücklich erfolgt wie in Deutschland. Am Anfang mussten die Deutschen das, auch wenn sie anders gewollt hätten. Später war es dann Element der politischen Kultur geworden. Begonnen hat dieser kollektive Internalisierungs- Vorgang mit dem „Deutschen Büro für Friedensfragen".

### 4.2.3 Personen und organisatorische Traditionen

Am 25. November 1949 nahm das „Organisationsbüro für die konsularisch-wirtschaftlichen Vertretungen im Ausland" „in einer dunklen Korridorecke" (Haas 1969, 25) des Museums König in Bonn seine Tätigkeit auf. Das ist ein Museum, in dem stehen lauter ausgestopfte Tiere. Mit der Leitung war der frühere Diplomat Wilhelm Haas betraut. Der Name dieser nach dem Deutschen Büro für Friedensfragen zweiten Vorform des Auswärtigen Amtes der Bundesrepublik Deutschland klingt ein wenig sperrig. Unwillkürlich wird man an den kryptisch verschlüsselten Namen einer anderen Dienststelle dieser Jahre erinnert, der Dienststelle Blank nämlich, deren offizielle Bezeichnung „Der Beauftragte des Bundeskanzlers für die mit der Vermehrung der alliierten Truppen zusammenhängenden Fragen" lautete und aus der sich das Bundesministerium der Verteidigung entwickelte. Allerdings gibt es hier einen wichtigen Unterschied zu beachten: Die „Dienststelle Blank" oder das „Amt Blank" trug diesen merkwürdigen Namen, weil 1950/51 die rechtlichen Voraussetzungen für die Aufstellung deutscher Streitkräfte noch nicht eindeutig geklärt waren. Die Bildung des „Organisationsbüros" ging demgegenüber auf eine Vereinbarung zwischen den drei Hohen Kommissaren auf dem Petersberg und der Bundesregierung vom 22. November 1949 zurück. Insofern brauchten Wilhelm Haas und seine Mitstreiter kein rechtliches oder politisches Licht zu scheuen, und dass sie in der dunklen Korridorecke ihre Arbeit aufnahmen, hat nur etwas mit der damaligen Knappheit von Büroräumen in der neuen Bundeshauptstadt Bonn zu tun.

Wilhelm Haas (1969, 24ff.) berichtet über diese Anfänge:

„In fast allen Fraktionen des Bundestages saßen ehemalige Angehörige des alten Auswärtigen Dienstes: G. Henle (CDU), K. G. Pfleiderer (FDP), G. Lütkens (SPD), von Campe (DP), G. Seelos (Bayernpartei), die uns durch ihre Sachkenntnis hilfreich waren. Das Vertrauen der Parteien war mir eine wesentliche Voraussetzung, das mir vom Bundeskanzler angebotene Amt anzunehmen...

Die personelle Planung ging davon aus, dass der neue Auswärtige Dienst nicht eine Nachbildung des früheren Dienstes sein durfte, sondern den Bedingungen entsprechen mussten, die sich aus der veränderten Gesellschaftsstruktur der Bundesrepublik und ihrer Außenpolitik ergaben. Wir strebten einen Dienst an, der in seiner personellen Zusammensetzung die Gewähr bot, dass er im Gleichklang mit der innerdeutschen Entwicklung stehen, aufgeschlossen gegenüber der öffentlichen Meinung und in seinen Leistungen hochentwickelten diplomatischen Diensten anderer Nationen ebenbürtig sein werde. Wir waren aber auch überzeugt, dass die Geschlossenheit des Auswärtigen Dienstes ... einer gesunden Tradition bedurfte."

Diese Passage kann man als typisch für die Art und Weise ansehen, mit der die flexibleren Teile der alten deutschen Funktionseliten auf die Herausforderung des politischen Neuanfangs in der Bundesrepublik reagierten. Soziologische Elite-Studien haben später immer wieder auf die professionelle Kontinuität der Funktionseliten hingewiesen (etwa auch bei den Offizieren, Ärzten, in der Verwaltung und in der Wirtschaft). Die Balance zwischen der „gesunden Tradition" und der professionellen Geschlossenheit auf der einen Seite und einer nicht nur als äußerlich und deswegen leicht simulierbar einzustufenden demokratie-konformen Haltung samt den entsprechenden inneren Überzeugungen ist nicht immer und von allen Individuen gleich gut durchgehalten worden. Aber insgesamt ist auch der auswärtige Dienst bei seiner Neuetablierung personell und institutionell den Anforderungen der Demokratie erfolgreich angepasst worden.

In einer Demokratie gehört es zum politischen Alltagsgeschäft, dass Behörden in den Lichtkegel öffentlicher Kritik geraten, meist von den Medien angeknipst. Die Personalpolitik bei der Rekrutierung des auswärtigen Dienstes ist schon früh attackiert worden, etwa in einer Artikelserie der Frankfurter Rundschau im September 1951. Der Tenor der mit Insider-Informationen gespickten Kritik richtete sich damals gegen „Seilschaften" aus der Wilhelmstraßen-Zeit und gegen einzelne Personen, denen ihre tatsächliche oder unterstellte Verstrickung in nationalsozialistische Politik vorgeworfen wurde. Im Oktober 1951 setzte der Deutsche Bundestag auf Antrag der SPD einen Untersuchungsausschuss ein, der die Personalpolitik im auswärtigen Dienst überprüfen sollte. Tatsächlich gab es da einiges Unerfreuliche aufzudecken. Das Auswärtige Amt hatte sich nach 1933 zwar nicht geschlossen und mit kollektivem Enthusiasmus, aber doch in viel stärkerem Maße vom Nationalsozialismus infizieren lassen, wenn diese Metapher einmal erlaubt ist, als es in der frühen Nachkriegsliteratur dargestellt wurde, „in der dem AA von Anfang an und in toto eine Oppositionsrolle zugeschrieben wurde" (Döscher 1987, 307). Aus heutiger Perspektive kann von einer solchen Oppositionsrolle keine Rede sein.

Wenn im Jahr 2005, bezeichnenderweise im Zusammenhang mit der erwartbaren, aber eben nicht in jedem Einzelfall automatisch auch berechtigten Pietät für verstorbene Angehörige des Auswärtigen Amtes, der Gedanke einer ungeschönt-schonungslosen Historiographie des Amtes für die Zeit des Dritten Reiches aufgekommen ist, dann ist das im Prinzip sicherlich begrüßenswert. Nach etlichen Kontroversen hat Außenminister Fischer im Juli 2005 eine international zusammengesetzte Historikerkommission eingesetzt, die die Rolle des Auswärtigen Dienstes in der Zeit des Nationalsozialismus, den Umgang mit dieser Vergangenheit nach der Wiederbegründung des Amtes 1951 und die personelle Kontinuität oder Diskontinuität über den Bruch von 1945 hinweg erforschen soll (Frankfurter Allgemeine Zeitung, 27. 7. 2005). Das Ergebnis einer solchen Untersuchung wird mit einiger Sicherheit sein, dass das Amt und seine Angehörigen zwischen 1933 und 1945 tiefer in die Scheußlichkeiten des Nationalsozialismus verstrickt waren, als es nach 1945 gemeinhin angenommen worden ist, nicht zuletzt als Konsequenz der unermüdlichen Weißwasch-Aktionen zugunsten prominenter Diplomaten (zum Beispiel des Staatssekretärs von Weizsäcker). Für die Jahre nach 1949, mögen sich auch etliche ehemalige Mitglieder der NSDAP wieder als Diplomaten betätigt haben, kann man aber dennoch ziemlich gelassen zwei Feststellungen treffen:

– *Erstens* ist die Abwendung von einer herkömmlichen, im Nationalsozialismus dann ins gezielt Destruktive vorangetriebenen deutschen Großmachtpolitik, ihren Prämissen und Zielen, ihren Methoden und ihren Instrumenten seit den ersten Überlegungen zum Wiederaufbau eines auswärtigen Dienstes und zur Neuformulierung einer deutschen Außenpolitik konsequent geplant und betrieben worden. Da gab es keine institutionelle *reservatio mentalis*.

– *Zweitens* hat die von Anfang an und immer einmal wieder neu aufflammende Kritik an einzelnen Personen und an institutionellen Entwicklungen im Bereich der Außenpolitik, eine Kritik aus unterschiedlichen Quellen gespeist und mit unterschiedlichen Motiven vorgebracht, diesen Abwendungsprozess insgesamt bestätigt und bestärkt, auch wenn sie zuweilen über das Ziel hinausschoss und in Einzelfällen ungenau bis unfair war.

Auch und gerade, wenn es nicht selten dieselben Personen wie vor 1933 und/oder vor 1945 waren, die nun in einem ganz anderen politischen Umfeld als Beamte und Diplomaten mit der Umsetzung der Ziele deutscher Außenpolitik betraut wurden, von einer Kontinuitätslinie über dieses Jahr

1945 hinaus konnte immer dort, wo es um Wesentliches ging, keine Rede sein. Die Außenpolitik der Bundesrepublik Deutschland war eine von Grund auf *neue* deutsche Außenpolitik. Richtig durchleuchtet ist die Geschichte des Auswärtigen Amtes im Übergang von einem Regime zum nächsten aber noch nicht.

Ob es mehr als eine Kuriosität ist, dass es in der Amtszeit von Außenminister Fischer, bald sechzig Jahre nach dem Ende des Dritten Reiches, zu einem erst internen, dann öffentlichen Streit darüber gekommen ist, wie und ob überhaupt das Amt seiner verstorbenen Angehörigen, die vor 1945 die Mitgliedschaft in der NSDAP besaßen, gedenken soll? Dieser Streit entzündete sich daran, dass früheren und während ihrer Dienstzeit nach 1945 sicherlich verdienten Diplomaten vom Minister der amtliche Nachruf verweigert wurde. Das hat viele andere Diplomaten auf die Palme gebracht, die dies „unsachlich, unanständig, unehrlich" nannten (FAZ, 10. Februar 2005).

## 4.3 Parlamentarischer Diskurs

Aus dem vorigen Kapitel ergibt sich recht deutlich, dass es in den drei Westzonen schon einen außenpolitischen Diskurs gab, bevor sich ganz geklärt hatte, wie die Gründung der Bundesrepublik vonstatten gehen und mit welchen politischen Erwartungen dies verbunden sein würde. Ja, man kann sogar mit Arnulf Baring und anderen Beobachtern dieser frühen Jahre die These vertreten, dass Adenauers innenpolitische Autorität und der Respekt, der ihm von den Hohen Kommissaren der Westalliierten gezollt wurde, nicht zuletzt darauf beruhten, dass er das Gefälle im Ost-West-Konflikt geschickt zu nutzen verstand, um sein eigenes politisches Gefährt auf Tempo zu bringen.

Auf jeden Fall gab es in der Bundesrepublik Deutschland vom ersten Tag ihres Bestehens an einen außenpolitischen Diskurs, lange bevor es ein richtiges Auswärtiges Amt gab. Die deutsche politische Öffentlichkeit konnte ja auch unmöglich übersehen, dass alle besonders wichtigen Entscheidungen über die Zukunft des Landes direkt aus der Abkühlung der Weltpolitik resultierten. Man erkennt daran im Übrigen auch, dass eine allgemeine und unhistorische Diskussion über den Primat der Innenpolitik oder den Primat der Außenpolitik fruchtlos bleiben muss. Denn es hängt ganz vom Kontext ab.

Der öffentliche Diskurs über die neue deutsche Außenpolitik spielte sich in einer Vielzahl von Medien ab, den Zeitungen und Zeitschriften, den damals noch beneidenswert zahlreichen Monats- und Zweimonatszeitschriften für Politik und Kultur sowie dem Rundfunk. Viel mehr als in der Gegenwart spielte aber auch das Parlament, der Deutsche Bundestag, eine wichtige Rolle in diesem öffentlichen Diskurs über Außenpolitik. Dort wurde heftig und leidenschaftlich gestritten, Parlamentsdebatten galten den Beteiligten nicht als Schau und Mittel der Selbstdarstellung, sondern als prinzipien- und wertegeleitete Auseinandersetzung um den rechten Weg in die deutsche Zukunft.

## 4.3.1 Die erste Regierungserklärung

**Aus der 1. Regierungserklärung von Bundeskanzler Konrad Adenauer vor dem Deutschen Bundestag am 20. September 1949:**

... Der Fortschritt gegenüber den Verhältnissen, die seit 1945 bei uns bestanden, auch gegenüber den Zuständen des nationalsozialistischen Reichs, ist groß. Zwar müssen wir uns immer bewusst sein, dass Deutschland und das deutsche Volk noch nicht frei sind, dass es noch nicht gleichberechtigt neben den anderen Völkern steht, dass es – und das ist besonders schmerzlich – in zwei Teile zerrissen ist. Aber wir erfreuen uns doch einer wenigstens relativen staatlichen Freiheit. Unsere Wirtschaft ist im Aufstieg. Wir haben vor allem aber wieder den Schutz der Persönlichkeitsrechte ...

Unter den Bundesministerien fehlt ein Außenministerium. Ich habe auch nicht den an mich herangetragenen Wünschen stattgegeben, ein Ministerium für zwischenstaatliche Beziehungen einzurichten. Ich habe das deshalb nicht getan, weil nach dem Besatzungsstatut die auswärtigen Angelegenheiten unter Einschluss internationaler Abkommen, die von Deutschland oder im Namen Deutschlands abgeschlossen werden, Sache der Alliierten Hohen Kommission für die drei Zonen sind. Wenn wir demnach auch kein Ministerium des Auswärtigen haben, so bedeutet das keineswegs, dass wir damit auf jede Betätigung auf diesem Gebiet Verzicht leisten. Das Paradoxe unserer Lage ist ja, dass, obgleich die auswärtigen Angelegenheiten Deutschlands von der Hohen Alliierten Kommission wahrgenommen werden, jede Tätigkeit der Bundesregierung oder des Bundesparlaments auch in inneren Angelegenheiten Deutschlands irgendwie eine ausländische Beziehung in sich schließt. Deutschland ist infolge Besatzung, Ruhrstatut, Marshall-Plan usw. enger mit dem Ausland verflochten als jemals zuvor.

*(Abg. Renner: „Verflochten" ist gut!)*

Diese Angelegenheiten werden in einem im Bundeskanzleramt zu errichtenden Staatssekretariat zusammengefasst werden. Davon abgesehen glaube ich, dass die Hohen Kommissare infolge der großen Verantwortung, die sie tragen, keine wichtige Entscheidung in deutschen ausländischen Angelegenheiten treffen werden, ohne mit der Bundesregierung vorher Fühlung genommen zu haben ...

Ich habe an einer anderer Stelle schon ausgeführt, dass das Besatzungsstatut zwar ein Fortschritt, sogar ein erheblicher Fortschritt gegenüber dem bisherigen Zustand ist. Es wird aber ganz darauf ankommen, ob es in dem Geist gehandhabt wird, der aus dem Begleitschreiben der Außenminister von England, Frankreich und den Vereinigten Staaten vom April dieses Jahres an den Präsidenten des Parlamentarischen Rats sprach. „Die Außenminister betonen", so heißt es in der Note, „dass es das höchste Ziel der drei Alliierten Regierungen ist, den festen Einbau des deutschen Volkes in einem demokratischen Bundesstaat in den Rahmen eines europäischen Zusammenschlusses zum beiderseitigen Besten zu ermutigen und zu fördern." Wir sind überzeugt davon, dass, wenn das Besatzungsstatut in diesem Sinne gehandhabt wird, es uns ein eigenes starkes Leben und weitere Fortschritte ermöglichen wird.

*(Abg. Renner: Sie nannten es einmal Kolonialstatut!)*

... Es besteht für uns kein Zweifel, dass wir nach unserer Herkunft und nach unserer Gesinnung zur westeuropäischen Welt gehören. Wir wollen zu allen Ländern gute Beziehungen, auch solche persönlicher Art, unterhalten, insbesondere aber zu unseren Nachbarländern, den Benelux-Staaten, Frankreich, Italien, England und den nordischen Staaten. Der deutsch-französische Gegensatz, der Hunderte von Jahren die europäische Politik beherrscht und zu so manchen Kriegen, zu Zerstörungen und Blutvergießen, Anlass gegeben hat, muss endgültig aus der Welt geschafft werden.

*(Lebhafter Beifall)*

... Lassen Sie mich, meine Damen und Herren, in dieser Stunde mit besonderem Dank der Vereinigten Staaten von Nordamerika gedenken.

*(Bravo!)*
Ich glaube nicht, dass jemals in der Geschichte ein siegreiches Land
es versucht hat, dem besiegten Land in der Weise zu helfen und zu seinem Wiederaufbau und seiner Erholung beizutragen, wie das die Vereinigten Staaten gegenüber Deutschland getan haben und tun.
*(Bravo! Rechts, in der Mitte und bei Teilen der SPD.)*
... Ich weiß, dass unzählige Amerikaner aus echter, persönlicher Teil-
nahme und Nächstenliebe uns Deutschen in unserer schwersten Not,
als hier Hunger und Mangel herrschten, in rührender Weise geholfen
haben. Das deutsche Volk wird das dem amerikanischen Volk niemals
vergessen dürfen, und es wird das auch nicht vergessen.
(Verhandlungen des Deutschen Bundestages, 1. Wahlperiode, Stenographische Berichte, 5. Sitzung
am 20. 9. 1949, S. 22ff.)

Aus dem Text der ersten Regierungserklärung von Bundeskanzler Adenauer lassen sich die Rahmenbedingungen, Ziele und Prioritäten der neu-
en deutschen Außenpolitik sehr genau herauslesen – im Grunde ist hier
die Grundlinie der „Ära Adenauer" bereits deutlich ausgeprägt, und manche dieser Grundlinien bietet bis heute und über das Heute hinweg in die
Zukunft einen festen roten Faden für die Außenpolitik.
    Dieser rote Faden heißt *Westintegration*. Die Entschlossenheit des
Kanzlers, hierbei nicht nur von seiner eigenen Partei unterstützt, die Bundesrepublik Deutschland in den Westen zu integrieren, war und blieb
während seiner Regierungszeit ungebrochen. Über den Inhalt und die
Operationalisierung dessen, was als „Westintegration" zu einem festen
Begriff geworden ist, wird im folgenden Kapitel noch ausführlich reflektiert. Hier nur soviel: „Westintegration" umfasst mehrere Ebenen und
geht weit über die Außenpolitik im engeren Sinne hinaus. Abgegrenzt
wird sich einmal von der Politik des „Ostens", sprich der Sowjetunion und
vom Kommunismus. Genauso scharf und eindeutig ist die Abgrenzung
vom Nationalsozialismus. Ob diese beiden Schreckensregime des 20. Jahrhunderts mit der Kennzeichnung „totalitär" gleichermaßen gut charakterisiert werden können, darüber gibt es in den folgenden Jahrzehnten längere Dispute. Für Adenauer wie übrigens auch für Schumacher, beide an
den sozialwissenschaftlichen Ausformungen der „Totalitarismus-Theo-
rien" nicht interessiert, war aber klar, dass die saloppe Formel „rot =
braun" im Wesentlichen stimmt. Adenauer selbst, in der Forschung wird
dieser Zug häufig aus seiner rheinischen Biographie heraus erklärt,
wünschte sich die Zukunft Deutschlands in den Rahmen eines „christlich-

abendländischen" Westeuropa, gewissermaßen mit karolingischen Grenzen zum Osten hin. Deshalb konnte er die Absage an eine deutsche Schaukelpolitik zwischen Ost und West und die Hoffnung auf eine tiefreichende deutsch-französische Verständigung besonders glaubwürdig verkörpern.

Eine weitere Ebene der Westintegration war für Adenauer die *special relationship* zu den Vereinigten Staaten. Mit diesem Terminus werden in der Regel die aus langen Traditionen herrührenden besonderen Beziehungen zwischen Großbritannien und den USA bezeichnet, und zwar eher aus der britischen als der amerikanischen Perspektive. Diese Art britisch-amerikanischer Sonderbeziehungen ist letzthin wieder einmal deutlich hervorgetreten, und zwar in der Vorgeschichte und dem Verlauf der Intervention einer *ad-hoc*-Koalition verschiedener Staaten im Irak 2002/ 2003. Zu solcher Nähe ist es im deutsch-amerikanischen Verhältnis nur selten gekommen; weil es unter den deutschen Politikern immer zwei Gruppen gab, von denen die eine eher europäische Ziele verfolgte und die andere eher transatlantische Prioritäten anmahnte. Auch auf diese Bruchlinie wird noch in den folgenden Kapiteln verschiedentlich eingegangen werden. Kein verantwortlicher Politiker in Deutschland hat, das gilt bis heute, die Beziehungen zu den Vereinigten Staaten für nachrangig angesehen. Warum die USA damals ein besonderer Adressat deutscher Politik waren, wird von Adenauer in einfacher Sprache, aber dafür um so eindringlicher geschildert.

Die Westintegration war auch eine gesellschaftspolitische Wertentscheidung, nämlich für Demokratie, den Schutz der Menschenrechte und für eine marktwirtschaftliche Ordnung der Wirtschaft. Insofern hat sie eine über die Außenpolitik weit hinausgreifende Bedeutung. Sie war für Adenauer auch nicht ein wirkliches „Verhandlungs-Objekt" mit den Westalliierten. Dennoch aber handelte und verhandelte er mit ihnen um jedes Stückchen Gleichberechtigung, das er in Reichweite sah. Das methodische Vorgehen Adenauers wurde stilbildend für die Außenpolitik der Bundesrepublik. Helga Haftendorn hat es knapp und treffend so gekennzeichnet:

„Die Beteiligung am Prozess der europäischen Integration und die Einordnung in das Atlantische Bündnis versprachen der Bundesrepublik Mitwirkungsmöglichkeiten und Gleichbehandlung. So konnte sie Beschränkungen in Möglichkeiten umwandeln. Die verschiedenen Bundesregierungen entwickelten ein großes Vermögen, die Grenzen ihrer Handlungsfähigkeit zu erkennen, zu akzeptieren und im Interesse ihres Landes zu nutzen. Sie präsentierten die eigenen Ziele und Zwecke in einer Weise, in der die Interessen der Partner integriert wurden, so dass sie dann von diesen akzeptiert werden konnten" (Haftendorn 2001, 14).

## 4.3.2 Nationale Einheit

„Meine Damen und Herren! Die Frage der deutschen Einheit ist für unser Volk ein zentrales Problem. Sie ist aber auch eine bedeutsame Frage für die Erhaltung der Freiheit in der Welt. Alle europäischen Probleme und Projekte werden nicht europäisch betrachtet, wenn man aus der Teilung Deutschlands Nutzen ziehen will. Die Kosten für eine solche Politik zahlt nicht Deutschland allein, die Kosten zahlt die Sache der Freiheit in der ganzen Welt.
... Die Uneinheitlichkeit und Unentschlossenheit der westlichen Demokratien in ihrer Deutschlandpolitik, die vielen Vorbehalte und Unklarheiten in der Behandlung und der Zusammenarbeit mit den Deutschen schwächen die Front der Freiheit, nehmen ihr die Geschlossenheit und bedrohen ihre letzte Gemeinsamkeit ... Wir haben einen Gegner, dessen Einheit und Konzentration seiner politischen Kräfte zentral dirigiert wird. Die deutsche Frage kann nicht für sich allein betrachtet werden; sie kann aber auch nicht vom Westen her mit Deutschland als Objekt gelöst werden ... man darf nicht über Deutschland beraten, man muß letzten Endes mit Deutschland beraten" (Schweitzer 1976, 343).

Diese Sätze stammen aus der Bundestags-Aussprache über Deutschlandpolitik am 9. März 1951. Formuliert hat sie mit der ihm eigenen rhetorischen Vehemenz der Partei- und Fraktionsvorsitzende der oppositionellen Sozialdemokratie, Kurt Schumacher. Im Frühjahr 1951 hatten sich schon viele Illusionen bezüglich einer raschen Wiederherstellung der deutschen Einheit verflüchtigt; viele, aber noch lange nicht alle, wie sich ziemlich genau ein Jahr später anlässlich der „Stalin-Note" an die drei Westmächte zeigen sollte. Für Schumacher wie für viele Deutsche in der Bundesrepublik, gleichviel wo ihre politische Heimat lag, stand die Frage nach der Wiedervereinigung im Zentrum aller deutschen außenpolitischen Anstrengungen. Besser gesagt: Sie hatte im Zentrum zu stehen, das war ihr eigener Ansatz und ihre Forderung an die Regierung. Diese, jedenfalls der Bundeskanzler sah das ein wenig anders. Während Schumacher den europäischen Integrationsplänen nicht traute, weil sie auch unter Fortexistenz der deutschen Teilung umgesetzt werden sollten, lag für Adenauer die Priorität genau bei dieser Integration. Denn erst wenn hier merkbare Fortschritte erkennbar sein würden, wenn die Bundesrepublik dem Ziel der Gleichberechtigung de facto ein großes Stück nähergerückt sein würde, erst dann gewönne eine gemeinsame westliche Politik für Deutschlands Wiedervereinigung innere und äußere Überzeugungskraft.

Schumacher hat in seinen Reden den Westmächten häufig den nur wenig verschlüsselten Vorwurf gemacht, sie seien an der Wiedervereinigung Deutschlands eigentlich gar nicht besonders interessiert. Dasselbe wurde von den Mitgliedern der KPD in zugespitzter und provokanter Manier gesagt und von ihnen mit Hinweisen auf die einheits-freundliche Deutschlandpolitik Moskaus verbunden. Letztere wurde von Schumacher mit schneidender Schärfe zurückgewiesen: Antikommunisten waren beide, Adenauer und Schumacher. Der Unterschied zwischen beiden in ihren außenpolitischen Kalkülen war trotzdem beträchtlich. Auch Adenauer erkannte zwar die Zurückhaltung der Westmächte, wenn es um die deutsche Wiedervereinigung ging. Die war ja auch verständlich, wenn man sich auch nur ganz oberflächlich in die Perspektive der früheren Kriegsgegner Deutschlands hineinversetzte. Weil das so war, hielt Adenauer auf geschickte Weise die nationale Frage niedrig – weniger in seinen innenpolitischen Verlautbarungen, etwa an die Adresse der Heimatvertriebenen, als vielmehr in seinen Verhandlungen mit den westlichen Verbündeten. Schon früh konnte er glaubwürdig deutlich machen, dass der Bundesrepublik mehr an der Aufrechterhaltung und dem Ausbau von Frieden und Freiheit in Europa und der Welt, mehr an den die Ebene der Nation übersteigenden Integrationsprojekten lag. Die Aufhebung der Teilung würde, wenn solche Projekte erfolgreich umgesetzt werden konnten, eines Tages wie von selbst erfolgen.

### 4.3.3 Rheinische Außenpolitik

Mehr als sechzig Jahre nach Ende des Zweiten Weltkriegs kann man sich nur noch schwer vorstellen, mit welcher Wucht der komplette materielle und geistige Zusammenbruch das Leben und Denken, die alltäglichen und die allgemeinen Prioritätssetzungen der Menschen und ihre Vorstellungen von ihrem kollektiven Schicksal beeinflusst hat. Wie sich hinterher herausstellen sollte, machten viele Menschen trotzdem an dem Punkt, wo sie vorher aufgehört hatten, weiter – und das ging sogar ganz gut. Deshalb haben ja alle die Recht, die betonen, dass von einer „Stunde Null" nie die Rede sein konnte.

Sie haben aber zugleich auch wieder Unrecht. Denn selbst dort, wo es so oder fast so weiterging wie vorher, spielte sich dieses Weitergehen in einem anderen Kontext ab. Die totale Niederlage und der Zusammenbruch des nationalsozialistischen Deutschland bedeuteten eine gründliche

Kontextverschiebung für die Deutschen. Niederlage und Zusammenbruch bewirkten ein Trauma. Die Deutschen hatten sich dadurch selbst stigmatisiert, dass ihre politische Führung im Dritten Reich in ihrer aller Namen und in viel zu vielen Fällen auch mit ihrer inneren Zustimmung eine Reihe zunächst gar nicht so gefährlich erscheinender politisch-sozialer Ideologien überspitzte und dadurch eminent gefährlich machte. Außerdem vergifteten die Nationalsozialisten dieses Ideologie-Gemisch durch die Beimengung von Gewaltsamkeit oder Bereitschaft zur Gewaltsamkeit. Innerhalb weniger Jahre verwandelte sich eine Gesellschaft, die zwar von mannigfachen internen Konflikten geprägt war, aber der niemand einen Platz in der Staatengemeinschaft streitig machen wollte, zu einer Außenseiter-Gesellschaft. Deutschland wurde, was man heute mit dem Ausdruck Schurkenstaat *(rogue state)* bezeichnet.

Dass dies so war und dass dies nicht nur anderen Völkern enorme Opfer auferlegt hatte, sondern zudem das eigene Volk fast ganz in den Abgrund gestürzt hätte, an dieser Einsicht kamen die Deutschen in ihrer großen Mehrzahl 1945 und in den Folgejahren nicht vorbei, wenngleich sie sich das alles nicht recht erklären konnten. Aus dieser Situation heraus und wegen der nicht rückgängig zu machenden Kontextverschiebung ergab sich die Suche, manchmal fast schon die Sucht nach einer post-traumatischen Normalität. Normalität hieß dabei: Wiedererlangung des Respekts und der Anerkennung, Überwindung des Stigmas vom Volk der Richter und Henker, Gleichberechtigung.

Was die Kultur im hehren Sinne des Wortes betrifft, da konnte man an vieles anknüpfen, was in der deutschen Geistes-, Kunst- oder Musikgeschichte Rang und Namen hatte. In Sachen Gesellschaftsentwicklung und Politik war das erheblich schwieriger – die Militärreformer um den Grafen Baudissin mussten bei der Erfindung der „Inneren Führung" etwa bis zu den preußischen Reformern um Scharnhorst und Gneisenau zu Beginn des 19. Jahrhunderts zurückgehen. Eine funktionierende deutsche Demokratie hatte es vor 1945 auch kaum gegeben, weshalb die Paulskirchen-Versammlung von 1848 zum Paten der westdeutschen Demokratie wurde. Und in der Außenpolitik? Da gab es eigentlich nur einen großen Könner in der Vergangenheit, nämlich den Fürsten Bismarck, aber dessen „Blut-und-Eisen"-Politik passte so gar nicht in die Nachkriegskonstellation. Gustav Stresemann, langjähriger Außenminister der Weimarer Republik und Anhänger der deutsch-französischen Aussöhnung, war im kollektiven Gedächtnis der Deutschen längst nicht so tief verankert.

Halb von dem außenpolitischen Kontext erzwungen, halb aus Mangel an brauchbaren Traditionen entwickelte sich so die „rheinische Außenpolitik" von Konrad Adenauer inhaltlich und methodisch zum neuen Standard für deutsche Außenpolitik.

# 5. Souveränität und Selbsteinbindung

In diesem Kapitel werden drei der wichtigsten Felder deutscher Außenpolitik untersucht, nämlich die europäische und die transatlantische Ebene der West(integrations)politik und die Ost- und Deutschlandpolitik. Die Kapitelüberschrift variiert entsprechende Formulierungen von Helga Haftendorn. Ihr Erklärungsansatz für die deutsche Außenpolitik beruht auf der scheinbar paradoxen Feststellung, dass es gerade die wohlbedachte Hinnahme des anfangs sehr beschränkten außenpolitischen Handlungsspielraums war, die zur besten Voraussetzung für seine schrittweise Erweiterung wurde. Selbstbeschränkung und Selbstbehauptung, so Haftendorn (2001), waren zwei Aktionsweisen deutscher Außenpolitik, die sich erstaunlicherweise gegenseitig nicht in die Quere kamen. Im Gegenteil. Nur wenn man glaubwürdig die Bereitschaft demonstrierte, Souveränität (die man zunächst ja noch gar nicht besaß) an eine Bündnisorganisation oder eine europäische Behörde wieder abzugeben, wenn man sie denn zugesprochen bekäme, konnte man die Widerstände anderer Akteure gegen eine Aufwertung der Bundesrepublik aushebeln. Die Kombination dieser Aktionsweisen war in den allermeisten Fällen nicht das Resultat eines kühlen oder gar zynischen Kalküls. Sie entsprang der inneren Überzeugung der Außenpolitiker von Adenauer bis Brandt und Kohl. Politiker aus der Generation nach Kohl, für welche die „Gnade der späten Geburt" nicht mehr ein angemessener Ausdruck ihrer Haltung zur nationalsozialistischen Vergangenheit war, sahen diese Kombination kritischer und versuchten es schon einmal nachdrücklich mit anderen Aktionsweisen.

## 5.1 Europa, Europa

Nach der Staatsgründung strebte die Bundesregierung in ihrer Außenpolitik die Gleichberechtigung mit anderen Staaten an, das heißt nichts anderes als die staatliche Souveränität, das Recht auf kollektive politische Selbstbestimmung mit demokratischen Inhalten und in demokratischer Manier. Sie tat das aber nicht, um dann als souveräner Staat ihre eigenen Ziele möglichst machtvoll gegen andere durchzusetzen. Vielmehr war vorgesehen, die gewonnene Souveränität teilweise wieder in einem größeren *pool* aufgehen zu lassen, an den auch andere europäische Staaten ihre Souveränität oder Teile davon abgeben sollten, um gemeinsam eine europäische Union zu begründen.

In Nachkriegszeiten haben visionäre Ordnungsentwürfe mit weitreichenden Zielvorstellungen (vor allem hinsichtlich künftiger Kriegsvermeidung) Hochkonjunktur. Vieles davon hält nicht lange. Die Vision Europa ist trotz mannigfacher Modifikationen und zwischenzeitlicher Abkühlungen lebendig geblieben. Vielleicht lag das auch daran, dass die Entwicklung der Gesellschaften und des internationalen Systems schon damals eine Richtung eingeschlagen hatte, die unter anderem auch auf eine gewisse Abwertung von nationalstaatlicher Souveränität hinauslief. Den beteiligten Akteuren blieb dies allerdings verborgen. Die deutsche Bereitschaft zur Selbstbeschränkung und Selbsteinbindung rührte viel eher aus der Erkenntnis, dass ohne dies beides der eigene Handlungsspielraum, wenn überhaupt, nur sehr viel langsamer und schwieriger zu erweitern sein würde. Wenn man also die Bundesrepublik in Sachen Souveränität als politische Avantgarde bezeichnen kann, weil sie sich hier so verhielt, als wäre sie ihrer Zeit voraus, so dürfen wir doch nicht übersehen, dass sie *de facto* ihrer Zeit keineswegs voraus war, vielmehr durch die äußeren Umstände dazu gebracht wurde, avantgardistisch zu handeln.

### 5.1.1 Zum Souveränitätsbegriff

Mit dem Souveränitätsbegriff hat die Politikwissenschaft ihre Schwierigkeiten. Das liegt daran, dass die Politikwissenschaft vor allem auch Schwierigkeiten mit dem Begriff des Staates hat. Viele Beobachter konstatieren, dass sich der moderne Staat zu verflüchtigen beginnt wie das Grinsen der Katze in „Alice im Wunderland". Andere Beobachter bestreiten das, konzedieren aber Veränderungen im Verhältnis des modernen Staats zu nicht-staatlichen Akteuren und zur Zivilgesellschaft. Der Historiker Wolfgang Reinhard (1999, 553) meint, das „Kriterium von Modernität schlechthin, die einst dem Ancien Régime mit unsäglicher Mühe abgerungene Einheitlichkeit von Staatsvolk und Staatsgewalt, Staatsgebiet und Staatshoheit (Souveränität) trifft kaum mehr zu. Zuwenig Staat in vielen ehemaligen Kolonien und zuviel Staat in Europa führen zur Auflösung des staatlichen Machtmonopols zu Gunsten intermediärer Instanzen und substaatlicher Verbände der verschiedensten Art." Wenn das heißen soll, dass es den Akteurstyp Staat bald nicht mehr geben wird, dann schießt das sicherlich weit übers Ziel hinaus.

Doch auch vorsichtiger formulierende Beobachter kommen zu der Feststellung, dass sich die Rolle des Staates „vom souveränen Handlungszentrum zum Vermittler zwischen lokalen Lebenswelten, supranationalen Einheiten und globalem System wandeln" werde (Münch 1998, 18).

Auch die Wissenschaft vom öffentlichen Recht kennt kaum eine Frage, die so vielschichtig und umstritten ist wie die nach der Souveränität. Im Groben weiß man zwar, was gemeint ist, nämlich die selbstbestimmte Herrschaftsgewalt eines Staates nach innen und nach außen. Wobei *äußere* Souveränität die Unabhängigkeit eines Staates im internationalen System bedeutet und in dem Anspruch zum Ausdruck kommt, dass sich kein anderer staatlicher Akteur in die inneren Angelegenheiten dieses souveränen Staates einzumischen habe. Die Staaten sind im Prinzip gleich, d. h. gleichberechtigt, unangesehen ihrer politischen, militärischen oder ökonomischen Stärke.

Souveränität nach *innen* wird ausgedrückt in den hoheitlichen Aufgaben des Staates, insbesondere dem Gesetzgebungs- und Besteuerungsmonopol sowie in seinem Gewaltmonopol zwecks Aufrechterhaltung der inneren Ordnung und des Schutzes vor Bedrohungen von außen.

Ein solches Billard-Kugel-Modell des Staates und der internationalen Politik war immer schon zu großen Teilen fiktiv; deswegen braucht man sich keine Mühe machen zu wollen, es kritisch aufzulösen. Die verschiedenen Akteure im politischen Feld einer Gesellschaft und die staatlichen und nicht-staatlichen Akteure im internationalen System sind mittlerweile jedoch in ein derart dichtes Netz (asymmetrischer) gegenseitiger Abhängigkeit verflochten, dass sich die Annahme von selbst verbietet, im politischen Alltagsgeschäft könne es noch rundum souveräne Akteure geben: Die zunehmende Interdependenz höhlt die Souveränität aus.

Die Konzeption einer ungeschmälerten Souveränität verbietet sich nicht zuletzt schon durch die Existenz des Rechts. Völkerrechtliche Normen wirken inzwischen auch in die internen staatlichen Herrschaftsbereiche hinein, mit einer trotz aller Rückschläge ungebrochenen Tendenz zur weiteren Expansion.

Zusammengefasst: Souveränität war und ist in erster Linie der Anspruch (samt mehr oder weniger ausführlichem Begründungsapparat) auf politische Gestaltungsmacht, reklamiert für ein wie immer organisiertes politisches Kollektiv, das zur Durchsetzung dieses Anspruchs auch gegen Widerstände und widrige Umstände gewillt ist. Dieser Wille ist eine notwendige, freilich keine hinreichende Bedingung zur erfolgreichen Durchsetzung des Anspruchs auf Souveränität, d. h. einen eigenen Staat. Gegenwärtig gibt es vor allem deshalb Schwierigkeiten mit dem Souveränitäts-Konzept, weil unter dem Vorzeichen der Globalisierung die Gestaltungskraft der Staaten nach *innen* durch Wirkkräfte von außen, seien es andere, mächtigere Staaten (herkömmlicher Fall, nur verstärkt), seien es transnationale Akteure, auf besonders gut sichtbare Weise in Frage gestellt wird. Dieser Veränderungsprozess besitzt nicht nur eine inner-staatliche Dimension, er setzt sich auch im Strukturgefüge des internationalen Systems insgesamt nachhaltig in Szene.

Gut 350 Jahre nach dem Abschluss des Friedens von Münster und Osnabrück wird unter Theorie-Experten der Internationalen Beziehungen das „Ende des Westfälischen Systems" debattiert. Damit ist das moderne Staatensystem gemeint. An seine Stelle, so wird behauptet, tritt ein System unterschiedlicher Akteure mit grenzüberschreitenden Handlungsoptionen, in dem sich die Bedeutung von Grenzen, von Territorialität, damit aber auch des Staates als Akteurtyps ständig verringern wird. Also ein Abschied von der Souveränität der Staaten?

Vielleicht, vielleicht auch nicht, um einen Romantitel von d'Annunzio zu zitieren. Drei Beobachtungen sprechen gegen eine solche Entwicklung:
– *Erstens* gibt es keine einigermaßen überzeugende Vorstellung von Weltinnenpolitik, ihren Institutionen, Mechanismen und Legitimationsgrundlagen.
– *Zweitens* müssen vor dem Hintergrund der Selbstgewissheit, mit der von den genannten Experten der Souveränität beanspruchende Staat als Auslaufmodell bezeichnet wird, die intellektuelle Heftigkeit und die physische Gewaltbereitschaft schon überraschen, die in den unzähligen Autonomie- und Sezessionsbestrebungen auf den verschiedensten Kontinenten zum Ausdruck kommen. Einerseits befördern solche Bestrebungen den Zerfall staatlicher Gebilde. Andererseits handeln ihre Protagonisten keinesfalls im Namen von Globalisierung und einer Politik der prinzipiellen Staats-Zertrümmerung. Sie wollen im Gegenteil ihren *eigenen* Staat, mit *eigenen* Gesetzen, *eigenen* Grenzen und *eigener* Souveränität.
– *Drittens* mehren sich in den meisten westlichen Gesellschaften die Stimmen, die für eine Erneuerung der staatlichen Handlungsmacht plädieren, um den als schädlich angesehenen Auswirkungen der Globalisierung der Wirtschaft politisch entgegenzutreten.

Freilich liegt die Vermutung nahe, dass jenseits der unmittelbaren Intentionen der Akteure und oberhalb der zunächst einmal eklatanten Widersprüchlichkeit zwischen Globalisierung und dem Zerfall größerer zugunsten kleinerer staatlicher Einheiten doch ein einziger weltpolitischer Prozess auszumachen ist. Die Widersprüche, mögen sie auch *prima vista* eine bittere Ironie produzieren, gehören zusammen, bilden zwei Seiten derselben Medaille.

### 5.1.2 Altes oder neues Europa?

Die griffige Unterscheidung zwischen einem alten und einem neuen Europa verdanken wir dem seinerzeitigen amerikanischen Verteidigungsminister Rumsfeld. Er kennzeichnete damit die unterschiedlichen Einstellungen europäischer Regierungen zur Militärintervention der USA im Irak 2003 (neues Europa = proamerikanisch; altes Europa = amerikakritisch). Das hatte einen gewissen Drall, und man kann sich darüber ärgern oder amüsieren (letzteres ist angemessener); aber man braucht es nicht besonders ernst zu nehmen.

Ernst nehmen kann man diese Unterscheidung hingegen in einem ganz anderen Sinne. Europa, das heißt die europäischen Mächte und ihre Rivalität untereinander standen am Beginn der Expansion eines regionalen internationalen Systems über die ganze Erde hinweg. Über diesen welthistorischen Vorgang und seine Ursachen gibt es eine umfangreiche Literatur. Sehr bekannt wurde in den späten 1980er Jahren etwa Paul Kennedy (1989) mit seiner Studie über ökonomischen Wandel und militärische Konflikte zwischen 1500 und 2000. Etwas verkürzt dargestellt, läuft Kennedys Erklärungsversuch für den Aufstieg der europäischen Mächte und damit des europäisch geprägten internationalen Systems darauf hinaus, dass es gerade die inner-europäische Rivalität war, die die Akteure zu immer neuen Innovationen angetrieben hat. Für Lethargie und Stagnation fehlte sozusagen die Gelegenheit. Der Aufstieg Europas endete aber am Beginn des 20. Jahrhunderts, denn spätestens mit dem Ersten Weltkrieg wurde spürbar, dass das ökonomische Machtzentrum von der „Alten Welt" in die „Neue Welt" ausgewandert war. Amerika, später Japan und während des gesamten Jahrhunderts potenziell auch China hatten die Chance, Europa zu überflügeln. Europa wurde durch die Zwischenkriegszeit, in der die Folgen des Ersten Weltkriegs nicht ausreichend verarbeitet werden konnten, weiter geschwächt. Der Zweite Weltkrieg und die Entkolonialisierungskriege danach vertieften diese Tendenz. Außerdem war Europa durch den Ost-West-Konflikt in zwei einander feindlich gegenüberstehende Hälften geteilt und die westliche Hälfte weitgehend von amerikanischen Sicherheitsgarantien abhängig geworden.

Das alte Europa, früher stark, wenn auch nicht als europäische Einheit, sondern als Vielheit von rivalisierenden Staaten, war schwach geworden; und gerade das, was früher zur Stärkung des europäischen Staatensystems beigetragen hat, die interne Rivalität nämlich, war nun zur Ursache von Europas Schwäche geworden.

Diese Einsicht in die Schwäche Europas infolge permanenter und kostspielig ausgetragener Konflikte gehörte zum inneren Kern der weltpolitischen Lagebeurteilung Konrad Adenauers im Jahr 1945. Aus ihr entwickelte er die Konzeption eines politisch und wirtschaftlich zu einigenden (zunächst: westlichen) Europas, eine Konzeption oder gar Vision, die andere Europäer dieser Politikergeneration auch verfolgten: Robert Schuman, Alcide de Gasperi, Henri Spaak und, besonders einflussreich, wenn auch weitgehend im Hintergrund geblieben: Jean Monnet.

Wenn wir jetzt einen Sprung von den späten 1940er und frühen 1950er Jahren in die Gegenwart machen, so stellt sich Europa ganz anders da, als selbst noch Kennedy es charakterisierte, keine ausgebrannte Macht von gestern, sondern eine potenzielle Weltmacht von morgen.

„Im Gegensatz zu Staaten und Reichen der Vergangenheit, die ihre Wurzeln in Mythen oder heroischen Siegen sahen, ist die EU die erste Mega-Regierungsinstitution der Geschichte, die aus der Asche auferstand. Sie rühmt sich nicht einer noblen Vergangenheit, sondern ist dafür gedacht, zu verhindern, dass Geschichte sich nicht wiederholt. Nach einem Jahrtausend der Kriege und des Blutvergießens schüttelten die europäischen Nationen in weniger als einem halben Jahrhundert die Schatten zweier Weltkriege ab, die ihre Bevölkerung dezimiert, ihre alten Bauwerke und ihre Infrastruktur ruiniert, sie ihres Reichtums beraubt und ihre Lebensart zerstört hatten. Entschlossen, niemals wieder die Waffen gegeneinander zu erheben, suchten die europäischen Nationen nach einem politischen Mechanismus, der sie zusammenbringen und die alten Rivalitäten überwinden würde" (Rifkin 2004, 218f.).

Autoren wie Jeremy Rifkin sehen in der Europäischen Union so etwas wie eine „leise Supermacht", also eine, die kooperativer, multilateraler und auch mehr im Sinne eines virtuellen globalen Gemeinwohls agieren kann, als es die USA tun. In dieser Perspektive ist viel utopischer Überschuss vorhanden; denn Europa, die erweiterte und in Zukunft noch ein paar neue Mitglieder aufnehmende EU, hat auch mit vielen Problemen zu kämpfen. Paul Kennedy (1989, 721) hat nach wie vor recht, wenn er schreibt: „Europa bleibt ein Rätsel."

Dieses neue Europa ist aber auf jeden Fall ein weltpolitischer Akteur geworden (vgl. Fröhlich 2008), wenn auch mit einer politischen Gestalt ohne Vorbilder.

Immer wieder wurde und wird darauf hingewiesen, dass als die Basis dieses neuen Europa die deutsch-französischen Beziehungen und ihre gegenüber der Vergangenheit grundlegende Neugestaltung nach 1945 zu gelten haben. Das ist richtig. Jedoch führt die nähere Betrachtung der im Elysée-Vertrag von 1963 (vgl. Steinkühler 2002) sogar urkundlich festgehaltenen deutsch-französischen Freundschaft zu einem ganz merkwürdigen Ergebnis: Das ‚deutsch-französische Tandem' ist zwar gut vorangekommen, aber letztlich beruht es auf einem, freilich sehr produktiven Missverständnis. Die Regierungen Frankreichs und Deutschlands waren bei der Konzipierung ihrer Nachkriegskooperation von unterschiedlichen, ja geradezu gegensätzlichen Motiven geleitet. Ablesbar ist das an den Erwartungen und Befürchtungen, die mit der Gründung der Montanunion und der Europäischen Verteidigungsgemeinschaft (EVG) in der ersten Hälfte der 1950er Jahre verbunden waren. Letztere kam wegen dieser inneren Spannung auch nicht zustande.

*Glückliche Fügung* ist eigentlich kein politikwissenschaftlicher Begriff. Dennoch ist man versucht, ihn zu verwenden, um zu erklären, warum es trotz dieser deutsch-französischen Differenzen, die sich im europäischen Integrationsprozess auch immer wieder einmal bemerkbar gemacht haben, zu dieser Integration gekommen ist und was genau die Komplementarität der deutschen und französischen Kooperations-Erwartungen ausmacht. Für Frankreich handelte es sich bei der deutsch-französischen Freundschaft und der europäischen Integration in erster Linie um ein Instrument zur Kontrolle Deutschlands, dessen Wiederaufstieg und Neo-Hegemonie man in Paris nie aufgehört hat zu fürchten. Für Deutschland hingegen handelte es sich um die Möglichkeit, die eigene nationalistische Vergangenheit und am besten auch gleich das Zeitalter der Nationalstaaten in Europa hinter sich zu lassen. Hier lässt sich aus den Umfragedaten für die ersten Nachkriegsjahrzehnte auch ein bemerkenswerter Konsens zwischen den politischen Führungseliten und der Bevölkerung insgesamt konstatieren (vgl. Schweigler 1985, 83ff.).

### 5.1.3 Zentralmacht Europas

Deutschland war schon lange vor der Vereinigung zu einem für den Fortgang oder Verzögerungen im europäischen Integrationsprozess besonders wichtigen Akteur geworden. Die deutsche Europapolitik veränderte im Laufe der Zeit ihre Funktionen und Prioritäten.

– Ganz am Anfang galt die Integration Europas den deutschen Regierungen als ein Mittel zur Rückgewinnung der Souveränität. Sie diente zudem als ein Vehikel, das die Deutschen wieder in den Kreis der anderen Nationen zurückbrachte.

– Später, in den Jahren des wirtschaftlichen Wiedererstarkens, wollten die deutschen Regierungen mit ihrer europa-freundlichen Politik demonstrieren, dass es ihnen nicht um irgendwelche Hegemonieansprüche ging.

– Während der Konzipierung und Umsetzung der neuen Ost- und Deutschlandpolitik brauchte es eine impulsstarke Europapolitik, damit den westlichen Nachbarn und insbesondere Frankreich keine Zweifel über die feste Verankerung des Landes in den westlichen Bündnissen bleiben sollten.

– Am wenigsten veränderten sich über die Jahre die mit der Integration verfolgten wirtschaftspolitischen Zielsetzungen. Von der schrittweisen Schaffung des Binnenmarktes bis zur Wirtschafts- und Währungsunion ging es den deutschen Regierungen immer um die Förderung und Stärkung der deutschen Wirtschaftskraft, aber eben nicht in Form eines Nullsummenspiels in Bezug auf die anderen europäischen Länder, sondern im Sinne einer gemeinsamen Anhebung der ökonomischen Leistungsniveaus und der Stabilität der europäischen Volkswirtschaften sowie einer Weiterentwicklung der Weltwirtschaft.

Die europäische Integration durchlief eine Reihe von Krisen und Stagnationsphasen; aber insgesamt gesehen, kann man sie als von raschen Erfolgen gekennzeichnet bezeichnen. Was die deutsche Europapolitik betrifft, so weist Eckart Gaddum (1994, 361f.) auf das Anwachsen einer inneren Widersprüchlichkeit seit den 1970er Jahren hin. Er konstatiert sogar einen „grundsätzlichen Zielkonflikt deutscher Europapolitik". Der umfasst sogar mehrere Ebenen. Einmal handelt es sich um die größer werdende Kluft zwischen der von den Partnern Deutschlands geforderten finanziellen Solidarität des „Netto-Einzahlers" Deutschland auf der einen und der geringer werdenden finanziellen Opferbereitschaft der Bundesregierung. Zweitens macht sich, das ist nicht neu, kommt aber immer einmal wieder an die Oberfläche der Politik, die partielle Widersprüchlichkeit der deutschen Westintegrationspolitik bemerkbar, nämlich die nicht einfach glattzubügelnde Differenz zwischen der transatlantischen und der europäischen Orientierung. Die deutsche Vereinigung und der Zerfall der kommunistischen Regime in Osteuropa haben nach Gaddum (1994, 370) diese Zielkonflikte erneut verschärft.

Bundeskanzler Kohl und seine konservativ-liberale Koalitionsregierungen haben auf diese Herausforderung mit einem europapolitischen Konzept reagiert, das nicht nur diese Zielkonflikte leugnete, sondern gleich noch einen weiteren formulierte, ohne ihn als solchen anzuerkennen. (Für den politikwissenschaftlichen Beobachter sind solche Operationen der Politiker gleichermaßen ein Objekt der Kritik, der Verwunderung und zuweilen auch des Entzückens wegen der darin zum Ausdruck kommenden *chuzpe*, letzteres vor allem dann, wenn sie wider die politologische Logik eben doch einigermaßen zu funktionieren beginnen.) Gemeint ist das Doppelkonzept der Erweiterung und der gleichzeitigen Vertiefung der Europäischen Union. Dieses Konzept ist von der sozialdemokratisch- grünen Regierung Schröder 1998 sowie der seit 2005 regierenden großen Koalition unter Kanzlerin Merkel weitgehend übernommen und fortgeführt worden (vgl. auch Kap. 9).


## 5.2 Über den Atlantik hinweg

Je näher man der Gegenwart kommt, desto weniger genügt es, deutsche Außenpolitik allein in ihrer nationalen Perspektive zu betrachten. Stattdessen muss man sich des multinationalen europäischen Rahmens dieser Politik bewusst werden. Auf manchen Gebieten, etwa dem des Außenhandels, hat es hier früh schon Vergemeinschaftungs-Prozesse gegeben, in deren Folge die Europäische Gemeinschaft (später: Europäische Union) in internationalen Kontexten als ein handlungsfähiger Akteur auftrat. Einzelne nationalstaatliche Interessen, falls sie vom Gemeinschaftsinteresse abwichen, fanden dennoch Mittel und Wege, sich international Gehör zu verschaffen. Auch heute ist es noch lange nicht so, dass die verschiedenen Außenpolitiken europäischer Staaten anderen Kontinenten gegenüber immer als „gemeinsam" dargestellt werden könnten. Jedoch gibt es, insbesondere nach 1990, ein spannendes Wechselspiel nationalstaatlicher und gemeinschaftlich-europäischer Interessen, ganz besonders auch im Verhältnis zu den USA.

## 5.2.1 Die USA als Geburtshelfer des demokratischen Deutschland

„Die Lösung des deutschen Problems gehört zu den größten Erfolgen amerikanischer Weltpolitik im 20. Jahrhundert – ein Erfolg, den 1945 niemand voraussehen konnte, als der Zweite Weltkrieg endete und die Bilder von der Öffnung der Konzentrationslager Buchenwald und Dachau in den USA einen elementaren Ekel hervorriefen. Fast vierzig Jahre war Deutschland integraler Bestandteil der zweifachen Eindämmungspolitik der USA in Kontinentaleuropa, nämlich der Eindämmung der sowjetischen und der deutschen Gefahr, verbunden mit dem Willen, Frankreichs Sicherheitsbedürfnis vor Deutschland und der Sowjetunion zu befriedigen, ohne das Land zu einer mit den USA konkurrierenden Hegemonialmacht aufsteigen zu lassen" (Junker 2001, Bd. 1, 22).

Detlef Junker führt den schwerlich zu überschätzenden Einfluss der USA auf die Gründung und die weitere Politik der Bundesrepublik auf sieben Ursachenkomplexe zurück. Er nennt als ersten die überragende Macht der USA nach 1945, die sich über die wichtigsten Politikfelder erstreckte und von den Deutschen nicht nur als „harte Macht" empfunden wurde, sondern auch als „sanfte Macht" (*soft power*). Mit diesem Begriff ist gemeint, dass die Werte und Prioritäten, die politische Tagesordnung und die gesellschaftliche Ordnung der USA als attraktiv und nachahmenswert angesehen wurden. Zweitens verweist Junker auf die politische Klugheit und Weitsicht der politischen Entscheidungseliten der USA in der Ära von Präsident Harry S. Truman. Einer der innovativen Architekten der amerikanischen Nachkriegspolitik, Paul Nitze, ist im Oktober 2004 97-jährig verstorben. Es ging der amerikanischen Regierung darum, Deutschland daran zu hindern, abermals zu einer Gefahr für den regionalen und den Weltfrieden zu werden. Dieses Ziel wurde allerdings mit „positiven" und nicht mit „negativen" Sanktionen zu erreichen versucht, um eine Verelendung und Radikalisierung Deutschlands zu verhindern. Drittens hatte der rasche Umschwung von der Kriegskoalition (Anti-Hitler-Koalition) zu einer antikommunistischen Eindämmungspolitik und viertens die Verschiebung des amerikanischen Feindbildes in Europa von den Deutschen zu den Russen beträchtliche Auswirkungen auf die amerikanische Deutschlandpolitik. Die gemeinsame Furcht vor der sowjetischen Bedrohung schweißte, fünftens, Sieger und Besiegte des Zweiten Weltkriegs im Westen enger zusammen. All dies wäre allerdings ohne die westdeutsche Anpassungs- und Übernahmebereitschaft amerikanischer Ordnungsvorstellungen nicht so folgenreich für die Entwicklung der Bundesrepublik geworden. Und eng mit diesem sechsten Begründungskomplex ist ein siebenter verbunden, nämlich „die Bereitschaft der Westdeutschen, sich seit dem Bau der Mauer am 13. August 1961 zunehmend in das Unvermeidliche zu schicken und im Rahmen der Entspannungspolitik den Preis für die Westbindung zu zahlen, die faktische Teilung Deutschlands" (Junker 2000, 24).

Auf die Bedeutung der weltpolitischen Konstellation und ihrer Zuspitzung zum Kalten Krieg ist schon verschiedentlich verwiesen worden. Manche Beobachter der Bundesrepublik haben von ihr als einem „Kind des Kalten Krieges" gesprochen. Entscheidend für die beachtliche Nähe, die sich im deutsch-amerikanischen Verhältnis in der Ära Adenauer entwickelte, war aber auch der Gleichklang der antikommunistischen Weltlage-Beurteilung beiderseits des Atlantiks. Auf diese Weise konnte die Vorstellung von der westlichen Werte-Gemeinschaft unmittelbare Überzeugungskraft gewinnen. Und obwohl viele Ingredienzien der amerikanischen Kultur vielen älteren Deutschen suspekt waren, von den Hollywood-Filmen über die Jazz-Musik bis zu den Blue Jeans, wurde sie mit offenen Armen aufgenommen. So ist es kein Zufall, dass es der Titel eines amerikanischen Theaterstücks ist, der die Stimmung der Westdeutschen in den 1950er Jahren treffend Ausdruck gab: „Wir sind noch einmal davongekommen".

Diese Werte-Gemeinschaft schloss auch die Demokratie und die Menschenrechte, aber ebenso die marktwirtschaftliche Wirtschaftsordnung ein. Vor allem aber auf dem Feld der Ost-West-Sicherheitspolitik schienen die transatlantischen Interessen zu konvergieren. Die Bundesrepublik und Westeuropa insgesamt waren und blieben in gewissem Sinne von der Abschreckungsmacht der USA abhängig. Zugleich hatten diese aber ein großes Interesse, in Europa präsent zu sein und zu bleiben.

Der amerikanische Einfluss auf die westlichen Zonen, auf die Ausgestaltung des Grundgesetzes und damit die politische Konstruktion der neuen Demokratie, auf den wirtschaftlichen Wiederaufstieg Deutschlands (Boom-Phase auch durch den Korea-Krieg ausgelöst), auf die Gründung und die Gestalt der Bundeswehr, ja nicht zuletzt auch auf die Europapolitik Deutschlands und der anderen westeuropäischen Staaten war beträchtlich. Er wurde nach anfänglichem Zögern hierzulande sehr begrüßt. Manchmal verdeckt diese Grund-Übereinstimmung, dass es auch mehr als nur oberflächliche Probleme und eine Reihe kritischer Phasen in den deutsch-amerikanischen Beziehungen gegeben hat. So wie man dies für die frühere Zeit häufig unterschätzt hat, so sind heute viele Beobachter geneigt, es für die Gegenwart und Zukunft überzubewerten.

## 5.2.2 Gaullisten und Atlantiker

Eine beträchtliche Verstimmung in den deutsch-amerikanischen Beziehungen kennzeichnete die letzten Monate der Amtszeit von US-Präsident Eisenhower und die frühen 1960er Jahre. Dabei ging es einmal um die amerikanische Politik gegenüber der Sowjetunion, die schon vor der Kuba-Krise im Herbst 1962 vorsichtig-punktuell, danach aber geradezu breitflächig auf den Auf- und Ausbau einer freilich im Grundsatz antagonistisch durchtränkten Entspannung zielte. Die beiden Nuklearmächte wollten ein Minimum an Gemeinsamkeit in Fragen der Rüstungskontrolle erreichen, weil sie befürchteten, dass es sonst zu einer nuklearen Konfrontation kommen könnte, die keiner von ihnen nützen würde. Die bundesdeutsche Position war diesbezüglich von Misstrauen geprägt. Erst die Lösung der deutschen Frage, sprich die Aufhebung der Teilung würde eine wirkliche Ost-West-Entspannung erlauben. Diese Position ließ sich leicht als der Versuch interpretieren, Entspannungsfortschritte im Ost-West-Verhältnis zu blockieren. Denn im Grunde wussten ja auch die christlich-demokratischen Regierungspolitiker, dass eine Lösung der deutschen Frage erst in Betracht kommen wird, wenn der Ost-West-Konflikt überwunden sein würde. Aber sie befürchteten, dass eine auch von der westlichen Führungsmacht vorangetriebene Ost-West-Entspannung auf nichts anderes als auf die Zementierung der Ost-West-Spaltung und auf die Konsolidierung des östlichen Lagers hinauslaufen würde.

Der zweite Grund für die Abkühlung in den deutsch-amerikanischen Beziehungen lag in der zu Beginn der 1960er Jahre deutlicher erkennbar werdenden partiellen Widersprüchlichkeit zwischen den „zwei Kreisen" der Westintegration. Seit die Außenpolitik Frankreichs, genauer: der 5. Republik unter Präsident Charles de Gaulle mit wachsendem Nachdruck auf eine größere Distanz zwischen den USA und Europa zu drängen begonnen hatte, kam die Bundesrepublik in eine Zwickmühle, weil die europäische Option nur mit Frankreich zu verwirklichen war und man dann also den amerika-kritischen Akzent hinnehmen müsste. Dies lag aber trotz der Differenzen mit den amerikanischen Regierungen um das Jahr 1960 überhaupt nicht im deutschen Interesse; wichtiger noch, die Bundesregierung konnte sich einen solchen Kurs wie Frankreich gar nicht leisten.

In der europäischen Integrationspolitik schlugen sich diese Differenzen auch nieder. Erstens wurde mit der Lancierung des französischen Integrations-Konzepts vom „Europa der Vaterländer" deutlich, dass die 5. Republik von einer post-nationalen Perspektive für die Integration Europas nichts hielt und sich ihr widersetzte. Zweitens lehnte Präsident de Gaulle das Ansinnen Großbritanniens, der Europäischen Wirtschaftsgemeinschaft (EWG) beizutreten, mit geradezu beleidigender Verve ab, denn er befürchtete, dass Großbritannien wie eine Art trojanisches Pferd der USA in Europa auftreten würde.

Die amerikanische Regierung versuchte, mittels einer leichten Veränderung ihrer Sicherheitspolitik in und für Europa die europäischen NATO-Verbündeten enger an sich zu binden. Die Geschichte des Projekts einer multilateralen NATO-Atomstreitmacht (MLF) gehört zu den gleichermaßen aufschlussreichen wie kuriosen Episoden der transatlantischen Beziehungen. Im Kern handelte es sich dabei um den in sich widersprüchlichen Versuch der USA, die NATO-Verbündeten direkt an dem nuklearen Abschreckungspotenzial zu beteiligen: Raketen und Sprengkörper, installiert auf Schiffen (entweder auf U-Booten oder in einer späteren Version auf Frachtern), würden von amerikanischem Besitz in Gemeinschaftsbesitz übergehen, die Besatzung der Schiffe sollte multinational zusammengesetzt sein, und auch die Einsatzentscheidung wäre – irgendwie – eine Gemeinschaftsentscheidung. Nicht nur Frankreich, sondern auch die anderen NATO-Mitglieder außer der Bundesrepublik lehnten dieses Projekt ab, das auch in den USA umstritten war; und nach vielem Hin und Her starb es im Laufe des Jahres 1965. Das endgültige Scheitern der MLF „gehörte bereits zur Vorgeschichte des Atomsperrvertrags, der für die USA in eine andere Richtung als die MLF wies. Damit kam Washington zweifellos den sowjetischen Wünschen entgegen, die naturgemäß aufs schärfste einer deutschen Beteiligung am amerikanischen Atompotential entgegenstanden" (Besson 1970, 321).

Der deutsche Streit über den Sinn und die Realisierungs-Chancen einer multilateralen Atomstreitmacht vertiefte die Spaltung zwischen Atlantikern (Ludwig Erhard, Bundeskanzler seit Oktober 1963, Außenminister Schröder, führende Sicherheitspolitiker der SPD u. a.) und den Gaullisten (Altbundeskanzler Adenauer, CSU-Vorsitzender Strauß, Bundestagspräsident Gerstenmaier u. a.). Ihren wichtigsten Ausdruck fand sie jedoch in der Entstehungsgeschichte und der Interpretation des Vertrags über die deutsch-französische Zusammenarbeit, auch Elysée-Vertrag genannt (vgl. dazu Steinkühler 2002). Die in dem Vertrag festgeschriebene Aussicht auf eine engere Kooperation zwischen Frankreich und der Bundesrepublik wurde in Bonn einhellig begrüßt, und dieser Aspekt ist auch 2003 in mehreren Jubiläumsveranstaltungen gebührend gefeiert worden. Allerdings

119

verbanden die französischen Politiker mit diesem Vertrag auch die Hoffnung, die Bundesrepublik auf eine „Europa zuerst"-Option mit dem Kern einer deutsch-französischen Zweierunion festzulegen, auf Kosten ihrer transatlantischen Verbindungen. Mit Europa war im Übrigen auch nur das kontinentale Westeuropa gemeint, denn in der französischen Wahrnehmung war der Ärmelkanal fast ebenso breit und tief wie der gesamte Atlantik.

Im Deutschen Bundestag, der den am 22. Januar 1963 in Paris unterzeichneten Elysée-Vertrag samt der ihm vorausgehenden Gemeinsamen Erklärung von Bundeskanzler Adenauer und Präsident de Gaulle am 15. Juni 1963 verabschiedete, geschah dies bei gleichzeitiger Verabschiedung eines die französischen Erwartungen weitgehend aushebelnden Präambel-Textes. Die Atlantiker hatten sich also erst einmal durchgesetzt und es geschafft, dass die zwei Kreise der Westintegration in der Balance blieben.

Immer wieder einmal in den folgenden Jahren gab es Schwierigkeiten mit dieser Balance. Man kann mit Fug und Recht behaupten, dass ihre Aufrechterhaltung einschließlich einer behutsamen Anpassung an politische Veränderung bis zum heutigen Tag eine Grundaufgabe der deutschen Außenpolitik geblieben ist – und es auch fürderhin bleiben wird.

---

**Aus der Gemeinsamen Erklärung zum Abschluss des Vertrages über die deutsch-französische Zusammenarbeit vom 22. Januar 1962**

„Der Bundeskanzler der Bundesrepublik Deutschland, Dr. Konrad Adenauer, und der Präsident der Französischen Republik, General de Gaulle, haben sich ...

– in der Überzeugung, dass die Versöhnung zwischen dem deutschen und dem französischen Volk, die eine Jahrhunderte alte Rivalität beendet, ein geschichtliches Ereignis darstellt, das das Verhältnis der beiden Völker zueinander von Grund auf neu gestaltet,

– in dem Bewusstsein, dass eine enge Solidarität die beiden Völker sowohl hinsichtlich ihrer Sicherheit als auch ihrer wirtschaftlichen und kulturellen Entwicklung miteinander verbindet,

– angesichts der Tatsache, dass insbesondere die Jugend sich dieser Solidarität bewusst geworden ist, und dass ihr eine entscheidende Rolle bei der Festigung der deutsch-französischen Freundschaft zukommt,

– in der Erkenntnis, dass die Verstärkung der Zusammenarbeit zwischen den beiden Ländern einen unerlässlichen Schritt auf dem

Wege zu dem vereinten Europa bedeutet, welches das Ziel beider Völker ist,

mit der Organisation und den Grundsätzen der Zusammenarbeit zwischen den beiden Staaten, wie sie in dem heute unterzeichneten Vertrag niedergelegt sind, einverstanden erklärt."

**Aus dem Gesetz zu der Gemeinsamen Erklärung und zu dem Vertrag vom 22. Januar 1963, verabschiedet vom Deutschen Bundestag am 15. Juni 1963**

„In der Überzeugung

– dass der Vertrag ... die Aussöhnung und Freundschaft zwischen dem deutschen und dem französischen Volk vertiefen und ausgestalten wird;

mit der Feststellung,

– dass durch diesen Vertrag die Rechte und Pflichten aus den von der Bundesregierung Deutschland abgeschlossenen multilateralen Verträgen unberührt bleiben;

mit dem Willen,

– durch die Anwendung des Vertrages die großen Ziele zu fördern, die die Bundesrepublik Deutschland in Gemeinschaft mit den anderen ihr verbündeten Staaten seit Jahren anstrebt und die ihre Politik bestimmen,

nämlich

die Erhaltung und Festigung der freien Völker, insbesondere einer engen Partnerschaft zwischen Europa und den Vereinigten Staaten von Amerika, die Verwirklichung des Selbstbestimmungsrechts für das deutsche Volk und die Wiederherstellung der deutschen Einheit,

die gemeinsame Verteidigung im Rahmen des nordatlantischen Bündnisses und die Integrierung der Streitkräfte der in diesem Bündnis zusammengeschlossenen Staaten,

die Einigung Europas auf dem durch die Schaffung der europäischen Gemeinschaften begonnenen Wege unter Einbeziehung Großbritanniens und anderer zum Beitritt gewillter Staaten und die weitere Stärkung dieser Gemeinschaften,

den Abbau der Handelsschranken durch Verhandlungen zwischen der Europäischen Wirtschaftsgemeinschaft, Großbritannien und den Verei-

nigten Staaten von Amerika sowie anderen Staaten im Rahmen des
‚Allgemeinen Zoll- und Handelsabkommens' ...
hat der Bundestag das folgende Gesetz beschlossen ..."

(Aus: Außenpolitik der Bundesrepublik Deutschland. Dokumente von 1949 bis 1994, hrsg. v. Auswärtigen Amt. Köln 1995, S. 275 und 279.)

## 5.2.3 Nähe und Distanz

Als Samuel P. Huntington (1998) erst seinen Aufsatz in der amerikanischen Zeitschrift *Foreign Affairs* und etwas später sein Buch über den „Kampf der Kulturen" veröffentlichte, da ging es ihm um einen konzeptionellen Rahmen für die vielfältigen militanten Konflikte, die seit dem Ende des Ost-West-Konflikts die Weltpolitik beherrschten. Er diagnostizierte eine Verlagerung der Konflikt-Impulse von den traditionellen machtpolitischen Interessen der Staaten hin zu Werten und Weltbildern. Diese würden als oberste Bezugspunkte individueller Loyalität und kollektiver Identität fungieren und damit ein enormes Konfliktpotenzial entfesseln. Ob diese Sichtweise ganz oder überwiegend richtig oder falsch ist, darüber ist seither kräftig debattiert worden. In unserem Zusammenhang ist vor allem eine Annahme Huntingtons von Bedeutung, nämlich die Vorstellung, dass unter den verschiedenen Kulturkreisen oder Zivilisationen auf der Erde eine (noch) herausragt, weil von ihr die Modernisierung ausgegangen ist. Diesen Kulturkreis nennt Huntington den „Westen", und er versteht darunter Nordamerika und Europa. Im Grunde geht es ihm um eine Antwort auf die Frage, wie „der Westen" mit den sozio-kulturellen und religiösen Herausforderungen der anderen Kulturkreise umzugehen habe.

Diese Vorstellung einer alle politischen und kulturellen Unterschiede beiderseits des Atlantiks leichthin übersteigenden Grundgemeinsamkeit zwischen Amerika und Europa lässt sich mit dem Hinweis auf die koloniale Vergangenheit der „Neuen Welt" begründen. Sie ist noch einmal bekräftigt worden während des Kalten Krieges, als die beiden nordamerikanischen Staaten und Westeuropa gemeinsam gegen die Bedrohung durch den Sowjetsozialismus ankämpften. Besonders in Deutschland hat man diese Gemeinsamkeit als Hilfe und Schutz empfunden und deshalb oft von einer transatlantischen *Werte-Gemeinschaft* gesprochen. Dabei hatte man Werte wie Freiheit und Menschenrechte im Sinn, aber auch Demokratie und Rechtsstaatlichkeit. Auf dem Gebiet der *Sicherheit* waren Europa und war insbesondere die Bundesrepublik von den Vereinigten Staaten abhängig; zugleich gab es ein durchgängiges Interesse der amerikanischen Regierungen, die Präsenz des Landes in Europa nicht zu weit abzubauen, trotz gelegentlicher „asiatischer Abwendungen". Auf dem Gebiet der *Wirtschaft* gab es das Initial-Interesse der Vereinigten Staaten am Wiederaufbau Europas, wofür das *European Recovery Program* (auch *Marshall-Plan* genannt) von 1947 steht. Als dieser Wiederaufbau recht ordentlich gelungen war, gab es auch mehr und mehr transatlantischen Wettbewerb. Die amerikanischen und europäischen Wirtschaftsinteressen prallten zuweilen recht heftig aufeinander. Von Zeit zu Zeit wurde außerdem versucht, *politische Arbeitsteilungs-Konzepte* zwischen den USA und den europäischen Staaten einzuführen, aber dies funktionierte weder regional noch bezogen auf die Methoden der Konfliktbearbeitung.

All dies steht unangesehen zwischenzeitlicher interner Spannungen in der Rubrik ‚transatlantische Nähe', die in Europa ganz besonders von Großbritannien und den Niederlanden sowie von der Bundesrepublik gepflegt wurden, wohingegen etwa Frankreich immer eher die Distanz zu den USA betont hat.

Es könnte sein, dass in Deutschland diese besondere Nähe zu den Vereinigten Staaten, die Werte-Gemeinschaft mit ihnen nur noch in erheblich abgeschwächter Form existiert. Die Indizien dafür häufen sich, zumal seit den heftigen und von beiden Seiten auch noch gerne geschürten Auseinandersetzungen über die militärische Intervention im Irak 2003. Egal, wem man mehr „Schuld" an diesem Vorgang zuweisen möchte, unübersehbar ist eine gewisse Entfremdung zwischen der deutschen und der amerikanischen Regierung. Man wird das nicht nur auf die personale Konstellation Schröder/Bush oder die parteipolitische Konstellation rot-grün/republikanisch-neokonservativ schieben können.

„Bei genauerem Hinsehen war der Streit über den Irak-Konflikt ... nur die Kulmination einer allgemeinen außenpolitischen Entfremdung zwischen großen Teilen der politischen Eliten in Amerika und Deutschland. Schon zuvor hatte es grundlegende Auseinandersetzungen gegeben, die von deutscher Seite meistens mit den Begriffspaaren zivile versus militärische bzw. unilaterale versus multilaterale Außenpolitik beschrieben wurden" (Busse 2003, 19).

## 5.3 Ost- und Deutschlandpolitik als Entspannungspolitik

Ein weiteres Mal müssen wir uns jetzt von der Gegenwart auf die Reise in die Vergangenheit aufmachen. Auf andere Weise, aber ähnlich gewichtig wie die Europapolitik und die transatlantischen Beziehungen mit den Vereinigten Staaten von Amerika hat die Ost- und Deutschlandpolitik in der (west-)deutschen Außenpolitik eine herausgehobene Bedeutung gehabt. Das liegt auf der Hand, denn das größte politische Problem Deutschlands bestand in seiner Teilung, die zu überwinden nach der Präambel des Grundgesetzes alle Deutschen aufgerufen wurden. Wie und mit welchen Konzepten das zu geschehen habe, darüber gab es unterschiedliche Auffassungen in den Parteien und in der Öffentlichkeit. In zwei Punkten allerdings waren sich alle ernst zu nehmenden politischen Kräfte in der Bundesrepublik doch wieder einig – das Ziel der Überwindung der Teilung durfte nicht mit kriegerischen Mitteln angestrebt werden und auch nicht auf Kosten demokratischer Freiheiten.

Der Ausdruck *Ostpolitik* kam eigentlich erst richtig in Gebrauch, als in den öffentlichen Diskussionen nach dem Bau der Berliner Mauer 1961 die Vorstellung auftauchte, die Politik gegenüber der Sowjetunion und ihren ostmitteleuropäischen Verbündeten müsse auf eine andere Basis gestellt werden. Dafür bürgerte sich der Ausdruck *Neue Ostpolitik* ein. Weil die Bundesrepublik die DDR programmatisch nicht als selbständigen Staat anerkannte, gehörte, streng genommen, alles, was mit der DDR zusammenhing, aus denselben programmatischen Gründen nicht in den Bereich der Außenpolitik. Das blieb im Übrigen so bis zur Vereinigung Deutschlands im Oktober 1990. Die unterhalb der Schwelle staats- und völkerrechtlicher Anerkennung der DDR sich abspielenden Beziehungen liefen entweder über das Bundeskanzleramt oder über ein besonderes Ministerium, das mit wechselndem Namen für die Kontakte zur DDR und für die Pflege des politischen Willens der westdeutschen Öffentlichkeit zur Überwindung der Teilung zuständig war. Dies beides bildete den Kern der *Deutschlandpolitik*, wozu allerdings auch die außenpolitischen Bemühungen der Bundesrepublik zählten, die eigene deutschlandpolitische Position anderen Staaten gegenüber zu vertreten.

Insofern kann man, obwohl beides in mancherlei Beziehung säuberlich getrennt wurde, doch auch *Ost- und Deutschlandpolitik* in ein Wort packen.

## 5.3.1 Vom Kalten Krieg zur Ost-West-Entspannung

In der Entwicklung der Bundesrepublik spielt das zweite Jahrfünft der 1960er Jahre eine besondere Rolle, weil sich in diesem Zeitraum ein kultureller und ein politischer Wandel vollzogen, der die an Mäßigung aller öffentlichen Expressionen gewöhnte Gesellschaft vor manche Zerreißprobe stellte. Die Zeitgenossen verfolgten dieses Geschehen entweder mit verkniffenem Mund oder sozusagen mit offenem Maul, weil sich alles so dramatisch abzuspielen schien, dass man Schwierigkeiten hatte mitzukommen.

Unterlegt waren dem politischen Wandel, der die nach innen gerichtete Politik mindestens so stark veränderte wie die Außenpolitik, drei Trends:
- Es veränderten sich die Produktionstechnologien für zivile, aber auch für militärische Güter, ein Prozess der von den Vereinigten Staaten her die westliche Welt erfasste und in seinen Auswirkungen auch andere Länder. Das technologische Gefälle zwischen den Vereinigten Staaten und der Sowjetunion wurde stärker. Es war allerdings den Zeitgenossen nicht recht erkennbar.
- In vielen westlichen Gesellschaften bahnte sich ein dann bald als Generationskonflikt wahrgenommener Wertewandel an, der gegen Ende der 1960er Jahre kräftig an Dynamik gewann.
- Das Strukturgefüge des internationalen Systems änderte sich auch. Denn einmal setzte sich im Ost-West-Verhältnis eine vorsichtige Entspannung durch, die zu einer Art antagonistischer Kooperation ausgebaut wurde. Zweitens wurde durch die fortgeschrittene Entkolonialisierung und durch die post-kolonialen Konflikte in der Dritten Welt eine neue Bühne aufgebaut, auf der die unterschiedlichen politischen Programme und Perspektiven der Ersten (westlichen), Zweiten (sowjetsozialistischen) und der Dritten Welt aufeinanderstießen. Ihrem Selbstverständnis nach waren die Länder der Dritten Welt nicht Partei im Ost-West-Konflikt. Aber da die alten Kolonialmächte, von denen sie sich meistens mit Kampf und Gewalt emanzipiert hatten, meistens zum Westen gehörten, gab es eine Art „natürliche" Affinität zwischen der antikapitalistischen Sowjetunion und den antikolonialistischen Ländern der Dritten Welt. In Afrika, Asien und Lateinamerika kam die Zeit der vielen „eigenständigen Wege" zum Sozialismus. Das waren zwar Sackgassen, aber manchmal recht lukrative, jedenfalls für die politischen Eliten in diesen Ländern.

Indirekt wirkten alle drei Trends auf die öffentlichen Debatten in der Bundesrepublik zu dieser Zeit ein. Aber es waren vor allem die Selbstabschließung der DDR durch Mauerbau und Grenzbefestigungen sowie der Wertewandel in der Gesellschaft, die nach den langen Jahren der Ära Adenauer eine muntere, zuweilen ziemlich heftige Reformdiskussion in Gang brachten.

Innerhalb der westdeutschen Gesellschaft lief diese Diskussion auf eine harsche oder, wie die Schweizer sagen, harzige Kritik bestehender Institutionen und Autoritäten hinaus. In den Jahren der ersten großen Koalition (1966–1969) verschärfte sie sich noch weiter und wurde schließlich zum Antriebsmotiv für jene im Slogan „Mehr Demokratie wagen" gebündelten Reformschritte der sozial-liberalen Koalition nach 1969. Nur nebenbei sei erwähnt, dass sich die anfängliche Reformbegeisterung und der Aufbruchsoptimismus von 1969 sehr rasch wieder abnutzten. Die „bleiernen Jahre" warfen ihre Schatten voraus, geprägt vom Terrorismus der Rote Armee Fraktion (RAF) und seiner Bekämpfung sowie von weltwirtschaftlichen Problemen, die verglichen mit den heutigen Verhältnissen allerdings nachgerade idyllisch erscheinen müssen.

In der Außenpolitik war das Hinhalte-Credo Adenauers, eine Ost-West-Entspannung sei nicht möglich, bevor nicht die wichtigste Spannungs-Ursache, nämlich die Teilung Deutschlands überwunden sei, mit den Berlin-Krisen zwischen 1958 und 1961 anachronistisch geworden. Anders gesagt, es gelang ihm nicht mehr, diese Reihenfolge mit Glaubwürdigkeit und Überzeugungskraft als gleichermaßen im deutschen und im Interesse der Westmächte liegend zu propagieren. 1959 begann sich bei den Westmächten die Einsicht durchzusetzen, „daß an der Realität eines zweiten deutschen Staates nicht mehr länger vorbeigegangen werden könne und kein Weg zur Wiedervereinigung an der DDR vorbeiführe" (End 1973, 49). Gegen diese Einsicht sträubten sich Konrad Adenauer und CDU/CSU mit aller Macht, so dass es ziemlich genau ein Jahrzehnt brauchte, bis diese sich auch in der Bundesrepublik politisch durchgesetzt hatte.

Der Mauerbau am 13. August 1961 und die übrigen Befestigungen der inner-deutschen oder deutsch-deutschen Grenze (welchen dieser beiden Ausdrücke man benutzte, signalisierte damals die Zugehörigkeit zum Lager der „Anerkennungspartei" oder dem ihrer Gegner) machten deutlich, dass der Osten über – politisch ziemlich anrüchige – Mittel verfügte, das Ost-West-Gefälle zu stabilisieren. Und die Reaktionen der Westmächte auf diese Maßnahmen machten deutlich, dass der Ost-West-Konflikt si-

**Warum es in der Bundesrepublik so lange dauerte,
bis die Option einer Anerkennung der DDR als Staat
sich politisch durchsetzen konnte**

„Wenn wir annehmen, daß die Wiedervereinigung das politische Ziel
der Bundesrepublik war, dem der höchste Wert zukam, so bedeutet
das, daß alle anderen außenpolitischen Ziele weniger ‚wertvoll' waren.
Dies trifft indessen nur in der Theorie, nicht aber für die Praxis zu. Abgesehen von der alten Streitfrage, ob die politischen Eliten der Bundesrepublik die Wiedervereinigung wirklich gewollt haben, kollidierte die
Wiedervereinigung mit politischen Nahzielen Westdeutschlands und
außenpolitischen Interessen der Schutzmächte. Außerdem war die
Wiedervereinigung ein Ziel, das schon jenseits des außenpolitischen
Handlungsspielraums der Bundesrepublik lag und zu dessen Verwirkli-
chung daher an die Viermächteverantwortung appelliert wurde.
Aus diesem Grunde ist zwischen Nahzielen, langfristigen, unreali-
sierbaren Zielen sowie zwischen Ist- und Sollwerten zu unterscheiden.
Die Wiedervereinigung war dann – oder ist es noch – ein politisches
Postulat oder ein Sollwert, aber keine staatliche Aufgabe, auf deren
Verwirklichung klar umrissene Aktivitäten abzielten und für die es eindeutige administrative Zuständigkeiten gab.
Alleinvertretungsanspruch und Nichtanerkennung der DDR waren
als Instrumente konzipiert, die dem Ziel der Wiedervereinigung dienen
sollten. Da die Nichtanerkennung im Gegensatz zur Wiedervereinigung
als ein wenigstens vorübergehend realisierbares Ziel erschien, wurde
auf sie der hohe Stellenwert des Wiedervereinigungszieles übertragen.
Die Nichtanerkennung blieb nicht mehr bloßes Mittel, sondern wurde
zum Selbstzweck, die nur als solcher erfolgreich war. Nur so läßt sich
erklären, daß eine Infragestellung der Nichtanerkennung jahrzehnte-
lang mit der gleichen Härte tabuiert wurde wie die Kritik am Wieder-
vereinigungskonzept und Selbstbestimmungsrecht, die als ‚eschatologi-
sche Ziele' deutscher Außenpolitik unbestritten waren."

(Aus: Heinrich End: Zweimal deutsche Außenpolitik. Internationale Dimensionen des innerdeutschen Konflikts 1949–1972. Köln 1973, S. 83)

cherheitspolitisch potenziell so gefährlich geworden war, dass man solche
Stabilisierungen akzeptierte, ja sogar mit versteckten Hinweisen begrüßte.

## 5.3.2 Wandel durch Anerkennung

In seiner Dokumentation zur deutschen Ostpolitik seit 1919 nennt Hans-Adolf Jacobsen (1970) die Ostpolitik Adenauers eine Politik der starren Fronten. Von dieser setzt er eine Politik der Bewegung ab, die in dem Jahrzehnt von 1961 bis 1970 zu einer Veränderung der ost- und deutschlandpolitischen Prioritäten führte. Die sozial-liberale Koalitionsregierung machte sich dann ab dem Herbst 1969 daran, die werbewirksam als Neue Ostpolitik bezeichneten außenpolitischen Programmrevisionen diplomatisch zu institutionalisieren. In der damaligen Debatte erschienen diese Programmrevisionen dramatisch, und mancheiner, der sich in der außen- und sicherheitspolitischen Konstellation des Kalten Krieges wohnlich eingerichtet hatte, sah durch die Anhänger einer Ost-West-Entspannung die Grundlagen des Abendlandes wieder einmal erschüttert. In der Rück-Perspektive aus heutiger Sicht erscheint der Übergang vom Kalten Krieg zur Entspannung in den Ost-West-Beziehungen als logische politische Folge des nuklearstrategischen Gleichgewichts zwischen den USA und der UdSSR, das sich seit den frühen sechziger Jahren abzeichnete. Der gefährlichste Spannungsgrund zwischen den Weltführungsmächten bestand in der Möglichkeit eines Nuklearkriegs zwischen ihnen, den keiner gewinnen konnte, an dessen Ende Sieger und Verlierer vielleicht noch zu unterscheiden sein würden, aber auch der Sieger Verluste und Zerstörungen nie gekannten Ausmaßes zu tragen haben würde. Mit anderen Worten, nach dem Schock der Kuba-Raketen-Krise vom Herbst 1962 waren die Vereinigten Staaten und die Sowjetunion in ihrem gegenseitigen Verhältnis noch konsequenter als vorher darauf erpicht, die Möglichkeit der Eskalation politischer Konflikte in eine direkte militärische Konfrontationen auszuschließen. Dies setzte voraus, dass die Grenzen zwischen Ost und West festgezurrt, dass das Konfliktpotenzial dieser Grenzverläufe weitestgehend neutralisiert wurde. Dafür gibt es eine probate Methode – man sorgt dafür, dass niemand diese Grenzen ernsthaft in Frage stellt. Wer wie die Bundesregierung damals die deutschen Nachkriegsgrenzen grundsätzlich in Frage stellte, wurde bestenfalls beschwichtigt, etwa in den offiziellen Resolutionen der Westmächte zur deutschen Frage. Aber hinter den Kulissen wurde er gedrängt, seine außenpolitischen Grundsätze umzuformulieren.

Das war ein schmerzhafter Prozess für das politische Selbstverständnis der Bundesrepublik. Bewegung kam in diesem Prozess am wenigsten von der Bundesregierung selbst, obwohl sich der damalige Außenminister

**Ausschnitte aus Egon Bahrs Referat vor der Evangelischen Akademie Tutzing am 15. Juli 1963**

„Die amerikanische Strategie des Friedens läßt sich auch durch die Formel definieren, daß die kommunistische Herrschaft nicht beseitigt, sondern verändert werden soll. Die Änderung des Ost-West-Verhältnisses, die die USA versuchen wollen, dient der Überwindung des Status quo, indem der Status quo zunächst nicht verändert werden soll ...

Die erste Folgerung, die sich aus einer Übertragung der Strategie des Friedens auf Deutschland ergibt, ist, daß die Politik des Alles oder Nichts ausscheidet. Entweder freie Wahlen oder gar nichts, entweder gesamtdeutsche Entscheidungsfreiheit oder ein hartes Nein, entweder Wahlen als erster Schritt oder Ablehnung, das alles ist nicht nur hoffnungslos antiquiert und unwirklich, sondern in einer Strategie des Friedens auch sinnlos. Heute ist klar, daß die Wiedervereinigung nicht ein einmaliger Akt ist, der durch einen historischen Beschluß an einem historischen Tag auf einer historischen Konferenz ins Werk gesetzt wird, sondern ein Prozeß mit vielen Schritten und vielen Stationen ... Die Zone muß mit Zustimmung der Sowjets transformiert werden ... Wenn es richtig ist, und ich glaube, es ist richtig, daß die Zone dem sowjetischen Einflußbereich nicht entrissen werden kann, dann ergibt sich daraus, daß jede Politik zum direkten Sturz des Regimes drüben aussichtslos ist. Diese Folgerung ist rasend unbequem und geht gegen unser Gefühl, aber sie ist logisch ...

Uns hat es zunächst um die Menschen zu gehen und um die Ausschöpfung jedes denkbaren und verantwortbaren Versuchs, ihre Situation zu erleichtern. Eine materielle Verbesserung müßte eine entspannende Wirkung in der Zone haben. Ein stärkeres Konsumgüterangebot liegt in unserem Interesse ...

Das ist eine Politik, die man auf die Formel bringen könnte: Wandel durch Annäherung."

(Aus: Archiv der Gegenwart. Deutschland 1949 bis 1999, St. Augustin 2000, Bd. 4, S. 3357 ff.)

Gerhard Schröder (CDU) schon bemühte, den seinerzeit vielzitierten *wind of change* auf seine Segel zu lenken. In der Dokumentation von Jacobsen (1970) ist eine ganze Reihe von Dokumenten aufgeführt, die damals in der öffentlichen Debatte über die Zukunft des Ost-West-Konflikts und die Deutschlandpolitik entstanden sind. Neben einzelnen Vordenkern aus den Parteien SPD (Willy Brandt, Egon Bahr) und FDP (Wolfgang Schollwer) waren es auch Sprecher *ad hoc* zustande gekommener Politischer Vereinigungen, die evangelischen und die katholischen Bischöfe, Universitätsprofessoren und Publizisten (wie z. B. der sehr produktive Peter Bender oder Wilhelm Wolfgang Schütz vom „Kuratorium Unteilbares Deutschland"), es waren auch schon die sich politisierenden Studenten (also nicht alle), welche die öffentliche Debatte mit Gedanken und Vorschlägen für eine Anpassung der deutschen Außenpolitik an die veränderten internationalen Rahmenbedingungen bereicherten. Obwohl der etwas emphatische Begriff der Zivilgesellschaft damals noch nicht inthronisiert war, kann man doch sagen, dass es in den 1960er Jahren eine fruchtbare zivilgesellschaftliche Debatte über die Außenpolitik gegeben hat.

Das herausragende und politisch auch wohl gewichtigste Dokument dieser Debatte ist zweifellos die Rede, die Egon Bahr am 15. Juli 1963 vor der Evangelischen Akademie in Tutzing gehalten hat. Bahr leitete damals das Presse- und Informationsamt des Landes Berlin und war ein enger Vertrauter des Regierenden Bürgermeisters von Berlin, Willy Brandt. Vor dem Hintergrund speziell der Westberliner Erfahrungen mit dem Mauerbau und seinen Konsequenzen für die Menschen in der Stadt skizzierte Bahr in seiner Rede zunächst die neue amerikanische Politik gegenüber der Sowjetunion und Osteuropa und sprach sich dann sogleich für eine Übernahme dieser Strategie durch die Bundesregierung aus.

„Wandel durch Annäherung" wurde zu dem einen Slogan für dieses neue Konzept (obgleich es eigentlich treffender „Wandel durch Anerkennung" heißen müsste). Der andere Slogan lautete „Politik der kleinen Schritte". In seiner Tutzinger Rede legte Bahr bereits einen deutlichen Akzent auf das, was dann später im KSZE-Prozess die „menschliche Dimension" genannt wurde. Alles in allem war das in der Tutzinger Rede vorgestellte und mit Willy Brandt abgestimmte Konzept einer Neuen Ost- und Deutschlandpolitik als Element der Ost-West-Entspannung ein großer Wurf von genialer Einfachheit.

Es wurde im Grunde unverändert zu einem Kernelement deutscher Außenpolitik nach 1969. Auch fast alle anderen westlichen Regierungen folgten ähnlichen Vorstellungen über die Kombination von kooperativen und konfrontativen Aspekten in der Politik gegenüber der Sowjetunion und „dem Ostblock", dessen Erosionserscheinungen schon ansatzweise sichtbar wurden.

## 5.3.3 Multilaterale Einbettung

Solche Ansätze zur „Blockerosion" konnte man allerdings auch im Westen beobachten. Überhaupt ist das Bild des Ost-West-Konflikts nach 1945 als der Konfrontation zweier festgefügter „Blöcke" missverständlich. Denn selbstverständlich gab es neben den gemeinsamen Interessen Ost vs. West in der Systemauseinandersetzung immer auch unterschiedliche Interessen der einzelnen Staaten. Und in Bezug auf Deutschland gab es nach 1945 sowieso immer eine besondere, zuweilen block-übergreifende Wachsamkeit. Dies galt auch für die ost- und deutschlandpolitischen Schritte der Bundesregierung Brandt/Scheel nach 1969, die sowohl von den Vereinigten Staaten als auch von Frankreich sehr genau und nicht ohne gewisse Befürchtungen betrachtet wurden. Stephan Bierling dreht diese Perspektive um und deutet die neuen ost- und deutschlandpolitischen Initiativen der Bundesregierung nicht als Anpassung an den westlichen Geleitzug, sondern als Ausdruck eines gewachsenen Selbstbewusstseins:

> „Mehrere Gründe trugen dazu bei, dass sich Bonn seit Ende der sechziger, Anfang der siebziger Jahre stärker von Washington zu emanzipieren vermochte: die Bundesrepublik hatte sich als verlässlicher Partner in der europäischen Politik sowie in den transatlantischen Beziehungen etabliert und musste ihre West-Treue nicht mehr täglich unter Beweis stellen; die Entspannung zwischen den Supermächten verminderte die Gefahr einer kriegerischen Auseinandersetzung in Mitteleuropa und damit die Abhängigkeit Westdeutschlands von der Sicherheitsgarantie Washingtons; das Bretton-Woods-System, das die Hegemonialposition der USA festschrieb, bekam Risse und zerbrach schließlich 1973; die Energien der amerikanischen Diplomatie waren vom Vietnam-Krieg absorbiert, was die Bewegungsfreiheit der Bundesrepublik erhöhte. Diese Umstände erlaubten es Bonn, in stärkerem Maße als bisher die eigene außenpolitische Initiative zu entwickeln und sukzessive eine gestaltende Rolle in der internationalen Politik zu übernehmen. Erster und wichtigster Bereich, in dem sich die neue deutsche Selbständigkeit manifestierte, war die Ost- und Deutschlandpolitik" (Bierling 1999, 171).

Für die Entstehungsphase dieser Politik trifft das bestimmt nicht zu, denn da ging es eher darum, nicht den Anschluss an den Entspannungszug zu verpassen. Bierling hat aber wieder recht, wenn man die Außenpolitik der sozial-liberalen Koalitionen unter den Kanzlern Willy Brandt und Helmut Schmidt in den Blick fasst.

Um den Anschein von Alleingängen zu vermeiden, achteten allerdings alle Bundesregierungen immer peinlich darauf, ihre Ost- und Deutschlandpolitik in ein gemeinsames Konzept des Westens einzubetten. Den

Kern der Neuen Ost- und Deutschlandpolitik der sozial-liberalen Bundesregierungen bildeten:

– die Anerkennung der DDR als Staat, wenngleich nicht als Ausland für die Bundesrepublik (eine komplizierte rechtlich-politische Konstruktion, gegen welche die DDR-Regierung immer einmal wieder vorgehen wollte, es aber nie fertigbrachte);
– die Aufgabe der Hallstein-Doktrin;
– die Aktivierung der politischen Beziehungen zu Ländern Ostmitteleuropas und Osteuropas auf der Grundlage von bilateralen, indes miteinander zusammenhängenden Verträgen.

Hinzu kamen das Viermächteabkommen über Berlin, das erfolgreiche Projekt einer Konferenz über Sicherheit und Zusammenarbeit in Europa (KSZE), an der sich auch die Vereinigten Staaten und Kanada beteiligten, sowie schließlich die nicht so erfolgreichen Gespräche über gegenseitig ausgewogene Truppenreduzierungen in Europa (MBFR), die aus dem KSZE-Projekt herausgenommen und zu einem eigenen Entspannungsprojekt wurden.

---

**Fragen zum Streit um die Ost- und Deutschlandpolitik in den 1960er und 1970er Jahren**

– Ging es darum, wie Willy Brandt formuliert hat, unter gegenseitiger Achtung der verschiedenen Ordnungen und des Prinzips der Nichteinmischung eine Basis für gemeinsame Interessen in Europa zu schaffen?
– Wie sollte man sich die „Annäherung" zwischen Ost und West vorstellen? Als einen langfristigen Vorgang, der vielleicht auf eine Art Konvergenz hinauslaufen würde?
– Gegner der Neuen Ost- und Deutschlandpolitik sahen sie als einen „Ausverkauf Deutschlands" an; ihre Befürworter hielten dagegen, man könne nicht verlieren, was man doch schon lange gar nicht mehr habe. Dennoch ist es gar nicht so einfach zu entscheiden, ob die damals entstehenden deutsch-deutschen Beziehungen auf dem Gebiet der Wirtschaft, der Kultur usw. nicht nur vielen Menschen in der DDR geholfen, sondern das System dort auch stabilisiert haben.
– Die Neue Ostpolitik wurde auch von der DDR-Führung mit Misstrauen betrachtet, als besonders raffiniert angelegte „Invasion in Filzlatschen". War das ein berechtigter Vorwurf?

– Drückte sich in dieser neuen Ausrichtung der Ost- und Deutschlandpolitik eher ein neues und gewachsenes Selbstbewusstsein der Bundesregierung aus oder ging es nur um den Nachvollzug einer im Ost-
West-Verhältnis längst überfälligen Entwicklung?

# 6. Sicherheitsprobleme

Die Bezeichnung, die sich in den Verhandlungen um den Wortlaut des Vertrags über die Europäische Union (des „Maastrichter Vertrags") zu Beginn der 1990er Jahre für die zu erweiternde und zu vertiefende Europäische Politische Zusammenarbeit (EPZ) der Außenministerien durchsetzte, heißt *Gemeinsame Außen- und Sicherheitspolitik* (GASP). Darauf wird im Kapitel 9 näher eingegangen. Hier geht es zunächst einmal nur um den Aha-Effekt, den dieser Name auslöst: Außenpolitik überschneidet sich zu einem nicht unbeträchtlichen Teil mit Sicherheitspolitik. Sicherheit ist ein komplexer Begriff. Vor allem ist Sicherheit ein „nach oben offener" Begriff, ähnlich wie Gesundheit oder Glück. Das soll besagen, dass man Sicherheit niemals „ein für allemal" herstellen kann, ja dass bei der Vorstellung von Sicherheit immer auch eine Menge Subjektivität im Spiel ist.

Dennoch gehört Sicherheit zu den immateriellen Gütern, die in der und für die Politik eine entscheidende Rolle spielen. Es gehört zu den Aufgaben auf Dauer angelegter sozialer Institutionen und Organisationen, Sicherheit bereit zu stellen. Der moderne Staat soll die *innere* und die *äußere Sicherheit* seiner Bürgerinnen und Bürger garantieren (aber Garantien gibt es hier eigentlich nicht), also zumindest so gut es geht herstellen und pflegen. Der moderne Sozialstaat soll darüber hinaus so viel *soziale Sicherheit* wie möglich realisieren.

Die Sicherheitsprobleme, um die es hier geht, haben in der Hauptsache mit der äußeren Sicherheit zu tun, worunter man verkürzt den Schutz der eigenen Gesellschaft und ihrer Mitglieder vor Risiken und Bedrohungen verstehen kann, die von Akteuren jenseits der Staatsgrenzen kommen oder kommen könnten. Wenn man es so definiert, wird der Zusammenhang klar, der zwischen einer sich mit derartigen Problemen beschäftigenden Sicherheitspolitik und der Außenpolitik ganz allgemein besteht. Neben dem Handlungsfeld der außenwirtschaftlichen Aktivitäten gehört das Handlungsfeld der Sicherheit zu den traditionellen Schwerpunkten von Außenpolitik.

Sicherheitspolitik ist keineswegs ausschließlich, aber doch in starkem Maße auf militärische Mittel angewiesen. Da im Kontext der Europäischen Gemeinschaft schon früh die institutionellen Bahnen für eine internationale Wirtschafts- und Handelspolitik verlegt wurden, ist gut nachzuvollziehen, warum dann später beim schrittweisen Aufbau einer gemeinsamen europäischen Außenpolitik diese auch als Sicherheitspolitik gekennzeichnet wurde.

## 6.1 Bedrohungsversionen, militärisch

In den ersten Jahren nach der Gründung der Bundesrepublik gab es weder eine deutsche Außenpolitik noch eine deutsche Sicherheitspolitik. Die Bundeswehr trat erst 1955/56 ihren Dienst an. Und doch spricht viel für die These, dass die Entscheidung zur Gründung der Bundesrepublik vor allem auch auf sicherheitspolitische Argumente zurückgeführt werden muss. Freilich waren es nicht die Deutschen selbst, deren Argumente hier Gehör beanspruchen konnten, vielmehr die westlichen Siegermächte und darunter mit übergroßem Gewicht die Vereinigten Staaten.

### 6.1.1 Der verdächtige Verbündete

Waldemar Besson hat in seinem Standardwerk zur Außenpolitik der Bundesrepublik von 1970 die auch von anderen Beobachtern der internationalen Politik nach dem Zweiten Weltkrieg geteilte These vertreten, der 1949 gegründete westdeutsche Staat sei als eine „Funktion des Ost-West-Konfliktes" (Besson 1970, 27) ins Leben getreten. Andere Autoren sprechen von dieser Neugründung als einem Kind der NATO oder einem Produkt der amerikanischen Europapolitik.

Gemeint ist damit immer, dass es ohne die antagonistische Dynamik des Ost-West-Konflikts gleich nach dem Ende des Zweiten Weltkrieges und ohne den raschen Aufwuchs von Feindbildern und gegenseitigen Bedrohungsvorstellungen nicht so rasch zur Gründung der Bundesrepublik und als Reaktion darauf zur Gründung der DDR gekommen wäre. Besson weist in diesem Zusammenhang auch darauf hin, dass die damaligen britischen und französischen Überlegungen zur Weststaats-Bildung (welchen Begriff man in den Jahren 1947/48 benutzte) vernachlässigt werden können, weil sie für das, was vor sich ging, nicht wirklich relevant waren. „Die beiden westeuropäischen Besatzungsmächte haben sich schließlich in Deutschland den amerikanischen Absichten völlig untergeordnet" (Besson 1970, 27). Sie taten dies aus verschiedenen, nicht zuletzt aus wirtschaftlichen Gründen. Aber sie taten es nicht gerne, vor allem Frankreich nicht. Schöllgen (1999, 23) schreibt sogar zugespitzt, die Gründung eines westdeutschen Staates sei in Paris als Katastrophe empfunden worden.

Die sicherheitspolitische Konstellation des Ost-West-Konflikts zu Beginn seiner Phase als Kalter Krieg beförderte beides: die Staatsgründung(en) und damit zugleich die Teilung. Niemand kann sagen, wie lange es ohne die drastische Abkühlung der Ost-West-Beziehungen gedauert hätte, bis aus den vier Besatzungszonen wieder ein vereinigtes Deutschland entstanden wäre. Die Gebiete östlich der Oder-Neiße-Linie wären aller Voraussicht nach in jedem Fall an Polen gefallen, und das Gebiet um Königsberg hätte die Sowjetunion auch nicht wieder losgelassen. Gebietsabtrennungen nach einem verlorenen Krieg und die Übernahme von Territorien des Verlierers durch den Sieger gehören zu den üblichen Verhaltensweisen von Staaten.

Wenn man sich die Weltkarte und die Karte von Europa mit seinem schier unermeßlich großen ‚Anhängsel' Russland (geographisch) oder Sowjetunion (politisch) ansieht, dann sticht ins Auge, dass eine militärische Konfrontation zwischen der Sowjetunion samt ihren 1945 gewonnenen Verbündeten in Ostmitteleuropa auf der einen und den westeuropäischen Staaten auf der anderen Seite Westeuropa in eine prekäre Lage zu bringen drohte. Das militärische Gewicht Westeuropas in der Ost-West-Konfrontation wurde nach 1945 zusätzlich noch dadurch geschwächt, dass Großbritannien und Frankreich mit einer Reihe blutiger Kolonialkriege oder besser: Entkolonialisierungskriege beschäftigt waren. Diese und die sich historisch daran schließenden „Frontbegradigungen" hatten einen ziemlich hohen Preis. Einen Ausgleich dazu bildete die militärische Präsenz der Vereinigten Staaten in Westeuropa, deren organisatorische Grundlage seit 1949 der Nordatlantikpakt (NATO) bildete. Aber das konnte die zahlenmäßige Überlegenheit des Ostens auf dem europäischen Schauplatz nur mildern, nicht aufwiegen. Wenngleich die westlichen Bedrohungsvorstellungen bezüglich eines militärischen Ausgreifens der Roten Armee und des Warschauer Paktes nach Westeuropa außer in Zeiten politischer Krisen eher gedämpft waren, dominierte doch ein grundsätzliches Gefühl der Unsicherheit das Denken der westlichen Militärplaner und Sicherheitspolitiker. Außerdem gab es eine Menge Krisen, nicht nur in Europa, sondern auch in Asien und anderen Teilen der Welt. Es nimmt deshalb nicht wunder, dass sich zunächst die militärischen Planer und bald darauf die Politiker in den westlichen Hauptstädten mit dem Gedanken

einer deutschen Wiederbewaffnung anzufreunden begannen. In der Frühphase des Kalten Krieges erschien es nur plausibel, dass Westeuropa
durch die glaubwürdige Demonstration einer effizienten westlichen Verteidigungsfähigkeit gegen die Drohung eines Angriffs aus dem Osten
sicherer gemacht werden musste.

Die Verteidigungsfähigkeit würde aber erheblich gesteigert werden
können, wenn sich die Bundesrepublik Deutschland mit eigenen Soldaten
daran beteiligen würde. Dieser *positive* Aspekt der Wiederbewaffnung
der Bundesrepublik wurde, nicht so sehr in den Vereinigten Staaten, aber
in Westeuropa, besonders in Frankreich, durch einen *negativen* Aspekt
verdunkelt, und der bestand in der Unsicherheit darüber, was die als geradezu wesensmäßig auf militärische Abenteuer erpichten Deutschen, so
wurden sie ja nach 1945 auf Jahre hinweg vielfach wahrgenommen, mit eigenen Soldaten und eigenen Waffen anfangen würden. Die Geschichte
der Wiederbewaffnung (vgl. dazu von Bredow 2008) wurde so zur Geschichte der möglichst festen Einbindung deutscher Streitkräfte in Bündnisstrukturen. Das 1954 gescheiterte Projekt einer Europäischen Verteidigungsgemeinschaft (EVG) und die daraufhin erfolgte Aufnahme der Bundesrepublik Deutschland in die NATO und die Westeuropäische Union
(WEU) sollten nicht nur dem Schutz vor östlichen Bedrohungen dienen.
Sie sollten mittels wohldosierter Kontrolle des nicht grundlos so genannten „deutschen Wehrbeitrages" auch deutsche militärische Alleingänge
schon im Ansatz verhindern. Die Bundesregierung musste sich mit diesem
institutionellen Misstrauen abfinden. Aber sie hoffte darauf, dass es sich
mit der Zeit verflüchtigen würde. Das geschah auch so, wenn auch bisher
nicht vollständig, wie man an der Geschichte der deutschen Vereinigung
1989/90 studieren kann.


## 6.1.2 Abschreckung und Verteidigung

Die Sicherheitspolitik der Bundesrepublik war von Anfang an ein fester
Bestandteil ihrer Politik der Westintegration. Genauer gesagt: sie bildete
eine von mehreren Ebenen der Westintegrationspolitik. Mit der Aufstellung eigener Streitkräfte, ein in den 1950er Jahren nicht eben populärer
Programmpunkt der Agenda Konrad Adenauers, und mit deren Kennzeichnung als „Wehrbeitrag" zur gemeinsamen Verteidigung des Westens,
demonstrierte und verstärkte die Bundesregierung ihre grundsätzliche
Westorientierung. Nicht nur die Normen und Werte westlicher Demokra-

tien und die Grundsätze einer auf Markt und Wettbewerb beruhenden Wirtschaftsordnung bildeten das Fundament des neuen Staates, sondern auch die enge Sicherheits-Allianz mit den Westmächten. Diese Allianz vermittelte den Westdeutschen Schutz vor einer östlichen Bedrohung und sie machte zugleich deutlich, dass sich niemand vor einer von der Bundesregierung ausgehenden Bedrohung zu fürchten brauchte. Dem im Westen vorherrschenden Verständnis nach war die gemeinsame westliche Sicherheitspolitik rein defensiv und basierte auf den Konzepten der *Abschreckung* und *Verteidigung*. In der östlichen Propaganda wurde daraus eine besonders raffinierte Aggressivität.

Abschreckung heißt, die Sicherheitspolitik so zu gestalten und die eigenen Streitkräfte deutlich erkennbar so aufzubauen, dass jeder potenzielle Angreifer wegen des untragbaren oder zumindest unkalkulierbaren Risikos, das ein Angriff für ihn bedeuten würde, davon abgehalten wird. Nukleare Abschreckung als Sonderfall von allgemeiner Abschreckung bedeutet die enorme Erhöhung des Risikos für jeden potenziellen Angreifer. Die Vereinigten Staaten besaßen nach 1945 eigentlich immer einen klaren technischen Vorsprung bei den Nuklearwaffen vor allen anderen Akteuren. Sie konnten deshalb für ihr eigenes Territorium, aber auch für das europäische NATO-Territorium relativ sicher sein, dass ein militärischer Angriff nicht zu gewärtigen ist. Nachdem die Sowjetunion ihre eigene nukleare Waffenkapazität quantitativ und qualitativ erheblich ausgebaut hatte, gab es eine Art „nukleares Gleichgewicht" zwischen den beiden Führungsmächten des Ost-West-Konflikts. Die „gegenseitig gesicherte Zweitschlagskapazität" *(mutual assured destruction capability)* brachte paradoxerweise in die bipolare Konstellation des Ost-West-Konflikts für die beiden Weltführungsmächte USA und UdSSR eine relative Sicherheit vor einem Nuklearkrieg. Auf die stabilisierende und kriegsverhindernde Wirkung des nuklearen Gleichgewichts konnte man sich allerdings niemals ganz und gar verlassen, denn sie basierte ja auf der Rationalität der entscheidenden Akteure. Jedoch hat diese Rationalität bis zum Ende der Konflikt-Konstellation gehalten. Wenn Irrationalität ganz besonders hohe Kosten zu verursachen verspricht, dann hat Rationalität in der Politik eine passable Chance.

Zwischen diesen beiden Mächten konnte sich eine Balance der gesicherten Zweitschlagskapazität ausbilden, die im Grunde keines weiteren militärischen Beiwerks bedurfte. Für Westeuropa konnte das aber keineswegs so gelten, denn hier machte dieses Beiwerk (Panzer, Jagdflugzeuge, Artillerie usw.) gewissermaßen die Substanz aus. Denn europäische Sicherheit, gleichviel ob in sowjetischer oder westeuropäischer Interpretation, war nie auf nukleare Abschreckung allein abzustützen, sondern musste auch immer eine glaubwürdige Antwort auf die Frage parat haben, was denn geschehen würde, wenn es doch zu konventionellen Kriegshandlungen auf europäischem Territorium kommen sollte.

Hier stoßen wir auf ein Problem. Denn wenn Sicherheit in Europa nur über Vorkehrungen zur territorialen Verteidigung gegen einen Angriff zu erhöhen war, also mit Vorbereitungen (über Ausbildungsvorschriften, Einsatzpläne und Manöver) auf einen modernen konventionellen Krieg samt vorbedachter Eskalation in den Gebrauch von Nuklearwaffen auf dem Gefechtsfeld oder zur Demonstration eigener Entschlossenheit anderswo, dann lockerte sich damit automatisch der feste strategische Zusammenhang zwischen Westeuropa und den USA, für die es solche Verteidigungs-Notwendigkeiten nicht gab. Das westeuropäische Interesse bestand darin, die USA und ihre strategischen Nuklearwaffen so rasch wie möglich in einen vom Osten ausgehenden Krieg zu involvieren. Denn wenn man glaubwürdig demonstrieren konnte, dass die Vereinigten Staaten sich sofort in einem europäischen Krieg engagieren würden, dann stärkte das die Abschreckung und machte einen solchen Krieg unwahrscheinlicher. Das amerikanische Interesse bestand demgegenüber darin, den Konflikt möglichst regional auf Europa und damit das Risiko begrenzt zu halten, dass im Zuge der Eskalation auch das eigene Territorium Ziel eines Angriffs werden könnte.

Für Westeuropa schien es also die verhängnisvolle Alternative zu geben: *entweder* mehr Verteidigung, was aber die strategische Abschreckung seitens der USA weiter wegrückte; *oder* Aufbau einer eigenen strategischen Abschreckung. Dazu entschloss sich gegen Ende der 1960er Jahre Frankreich mit seiner *force de frappe*. Aber sie blieb (mit einer ins Nationalistische gewendeten und letztlich nicht sehr überzeugenden Version der Strategie einer Massiven Vergeltung) ein französischer Sonderweg.

Für die westeuropäische Sicherheitspolitik kam es stattdessen darauf an, Verteidigungs-Optionen, so gut es ging, in die Abschreckung zu integrieren. Man brauchte hier neben der weiterhin bestandswichtigen „nuklearen Garantie" der Vereinigten Staaten auch genügend militärische Kräfte, um das eigene Territorium auch unterhalb der nuklearen Schwelle verteidigen zu können. Wenn den Militär-Planern des Ostens klar vor Augen geführt werden könnte, dass sich auch nicht-nukleare Angriffe auf westliches Territorium nicht lohnen, dann würde dies wiederum die Abschreckung verstärken.

Der sicherheitspolitische Auftrag der Bundeswehr wurde vor dem Hintergrund dieser hier sehr verkürzt dargebotenen Überlegungen formuliert. Die folgenden Formulierungen sind alle in die Vergangenheitsform transponiert, weil das Ende des Ost-West-Konflikts auch das Ende dieser Art Sicherheitspolitik mit sich brachte:

– Im Frieden trug die Bundeswehr als Teil der westlichen Abschreckung zur Kriegsverhinderung bei.

– In Krisenzeiten und im Spannungsfall sollte die Demonstration der militärischen Einsatzbereitschaft der Bundeswehr die Handlungsfreiheit von Bundesregierung und Bundestag sichern.

– Nach einem Angriff auf das Territorium der Bundesrepublik Deutschland sollte die Bundeswehr, gemeinsam mit den Verbündeten, die Unversehrtheit des eigenen Gebietes wahren oder, falls der Angriff bereits eigenes Territorium überrollt hat, wiederherstellen.

Ganz offensichtlich hatte der Auftrag der Bundeswehr also einen Abschreckungs- und einen Verteidigungs-Aspekt. In Manövern und Planspielen, die auf einer einigermaßen realistischen Lageentwicklung beruhten, wurde allerdings Mal um Mal deutlich, dass eine Verteidigung des eigenen Territoriums dieses in einem ziemlich ramponierten Zustand zurücklassen würde. Deswegen lag es immer im vordringlichen Interesse der Bundesregierungen, die Abschreckung mit allen zur Verfügung stehenden Mitteln zu verstärken.

Die oben angesprochenen Differenzen bei den militärstrategischen Prioritäten zwischen Westeuropa und den USA galten in zugespitztem Maße für die Bundesrepublik als dem direkt an der Frontlinie in Europa-Mitte liegenden Territorium. Im Rückblick auf die 35 Jahre Bundeswehr im Ost-West-Konflikt ist man gezwungen festzustellen, dass die sicherheitspolitische und militärstrategische Partnerschaft zwischen den USA und der BRD eigentlich fast immer von Interessen- und Perzeptions-Unterschieden überschattet war, die nur mühevoll und zumeist (ist ja auch logisch) mittels Anpassung der Deutschen an die amerikanischen Vorstellungen geglättet werden konnten. Das führte zuweilen zu schwierigen Konstellationen. Eine davon, Mitte der 1960er Jahre, beschreibt Christoph Bluth folgendermaßen:

„The Germans were seeking a clear commitment to nuclear escalation. They were not so much interested in limited nuclear war-fighting options but rather in nuclear deterrence supported by the commitment to rapid escalation to the strategic level in case of a major conflict in Central Europe ... (The American position) sought to avoid any commitment to nuclear escalation and demanded that the Allies should raise the level of their conventional capabilities" (Bluth 2002, 74f.).

Die euphemistische Sprache bei der Formulierung des Verteidigungsauftrags der Bundeswehr unterstreicht mehr die Schwierigkeiten einer glaubwürdigen Abschreckung für Westeuropa, als dass sie sie auflöst. Aber die westdeutschen Sicherheitspolitiker und die Generäle der Bundeswehr waren entschlossen, zwischen Abschreckung und Verteidigung nicht nur keinen Widerspruch zu sehen, sondern eine möglichst effiziente Vorbereitung auf die Verteidigung auch als den bestmöglichen eigenen Beitrag zur Optimierung der Abschreckung zu definieren. Ein gewisser Anteil von Wunschdenken war dieser Überzeugung zweifellos inhärent. Andererseits gab es weit und breit keine akzeptable und vor allem sichere Alternative.

## 6.1.3 Entspannung und Rüstungskontrolle

Seit der zweiten Hälfte der sechziger Jahre wurde das Verteidigungs- und Abschreckungsprogramm der NATO durch ein Entspannungsangebot an den Warschauer Pakt ergänzt. Das war diplomatisch geschickt und führte schließlich zu der *Konferenz über Sicherheit und Zusammenarbeit in Europa* (KSZE). Die Entspannungspolitik der Bundesrepublik wird zumeist (siehe Kap. 5.3) in den Kontext der Ost- und Deutschlandpolitik gestellt. Da gehört sie auch hin. Jedoch darf ebenfalls nicht übersehen werden, dass die Entspannung zwischen Ost und West angesichts der prekären militärischen Situation des in sich ziemlich ungleichgewichtigen nuklearen Gleichgewichts nicht zuletzt auch ein sicherheitspolitisches Ziel darstellte. Die hohe Gefährdung beider Deutschlands in einem europäischen Ost-West-Krieg legte sogar eine systemübergreifende Ziel-Parallele von Bundesrepublik und DDR nahe. Sie kommt in dem etwas holprigen Ausspruch Honeckers zum Ausdruck, von deutschem Boden dürfe nie wieder Krieg, sondern müsse Frieden ausgehen. Holprig klingt das zwar in der Tat, aber es handelt sich dabei nicht etwa um eine Gutmensch- Phrase, vielmehr um ein genuines nationales Interesse, das gewiss von den anderen mitteleuropäischen Staaten voll und ganz geteilt wurde. Denn auch sie würden durch einen solchen Krieg enorme, ihren Bestand als Nationen gefährdende Schäden davongetragen haben.

Die feierliche Versicherung, politische Ziele nicht mit militärischer Gewalt oder ihrer Androhung erreichen zu wollen, ist gewissermaßen ein Leitmotiv deutscher Außenpolitik. Ergänzt wurde dieses Leitmotiv seit den frühen 1960er Jahren durch ein zweites, nämlich die Betonung der Bereitschaft, in Verhandlungen mit den Ländern des östlichen Lagers ausloten zu wollen, wie die Schärfe der Ost-West-Konfrontation durch kooperative Elemente gemildert werden kann. Dabei standen Vorstellungen über die Reduzierung der Streitkräfte, der Rüstungshaushalte und der Zahl der aufeinander gerichteten Waffensysteme im Vordergrund, denn die militärische Konfrontation war ja nun einmal der gefährlichste Aspekt der Ost-West-Konfrontation.

Ein wichtiges Dokument, das gleichermaßen die westdeutschen Bemühungen um eine Reduzierung der militärischen Gefährlichkeit der Ost-West-Auseinandersetzung und die allgemeine Interessenlage der NATO-Staaten an der Überwindung des Kalten Krieges und der behutsamen Einführung von Entspannung im Ost-West-Verhältnis zum Ausdruck bringt, ist der Harmel-Bericht vom 13./14. Dezember 1967.

---

**Auszug aus dem Harmel-Bericht der NATO vom Dezember 1967**

„Die Atlantische Allianz hat zwei Hauptfunktionen. Die erste besteht darin, eine ausreichende militärische Stärke und politische Solidarität aufrechtzuerhalten, um gegenüber Aggressionen und anderen Formen von Druckanwendung abschreckend zu wirken und das Gebiet der Mitgliedstaaten zu verteidigen, falls es zu einer Aggression kommt ... Die Bündnispartner werden zur Sicherung des Gleichgewichts der Streitkräfte das erforderliche militärische Potential aufrechterhalten und dadurch ein Klima der Stabilität, der Sicherheit und des Vertrauens schaffen. In diesem Klima kann die Allianz ihre zweite Funktion erfüllen: die weitere Suche nach Fortschritten in Richtung auf dauerhafte Beziehungen, mit deren Hilfe die grundlegenden politischen Fragen gelöst werden können. Militärische Sicherheit und eine Politik der Entspannung stellen keinen Widerspruch, sondern eine gegenseitige Ergänzung dar. Die kollektive Verteidigung ist ein stabilisierender Faktor in der Weltpolitik. Sie bildet die notwendige Voraussetzung für eine wirksame, auf größere Entspannung gerichtete Politik."

(Aus: Weißbuch 1985 zur Lage und Entwicklung der Bundeswehr. Im Auftrage der Bundesregierung hrsg. vom Bundesminister der Verteidigung. Bonn 1985, S. 6.)

---

In der Regel wird dieser „Bericht des NATO-Rats über die künftigen Aufgaben der Allianz" vor allem als ein Element des Ost-West-Sicherheitsdialogs angesehen, der etwas ungelenk über den Austausch diverser

„Signale" seit Mitte der 1960er Jahre ablief und in dem die Bedingungen für die Konferenz über Sicherheit und Zusammenarbeit ausgehandelt wurden. Das ist auch richtig. Zugleich jedoch werden in diesem Text die Konturen einer Kriegsrisiko-Reduzierungs-Politik aufgezeigt. Die Bedeutung dieses Berichts für die Außen- und Sicherheitspolitik der Bundesrepublik wird deshalb von Haftendorn zu Recht überaus hoch veranschlagt:

> „In den siebziger Jahren ermöglichte der Harmel-Bericht der Bundesrepublik, Konflikte zwischen ihrer Ost- und Westpolitik zu vermeiden. Zum einen konnte sie den Ausbau der Bundeswehr zu einer schlagkräftigen, gut ausgebildeten und angemessen ausgerüsteten Bündnisarmee abschließen. Zum anderen bemühte sie sich um Normalisierung der Beziehungen zur Sowjetunion und den anderen osteuropäischen Staaten, ohne dass Zweifel an ihrer Bündnistreue entstanden" (Haftendorn 2001, 264).

## 6.2 Bedrohungsversionen, gesellschaftspolitisch

Ein landläufiges Vorurteil besagt, dass sich die politisch interessierten Deutschen in der Bundesrepublik um Sicherheitsprobleme wenig, und wenn, dann nur widerwillig und kurzfristig gekümmert hätten, weil fast immer andere Themen im Vordergrund gestanden hätten. Das ist schlicht und einfach falsch. Es hat in der Geschichte der Bundesrepublik eine Reihe sicherheitspolitischer Debatten gegeben, die man geradezu leidenschaftlich nennen kann. Auf jeden Fall waren es große öffentliche Debatten, in denen auf sehr ernsthafte Weise im Parlament sowie in und mit einer breiten Öffentlichkeit über entscheidende Weichenstellungen der westdeutschen Außen- und Sicherheitspolitik gestritten wurde. In einer Zeit, in der Politikverdrossenheit zu einem coolen Habitus geworden zu sein scheint, kann man sich die Ernsthaftigkeit und Intensität dieser Auseinandersetzungen nur noch schwer vorstellen. Die Streitlinien verliefen dabei meistens, aber nicht ausschließlich, zwischen den Anhängern der SPD und der Gewerkschaften samt Verbündeten links von ihnen auf der einen und den Anhängern der CDU/CSU samt Verbündeten aus dem etwas behäbig so genannten bürgerlichen Lager. Oft spielten die Kirchen, zumal der sich politisch exponierende Protestantismus eine wichtige Rolle. Trotz der Heftigkeit der Auseinandersetzungen polarisierten diese Debatten das Gemeinwesen jedoch nicht über Gebühr. Randständige Extrempositionen fanden so gut wie keinen Widerhall.

Zweierlei fällt an diesen großen Debatten auf – *erstens* dass sie vor 1990 immer, wenn auch zuweilen nur indirekt, die nationale Einheit themati-

sierten, und *zweitens* dass dieses Thema dabei fast immer in einem sicherheitspolitischen Kontext stand. Es sind dies:
- die Debatten um die Wiederbewaffnung in der ersten Hälfte der 1950er Jahre;
- die Debatten um die Atombewaffnung der Bundeswehr Ende dieses Jahrzehnts;
- die Debatte über die Anerkennung der DDR und die Ost- und Entspannungspolitik Mitte der 1960er bis Anfang der 1970er Jahre;
- die Debatte über den NATO-Doppelbeschluss und die Nachrüstung zu Beginn der 1980er Jahre;
- die Debatte über das ‚Abseitsstehen' Deutschlands beim Golfkrieg zu Beginn des Jahres 1991.

Auch seither hat es noch zwei weitere große öffentliche Auseinandersetzungen über Sicherheit, Krieg und Frieden in Deutschland gegeben, aber da spielte die nationale Frage keine Rolle mehr. Das war die Debatte über die Beteiligung Deutschlands an den NATO-Militäraktionen im Kosovo 1999 und die Debatte über die Nicht-Beteiligung Deutschlands an der Intervention der Vereinigten Staaten samt einer „Koalition der Willigen" im Jahr 2003 im Irak.

Ein Kennzeichen solcher öffentlicher Auseinandersetzungen besteht darin, nicht nur einen engen Politikbereich, sondern im Grunde das gesamte Spektrum außenpolitischer Grundentscheidungen, ja manchmal das Grundverständnis des Gemeinwesens insgesamt zu thematisieren. Die wichtigste Funktion solcher öffentlicher Auseinandersetzung ist nämlich nicht nur die demokratie-konforme Vorbereitung einer bestimmten Einzelentscheidung, sondern die Entwicklung und Weiterentwicklung eines Basis-Kanons für den politischen Diskurs des Gemeinwesens.

Dass dies so häufig und so nachdrücklich über sicherheitspolitische Themen geschah, ist mehr als nur ein Indiz für den zentralen Stellenwert der Sicherheitspolitik.

## 6.2.1 Wiederbewaffnung

Es ist keine Übertreibung zu behaupten, dass das erste Jahrzehnt der Bundesrepublik unter anderem auch durch eine sich in bestimmten Zyklen intensivierende außen- und sicherheitspolitische Auseinandersetzung geprägt war. Dabei wurden sicherheits- und deutschlandpolitische Bezüge eng miteinander verknüpft.

Zunächst ging es um die Frage, ob überhaupt und warum deutsche Soldaten notwendig seien. Im Bundestag kam es damals zu zahlreichen Wortgefechten zwischen der Regierung und der Opposition. Darüber hinaus kann man zwischen 1950 und 1955 vier Mobilisierungskampagnen mit mehr oder weniger großer Massenbasis ausmachen:

- Die sogenannte ‚Ohne-mich‘-Bewegung, 1950 einsetzend, die noch ganz unter dem Eindruck der Kriegsgreuel stand und die kurze Tradition eines heftigen militärischen Quietismus aus der Zeit nach dem Mai 1945 fortführte. Der gebündelte, aber auf der Ebene individueller Entscheidungen belassene Protest richtete sich gegen die Zumutung, wieder Soldat werden zu müssen.
- Die Volksbefragungs-Bewegung aus dem Jahr 1951/52 wollte die Wiederbewaffnung verhindern und lockte stattdessen mit einem Friedensvertrag und der damit verbundenen staatlichen Einheit. Schon der Name dieser Bewegung macht deutlich, dass es vor allem kommunistische und neutralistische Strömungen waren, die hier federführend waren und das Bündnis mit Pazifisten und nationalen Kräften suchten.
- Die Paulskirchen-Bewegung von 1954/55, in der Hauptsache von Sozialdemokraten und Gewerkschaften organisiert, stellte sich gegen die Ratifizierung der Verträge zur militärischen Integration der Bundesrepublik in westliche Bündnisstrukturen.
- Die 1957/58 laufende Auseinandersetzung über Atomwaffen auf deutschem Boden unter dem Motto „Kampf dem Atomtod“ plädierte für eine atomwaffenfreie Zone in Mitteleuropa und wurde im Übrigen tatkräftig von politischen Agenturen aus der DDR unterstützt.

Auf einer Kundgebung, die am 29. Januar 1955 in der Frankfurter Paulskirche stattfand, und zu der der Vorsitzende des Deutschen Gewerkschaftsbundes (DGB) Walter Freitag, der Vorsitzende der SPD Erich Ollenhauer sowie die beiden Professoren Helmut Gollwitzer (ev. Theologie) und Alfred Weber (Soziologie) eingeladen hatten, wurde ein „Deutsches Manifest“ angenommen, das den Zusammenhang Sicherheitspolitik/ Deutschlandpolitik plastisch deutlich macht.

Als die Pariser Verträge Ende Februar 1955 ratifiziert worden waren, versandete die Paulskirchen-Bewegung rasch.

> **Aus dem „Deutschen Manifest" der Paulskirchen-Bewegung**
> **vom 29. Januar 1955**
>
> „... Die Antwort auf die deutsche Schicksalsfrage der Gegenwart – ob
> unser Volk in Frieden und Freiheit wiedervereinigt werden kann oder
> ob es in dem unnatürlichen Zustand der staatlichen Aufspaltung und
> einer fortschreitenden menschlichen Entfremdung leben muss – hängt
> heute in erster Linie von der Entscheidung über die Pariser Verträge
> ab.
> Die Aufstellung deutscher Streitkräfte in der Bundesrepublik und in
> der Sowjetzone muss die Chancen der Wiedervereinigung für unabseh-
> bare Zeit auslöschen und die Spannung zwischen Ost und West verstär-
> ken. Eine solche Maßnahme würde die Gewissensnot großer Teile un-
> seres Volkes unerträglich steigern. Das furchtbare Schicksal, dass sich
> die Geschwister einer Familie in verschiedenen Armeen mit der Waffe
> in der Hand gegenüberstehen, würde Wirklichkeit werden ..."
>
> (Aus: Archiv der Gegenwart. Deutschland 1949–1999. Bd. 2, St. Augustin 2000, S. 1388.)

## 6.2.2 Nuklearwaffen

In den Jahren danach wurden im Zusammenhang mit einer Umstellung
der amerikanischen Nuklearstrategie auch Pläne für eine Atombewaffnung der zunächst nur als rein konventionell bewaffnete Streitmacht gegründeten Bundeswehr debattiert, und zwar sowohl unter Fachleuten als
auch in der Öffentlichkeit. Der Nuklearwaffen-Diskurs in der Bundesrepublik war damals nicht besonders informiert, milde ausgedrückt. Das lag
einmal daran, dass man hierzulande einfach zu wenig über die nuklearen
Rüstungsentwicklungen und über Nuklearstrategie wusste. So schreiben
Johannes Steinhoff und Reiner Pommerin in ihrem Beitrag zu dem internationalen Forschungsprojekt „Nuclear History Program", dass das Auswärtige Amt gegen Jahresende 1957 eine erste Untersuchung mit dem
Ziel begann, die Verwendung von Atomwaffen im Rahmen der Verteidigung von NATO-Territorium zu überprüfen.

„Die Antworten waren bedrückend genug. Im Übrigen hielten die Kenntnisse der
Bundeswehrführung mit den nukleartechnischen Entwicklungen in den USA ... noch
kaum Schritt. Einerseits erhielt die Bundeswehr zunächst nur ganz allgemeine Informationen. Andererseits lagen tatsächlich viele ... Erkenntnisse über die Folgen nuklea-

rer Detonationen damals selbst den beiden Nuklearmächten USA und Sowjetunion keineswegs vor" (Steinhoff, Pommerin 1992, 32).

Die erste Monographie in deutscher Sprache, in welcher die sicherheitspolitischen und strategischen Probleme der Bundesrepublik in angemessener Weise öffentlich behandelt wurden, ist bezeichnenderweise von einem Politiker der damaligen Opposition im Bundestag verfasst worden: 1961 erschien das Buch „Verteidigung oder Vergeltung". Sein Autor war Helmut Schmidt.

In jedem Land, das nukleare Waffen entwickelte oder das von Nuklearwaffen bedroht war, gab es seit den ersten beiden und bislang einzigen Kriegseinsätzen dieser Waffen im August 1945 in Japan immer wieder öffentliche Auseinandersetzungen über den Sinn und die Gefährlichkeit dieser Waffen und darüber, wie man künftige Einsätze verhindern könne. In der Bundesrepublik als einem besonders exponierten Territorium war diese Auseinandersetzung vielleicht nicht heftiger und sachverständiger als in anderen Ländern, aber hier ging sie, um es etwas salopp auszudrücken, ans Eingemachte. Nicht zuletzt deshalb nimmt der Appell von 18 deutschen Atomwissenschaftlern, den „Göttinger Achtzehn", vom 12. April 1957 im kollektiven politischen Gedächtnis der Westdeutschen einen besonders prominenten Platz ein. In diesem Appell plädierten die Wissenschaftler, unter ihnen Otto Hahn und Werner Heisenberg, für den Verzicht der Bundesrepublik auf Atomwaffen.

„Wir fühlen keine Kompetenz, konkrete Vorschläge für die Politik der Großmächte zu machen. Für ein kleines Land wie die Bundesrepublik glauben wir, dass es sich heute noch am besten schützt und den Weltfrieden noch am ehesten fördert, wenn es ausdrücklich und freiwillig auf den Besitz von Atomwaffen jeder Art verzichtet" (Archiv der Gegenwart 2000, 1925).

Das Urteil über die Bundesrepublik als „ein kleines Land" war 1957 sozusagen gerade noch berechtigt. Im Zuge des damals in voller Dynamik laufenden „Wirtschaftswunders", der dadurch nachdrücklich geförderten binnen-gesellschaftlichen Festigung und der schrittweisen, noch etwa ein Jahrzehnt benötigenden außenpolitischen Konsolidierung rückte dieses „kleine Land" aber doch unaufhaltsam in die Ränge einer Mittelmacht auf.

Der Verzicht auf „Atomwaffen jeder Art" bezog sich in erster Linie auf sogenannte taktische Atomwaffen, also solche, die auf dem Gefechtsfeld zum Einsatz kommen würden. Bundeskanzler Adenauer hatte am 4. April 1957 davon gesprochen, dass solche Waffen nichts weiter als die Weiterentwicklung der Artillerie seien. Und weiter sagte er: „Selbstverständlich können wir nicht darauf verzichten, dass unsere Truppen auch in der normalen Bewaffnung die neueste Entwicklung mitmachen" (Archiv der Gegenwart 2000, 1922). Daraufhin gab es einen Sturm der Entrüstung, den vor allem auch die Kampagne „Kampf dem Atomtod" ausnützte.

Die Bundeswehr wurde zwar mit Nuklearwaffen ausgerüstet, aber diese blieben unter Verschluss, solange es keinen NATO-Einsatzbefehl gab. Zugleich wurden auf dem Territorium der Bundesrepublik eine große Zahl von Nuklearwaffen der amerikanischen Streitkräfte, später auch der Briten und Franzosen stationiert.

Die für das sicherheitspolitische Denken der Bundesrepublik im letzten Jahrzehnt vor der Vereinigung wichtigste gesellschaftsweite Auseinandersetzung betrifft ebenfalls taktische Nuklearwaffen, wenngleich solche ganz anderer Größenordnung. Der NATO-Doppelbeschluss vom 12. Dezember 1979 hat eine lange Vorgeschichte (vgl. dazu ausführlich: Haftendorn 1986). In der nuklearstrategischen Konstellation USA/UdSSR gab es seit den Rüstungskontrollbeschlüssen nach SALT I von 1972 eine Art nukleares Patt. Das galt aber nicht für Europa, wo das konventionelle sowjetische Übergewicht in den 1970er Jahren durch die Stationierung weitreichender Mittelstreckenraketen noch verstärkt wurde. Zugleich bedeutete das strategische Patt USA/UdSSR, dass einem amerikanischen Eingreifen in Europa, falls es dort zu einem östlichen Angriff kommen sollte, nach den geltenden Regeln der Nuklearstrategie die Glaubwürdigkeit abhanden gekommen war. Auf diesen Sachverhalt hatte schon Bundeskanzler Helmut Schmidt in seiner berühmten Londoner Rede vor dem *International Institute for Strategic Studies* (IISS) im Oktober 1977 hingewiesen. Nach der Logik dieser Regeln musste entweder die NATO mit taktischen Atomwaffen nachrüsten, oder es mussten auch für den Bereich der taktischen Atomwaffen Rüstungskontrollabkommen geschlossen werden. Ein taktisch-nukleares Gleichgewicht in Europa herzustellen, erschien den Fachleuten aber genauso schwierig wie die Quadratur des Kreises. Denn die Kategorie der taktischen Nuklearwaffen war in sich vielfältig unterteilt. Außerdem mussten hier auch französische Nuklearwaffen mitgerechnet werden, obgleich Frankreich strikt ablehnte, darüber in Verhandlungen einzutreten. Und es gab eine Reihe weiterer Rüstungskontroll-Probleme, die in ihrer Summe verhindert hatten, dass es bei den MBFR-Verhandlungen in Wien auch nur zu den geringsten Fortschritten gekommen war.

Der NATO-Doppelbeschluss heißt so, weil er aus zwei Teilen besteht. Im ersten Teil wurde die Dislozierung (Stationierung) modernisierter weitreichender taktischer Atomwaffen (LRTNF) beschlossen, nämlich von 108 bodengestützten Abschussvorrichtungen für Pershing II-Raketen und 464 bodengestützten Marschflugkörpern (Cruise Missiles). Im zweiten Teil des Beschlusses werden der Sowjetunion Rüstungskontrollverhandlungen zur Reduzierung der taktischen Atomwaffen in Europa angeboten. Der Pfiff und zugleich die Problematik dieses Angebots bestanden darin, dass schon dislozierte sowjetische Waffen gegen erst in vier Jahren aufzustellende NATO-Waffen aufgerechnet werden sollten. Der Zeitraum bis zum Beginn der westlichen Dislozierung stand für solche asymmetrischen Rüstungskontroll-Verhandlungen bereit. Die sowjetische Diplomatie ging darauf nicht ein.

Möglicherweise tat sie es auch deshalb nicht, weil das binnen-gesellschaftliche Echo auf den NATO-Doppelbeschluss in Westeuropa, besonders aber in der Bundesrepublik verheerend war. Es entstand eine von weit links bis weit ins national gesonnene Bürgertum reichende, neue Friedensbewegung, deren Hauptziel es war, die Stationierung modernisierter Atomwaffen in Westeuropa zu verhindern. Die geltenden Regeln der Nuklearstrategie wurden in den westlichen Öffentlichkeiten nicht mehr akzeptiert. Die Bedrohungsvorstellung „Angriff aus dem Osten" wurde durch die Bedrohungsvorstellung „Nuklearkrieg" ersetzt. Die neue Friedensbewegung konnte die Stationierung der Pershing II und der Cruise Missiles zwar nicht verhindern; aber sie kostete Bundeskanzler Schmidt und seiner Regierung das Amt. Erst Ende 1987 kam es dann, die internationale Konstellation hatte sich seit dem Amtsantritt von Generalsekretär Gorbatschow in Moskau ziemlich verändert, zu einem Ost-West-Abkommen, das den Abzug und die Vernichtung aller atomar bestückter Flugkörper mit Reichweiten zwischen 500 km und 5 500 km vorsah.

Die Auseinandersetzung über den Nachrüstungs-Beschluss und damit zugleich über die Sicherheitspolitik der Bundesregierung sowie über das deutsch-amerikanische Verhältnis vertiefte über die besonders heftige Abwehr gegenüber den Nuklearwaffen hinaus eine allgemeine pazifistische Grundstimmung in der Bundesrepublik.

## 6.2.3 Pazifisten und Bellizisten

Diese allgemeine Grundstimmung äußerte sich wieder sehr nachdrücklich zu Beginn des Jahres 1991, als eine internationale Koalition unter Führung der Vereinigten Staaten mit einem Mandat der Vereinten Nationen den Überfall des irakischen Diktators Saddam Hussein auf Kuwait mit militärischen Mitteln rückgängig machte. Die Bundesrepublik nahm an dieser Operation nicht teil. Sie war wohl auch ziemlich überrascht von der Heftigkeit der Anti-Kriegs-Stimmung in Deutschland. Die erklärt sich auch daher, dass mit der kurz vorher erfolgten feierlichen Beendigung des Ost-West-Konflikts und der Vereinigung Deutschlands eine Ära allgemeiner Friedfertigkeit in historische Reichweite gerückt schien. Um so erbitternder waren das Erwachen aus diesem euphorischen Augenblick und die so schnell erfolgende „Wiederkehr des Krieges".

In der öffentlichen Auseinandersetzung setzte allerdings aus Anlass des zweiten Golfkrieges auch ein neuer Differenzierungsprozess im relativ großen Lager der Kriegsgegner ein. Dieser Prozess ist als die Auseinandersetzung zwischen den Pazifisten und den Bellizisten bekannt geworden, wobei mit dem zuletzt genannten Ausdruck jene Intellektuellen gemeint waren, die sich als Konsequenz eines *reality checks* (Raketenangriffe des Irak auf Israel) doch dazu durchringen mussten, den Einsatz kriegerischer Mittel nicht unter allen Umständen zu verdammen, auch wenn es sich dabei um amerikanische Truppen handelt.

Dieser Prozess, den man an der Entwicklung führender Politiker der GRÜNEN/Bündnis 90 besonders gut studieren kann, setzte sich angesichts der Balkan-Kriege fort und bereitete so den Boden für die Entscheidung der sozialdemokratisch-grünen Bundesregierung Ende 1998/1999, mit anderen NATO-Truppen im Kosovo militärisch zu intervenieren. Die NATO-Luftangriffe begannen am 24. März 1999.

## 6.3 Deutsche Sonderaspekte

Diese Entscheidung steht nun allerdings bereits in einem völlig veränderten sicherheitspolitischen Kontext. Darauf wird weiter unten noch ausführlich eingegangen werden. In diesem letzten Teil des Kapitels zur deutschen Sicherheitspolitik soll noch auf ein paar deutsche Sonderaspekte eingegangen werden. Dabei handelt es sich einmal um die „geopolitische Anomalie" der Existenz Westberlins, zweitens um die, wenn man so will, kollektive Mentalitätssperre gegen den Gebrauch militärischer Mittel in der Außenpolitik und drittens um die Persistenz eines politischen Drucks, den die deutsche Vergangenheit im 20. Jahrhundert auf die deutsche Gegenwart ausübt. Diese Persistenz wird im Übrigen nicht beklagt, auch die deutsche Befangenheit gegenüber Militäreinsätzen nicht, wenn es sie denn noch gibt. Insofern unterscheidet sich die hier gewählte Betrachtungsweise auch von der, die eine völlige Einebnung dieser Aspekte deutscher Außen- und Sicherheitspolitik erreichen möchte.

## 6.3.1 Berlin

„An keinem Ort in Deutschland sind die Konflikte und Krisen der deutschen Nachkriegsgeschichte deutlicher sichtbar geworden als in Berlin. Die deutsche Metropole, die 1945 zur besetzten Viersektorenstadt geworden war, entwickelte sich in der Eiszeit des Kalten Krieges zum Brennpunkt der Teilung" (Langguth 1990, 9). Dies ist der Einleitungssatz eines umfangreichen Sammelbandes, in dem die dramatische innen- und vor allem außenpolitische Lage Berlins zwischen 1945 und 1990 von vielen Zeitzeugen rekapituliert wird. Die Dramatik war zeitweise beträchtlich, und gar nicht selten fürchteten ängstlichere Zeitgenossen, dass in und um Berlin der dritte Weltkrieg des 20. Jahrhunderts beginnen würde.

Heute ist Berlin die deutsche Hauptstadt und Regierungssitz. Außerdem ist es ein eigenes Bundesland (einer der drei ‚Stadtstaaten') und finanziell unter gehörigem Druck. Die Übernahme der Hauptstadt-Funktion von Bonn wurde übrigens von einer auch unter außenpolitischen Aspekten nicht unwichtigen Debatte begleitet. Schließlich stand die „Bonner Republik" für eine kooperative und insbesondere auf die Verfolgung ihrer Handelsinteressen bedachte „Zivilmacht" mittlerer Größe und ohne weitere weltpolitische Ambitionen, was alles von dem mittelstädtischen und gar nicht prunkvollen Charakter des (angeblich) verschlafenen Universitätsstädtchens am Rhein symbolisiert wurde: rheinische Außenpolitik. Vom Rhein ostwärts an die Spree, in eine preußisch geprägte Metropole, die noch dazu mit Milliardenbeträgen für ihre Repräsentationsaufgaben aufgepäppelt werden sollte – musste man nicht befürchten, dass die „Berliner Republik" einen ganz anderen Charakter annehmen würde? Würden sich nicht die rheinische Intimität mit den westlichen Nachbarn im Berliner Kontinentalklima abkühlen, könnten etwa sogar nach Osten gerichtete hegemoniale Traditionen neu aufleben? Solchen skeptischen bis misstrauischen Stimmen antworteten andere, die der Freude darüber Ausdruck gaben, dass mit dem Bonner Provisorium nun endlich Schluss war und Deutschland demnächst über eine Hauptstadt verfügen würde, die sich im Vergleich mit den traditionsreichen Hauptstädten anderer

Länder (von Wien bis Paris und von Rom bis Moskau) nicht zu verstecken braucht.

Diese Debatte in der ersten Hälfte der 1990er Jahre ist sowohl für die Innenpolitik als auch für die Außenpolitik von Relevanz und zeigt unter anderem auch an, dass sich mit der Vereinigung Deutschlands ein neues und auf die gewandelten Binnen- und Außenverhältnisse zugeschnittenes Selbstverständnis des politischen Deutschland nicht automatisch eingestellt hat.

Brennpunkt der Teilung – das war Berlin in der Zeit des Ost-West-Konflikts, nicht nur, weil es eine geteilte Stadt war, nicht nur, weil es die Teilung Deutschlands symbolisierte, sondern weil es darüber hinaus auch so etwas wie ein Mini-Modell der Ost-West-Teilung überhaupt war. Man kann das geradezu olfaktorisch begründen: In Ost-Berlin roch es so, wie es überall im Kommunismus roch, jedenfalls ganz anders als in West-Berlin.

Die Geschichte der Teilung ist ihrerseits zu einem Paradigma des Ost-West-Konflikts geworden. Ursprünglich sollte ganz Berlin („Groß-Berlin"), in vier Besatzungs-Sektoren aufgeteilt, von den vier Besatzungsmächten in der Alliierten Kommandantur gemeinsam als Einheit verwaltet werden. Deswegen gab es im Oktober 1946 auch Wahlen in allen vier Sektoren, aus denen eine Stadtverordnetenversammlung und ein Magistrat für Groß-Berlin hervorgingen. Deren Mandat dauerte zwei Jahre. Die Wahlen 1948 wurden aber im sowjetischen Sektor verboten. So wie im Großen das Nachkriegskonzept der „Einen Welt" (ausgedrückt in der Charta der Vereinten Nationen) scheiterte, so scheiterte auch die Viermächte-Einheit in und für Berlin. Die mit der Währungsreform 1948 verbundenen wirtschaftlichen Probleme des sowjetischen Sektors Berlins wurden von der Sowjetunion zum Anlass genommen, die Zufahrtswege aus den Westzonen zu den drei westlichen Sektoren Berlins zu blockieren. Dies war die erste Berlin-Krise, und sie bewirkte einen weiteren Ausbau der physischen und politischen Sperren zwischen den drei Westsektoren (West-Berlin) und dem östlichen Sektor (Ost-Berlin). Sie bewirkte auch eine besonders enge politische Affinität zwischen den Westberlinern und der amerikanischen Besatzungsmacht. Ohne die Entschlossenheit und den logistischen Professionalismus bei der von Flugzeugen („Rosinen-Bomber") übernommenen Versorgung Westberlins mit Nahrungsmitteln und anderen wichtigen Gütern seitens der Amerikaner hätte die Überlebensfähigkeit Westberlins den Blockade-Test nicht überstanden.

Ost-Berlin wurde zur Hauptstadt der DDR, West-Berlin zu einem im Laufe der Jahre hoch subventionierten Schaufenster des Westens. Das rechtliche und politische Verhältnis West-Berlins zur Bundesrepublik war wegen der in virtueller Kraft bleibenden Verantwortung der Alliierten Kommandantur für ganz Berlin kompliziert. So betrachtete die Bundesregierung (West-)Berlin als Teil der Bundesrepublik Deutschland, musste aber die Vorbehalte der Westmächte akzeptieren, die auf einem Sonderstatus (West-)Berlins beharrten. Bei der faktischen Ausgestaltung dieses Status verringerte sich dessen Sichtbarkeit. Aber eine Reihe von Sonder-Bestimmungen blieb bis 1990 in Kraft.

Die Schlüssigkeit der „Magnet-Theorie" von Kurt Schumacher wurde in den 1950er Jahren durch die hohen Flüchtlingszahlen von Ostdeutschen in das „Schlupfloch" West-Berlin unter Beweis gestellt. Um dieses Schlupfloch zuzustopfen, kam es 1958 zur zweiten Berlin-Krise, die mit dem Bau der Mauer und anderer Grenzbefestigungen im August 1961 kulminierte. Jetzt waren die Verbindungen zwischen den Teilen der Stadt bis auf ein ganz kleines Minimum gekappt. Zu dieser Zeit gerieten die Beziehungen zwischen der Bundesrepublik Deutschland und den Vereinigten Staaten in eine Art Krise (vgl. Stützle 1973). Die USA unter ihrem gerade ins Amt gewählten Präsidenten John F. Kennedy waren gewillt, in der Berlin-Frage zu einem *modus vivendi* mit der Sowjetunion zu kommen. Vorausgesetzt wurde allerdings die Anerkennung und Hinnahme von drei wichtigen amerikanischen Interessen seitens der Sowjetunion, den sogenannten *three essentials*. Dabei ging es um a) die weitere Präsenz der Westmächte in West-Berlin, b) ihr freies Zugangsrecht nach West-Berlin durch das Territorium der DDR, c) die Aufrechterhaltung der Sicherheit der Bevölkerung West-Berlins und die Anerkennung ihres Rechts auf politische Selbstbestimmung. Diese *essentials* wurden durch den Mauerbau in der Tat nicht außer Kraft gesetzt. Aber das Leben der betroffenen Menschen wurde dadurch erheblich erschwert.

Es ist kein Zufall, dass einige wichtige Impulse für die Entspannungspolitik zwischen Ost und West sowie für die Konzipierung von Erleichterungen von Kontakten zwischen Menschen aus beiden Teilen Berlins und später beiden Teilen Deutschlands aus der Erfahrung mit dieser rigiden Trennungsmaßnahme von UdSSR und DDR in West-Berlin entstanden sind. Willy Brandt, damals Regierender Bürgermeister in (West-)Berlin und ein enger Kreis von Mitarbeitern (Heinrich Albertz, Egon Bahr, Klaus Schütz, um nur sie zu nennen) wurden so zu wichtigen Akteuren der deutschen Entspannungspolitik.

## Viermächte-Vereinbarung über Berlin vom 3. September 1971 (Ausschnitt)

Teil II: Bestimmungen, die die Westsektoren Berlins betreffen

A.

Die Regierung der Union der Sozialistischen Sowjetrepubliken erklärt, dass der Transitverkehr von zivilen Personen und Gütern zwischen den Westsektoren Berlins und der Bundesrepublik Deutschland auf Straßen, Schienen- und Wasserwegen durch das Territorium der Deutschen Demokratischen Republik ohne Behinderungen sein wird, dass dieser Verkehr erleichtert werden wird, damit er in der einfachsten und schnellsten Weise vor sich geht und dass er Begünstigung erfahren wird ...

B.

Die Regierungen der Französischen Republik, des Vereinigten Königreichs und der Vereinigten Staaten von Amerika erklären, dass die Bindungen zwischen den Westsektoren Berlins und der Bundesrepublik Deutschland aufrechterhalten und entwickelt werden, wobei sie berücksichtigen, dass diese Sektoren so wie bisher kein Bestandteil (konstitutiver Teil) der Bundesrepublik Deutschland sind und auch weiterhin nicht von ihr regiert werden ...

C.

Die Regierung der Union der Sozialistischen Sowjetrepubliken erklärt, dass die Kommunikationen zwischen den Westsektoren Berlins und Gebieten, die an diese Sektoren grenzen, sowie denjenigen Gebieten der Deutschen Demokratischen Republik, die nicht an diese Sektoren grenzen, verbessert werden. Personen mit ständigem Wohnsitz in den Westsektoren Berlins werden aus humanitären, familiären, religiösen, kulturellen oder kommerziellen Gründen oder als Touristen in diese Gebiete reisen und sie besuchen können, und zwar unter Bedingungen, die denen vergleichbar sind, die für andere in diese Gebiete einreisenden Personen gelten ...

(Presse- und Informationsamt der Bundesregierung: Das Viermächte-Abkommen über Berlin vom 3. September 1971. Bonn 1971, S. 16f. – Ein Druckfehler wurde stillschweigend von mir korrigiert.)

Als die Entspannung den Kalten Krieg als Grundmuster der Ost-West-Beziehungen in Europa ablösen sollte, musste auch, musste zunächst eine Lösung für das Berlin-Problem gefunden werden. Mit diesem Terminus kann man eine Reihe von üblen Folgewirkungen des Mauer-Baus zusammenfassen: Todesschüsse auf Mauerflüchtlinge, Schikanen auf den Transitwegen und ganz allgemein die Trennung von Familien und Freunden beiderseits der Mauer. Eine multilaterale Entspannung in Europa, aus der ein Sicherheits- und ein Kooperationsgewinn für alle Staaten erwachsen sollte, konnte erst nach der Neutralisierung dieses vor sich hinschwelenden Spannungsherdes richtig in Gang kommen.

Um also diesen Spannungsherd auszuschalten, schlossen die Vier Alliierten im September 1971 das Viermächte-Abkommen über Berlin ab. Sein Text ist so abgefasst, dass Berlin trotz aller unterschiedlichen Auffassungen über seinen rechtlichen und politischen Status voll und ganz in den Entspannungsprozess einbezogen werden konnte und dass von hier aus keine entscheidenden Störungen dieses Prozesses mehr zu erwarten waren. Das Viermächte-Abkommen rollte einen dicken Stolperstein auf dem Wege zu einer erfolgreichen Konferenz über Sicherheit und Zusammenarbeit in Europa beiseite.

## 6.3.2 Politik mit militärischen Mitteln

Nicht nur die nukleare Problematik bereitete den deutschen Sicherheitspolitikern Sorgen. Nach der Niederlage im Zweiten Weltkrieg, ein politischer, militärischer und moralischer Zusammenbruch ohnegleichen, schien es zunächst so, als seien die einstmals vom Militärischen faszinierten Deutschen in ihrer großen Mehrheit pazifistisch geworden. In den Jahren 1945 bis 1950 gibt es unzählige Zeugnisse authentischen Abscheus aus deutschem Mund vor Waffen in deutscher Hand. Als dann im Kalten Krieg deutsche Streitkräfte als Beitrag der Bundesrepublik zur Verteidigung Westeuropas aufgestellt werden sollten, ergab sich eine leicht paradoxe Situation. Denn während sich ein Teil der ausländischen Beobachter vor einer deutschen Remilitarisierung fürchtete und ein anderer Teil sich davon erhebliche Effizienzgewinne für das westliche Bündnis versprach, gab es in der Bundesrepublik zunächst eine teils spontane, teils auch sorgfältig politisch geschürte Abneigung der Bevölkerung gegen die Wiederbewaffnung.

Um solche Abneigung und Besorgnis zu überwinden, wurde die Bundeswehr sowohl verfassungspolitisch als auch bündnispolitische in ein engmaschiges Netz ziviler Kontrollen und Supervision durch die Allianz eingebunden. Art. 26, Abs. 1 des Grundgesetzes verbietet Handlungen zur Vorbereitung eines Angriffskrieges. Artikel 24, Abs. 2 eröffnet die Möglichkeit, dass sich die Bundesrepublik zur Wahrung des Friedens einem System gegenseitiger kollektiver Sicherheit einordnen und dazu in die Beschränkung ihrer Hoheitsrechte einwilligen darf. Anders als die anderen Staaten, die der NATO und der Westeuropäischen Union beigetreten sind, akzeptierte die Bundesrepublik eine Reihe von Beschränkungen in ihrer Ausrüstung und in der Organisation ihrer Streitkräfte, verpflichtete sich, auf eigene Nuklearwaffen zu verzichten und unterstellte (*assignierte*) ihre Kampftruppen dem Bündnis.

Außerdem wurde mit der *Inneren Führung* und dem *Staatsbürger in Uniform* ein demokratie-kompatibles Leitbild für die Soldaten, insbesondere die Vorgesetzten in der Bundeswehr entwickelt, das zwar nicht ohne Widerstände eingeführt wurde und im Grunde bis heute noch nicht tief genug in der Militärorganisation verankert, das aber dennoch zur Grundlage einer neuen militärischen Kultur in Deutschland geworden ist (vgl. v. Bredow 2008, Kap. 7 und Kap. 8).

Diese neue Streitkräfte-Geschichte in Deutschland hat eine Reihe von Wirkungen, man weiß nicht recht, ob man von Nebenwirkungen sprechen soll, für die politische Kultur gezeitigt:

– Aus der Perspektive der Soldaten und speziell des Offizierkorps läuft sie auf eine Herabsetzung ihres sozialen Status heraus. Wenn man in demokratie-vergleichender Sichtweise den sozialen Status der Soldaten in der deutschen Gesellschaft vor 1945 als dysfunktional hoch beurteilt, dann handelt es sich bei seiner Neubestimmung nach dem Zweiten Weltkrieg um eine letztlich begrüßenswerte Normalisierung. Im Übrigen haben sich übertriebene Distanzierungshaltungen gegenüber dem Militär, die man in den 1950er und 1960er Jahren noch öfter antreffen konnte, inzwischen auch wieder abgemildert. Die humanitären Einsätze der Bundeswehr während der letzten Jahre haben ihrem Prestige in der Gesellschaft beträchtlichen Auftrieb gegeben.

– In der Außenpolitik kann man in Deutschland eine Art habituell gewordene Zurückhaltung und große Vorsicht konstatieren, wenn es um (Außen-)Politik mit militärischen Mitteln geht. Es ist dies die Vorsicht des gebrannten Kindes, denn die politischen Systeme in Deutschland vor 1945, ob es nun das Kaiserreich, die Weimarer Republik oder das

Dritte Reich waren, haben den militärischen Mitteln für ihre Außenpolitik eine hohe Priorität eingeräumt. Damit sollen die qualitativen Unterschiede zwischen diesen drei Staatsformen nicht eingeebnet werden. Aber das ist hier nicht der Punkt, um den es geht. Nach 1945 hat eine Art Grundverschiebung in der Art und Weise stattgefunden, wie sich Deutschland im internationalen System und in der Staatenwelt präsentiert.

Da sich die Mechanismen der Politik und damit auch die der Außenpolitik von Staaten nicht verändern konnten (das zu erwarten, wäre utopisch), geht es bei dieser Grundverschiebung nicht um eine neue Definition von, vielmehr um eine neue Prioritätensetzung bei den Methoden für die Außenpolitik. Anders gesagt: Militärische Mittel gelten für die deutsche Außenpolitik nur als seltenes Ausnahmemittel. In der Ost-West-Konfrontation wurde das nicht immer sichtbar, weil diese Konfrontation in hohem Maße militarisiert war. Aber genau während dieser Zeit wurden in der Bundesrepublik dennoch alle in den 1950er Jahren an sie von außen herangetragenen Beschränkungen der Einsatzmöglichkeiten von Streitkräften gesellschaftlich internalisiert. „Der Bund stellt Streitkräfte zur Verteidigung auf", heißt der erste Satz von Artikel 87a, Absatz 1 des Grundgesetzes, der mit einer Grundgesetzänderung im Jahre 1968 beschlossen wurde. Verteidigung (des eigenen und des Territoriums der Verbündeten) und Abschreckung galten als die einzigen legitimen politischen Aufgaben der Streitkräfte.

Als es dann nach dem Ende des Ost-West-Konflikts und der Vereinigung um eine Neuformulierung des Auftrags der Bundeswehr ging, brauchte es ein Urteil des Bundesverfassungsgerichts (Juli 1994), um Politikern und Öffentlichkeit erkennbar werden zu lassen, dass die Streitkräfte auch als Instrumente für eine Politik jenseits von Verteidigung und Abschreckung verwendbar sind. Allerdings wurden das Spektrum der Anlässe für den Einsatz der Bundeswehr und das Verfahren zur Legitimierung ihres Einsatzes genau und durchaus in restriktiver Absicht neu festgelegt. Von einer „Militarisierung" der deutschen Außenpolitik seit 1994 zu reden, ist ganz abwegig. Denn nach wie vor besteht im politischen System und in der deutschen Öffentlichkeit eine grundsätzliche Befangenheit, wenn es um Politik mit militärischen Mitteln geht. Daher erklärt sich auch die ausgeprägte deutsche Vorliebe für präventive Konfliktbearbeitung in der internationalen Politik. Nur eben, dass es dennoch eine große Zahl von militärischen Konflikten in der Welt gibt, für deren Milderung und Eindämmung, für deren Deeskalation auch Streitkräfte benötigt werden.

Hier kann sich Deutschland nicht immer heraushalten. Und so wuchs die Zahl der Auslands-Einsätze der Bundeswehr langsam an. Vor allem um den Einsatz in Afghanistan gibt es inzwischen zahlreiche Kontroversen.

### 6.3.3 Last der Vergangenheit

Am 27. Januar 2005 jährte sich der Tag, an dem die Überlebenden des Vernichtungslagers in Auschwitz befreit wurden, zum 60. Mal. Zum ersten Mal in der Geschichte der Vereinten Nationen fand aus diesem Anlass eine Sondersitzung der Generalversammlung statt. Die politische Brisanz dieser Neuerung bezog sich dabei nicht etwa auf Deutschland. Vielmehr hatten die arabischen Staaten ihren Widerstand gegen diese Gedenksitzung aufgegeben, was möglicherweise eine positive Langzeitwirkung auf das Verhältnis zwischen Israel und der arabischen Welt ausüben kann.

In der kollektiven Erinnerung der Deutschen spielt der Name Auschwitz eine herausgehobene Rolle, als Sigle für den nationalsozialistischen Völkermord am europäischen Judentum. Diese kollektive Erinnerung ist freilich, man darf das nicht übersehen, keine selbstverständliche Erinnerung. Sie ist häufig auch nur sehr vage. Sie kommt zustande als Ergebnis einer mehr oder weniger konsistenten, von unterschiedlichen Akzentuierungen und oft auch von Widersprüchen gekennzeichneten Erinnerungspolitik. Kollektive Erinnerung begründet kollektive Identität. Kollektive Identität wiederum begründet politische Haltungen und Prioritäten. Dass „Nie wieder Auschwitz!" zu einem wichtigen Grundsatz deutscher Politik geworden ist, kann man nicht zuletzt an seinem Gebrauch zur Legitimierung politischer Entscheidungen erkennen. So begründete etwa Außenminister Joschka Fischer die deutsche Beteiligung an der NATO-Militäraktion gegen Serbien im Frühjahr 1999 ausdrücklich mit dem Hinweis auf die unmittelbare Drohung eines serbischen Völkermords im Kosovo. „Auschwitz ist unvergleichbar. Aber ich stehe auf zwei Grundsätzen: Nie wieder Krieg, nie wieder Auschwitz; nie wieder Völkermord, nie wieder Faschismus", sagte er in seiner Rede zum NATO-Einsatz im Kosovo vor dem Parteitag von Bündnis 90/Die Grünen am 13. Mai 1999. Nicht auf die empirische Stichhaltigkeit dieser Legitimation kommt es hier an, sondern auf ihre Emphase. Sie ist so authentisch, wie das in der Politik überhaupt der Fall sein kann. Auf der Sondersitzung der UNO-Generalversammlung sagte Fischer am 24. Januar 2005 dasselbe noch einmal, jetzt weniger subjektiv: „Dieses barbarische Verbrechen wird für immer Teil der deutschen Geschichte sein. Es bedeutete für mein Land den absoluten moralischen Tiefpunkt, einen Zivilisationsbruch ohne Beispiel. Das neue, das demokratische Deutschland hat die Lehren daraus gezogen. Es ist von der historisch-moralischen Verantwortung für Auschwitz tief geprägt." Ähnliche Sätze finden sich in den offiziellen Äußerungen aller Bundesregierungen, ebenso der Hinweis darauf, dass wegen dieser Vergangenheit die deutsch-israelischen Beziehungen für Deutschland immer einen besonderen Charakter behalten werden.

Die nationalsozialistische Vergangenheit, obwohl sie nur zwölf Jahre währte, ist für die deutsche Politik im Inneren und für ihre Außen- und Sicherheitspolitik auch heute noch präsent und wird es noch länger bleiben. Sie macht sich insofern als Last bemerkbar, als sie das Bild Deutschlands und der Deutschen in der Welt mit einem dunklen Schatten überzieht. Einen Schatten, auch wenn man ihn als Last empfindet, kann man nicht abwerfen.

Die Frage ist, was dies auf der Ebene der Politik, der Außen- und Sicherheitspolitik zumal, bedeutet. Vielleicht dies: Alle politischen Schritte Deutschlands im internationalen System werden von vielen äußeren Beobachtern auch immer daraufhin analysiert, ob es Indizien für eine Rückkehr des Nationalsozialismus oder für die Neubildung eines ähnlichen politischen Phänomens gibt, das für die Nachbarn Deutschlands eine besondere Gefahr darstellen könnte. Obwohl manche dieser Beobachter es mit ihrer Sensibilität gegenüber derlei Anzeichen heftig übertrieben und sich infolgedessen häufig geirrt haben, bleibt ein beachtlicher Rest von Misstrauen. „Sicherheit *vor* Deutschland" war ein Thema bei der Wiederbewaffnung in den 1950er Jahren. Es war ein Thema im Zusammenhang mit der Frage nach Nuklearwaffen in deutscher Hand. Es wurde wieder zu einem Thema im Zuge der deutschen Vereinigung 1990. Und es rückt immer einmal wieder in den Vordergrund, wenn deutsche Politik, vor allem deutsche Außenpolitik allzu selbstbewusst auftritt und in den Ruch gerät, die Regeln des Multilateralismus zugunsten eines eher unilateralen Handelns hintanzustellen.

Ist das ein Nachteil, ein *handicap* für die deutsche Außen- und Sicherheitspolitik? Nein. Die in diesem Falle den Deutschen günstig gesonnene List der Geschichte hat aus dieser Last längst einen paradoxen Vorteil gemacht. Denn es ist vorteilhaft für Deutschland und seine nationalen Interessen, wenn es sich an die Regeln des Multilateralismus in der Außenpolitik hält. Es ist auch vorteilhaft, die Abkehr von den militaristischen Zügen der deutschen politischen Kultur überzeugend demonstrieren zu können. Außerdem legt die Last der Vergangenheit der deutschen Politik und ihren Repräsentanten die Verpflichtung auf, Themen wie die Menschenrechte, die Verhütung von Gewaltkonflikten mit möglichst friedlichen Mitteln und die Hilfe für unterdrückte Minderheiten nicht auf pure Rhetorik zu reduzieren. Manchmal führt das in der Außenpolitik zu einer etwas klebrigen Moralisierung und leichter terminologischer Verwirrung, etwa wenn deutsche Außenpolitiker von der „Verantwortungspolitik" (= gut) reden, die sie von der Machtpolitik (= nicht gut) absetzen wollen. Aber häufig genug war es auch die Last der Vergangenheit, die bewirkt hat, dass die deutschen Machtmittel sehr behutsam und verantwortungsbewusst eingesetzt worden sind.

# 7. „Drüben" – Die andere deutsche Außenpolitik

Alle Grundlagen der deutschen Außenpolitik nach der Vereinigung waren westdeutschen Ursprungs, ob man an die Definition der entscheidenden Interessen und Werte denkt oder an das diplomatische Personal. Überlegungen zur Kontinuität oder Diskontinuität deutscher Außenpolitik über das Jahr 1990 hinweg beziehen sich so gut wie immer und ausschließlich auf die westdeutsche Außenpolitik. Was für ein Interesse könnte also heute noch am Studium der DDR-Außenpolitik bestehen? Zunächst einmal ein historisches Interesse, denn da es die DDR gab und sie außenpolitisch tätig war, ist es völlig angemessen, diese Tätigkeit und ihre Entscheidungsgründe sowie die Handlungen der außenpolitischen Entscheidungsträger zu erforschen. Aber es gibt darüber hinaus auch ein politikwissenschaftliches Interesse, dies alles in seinem Wechselspiel mit der westdeutschen Außenpolitik sowie mit anderen Akteuren näher zu untersuchen, weil die Existenz der DDR, gleichviel ob die Bundesrepublik ihr die Anerkennung als Staat verweigerte (bis 1972) oder sie anerkannte, für die Bundesrepublik von eminenter Wichtigkeit war. Außerdem ist die ostdeutsche Außenpolitik ein viele Aufschlüsse bereit haltender Studiengegenstand, wenn man dem eigenartigen Mit- und Gegeneinander ideologischer und machtpolitischer Elemente und Aspekte von Außenpolitik auf die Spur kommen möchte.

Man kann die Außenpolitik der DDR nur verstehen, wenn man sie in ihrer ideologisch-machtpolitischen Abhängigkeit von der Sowjetunion und zugleich in ihrer Fixierung auf die Politik der Bundesrepublik analysiert. Beides stand zuweilen in schroffem Widerspruch zueinander und bewirkte dadurch nicht selten eine merkwürdige Ungelenkheit der DDR-Außenpolitik. Auch in den Jahren nach dem Abschluss des Grundlagenvertrages änderte sich daran nichts, obwohl es erst dieser Vertrag war, welcher der DDR überhaupt erst den Auftritt auf der großen Bühne der internationalen Politik erlaubte. Immerhin konnte die DDR diese Bühne nun auch für die Propagierung eigener außenpolitischer Ziele benutzen. Als sich jedoch ansatzweise ein selbstbewussteres außenpolitisches Verhalten bemerkbar machte, waren dessen objektive Grundlagen schon weitgehend unterspült.

Die starke Ideologisierung der DDR-Außenpolitik verhinderte zwar nicht immer pragmatische Entscheidungen. Aber sie bestimmte den Wahrnehmungs- und Deutungsrahmen der politischen Elite von Staatspartei und Staatsführung so gründlich, dass immer wieder illusionäre politische Lagebeurteilungen und Einschätzungen produziert wurden.

Nach dem Ende der DDR ist von ihrer Außenpolitik so gut wie nichts übriggeblieben. Einige Bestände an Sachexpertise und an personeller Kompetenz hätten durchaus, womöglich zum Nutzen der deutschen Außenpolitik nach 1990, übernommen werden können. Anders als das Verteidigungsministerium, das etliche NVA-Soldaten in die neue Bundeswehr integrierte, lehnte das Auswärtige Amt aber jegliche Übernahme von Personen aus dem diplomatischen Dienst der DDR strikt ab und machte davon auch so gut wie keine Ausnahme.

## 7.1 An der Leine der Sowjetunion und im Bann der Bundesrepublik

1989 erschien eine eigentümlich-hoffnungsfrohe Studie aus der Feder des Publizisten Peter Bender, in welcher er die Entwicklung von Bundesrepublik und DDR als zwei Parallelen darstellte. Parallelen treffen sich bekanntlich im Unendlichen, also nie. Und entsprechend lautete seine optimistische Botschaft am Schluss des Buches:

„Die Deutschen können ... Europa das Angebot ihrer Zweistaatlichkeit machen, gebunden jedoch an zwei Bedingungen. Die Staaten müssen von ihren Bürgern angenommen werden und zueinander in einem Verhältnis stehen, wie es die gemeinsame Geschichte, Kultur und menschliche Bindungen gebieten. Mehr aber als die freiwillige Hinnahme der Teilung kann niemand verlangen. Wenn die Deutschen sich mit zwei Staaten zufrieden geben, dürfen die anderen deren Zusammenleben nicht mehr stören.

Ein geteiltes, nicht getrenntes Deutschland wäre ein historischer Kompromiß, er würde das Land in der Mitte mit Europa versöhnen" (Bender 1989, 241).

Es war in der zweiten Hälfte der 1980er Jahre, bis unmittelbar vor dem kaum hörbaren Gong, mit dem das schlagartige Ende des Ost-West-Konflikts begann, durchaus üblich in der Bundesrepublik, der DDR ein langes Leben vorauszusagen, ja zu wünschen, unter der Voraussetzung allerdings, dass sich Staat und Gesellschaft jenseits von Elbe und Werra „liberalisieren". Ich selbst kann mich an einen Vortrag im Sommer 1989 erinnern, in welchem ich vorhersagte, dass sich die politischen Verhältnisse überall in Osteuropa rapide ändern würden, dass sich schließlich auch die DDR wandeln würde, aber ganz zuletzt und sehr vorsichtig. Dass drei Monate später die Mauer fallen und wenig mehr als ein Jahr später Deutschland vereinigt würde, lag außerhalb meiner Vorstellungskraft.

Ende der 1980er Jahre hatte die DDR als ein eigenständiger Staat mit eigener Zukunftsperspektive im kollektiven Bewusstsein der Westdeutschen ihren Platz gefunden. Es gab, neben den Kommunisten, deren politische Loyalität sich selbstverständlich eher auf Ost-Berlin als auf Bonn bezog, auch eine ganze Reihe linksemotionaler Intellektueller (das ist kein Schimpfwort, aber ein bisschen ironisch gemeint), die eine genuine Sympathie für den *underdog* DDR ausgebildet hatten. Peter Bender, einer der scharfsinnigsten Verfechter der neuen Ost- und Deutschlandpolitik in den Jahrzehnten davor, ist mit seinem Parallelen-Buch nur ein Beispiel, und ein relativ ehrwürdiges dazu.

## 7.1.1 Die Zone

*Zone, Esbezett (SBZ)* und in manchen Zeitungen noch bis zum Abschluss des Grundlagenvertrags *sogenannte DDR* (oder auch verkürzt „*DDR*") wurde die DDR in Westdeutschland genannt. Der Bezeichnungskrieg zwischen den beiden deutschen Staaten hatte zuweilen regelrecht kindische Züge. So bestanden Politiker im Westen darauf, dass der Bonner Staat als *Bundesrepublik Deutschland* bezeichnet wurde, und wer die Abkürzung *BRD* benutzte, das taten nämlich die Politiker in Ost-Berlin, galt eben als ein Anhänger der ostdeutschen Deutschlandpolitik. Umgekehrt sprachen die Politiker in Ost-Berlin von ihrem Staat immer als *Deutsche Demokratische Republik* und vermieden die Abkürzung *DDR*. Im Westen galten die sächsische Tonart Walter Ulbrichts und die saarländisch-nuschelnde Aussprache seines Nachfolgers Erich Honecker als Quelle eines etwas trüben politischen Humors – alles Ausdruck der verqueren Gegenstellung der beiden deutschen Staaten innerhalb des Ost-West-Konflikts.

Es ist verführerisch und bis zu einem gewissen Grad auch nicht ohne eine gewisse systematische Logik, die Außenpolitiken der beiden deutschen Staaten als parallele Außenpolitiken zu betrachten, die auf verschiedenen Seiten der strukturbestimmenden Konfliktlinie des Ost-West-Konflikts in Europa dieselben oder ähnliche Herausforderungen zu bewältigen hatten. So heißt es etwa in dem Artikel „Außenpolitik" des renommierten „Handbuchs zur deutschen Einheit":

„Ebenso wie für die Bundesrepublik waren auch für die DDR die Erlangung von Anerkennung und Gleichberechtigung sowie die enge Integration in das eigene Bündnissystem (Beitritt zum RGW am 29. September 1950, zum Warschauer Pakt am 14. Mai 1955) bestimmende Strukturelemente ihrer Außenpolitik. Dabei brauchte die DDR mehr als zwei Jahrzehnte, um ihre Beziehungen zum Westen und zur Dritten Welt auf der diplomatischen Ebene zu formalisieren sowie im politischen und ökonomischen Bereich zu normalisieren" (Paulsen 1999, 32).

In der Tat befanden sich die beiden deutschen Staaten 1949 nicht nur formal in einer ähnlichen Situation. Sie waren die Verlierer des Zweiten Weltkriegs und wurden von den Siegern und den anderen Nachbarn mit Misstrauen betrachtet. Beider Bestreben war deshalb, sich wieder auf einen anerkannten Platz im internationalen System emporzuarbeiten. Beiden gelang das letztendlich, weil die bipolare, durch den Kalten Krieg geprägte Struktur des internationalen Systems sie jeweils zu strategisch wichtigen Verbündeten im Ost-West-Konflikt machte.

Aber damit endet auch schon die Aufzählung der Parallelen. Die Liste der Unterschiedlichkeiten und Asymmetrien zwischen den beiden Staaten gerät ungleich länger. Dabei stehen nicht die Größenunterschiede an erster Stelle (Ausdehnung des Territoriums, Bevölkerungszahl, Industriepotenzial), obwohl sie keineswegs ohne oder nur von ganz nachgeordneter Bedeutung sind. Viel wichtiger sind jedoch die ideologischen Unterschiede.

Wenn man den Begriff der Ideologie einführt, als Substantiv oder als Adjektiv, ist es sinnvoll, gleich hinzuzufügen, was genau damit gemeint ist. Denn in der Umgangssprache, gerade auch der von Akademikern, gilt beides gemeinhin als etwas Negatives. Ideologien sind nach dieser Lesart Vorstellungen und Lehren von unvernünftigen Gegnern, wohingegen das eigene Denken un-ideologisch ist. Das Verhältnis Ideologie-Wahrheit und die Frage nach der Allgegenwärtigkeit und Unvermeidbarkeit von Ideologien haben seit Beginn des 19. Jahrhunderts immer wieder erregte Debatten ausgelöst. Es ist ja auch ein Ärgernis und eine Zumutung, zugeben zu müssen, dass kultur- und sozialisationsbedingte Scheuklappen des Denkens oder materielle Interessen so nachhaltig auf die Vernunft einwirken können. Seit Niklas Luhmanns systemtheoretischen Überlegungen zur Ideologie und seit dem Aufkommen (de-)konstruktivistischer Perspektiven auf soziale und politische Zusammenhänge ist allerdings eine Art Gewöhnungsprozess eingetreten: Das Verhältnis zwischen Ideologie und Wahrheit wird nicht länger als Gegensatz wahrgenommen, vielmehr als proteïsch. Eine Ideologie ist in dieser Lesart ein Denksystem, das mehr oder weniger in sich geschlossene theoretische Annahmen über das Wesen des Menschen, der Gesellschaft und der Welt kombiniert und beansprucht, zur Grundlage menschlichen Handelns zu taugen. Für die Anhänger einer Ideologie übernimmt diese sowohl eine aufklärerische, eine Bildungs- und Erklärungs-Funktion als auch die Aufgabe, soziales Selbstbewusstsein (individuell und kollektiv) zu schaffen und zu rechtfertigen. Das „mehr oder weniger" ist nicht einfach so dahingesagt. Es kommt nämlich in den Gesellschaften darauf an, wie verbindlich bestimmte Menschen-, Gesellschafts- und Weltbilder gemacht werden.

Und hier liegt eine ganz entscheidende und in ihren Auswirkungen erstaunlicherweise oft unterschätze Differenz zwischen Ost und West und somit auch zwischen den beiden deutschen Staaten. Grundsätzlich waren die herrschenden Menschen- und Weltbilder auf beiden Seiten des Eisernen Vorhangs, waren auch die Geschichtsdeutungen, die Zukunftspläne und -erwartungen, schließlich die Wahrnehmungs- und Deutungsmuster des eigenen Handelns und des *Konkurrenten* oder *Feindes* in der Systemauseinandersetzung einander diametral entgegengesetzt. Diese ideologische Konfrontation blieb allerdings insofern immer asymmetrisch, als die *östliche* Ideologie des Marxismus-Leninismus zentral gesteuert und gegen Abweichungen oder gar Alternativen abgesichert wurde, mitunter sogar mit Gewalt, wohingegen im *Westen* immer ein bunter Strauß von Weltanschauungen nebeneinander existiert hat. Der ideologische Zentralismus im Osten wurde dort als Vorteil angesehen, mit desaströsen Konsequenzen. Im Westen gehörte hingegen gerade der Pluralismus von Ideologien in den Kanon dessen, was die Überlegenheit und Menschenwürde des eigenen Weltbildes, der eigenen Weltanschauung ausmachte.

Die Außenpolitik der DDR war von Anfang an durch die Ideologie des Marxismus-Leninismus sowjetischer Ausprägung bestimmt.

Inhaltlich wirkte sich das auf fatale Weise aus: Die Planer und Lenker dieser Politik interpretierten die Welt und das Verhalten der politischen Akteure in ihr mithilfe von Konzepten und Grundsätzen, die wesentliche Aspekte der politischen Vorgänge und entscheidende Motive der Akteure übergingen und als irrelevant einstuften. Dies geschah zwar nicht durchgängig auf die gleiche Weise, und im Übrigen enthielten die ideologischen Grundsätze und Konzepte durchaus auch in mancher Beziehung einen gebrauchsfertigen Erklärungswert – Schwarz-weiß-Abgrenzungen sind also verfehlt. Aber insgesamt verstärkte diese Ideologie Fehldeutungen sowohl der eigenen als auch der anderen Seite im Ost-West-Konflikt. Davon kann man sich leicht überzeugen, wenn man kurz einmal außenpolitische

Texte aus der DDR, gleichviel ob aus der Feder von Politikern oder von Wissenschaftlern, zur Hand nimmt. Bis auf wenige Ausnahmen werden dort die Abläufe der internationalen Politik und die Gründe für das außenpolitische Handeln von Staaten einseitig und verzerrt dargestellt. Solche Einseitigkeiten und Verzerrungen waren aber nicht nur oder hauptsächlich Propaganda (davon gab es auch jede Menge), sondern die Ergebnisse einer durch die Ideologie des Marxismus-Leninismus gestörten Wahrnehmung.

Formal bedeutete dieser Einfluss, dass die DDR als autoritäres Herrschaftssystem etabliert wurde, das in Konformität mit dem Geschichtsbild des Historischen Materialismus die Gesellschaft auf den Sozialismus und danach den Kommunismus vorbereiten und keinerlei Rückfälle in überwundene Stadien der gesellschaftlichen Entwicklung zulassen durfte. Mit Ingrid Muth kann man die Grundzüge dieses Herrschaftssystems folgendermaßen beschreiben:

„– die *führende Rolle* der Sozialistischen Einheitspartei Deutschlands in Staat und Gesellschaft, die seit 1968 in Artikel 1 der neuen Verfassung festgeschrieben war und faktisch eine Einparteienherrschaft staatsrechtlich legitimierte,
– der *demokratische Zentralismus* als autoritär-bürokratischer Mechanismus der Machtausübung durch die SED und der Verhinderung von Machtkontrolle durch Legislative und Exekutive,
– der Hegemonialanspruch der institutionalisierten Ideologie des Marxismus-Leninismus, der ein Wahrheitsmonopol beanspruchte und jeglichen Pluralismus ausschloss,
– das Nomenklatursystem der Personalpolitik, mit dem sich die SED ihren maßgeblichen Einfluss auf die Auswahl, Erziehung und Qualifizierung der Kader für Schlüsselpositionen in allen Bereichen der Gesellschaft absicherte" (Muth 2001[2], 10).

Ähnlich wie bei der Bundesrepublik blieb der außenpolitische Spielraum der DDR in den ersten Jahren ihrer Existenz ganz gering. Wichtige und weniger wichtige Entscheidungen wurden nicht im Apparat des ersten DDR-Außenministers Georg Dertinger – er gehörte der von der SED gründlich domestizierten Blockpartei CDU an – getroffen, sondern von der Sowjetunion. Und deren politische Führung spielte noch mehrere Jahre mit der Option, die DDR als Staat wieder aufzugeben, wenn man sich dafür z. B. ein zwischen den Bündnissen stehendes ‚neutrales' Gesamtdeutschland einhandeln könnte. „Insofern war die DDR in erster Linie das Instrument sowjetischer West- und Deutschlandpolitik" (von Plate 1989, 590). Auch diese umfasste mehrere Dimensionen, wobei die sicherheitspolitische Dimension ein besonderes Gewicht beanspruchte. Aber auch die ideologische Dimension darf, insbesondere für die Anfangsphase des Kalten Krieges, nicht unterschätzt werden. Man könne sich schwer vorstellen, hat Michael Lemke (2001, 503) sinngemäß geschrieben, dass es der Herrschaftselite der frühen DDR um Walter Ulbricht gefallen hätte, sich als potenzielle Bauernopfer auf dem Schachbrett sowjetischer Sicherheitsinteressen auf Abruf bereit zu halten. Das kann man gut nachvollziehen. Auf der anderen Seite hätte ein neutrales und nichtpaktgebundenes Gesamtdeutschland auch ein großer Schritt in Richtung auf ein sozialistisches Gesamtdeutschland, ja ein sozialistisches Europa bedeuten können. Diese Perspektive gab die sowjetsozialistische Ideologie als sichere, nämlich als „wissenschaftlich abgesicherte" Prognose vor.

Ob man sich im Westen ernsthaft auf eine Herauslösung der Bundesrepublik aus der sich gerade verfestigenden Sicherheitsstruktur hätte einlassen sollen oder ob der Preis für die Wiedervereinigung damals unannehmbar hoch war, das macht den Kern des politischen und geschichtswissenschaftlichen Streits um die „Stalin-Note" vom 10. März 1952 und die weiteren sowjetischen Angebote an den Westen aus dem Frühjahr 1952 aus. Konrad Adenauer lehnte es strikt ab, sich mit diesen Angeboten zu beschäftigen, weil er sie für gefährliche Lockköder gegen seine Politik der Westintegration hielt. Wenn hier noch eine Vermutung erlaubt ist: Über diese Reaktion, die in der östlichen Propaganda heftigst gebrandmarkt wurde, werden Ulbricht und die Spitzen der SED heimlich gar nicht so unglücklich gewesen sein.

## 7.1.2 Konsolidierung in zwei Schritten

Noch eine Ähnlichkeit zwischen den beiden deutschen Staaten: Nicht nur ihre Gestalt, sondern auch ihre Entwicklungsmöglichkeiten im Innern sowie ihre außenpolitischen Handlungsspielräume wurden maßgeblich durch den Verlauf des Ost-West-Konflikts in seiner Phase als Kalter Krieg bestimmt. Die Jahre von 1949 bis 1954/55 kann man als Kristalisations-Sequenz ihrer Staatlichkeit ansehen. Erst als sich Mitte der 1950er Jahre die Chancen einer Herauslösung der Bundesrepublik aus dem westlichen Bündnissystem so gut wie vollständig verflüchtigt hatten, kam aus Moskau das Signal, dass die SED-Führung nicht länger „zur Disposition stand". Der Zeit-Horizont für ein (antagonistisches) Nebeneinander zweier deutscher Staaten wurde zukunfts-offen.

„Höhepunkt und vorläufiger Abschluß dieser Entwicklung, in der die DDR nach Jahren äußerer und innerer Unsicherheiten zu einem festen Bestandteil der sozialistischen Staatengemeinschaft wurde, war der Vertrag über die Beziehungen zur Sowjetunion vom 20. September 1955. Er besiegelte die Souveränität der DDR und beendete zugleich die Arbeit der sowjetischen Hohen Kommission in Ost-Berlin, ohne indessen die sowjetische Verantwortung für Deutschland als Ganzes zurückzunehmen. Die Gründungsmitgliedschaft der DDR im Warschauer Pakt war schließlich die multilaterale Bestätigung der Spaltung Deutschlands und Europas. In Zukunft lautete die Frage nicht mehr, ob Moskau gewillt sein könnte, die *sozialistischen Errungenschaften* in der DDR gegen ein neutrales Gesamtdeutschland einzutauschen. An ihre Stelle rückte die berechtigte Erwartung Ost-Berlins, von Moskau im Ringen um internationale Aufwertung unterstützt zu werden" (von Plate 1989, 591).

Diesem ersten Konsolidierungsschritt folgte alsbald ein zweiter. Aus der Sichtweise der SED-Führung und des gesamten *Ostblocks* (das ist, nebenbei, ein ebenso unpräziser Begriff wie der der *sozialistischen Staatengemeinschaft*) bedeutete die offene Grenze zwischen dem sowjetischen Sektor Berlins und seinen drei Westsektoren ein enormes politisches Ärgernis. Im November 1958 erhob Nikita Chruschtschow, der Generalsekretär der KPdSU und mächtigste Politiker der Sowjetunion, die Forderungen an die Westmächte, den Vier-Mächte-Status von Berlin zu beenden. Außerdem kündigte er an, mit der DDR einen Friedensvertrag abschließen und dieser die Hoheitsrechte auf den Zufahrtswegen von der Bundesrepublik nach Berlin übertragen zu wollen. Beides war ganz im Sinne der SED-Führung. Zwar wurden diese Ziele nicht erreicht. Aber am 13. August 1961 wurde in Berlin die Mauer gebaut, der *anti-imperialistische Schutzwall* in der Terminologie der DDR (vgl. Steininger 2001). Außerdem wurden die Grenzen zwischen Bundesrepublik und DDR und überhaupt alle Systemgrenzen der Staaten des Warschauer Paktes zum westlichen Ausland so ausgebaut, dass ihr heimliches Überschreiten lebensgefährlich wurde. In der DDR-Terminologie, die hierin einen Gipfel an Hypokrisie erreichte, war dies nötig, um sich gegen westliche Infiltration zu schützen. Tatsächlich ging es darum, die Menschen im eigenen Herrschaftsbereich daran zu hindern, das Land zu verlassen.

Dass dies nur auf diese Weise geschehen konnte, bedeutete einen ungemeinen Legitimitätsverlust des sozialistischen Systems in der DDR. Zugleich jedoch wirkten sich diese Maßnahmen als Konsolidierung dieses Systems aus. Denn die bis dahin beträchtlichen Zahlen von Flüchtlingen aus der DDR nahmen drastisch ab. Die Menschen in der DDR sahen sich der Option beraubt, das Land verlassen zu können, wenn der politische Druck zu groß, die wirtschaftlichen Aussichten zu düster wurden. Also versuchten sie (mit wenigen Ausnahmen), sich mit ihren Lebensbedingungen in der DDR abzufinden.

## 7.1.3 *Underdog* im deutsch-deutschen Verhältnis

Erst mit dem Abschluss des Grundlagenvertrags im Dezember 1972 (informell teilweise schon etwas früher) hat die Bundesrepublik damit aufgehört, mit ihrer Außenpolitik die Anerkennung der DDR außerhalb des östlichen Bündnisses zu blockieren. Entsprechend war umgekehrt eines der vordringlichsten Ziele der Außenpolitik der DDR, diese Anerkennung zu erreichen.

---

**Außenpolitischer Interessenkatalog der DDR
für den Zeitraum 1949 bis 1972**

„1. (D)ie außenpolitische Sicherung der Existenz und der Stabilität der DDR als eigenständiger, souveräner Staat und als Völkerrechtssubjekt;
2. die Festigung und der Ausbau der Beziehungen auf allen Gebieten zur Sowjetunion als Garantiemacht für die Existenz der DDR;
3. die Herstellung normaler, gutnachbarlicher Beziehungen zu den östlichen Nachbarstaaten Polen und Tschechoslowakei sowie zu den anderen Staaten des sozialistischen Lagers, die enge Einbindung in den Rat für Gegenseitige Wirtschaftshilfe und den Warschauer Vertrag;
4. die Festigung des Friedens und der Sicherheit in Europa, die aus DDR-Sicht vor allem durch die Restaurierung des deutschen Imperialismus und Militarismus in Westdeutschland und die darin wurzelnde Politik der Bundesrepublik bedroht wurden. Die deutsch-deutschen Beziehungen waren für die DDR daher stets in erster Linie Sicherheitspolitik;
5. die Entwicklung und Pflege von intensiven Außenhandelsbeziehungen sowohl innerhalb des eigenen Bündnisses als auch mit den Ländern der westlichen und der Dritten Welt;
6. die Durchsetzung der uneingeschränkten völkerrechtlichen Anerkennung der DDR als zweiter deutscher Staat und der Aufbau eines internationalen Ansehens als gesellschaftliche Alternative zur Bundesrepublik."

(Aus: Ingrid Muth: Die DDR-Außenpolitik 1949–1972. Inhalte, Strukturen, Mechanismen. Berlin 2001², S. 49)

---

Dabei befand sich die DDR von Anfang an in einer prekären Lage, weil sie in allen Belangen der Bundesrepublik unterlegen war. Ob man an die Größe des Territoriums und die Zahl der Einwohner denkt, an die wirtschaftlichen Ressourcen und die technologischen Innovationspotenziale, an die demokratische Legitimation des politischen Systems und seine Akzeptanz bei der Bevölkerung – die DDR blieb immer der *underdog*. Ihre Führung suchte das auszugleichen, zum Beispiel mit der Förderung des Spitzensports und anderen propagandistischen Mitteln. Dabei verfügte sie über ein paar griffige Ansatzpunkte. So konnte im Namen eines konsequenten Antifaschismus angeprangert werden, dass etliche Funktionsträger des Dritten Reiches in der Bundesrepublik hohe Posten in Politik, Wirtschaft und Kultur besetzten konnten und trotz ihrer Vergangenheit unbehelligt blieben. Dies wurde in gekünstelter Simplizität als Kontinuität des Nationalsozialismus interpretiert und war von Anfang an wenig glaubwürdig. Die Methode der denunziatorischen Propaganda nutzt sich nach einiger Zeit ab. Im Grunde desavouierte sich diese Propaganda selbst, außer bei den „Gläubigen" im eigenen und im anderen Lager.

Aus östlicher Perspektive fungierten die Vereinigten Staaten, um einen seinerzeit noch nicht gebräuchlichen Ausdruck zu benutzen, als *benchmark* für die Sowjetunion. Das deutsch-deutsche Verhältnis war nach demselben Muster gestaltet. Es besaß darüber hinaus wegen der gemeinsamen Geschichte, der gemeinsamen Sprache und Kultur sowie wegen der zahlreichen von der Systemgrenze gedrosselten, aber nie abgeschnittenen verwandtschaftlichen Bindungen eine besondere dramatische Zuspitzung. Als im Spätherbst 1989 auf den Leipziger Montagsdemonstrationen der Slogan „Wir sind das Volk" skandiert wurde, ging es um innere Angelegenheiten der DDR. Aber immer, wenn es um innere Angelegenheiten der DDR ging, drängten sich deren deutsch-deutsche Aspekte alsbald in den Vordergrund. Und so wurde der Slogan durch die Veränderung von nur drei Buchstaben zum Ausdruck des Scheiterns der DDR als staatlicher und gesellschaftlicher Alternative zur Bundesrepublik: „Wir sind ein Volk".

## 7.2 Anerkennung und Selbstüberschätzung

Im Verhältnis zur Bundesrepublik war die DDR nicht nur ein *underdog*. Darüber hinaus versuchte der *topdog* ja auch mit allen politischen und diplomatischen Mitteln, die Anerkennung der DDR als Mitglied der internationalen Staatenwelt zu verhindern. Das Instrument, das sich die Bundesrepublik 1955 zur Verhinderung der Anerkennung der DDR durch andere Staaten zurechtlegte, war die Hallstein-Doktrin (vgl. Kilian 2001). Aus der Perspektive der DDR-Führung galt die westdeutsche Nichtanerkennungspolitik als riesiger Stolperstein für die eigene Außenpolitik. Als dieser Stolperstein dann mit dem Grundlagenvertrag beiseite geräumt war, gab es einen enormen Expansionsschub für die Außenpolitik der DDR. Ihre Diplomaten waren jetzt fast überall auf der Welt präsent. Diese rasche Veränderung bewirkte unter anderem auch eine nicht unbeträchtliche Selbstüberschätzung der DDR und ihrer Stellung in der internationalen Politik.

### 7.2.1 Endlich gleichberechtigt

Mitte der 1960er Jahre unterhielt die DDR mit 13 Staaten diplomatische Beziehungen. Sie war in acht Staaten durch Konsulate oder Generalkonsulate vertreten. In weiteren 13 Staaten gab es Handelsvertretungen auf Regierungsebene und in 15 Staaten Vertretungen der Kammer für Außenhandel (Muth 2001[2], 31). Zusammen bildet das eine kümmerliche Bilanz. Zwar eröffneten sich der DDR über den zweiten Zweig kommunistischer Außenpolitik im Westen ein paar Türen mehr, nämlich über das Beziehungsnetz zwischen den unter sowjetischer Führung zusammengeschlossenen kommunistischen Parteien. Aber das konnte die fehlende Anerkennung nicht ansatzweise wettmachen.

Sie kam mit dem Vertrag über die Grundlagen der Beziehungen zwischen der Bundesrepublik Deutschland und der Deutschen Demokratischen Republik (Grundlagenvertrag) vom 21. Dezember 1972. Er besteht aus einer Präambel und zehn Artikeln. Von diesen ist gleich der erste entscheidend, weil er die oben als Stolperstein bezeichnete Hallstein-Doktrin beiseite räumt: „Die Bundesrepublik Deutschland und die Deutsche Demokratische Republik entwickeln normale gutnachbarliche Beziehungen zueinander auf der Grundlage der Gleichberechtigung."

Damit war der Weg für die DDR frei geworden, nunmehr auch mit all den Staaten, die sich teils willig, teils ungern der westdeutschen Nichtanerkennungspolitik angeschlossen hatten, diplomatische Beziehungen aufzunehmen. In den Jahren 1973 und 1974 nahm die DDR reguläre diplomatische Beziehungen mit 57 Ländern auf. In Erwartung eines erfolgreichen Vertragsabschlusses hatten schon vorher, nämlich in den Monaten Oktober bis Dezember 1972, mehr als 20 Länder die DDR anerkannt. Es ist nur zu verständlich, dass diese schier unaufhaltsame Anerkennungswelle der DDR-Führung nicht nur große Genugtuung bereitete, sondern von ihr auch als eine Verschiebung des internationalen Kräfteverhältnisses zu ihren Gunsten und zu Gunsten des Sowjetsozialismus schlechthin interpretiert wurde. In einem von einem Autorenteam am Institut für Internationale Beziehungen an der Akademie für Staats- und Rechtswissenschaft der DDR erarbeiteten Buch zur Außenpolitik der DDR heißt es also mit triumphalem Unterton:

„Bei der Durchsetzung der Leninschen Politik der friedlichen Koexistenz konnten Erfolge erreicht werden, die die gesamte europäische Szenerie veränderten. Periodische Kontakte auf höchster Ebene und sachliche und nützliche Zusammenarbeit zwischen den Staaten der beiden Gesellschaftssysteme in Europa wurden zu einem Faktor von großer politischer Bedeutung. Auch zu diesem Prozeß trug die Sowjetunion am stärksten und erfolgreichsten bei. Nunmehr, nachdem normale diplomatische Beziehungen zu der übergroßen Mehrheit der Staaten des kapitalistischen Systems aufgenommen wurden, ist es auch der DDR möglich, stärker und unmittelbarer zur Entwicklung der bilateralen Zusammenarbeit auf politischem, wirtschaftlichem und wissenschaftlich-technischem sowie kulturellem Gebiet mit den kapitalistischen Ländern beizutragen" (Außenpolitik der DDR 1974, 236f.).

Die Anerkennung der DDR war ein Element der multilateralen Entspannungspolitik zwischen Ost und West, als deren Krönung die Konferenz über Sicherheit und Zusammenarbeit in Europa (KSZE) gilt. Als die Schlussakte der KSZE, ein überaus folgenreiches Dokument, am 30. Juli und 1. August 1975 in Helsinki unterzeichnet wurde, hielten die anwesenden Spitzenpolitiker der beteiligten Staaten kurze Ansprachen. Auch Erich Honecker, Erster Sekretär des Zentralkomitees der SED, kam zu Wort. In seiner Rede verwies er insbesondere auf einen Punkt in der Prinzipienerklärung der Schlussakte, auf die Unverletzlichkeit der Grenzen. „Nur wenn die Sicherheit und Souveränität der Staaten garantiert sind, ist eine fruchtbare, gedeihliche und gegenseitig vorteilhafte Zusammenarbeit möglich. In Anbetracht der historischen Lehren und der aktuellen Erfordernisse der europäischen Politik ist die Achtung und Anerkennung des Prinzips der Unverletzlichkeit der Grenzen das Entscheidende." Auf diesen Punkt ging auch der westdeutsche Bundeskanzler Helmut Schmidt ein: „Grenzen sind unverletzlich; sie müssen aber friedlich und einvernehmlich verändert werden können. Unser Ziel bleibt es, auf einen Zustand des Friedens in Europa hinzuwirken, in dem das deutsche Volk in freier Selbstbestimmung seine Einheit wiedererlangt" (Blätter für deutsche und internationale Politik, H. 8/1975, S. 852 und 856).

Im Rückblick will es so scheinen, als habe der Repräsentant der DDR trotz des Triumphs der Gleichberechtigung auf internationaler Bühne damals geahnt, welche Schwierigkeiten die Entspannung im Ost-West-Verhältnis dem eigenen Regime bereiten würde.

Zwar hat sich das außenpolitische Aktionsfeld der DDR nach 1972 erheblich erweitert. Aber sie blieb weiterhin im Schnittfeld der starken Einflusslinien der Sowjetunion und der Bundesrepublik festgehalten, und das trotz einer seit den frühen 1970er Jahren zu beobachtenden erhöhten „Elastizität und Flexibilität" (Ludz 1977, 40) ihrer Außenpolitik.

## 7.2.2 Beispiel Afrika

In der marxistisch-leninistischen Ideologie sowjetsozialistischer Ausprägung, die im Prinzip bis in die Gorbatschow-Ära hinein für die DDR-Führung streng verbindlich blieb, waren die früheren Kolonien, war die Dritte Welt insgesamt ein potenzieller Verbündeter im anti-imperialistischen Kampf. Für diese Sichtweise sprach nicht zuletzt auch das proklamierte Selbstverständnis vieler Regierungen dieser ehemaligen Kolonien. Einige von ihnen schlossen sich dem (allerdings in sich bereits ziemlich zerklüfteten) *sozialistischen Lager* an. Und viele von denen, die sich einer direkten Parteinahme im Ost-West-Konflikt enthielten, versuchten es im Innern mit einem eigenen Weg zum Sozialismus. Das erwies sich zwar bald als idealistisches oder zynisches Missverständnis. Aber zunächst einmal waren die Staaten der „zweiten Welt" in der Dritten Welt hoch willkommen, selbst wenn sie mangels Masse nicht ganz so freigiebig mit ihrer Entwicklungshilfe auftreten konnten.

Weil das direkte amerikanisch-sowjetische Verhältnis nach der Kuba-Krise langsam in eine Entspannungsphase überging (hauptsächlich in Folge des nuklearen Gleichgewichts des Schreckens) und weil der Ost-West-Konflikt in Europa seit Beginn der 1970er Jahre durch die KSZE an Konfrontationskraft verloren, an Kooperations-Chancen gewonnen hatte, setzte sich dieser Konflikt auf anderen Kontinenten weitaus ungezügelter in Szene. In Asien, Lateinamerika und Afrika versuchte die Sowjetunion, im Wettkampf nicht nur mit den westlichen Staaten, sondern auch mit der Volksrepublik China und ihrer Sozialismus-Version, an Einfluss zu gewinnen. Den westlichen Beobachtern der sowjetischen Weltpolitik in den 1970er und frühen 1980er Jahren erschien sie expansiv und aggressiv. Für manche unter ihnen war klar, dass es dabei um die „Förderung des revolutionären Weltprozesses" (von Löwis of Menar 1981, 221) im Kontext einer langfristig angelegten Globalstrategie ging, während andere darin ansatzweise schon eine Überdehnung der sowjetischen Außenpolitik zu erkennen meinten.

Dabei operierte die sowjetische Führung in gewissem Sinne nach dem Prinzip der Arbeitsteilung. Einzelne Verbündete konzentrierten sich auf bestimmte Länder. Auf diese Weise baute die DDR in einigen Entwicklungsländern, ganz besonders in Afrika, langsam eine nicht unbeträchtliche Präsenz auf. „Die SED-Führung wollte ... in der Dritten Welt den Beweis für die Überlegenheit des Sozialismus erbringen. Aber das war nicht das einzige Motiv. Erfolge des Sozialismus in den Entwicklungsländern, bei denen die DDR aktiv mitgeholfen hatte, konnten dazu beitragen, sowohl das internationale, als auch das nationale Prestige zu erhöhen" (Siebs 1999, 191). In Afrika schien sich in der zweiten Hälfte der 1970er Jahre eine Art Durchbruch des Sozialismus zu vollziehen. Äthiopien, Angola, Mozambique, politische Bewegungen wie die SWAPO in Namibia, die ZANU im Zimbabwe und der ANC in Südafrika wurden nach Kräften unterstützt, übrigens auch die PLO unter Arafat. Techniker, Lehrer, Ärzte, aber auch in nicht unbeträchtlicher Zahl Polizei- und Militärberater aus der DDR sollten beim Aufbau sozialistischer Strukturen in afrikanischen Staaten helfen. Zugleich stieg der Außenhandel der DDR mit vielen afrikanischen Ländern. Im Februar und im November 1979 reiste Honecker nach Afrika; diese Besuche galten als Höhepunkte der Afrikapolitik der DDR.

Ganz problemlos entwickelten sich die Beziehungen zu afrikanischen Ländern aber nicht. Ein anschauliches Beispiel für diese Probleme liefert die folgende Episode:

„Im Falle Äthiopiens sah sich die DDR ständig Forderungen nach weiteren Krediten mit günstigen Laufzeiten sowie einer Umstellung des Handels vom Verrechnungsprinzip auf konvertierbare Devisen ausgesetzt. Doch das überforderte die DDR-Wirtschaft bei weitem und bedeutete eine noch höhere Belastung der Zahlungsbilanz. Zudem bestand bereits das Problem der Bezahlung der äthiopischen Kaffeelieferungen. Diese waren nach internationaler Gepflogenheit bar zu entrichten. Die von der DDR gelieferten Erzeugnisse der metallverarbeitenden Industrie wurden dagegen kreditiert. Bereits Ende 1978 war ein Negativsaldo in Höhe von 54 Mio. Valuta-Mark entstanden. In dieser Situation griffen die DDR-Außenhändler zu einem Trick. Es gelang, Mengistu (den äthiopischen Diktator, W. v. B.) persönlich im Mai 1979 zum Kauf von 200 000 Paradeuniformen zu überreden. Damit konnte die Handelsbilanz für 1979 ausgeglichen ... werden" (Siebs 1999, 211f.).

Die sozialistische Entwicklungshilfe orientierte sich, wie man sieht, nicht immer und unbedingt an den Grundbedürfnissen der Bevölkerung.

## 7.2.3 UNO-Politik

Am 18. September 1973 wurden beide deutsche Staaten in die Organisation der Vereinten Nationen aufgenommen. Das war für beide ein besonderer Tag. Dass dieser formale Akt als Doppelaufnahme inszeniert wurde, täuscht freilich darüber hinweg, dass der 1949 begonnene Wettlauf hin zu einem „normalen" Platz in der internationalen Staatenwelt keineswegs friedlich-schiedlich mit einem Unentschieden zu Ende ging. Allerdings wurde dies (bei etwas anderer Ausdeutung des Begriffes *friedlich-schiedlich*) in der DDR so interpretiert. Ja, man stellte sogar gewissermaßen einen moralischen Vorsprung der DDR gegenüber der Bundesrepublik fest:

„Die Aufnahme der Deutschen Demokratischen Republik in die UNO und die meisten ihrer Spezialorganisationen war ein Ereignis von großer politischer und völkerrechtlicher Bedeutung. Mit ihr würdigten die Staaten der Welt die friedliebende Außenpolitik des sozialistischen deutschen Staates, der die Wurzeln des Imperialismus und Militarismus ausgerottet hat und sich immer enger mit der Sowjetunion und den anderen Ländern der sozialistischen Staatengemeinschaft zusammenschließt" (Außenpolitik der DDR 1974, 262).

Dass die DDR und die Bundesrepublik der UNO angehören, sei ein Reflex der gewaltigen und nicht rückgängig zu machenden Veränderungen, die allen friedliebenden und fortschrittlichen Kräften in der Welt zu verdanken seien. Auch wenn man den Text dieser Passage des Ostberliner Autorenkollektivs nicht weiterliest, wohl aber mit der Machart derartiger Wissenschaftsprosa in der DDR vertraut ist, kann man darauf wetten, dass an dieser Stelle eine weitere Hommage an die Sowjetunion folgt.

Die UNO nahm in der Außenpolitik der DDR eine wichtige Rolle ein, nicht zuletzt, weil die wachsende Mitgliederzahl seit den 1960er Jahren die Mehrheitsverhältnisse in der Generalversammlung strukturell verändert hatte. Zuvor waren westlich orientierte Länder in der Mehrheit und das sowjetsozialistische Lager (trotz der dreifachen Stimme für die Sowjetunion selbst) in der Minderheit. Nachdem sie ihre politische Unabhängigkeit von den (meistens westeuropäischen) Kolonialmächten erkämpft hatten, wurden die neuen Staaten mehrheitlich zum quasi-natürlichen Verbündeten dieses Lagers, und zwar unter dem Banner des fortzusetzenden Kampfes gegen Imperialismus und Neokolonialismus. Diese strukturelle Mehrheit in der Generalversammlung konnte zwar den UNO-Sicherheitsrat nicht wesentlich beeinflussen, aber sie vermochte es immerhin, die westlichen Länder vielfach in eine politisch-moralische Defensive zu drängen. Die DDR drängte seit 1973 munter mit.

Die großen Konflikt-Themen der Weltpolitik: Rüstung/Abrüstung, Friedensschaffung, gedeihliche Nord-Süd-Wirtschaftsbeziehungen und Überwindung der Armut, Ausbreitung der Geltung der Menschenrechte, diese großen Themen standen bei der UNO permanent auf der Tagesordnung. Aber nicht zuletzt wegen des anhaltenden Ost-West-Konflikts konnte sie nur wenig zu ihrer Bearbeitung beitragen. Mit anderen Worten: der hohe Stellenwert, den die DDR-Führung ihrer UNO-Politik beimaß, beruhte vor allem auf dem binnen-gesellschaftlichen Legitimitäts-Bonus, der mit der UNO-Mitgliedschaft verbunden war. Es versteht sich z. B. von selbst, dass jene im vorigen Kapitel beschriebenen afrikanischen Aktivitäten der DDR nicht in den UNO-Rahmen gestellt wurden.

## 7.3 Im Sog des Niedergangs

Siebs (1999) unterscheidet (in Anlehnung an James N. Rosenau) verschiedene Typen von außenpolitischem Verhalten. Entlang der Zeitachse in den 1970er und 1980er Jahren sieht er drei dieser typischen Verhaltensweise von der DDR-Führung ausgeübt. In den Jahren von 1971 (seit dem VIII. Parteitag der SED) bis 1981 (X. Parteitag der SED) sieht er zunächst die Dominanz einer (gegenüber der Sowjetunion) *ergebenen* Außenpolitik, die aber durch ein langsam ansteigendes Selbstbewusstsein auch dazu führte, dem Eigeninteresse der DDR – so, wie es die Führungselite definierte – mehr Gewicht zu geben. In den Jahren 1981 bis 1986 (XI. Parteitag der SED) bevorzugte die DDR-Führung eine *bewahrende* Außenpolitik, für welche das Wort von der „Schadensbegrenzung" der Schlüsselbegriff ist. Es waren diese Jahre von den Konsequenzen dramatischer sicherheitspolitischer Entscheidungen in Ost und West gekennzeichnet: Stationierung der SS 20 und anderer nach Westen gerichteter Raketensysteme im östlichen Europa und der westlichen Sowjetunion,

NATO-Doppelbeschluss, sowjetische Invasion von Afghanistan, Stationierung von weitreichenden Mittelstreckenraketen (Pershing II) in Westeuropa. Gegen die dadurch beschleunigte Zerbröselung der für die DDR vor allem auch wirtschaftlich wichtigen Entspannung, die der KSZE-Prozess für Europa absichern sollte, konnte die DDR-Führung allerdings wenig bewirken.

Schließlich ist seit 1986 eine offiziell nicht eingestandene, jedoch schrittweise zunehmende Verhärtung in der DDR gegenüber den sowjetischen Reformen (Gorbatschows *glasnost* und *perestroika*) zu beobachten. Nur zur Erinnerung: *Perestroika* heißt so viel wie Umbau des wirtschaftlichen Systems, im Sinne einer Förderung privater Initiative und einer Art wirtschaftlicher Liberalisierung. Und *glasnost* ist der Sammelbegriff für Reformen des politischen Systems der Sowjetunion, die in ihrer Summe auf eine vorsichtige Demokratisierung autoritärer Strukturen hinauslaufen sollten. Insbesondere mit *glasnost* wollten sich die mächtigen alten Männer in der SED partout nicht anfreunden.

In Bezug auf die Dritte Welt und ihr Potenzial, die sozialistische Staatengemeinschaft zu verstärken, setzte ein Desillusionierungsprozess ein. Der Untergang des Sowjetsozialismus warf seine langen Schatten voraus, die jedoch niemand wahrnahm. Siebs nennt diese Phase die Zeit der *unnachgiebigen* Außenpolitik.

## 7.3.1 Distanz zu Gorbatschow

Unnachgiebig im strikten Sinne des Wortes konnte die DDR-Führung gegenüber der Sowjetunion nicht auftreten. Aber gemessen daran, dass die gesamte Existenz der DDR von Anfang an am Tropf der Sowjetunion hing, sind die Distanzhaltung und die abwehrenden Gesten der DDR-Führung gegenüber Gorbatschow schon von einer gewissen Sperrigkeit und, aus sowjetischer Perspektive, Impertinenz gekennzeichnet.

Von der Sache her gab es zwischen Gorbatschows und der Außenpolitik der DDR durchaus eine Menge Übereinstimmung. Die Versuche der DDR zur sicherheitspolitischen „Schadensbegrenzung" in den frühen 1980er Jahren hatten sich gegen eine Abkühlung des Ost-West-Verhältnisses gerichtet. So traten die DDR-Diplomaten auf den verschiedenen KSZE-Veranstaltungen meist flexibel und kompromissbereit auf. Im Übrigen profitierte die DDR erheblich von den Möglichkeiten der intersystemaren Wirtschafts-Kooperation. All das und dazu die von Bundes-

### Das Tapezier-Beispiel

„Der *Tapezierer, Tapezier-Hager*, das waren die Markenzeichen, die mir seit einem Interview mit dem ‚Stern' nicht nur von westlichen Medien angehängt wurden. Das Interview fand Ende März 1987 statt und erschien am 9. April in der Hamburger Zeitschrift. Die Redaktion hatte Fragen eingereicht, zu deren Beantwortung die Pressestelle unseres Außenministeriums einen Entwurf lieferte. Es war ein Fehler, daß ich mich zu eng an diesen Entwurf hielt und nicht meinen eigenen Stil gebrauchte.

Einige Antworten sind schematisch und wirken schönfärberisch. Der Kernpunkt des Interviews sind Fragen nach unserer Stellung zu den Vorgängen in der Sowjetunion.

‚Stern' stellte die Frage: Die SED-Führung unterstützt die von Generalsekretär Michael Gorbatschow eingeleiteten Reformen, soweit diese die Sowjetunion betreffen. Zugleich betont die DDR ihre Eigenständigkeit bei der Entwicklung des Sozialismus. Sind die Zeiten vorbei, in denen das Land Lenins für deutsche Kommunisten bestimmendes Vorbild war? Oder anders gefragt: Gilt noch die Parole ‚Von der Sowjetunion lernen, heißt siegen lernen'? Ich sagte dazu, die DDR und die Sowjetunion seien Verbündete, sie hätten einen Vertrag über Freundschaft, Zusammenarbeit und gegenseitigen Beistand abgeschlossen. SED und KPdSU seien Bruderparteien, die regelmäßig ihre Erfahrungen austauschen, um voneinander zu lernen. Es sei vergebliche Mühe, zwischen uns einen Keil treiben zu wollen ... Wir hätten in der Vergangenheit nicht alles, was in der Sowjetunion geschah, kopiert, und auch die Sowjetunion kopiere nicht die DDR. Es scheine, daß westliche Medien an dem Thema vom ‚Kopieren' interessiert seien, weil es in ihr Bild von der ‚Hand Moskaus' oder von der angeblichen Einförmigkeit und Eintönigkeit des Sozialismus passe. Und ich fügte hinzu: ‚Würden Sie – nebenbei gesagt – wenn Ihr Nachbar seine Wohnung neu tapeziert, sich verpflichtet fühlen, Ihre Wohnung ebenfalls neu zu tapezieren?'"

(Aus: Kurt Hager: Erinnerungen. Leipzig 1996, S. 384f.)

kanzler Kohl zu Beginn der Ära Gorbatschow ausgedrückten Vorbehalte gegen dessen Reformpolitik schienen eine gute Voraussetzung für eine enge Zusammenarbeit zwischen der DDR-Führung und dem neuen sowjetischen Generalsekretär zu sein. Auch Gorbatschow selbst hegte 1985/86 die Hoffnung, sich auf Honecker als zuverlässigen Partner stützen zu können (Bluth 2002, 192). Denn nicht zuletzt das von ihm propagierte „Neue Denken" für die Außenbeziehungen der Sowjetunion und die internationale Sicherheitspolitik schien mit friedenspolitischen Überlegungen der DDR-Führung überein zu stimmen. Das stimmte auch, jedoch nur bis zu einem bestimmten Punkt.

Tatsächlich hatte sich das ostdeutsch-sowjetische Verhältnis langsam, aber tiefgründig gewandelt. Der Ton des Ausschnitts aus den Memoiren von Kurt Hager, dem seit 1963 für den Kulturbereich der DDR verantwortlichen Sekretär des Zentralkomitees der SED trifft das ziemlich genau: Man fühlte sich auf gleicher Augenhöhe mit der Sowjetunion. Nicht nur die ,persönliche Chemie' zwischen Gorbatschow und Honecker stimmte nicht. Der über siebzigjährige Honecker fühlte sich gegenüber dem viel jüngeren Gorbatschow ähnlich überlegen und unwohl wie seinerzeit Adenauer gegenüber dem amerikanischen Präsidenten Kennedy. Auch über Sachfragen gab es unterschiedliche Auffassungen. Die DDR-Führung dachte aber gar nicht mehr daran, bei solchen Divergenzen automatisch nachzugeben.

Wenn so das Selbstbewusstsein der DDR-Führung gegenüber dem ,großen Bruder' erheblich angewachsen war, so gab es auf der anderen Seite auch einen immer gewichtiger werdenden wirtschaftlichen Grund, der sich für das ostdeutsch-sowjetische Verhältnis negativ bemerkbar machte, die rasch wachsende wirtschaftliche Abhängigkeit der DDR von der Bundesrepublik. Auch die Sowjetunion stand (genauso wie alle anderen Staaten des Rats für Gegenseitige Wirtschaftshilfe RGW) in der zweiten Hälfte der 1980er Jahre *de facto* vor dem wirtschaftlichen Ruin, ohne dass ihre Führung sich schon ganz über dessen Ausmaß im Klaren war, aber der Sachverhalt selbst ließ sich nicht länger verleugnen. Vor dem Hintergrund dieser Erkenntnis erschien die deutsch-deutsche Bilateralität mit den reichhaltig sprudelnden westdeutschen Krediten für die DDR als unsolidarische Rette-sich-wer-kann-Politik.

## 7.3.2 Fassade einer Mittelmacht

Je näher das Ende des Ost-West-Konflikts rückte, ein Vorgang, der sich hinter dem Rücken der Akteure abspielte (man kann das gar nicht oft genug betonen), desto zuversichtlicher glaubte die DDR-Führung an ihren Aufstieg in den Rang einer Mittelmacht – einer im Vergleich zur Bundesrepublik zwar immer noch bescheidenen und sozusagen im unteren Mittelfeld dieser Rangklasse spielenden, aber eben doch einer Mittelmacht. Ein eigentümlicher Hang zur Überschätzung der eigenen außenpolitischen Bedeutung kennzeichnete nicht nur Erich Honecker, sondern offenbar die ganze ältere Generation der SED-Elite. Gegenüber der Sowjetunion gerierte sich die DDR nicht selten als ‚Juniorpartner‘, der den Genossen in Moskau schon einmal sagt, wo's langgeht. Es mag mannigfache Motive für diese falsche Selbstwahrnehmung gegeben haben, persönliche und strukturelle. Unter letzteren ist mit am wichtigsten, dass die internationale Anerkennung und das internationale Wirken der DDR bei ihren Repräsentanten die Vorstellung nährte, die eigene Existenz sei nicht länger von der Sowjetunion abhängig. Vielmehr wäre der DDR mit den verschiedenen multilateralen und bilateralen Entspannungs-Verträgen zu Beginn der 1970er Jahre das Fundament für die staatliche Eigenständigkeit nachgeliefert worden.

Dass solch ein Fundament in erster Linie von der binnen-gesellschaftlichen Legitimität und Akzeptanz der SED-Herrschaft hätte gebildet werden müssen, das wurde von Honecker und seinen Mitakteuren an der Partei- und Staatsspitze nicht übersehen, aber verdrängt. Stattdessen stärkte sich das politische Selbstgefühl Honeckers durch eine aktive Westpolitik.

„Der Bedrohung der Stabilität durch die sowjetischen Reformen wurde das Interesse des Westens an einer stabilen DDR und an der Zweistaatlichkeit Deutschlands entgegengesetzt. Das hatte angesichts der zunehmenden Unzufriedenheit der Bevölkerung auch eine starke innenpolitische Komponente, mit der bewiesen werden sollte, dass die DDR keine Perestroika brauche, da sie international respektiert werde.

Mit dieser Zielsetzung besuchte Honecker in den Jahren 1987 und 1988 die Bundesrepublik, Frankreich, Holland, Belgien und Spanien. Es wurden ebenfalls Vorbereitungen für einen USA-Besuch getroffen, der jedoch nicht zustande kam. Aber auch Honecker empfing Staatsgäste. Der japanische Premierminister Nakasone besuchte 1986 die DDR, die Regierungschefs von Griechenland, Österreich und Dänemark kamen 1988. Und selbst gegenüber Israel war man, wenn auch zaghaft, bemüht, die Beziehungen zu normalisieren. Darüber hinaus besuchte Honecker im Oktober 1986 die Volksrepublik China" (Siebs 1999, 341f.).

Von besonderer Bedeutung unter diesen Besuchen war nicht zuletzt der in Bonn im September 1987, der erst zustande kam, nachdem die Sowjetunion ihre Einwände dagegen zurückgezogen hatte. Angela Stent (2000, 97) sieht in diesem Besuch den Gipfelpunkt von Honeckers Laufbahn „und seiner langjährigen Bemühungen um internationale Anerkennung und Gleichbehandlung". Und immer noch etwas ungläubig fügt sie hinzu: „Obwohl Bonn Honeckers Reise vorsichtigerweise nur als ‚Arbeitsbesuch' und nicht als ‚Staatsbesuch' deklariert hatte, waren die beiden deutschen Staaten so nahe daran wie nie zuvor, auf einer normalen zwischenstaatlichen Basis miteinander zu verkehren" (Stent 2000, 98).

Diese Aufwertung aus Bonn sowie, vielleicht schon ein bisschen machiavellistischer motiviert, aus anderen westlichen Hauptstädten, hat niemand deutlicher ausgedrückt als Theo Sommer in der ‚Zeit' vom 4. September 1987, als er dort schrieb: „Die beiden deutschen Staaten sind zu Faktoren der Mäßigung geworden, zu Protagonisten des Dialogs und Verfechtern pragmatischer Zusammenarbeit ... Sie leugnen nicht die Unterschiede, doch ignorieren sie auch nicht die Gemeinsamkeiten. Sie nutzen die Spielräume, die ihnen die Einbindung in ihre verschiedenen Bündnisse läßt, um Zusammenarbeit zu organisieren. Und sie haben die ‚deutsche Frage' ... von der aktuellen Tagesordnung gestrichen."

All das stimmte so nicht. Die DDR verfügte in diesen Jahren über nicht mehr als die Fassade einer kleineren Mittelmacht. Ihr zunehmend professioneller gewordener diplomatischer Dienst verschaffte der DDR auf der internationalen Bühne konstruktive Auftritte. Aber auf drei entscheidenden Ebenen häuften sich die Mängel und bewirkten, dass die DDR hinter ihrer Mittelmacht-Fassade langsam zerfiel:

– die Wirtschaft der DDR stagnierte quantitativ und qualitativ;
– die Beziehungen zur Sowjetunion waren giftiger geworden;
– dem Regime fehlten Kraft und Glaubwürdigkeit, um seine Legitimation und Akzeptanz bei der eigenen Bevölkerung erhöhen zu können.

Gerade auch auf dem Gebiet der Außenpolitik war die DDR, wie ihre Diplomaten auf dem Wiener KSZE-Folgetreffen einigermaßen schmerzlich erfahren mussten, ein „Normensimulationsstaat" (Sélitrenny 2005).

### 7.3.3 Was bleibt

Es gehörte immer zu dem innersten Kern des Selbstverständnisses der SED-Führung, die Existenzberechtigung der DDR als Staat aus der marxistisch-leninistischen Geschichtsphilosophie abzuleiten. In dieser Perspektive war sie der fortschrittlichere der beiden deutschen Staaten. Ihr würde die Zukunft gehören, wie schwierig auch das politische Alltagsgeschäft der inter-systemaren Auseinandersetzung zwischen Konfrontation und Kooperation sein mochte. Rückschläge, Widersprüchlichkeiten sowie Kompromisse aller Art machten dieses politische Geschäft zuweilen mühsam, aber die große Perspektive der eigenen Innen- und Außenpolitik stand im Prinzip immer im Einklang mit den ‚objektiven Erfordernissen‘ für einen Sieg des Sozialismus im ‚Weltmaßstab‘, wie das merkwürdige Wort für den eigenen Universalitätsanspruch lautete.

Wenn man die Politik der DDR analysiert, insbesondere seit Mitte der 1970er Jahre, stößt man allerdings auch auf die immer dramatischer klaffende Lücke zwischen diesem proklamierten und dem uneingestandenen Selbstverständnis der Regime-Akteure. Auf dieser Ebene machte sich nämlich ein manchmal deprimierter, manchmal zynischer Pragmatismus breit, eine Grundstimmung des ‚man muss sich irgendwie durchwursteln‘. Damit konnten einige Schwierigkeiten gemildert, es konnte auch eine Reihe neuer Freunde im Westen gewonnen werden, die solchen Pragmatismus als Anzeichen für eine Liberalisierung des Sowjetsozialismus ansahen. Wo man sich wie im KSZE-Prozess im Gebrauch einiger Grundbegriffe traf, Frieden, Abrüstung/Rüstungskontrolle, friedliche Koexistenz, um nur einige zu nennen, da war den Beteiligten doch immer klar, dass die jeweils andere Seite sie mit einer besonderen Bedeutung einfärbte.

Es handelte sich um etwas anderes, nicht um Pragmatismus, Liberalisierung oder um eine Reform des Systems, die ja auch der energische Gorbatschow in der Sowjetunion nicht zustande brachte, sondern um seine Implosion. In aller Freundschaft meinte Honecker während seines Arbeits-Staats-Besuchs in Bonn seine Gastgeber darauf hinweisen zu müssen, dass Kapitalismus und Sozialismus wie ‚Feuer und Wasser‘ immer unvereinbar bleiben würden. Damit hatte er völlig recht, nur anders, als er dachte.

Als nämlich der Ost-West-Konflikt zu Ende ging, geschah das nicht aufgrund irgendwelcher System-Konvergenzen, sondern weil der Sozialismus in seiner sowjetischen Version verlosch. Weil die Menschen in der DDR knapp 45 Jahre unter diesem Regime gelebt haben, haben viele Elemente der Alltagskultur, auch ein paar Elemente der politischen Kultur der DDR ihren Untergang überlebt. Aber überall dort, wo die DDR als Staat im Sinne des Sozialismus gestalterisch tätig war, ist am wenigsten von ihr übrig geblieben. Man denke etwa an ihre Wissenschaftspolitik oder an ihre Sicherheitspolitik. Oder eben auch an ihre Außenpolitik. Zwar hätte es der Bundesrepublik nicht schlecht angestanden, aus dem Potenzial des diplomatischen Dienstes der DDR eine Reihe von Personen in den eigenen auswärtigen Dienst zu übernehmen. Außenminister Genscher entschied damals anders. Aber selbst wenn er sich dazu durchgerungen hätte – von einer Fortführung von Elementen der Außenpolitik der DDR, selbst in homöopathischer Verdünnung, hätte niemals die Rede sein können.

Von der Außenpolitik der DDR ist so gut wie nichts geblieben.

Dritter Teil:

# Aus dem Windschatten
# des Ost-West-Konflikts

## 8. Zäsur 1989/90

Anhänger der neo-realistischen Denkschule in den Internationalen Beziehungen behaupten zumeist, dass die internationalen Rahmenbedingungen, die Struktur des internationalen Systems in der Hauptsache also die Außenpolitik von Staaten entscheidend beeinflussen. Die innenpolitischen Verhältnisse seien demgegenüber zweitrangig. Mit derselben Verve bestreiten Anhänger der verschiedenen neo-idealistischen Denkschulen, einschließlich ihrer konstruktivistischen Filialen, diese Reihenfolge und betonen die entscheidende politik-gestaltende Kraft von innergesellschaftlich wirksamen Ideen, Normen und Werten für den außenpolitischen Kurs eines Landes. Eigentlich, denkt man zunächst, müsste dieser Streit doch leicht zu entscheiden sein. Ist er aber nicht. Denn aus der einen wie aus der anderen Perspektive lassen sich plausible Erklärungen für das außenpolitische Verhalten staatlicher Akteure formulieren – aber es gibt eben auch wieder andere Vorgänge und Verhaltensweisen, die den jeweiligen Interpretationsschemata widerstehen. Mit derselben Verve

Auch die dramatische Zäsur der Weltpolitik am Ende des 20. Jahrhundert, das Ende des Ost-West-Konflikts, und die Auswirkungen dieses Ereignisses auf die internationalen Beziehungen sowie die Außenpolitik der beteiligten Staaten geben keine restlos überzeugenden ‚Beweise' für die Richtigkeit oder Falschheit der Grundprämissen der beiden Denkschulen her. Schon bei der Frage, was denn die entscheidende Ursache für das Ende des Ost-West-Konflikts war, scheiden sich die Geister. Zunächst einmal kommt man, wenn man die Antwort auf diese Frage sucht, auf einen eindeutigen Sachverhalt: Der Ost-West-Konflikt ging zu Ende, weil das sowjetsozialistische Herrschaftssystem zusammenbrach. Die 1985/86 mit einigem Optimismus und dem Slogan „Zurück zu Lenin!" von Michail Gorbatschow unternommenen Reform-Versuche an Staat und Gesellschaft der Sowjetunion scheiterten kläglich. Der Rüstungswettlauf mit den Vereinigten Staaten war verloren. Die Legitimitätsdefizite der Parteiherrschaft in der Sowjetunion und in den nach ihrem Vorbild verfassten ‚Volksdemokratien' ließen sich nicht länger bemänteln. Kurz: die 1917 ins Leben getretene grundsätzliche Alternative zur bürgerlichen Gesellschaft, zur kapitalistischen Wettbewerbswirtschaft und zur westlichen Demokratie musste eingestellt werden.

Es gab also sowohl äußere (exogene) als auch innere (endogene) Gründe für diesen Zusammenbruch. Nicht nur die bald so genannten postkommunistischen Länder, zu ihnen gehört ja auch die DDR, sondern das internationale System insgesamt und alle Akteure, deren innen- wie außenpolitisches Handeln im Schatten des Ost-West-Konflikts gestanden hatte, mussten sich auf kurz-, mittel- und langfristige Veränderungen einstellen.

## 8.1 Aufgezwungene Zielstrebigkeit

Für Deutschland eröffnete sich mit den sich ankündigenden Regimewechseln in der Sowjetunion und den mittelosteuropäischen Staaten die Chance zur nationalen Vereinigung. Ein Automatismus war das aber nicht, und zwar aus drei Gründen. *Erstens* blieb längere Zeit ungewiss, ob die Führung der Sowjetunion der deutschen Vereinigung würde zustimmen können, ohne sogleich in die größten innenpolitischen Schwierigkeiten zu geraten. *Zweitens* gab es auch in der DDR politische Kräfte und Strömungen, die einen eigenen Staat jenseits der SED-Diktatur anstrebten. *Drittens* waren aus der Sicht mancher Politiker in Europa den Deutschen die makro-regionalen Hegemoniewünsche nicht ein für allemal ausgetrieben, sondern nur deren Realisierung war durch die Teilung Deutschlands unmöglich gemacht worden. Vor vielen Jahren hatte ein französischer Intellektueller maliziös bemerkt, er liebe Deutschland sehr, und so sei er besonders froh, dass es jetzt sogar zwei davon gäbe. Dies war zwar nur die Einstellung einer Minderheit in den öffentlichen Meinungen Frankreichs, Italiens oder Großbritanniens, um nur diese zu nennen. Falsche Töne und im Ausland als aggressiv interpretierbare Züge der westdeutschen Politik 1989/90 hätten dieser Stimmung aber mit möglicherweise sehr negativen Folgen für die deutsche Vereinigungs-Politik neue Nahrung gegeben.

Der zweite dieser drei Gründe besaß vergleichsweise wenig Gewicht, nicht zuletzt deshalb, weil auch schon die SED-Führung in den letzten

Jahren ihrer langsam wie die Innenstädte des Landes verrottenden Herrschaft mit nationalen Parolen und Symbolen ihr Legitimationsdefizit ausbesserte. So war es nur logisch, dass es nach der Implosion der Parteiherrschaft nicht etwa Vorstellungen eines „anderen Sozialismus" waren, welche in der Gesellschaft auf Resonanz stießen. Stattdessen verlangte die Mehrheit der DDR-Bürger erst vorsichtig, dann immer drängender nach der nationalen Einheit.

Das Gewicht der anderen beiden Gründe ist schwieriger zu beurteilen. Auf jeden Fall wird man mit den meisten Beobachtern der deutschen Außenpolitik 1989/90 behaupten können, dass sie sehr behutsam und mit großem diplomatischem Geschick orchestriert wurde.

## 8.1.1 Neue Aktualität der nationalen Frage

Zu Beginn und Mitte der 1980er Jahre schien die nationale Frage in der Bundesrepublik Deutschland plötzlich eine neue Aktualität zu gewinnen. Die großen Proteste der Friedensbewegung wurden im Ausland vielfach als eine deutsche Absetzbewegung interpretiert – heraus aus dem westlichen Sicherheitsbündnis, hin zu einem eigentümlich verschwiemelten und möglicherweise sogar unehrlichen Neutralismus zwischen Ost und West. In einer Studie der Deutschen Gesellschaft für Auswärtige Politik untersuchten damals Eberhard Schulz und Peter Danylow die ausländischen Besorgnisse über diese Entwicklung. Dabei kamen sie zu einem eigenartigen und bemerkenswerten Schluss:

„Die nationale Frage ist ... für die Deutschen nicht eine Frage der nationalen Existenz, sondern eine Frage der Freiheit für die Menschen in der DDR. Ein gesamtdeutscher Nationalstaat wäre nicht die einzig denkbare Lösung dieses Problems" (Schulz, Danylow 1985[2], 198).

Jedenfalls ist er aus heutiger Sichtweise eigenartig und bemerkenswert. Bemerkenswert ist, nicht zuletzt, weil es bald wieder vergessen sein dürfte, dass in der westdeutschen Politik die nationalen Aspekte der Teilung den Ost-West-Konflikt-Aspekten voll und ganz untergeordnet waren. Dies war Grundkonsens in der breiten politischen Mitte. Es implizierte, dass ein Ende der Teilung nur unter einer Voraussetzung in Frage kam, nämlich als Vereinigung unter westlichem Vorzeichen. Hier hatte sich also Konrad Adenauers deutschlandpolitische Prioritätenliste uneingeschränkt durchgesetzt.

Allerdings hatte sich diese Prämisse für die Wiedervereinigung von selbst ein Stück weitergedreht: Wenn humanitäre Fortschritte und mehr Freiheit auch in der DDR erreicht werden können, dann ließ sich auch eine andere Art der Lösung der nationalen Frage der Deutschen oder der deutschen Frage denken, wenn auch sozusagen nur abstrakt. Aber über diese abstrakte Lösung, nämlich einen modifizierten Fortbestand der Zweistaatlichkeit wurde in den 1980er Jahren in der Bundesrepublik häufiger nachgedacht. Eine DDR, deren Bürger dieselben Freiheiten genießen könnten wie die der Bundesrepublik, erschien manchen politisch denkenden Menschen in der Bundesrepublik durchaus akzeptabel. War das aber wirklich politisch gedacht? Auf welche Art Legitimation würde sich eine eigenständige DDR denn berufen können, wenn nicht auf den mit sowjetischer Militärmacht gestützten Sozialismus? Und der war doch mit dem Strauß westlicher Freiheiten programmatisch inkompatibel! (Niemand sah das im Übrigen klarer als die alten Herren der SED.)

Weil die Außen- und Deutschlandpolitiker in der Bundesrepublik eher in diese etwas eigenartige Richtung dachten, nicht alle, aber viele, wurden sie 1989 von der Dynamik überrascht, mit der die deutsche Frage, jetzt nicht mehr nur allgemein und abstrakt, sondern griffige Antworten fordernd, auf die internationale Tagesordnung drängte.

Die nur auf die beiden deutschen Staaten bezogenen Aspekte dieses Vorgangs wurden von der Regierung in Bonn nicht als Teil der eigenen Außenpolitik angesehen, sondern als *intra*-nationale Politik. Deshalb ressortierte diese Politik seit dem Grundlagenvertrag auch beim Bundeskanzleramt. Die Regierung in Ostberlin hingegen tat alles Mögliche, um ihre Beziehungen zur Bundesrepublik als Außenpolitik darzustellen. Das gelang ihr noch am ehesten in multilateralen Kontexten, etwa bei der Konferenz über Sicherheit und Zusammenarbeit in Europa, deren dritte Folgekonferenz (nach Belgrad 1977/78 und Madrid 1980 bis 1983) am 4. November 1986 in Wien begann und bis zum 19. Januar 1989 dauerte.

Zum Ende des Ost-West-Konflikts hin wurde indes immer klarer, dass innere, deutsch-deutsche und internationale Aspekte dieser Entwicklung untrennbar miteinander verbunden waren. Die Reformunfähigkeit des SED-Regimes, die stetig wachsende Anziehungskraft der westlichen Freiheiten und Lebensformen für die Menschen in allen mittelosteuropäischen Staaten, einschließlich der DDR, sowie das Eingeständnis der sowjetischen Führung, diesen Entwicklungen mit Gewalt oder mit anderen Mitteln nicht mehr entgegensteuern zu können und zu wollen, all dies bewirkte nun in der Tat eine ganz andere, neue Aktualität der deutschen

Frage. Darauf ließen sich die westlichen Regierungen nur zögernd ein. Das trifft auch auf die Bundesregierung zu. „Wir haben zwar keine Konzeption, aber zugeben dürfen wir das ... nicht" – dieses Zitat eines CDU/ CSU-Abgeordneten, das sich in der minutiösen Studie von Weidenfeld (1998, 75) und seinen Mitarbeitern über die Außenpolitik zur deutschen Einheit findet, fasst die westdeutsche Reaktion auf den „Fall der Mauer" am 9. November 1989 treffend zusammen.

„Nach dem Fall der Mauer waren alle Aktivitäten und Äußerungen der deutschen und ausländischen Regierungen zunächst von einem durch die Überraschung bestimmten Zwang zur Improvisation geprägt" (Weidenfeld 1998, 75).

Da zu diesem Zeitpunkt kaum jemand die Dynamik abschätzen konnte, mit der das sowjetische Machtgefüge in sich zusammensackte, gab es zunächst auch keinerlei Konzepte für eine neue und international befriedigende Lösung der nationalen Frage der Deutschen. Die diplomatische Schwierigkeit bestand in diesen Novembertagen darin, genügend politische Phantasie zu entwickeln, um Konzepte auf den Tisch zu bringen, die auf einer noch nicht ganz klar erkennbaren, aber von Tag zu Tag ein bisschen leichter antizipierbaren grundlegenden Veränderung der politischen Lage in Europa (und der Welt) fußten. Diese Schwierigkeit meisterten der amerikanische Präsident George Bush sen. und der deutsche Bundeskanzler Helmut Kohl am raschesten. Insbesondere auf Letzteren kam es aber an. Denn was für die Deutschen nur eine Frage der mehr oder weniger schnell zu vollziehenden staatlichen Vereinigung war, das war für die Nachbarländer Deutschlands die Frage nach der Einbindung Deutschlands in ein europäisches System von Staaten, das eine neo-hegemoniale deutsche Rolle von vornherein und ein für allemal zu unterbinden in der Lage sein sollte.

Jede politische Initiative seitens der Bundesregierung musste diese beiden Seiten der nationalen Fragen zugleich befördern. Helga Haftendorn (2001, 354f.) betont in diesem Zusammenhang insbesondere die Widersprüchlichkeit der Signale aus der Sowjetunion. Zwar fand sich die sowjetische Führung mit der Abschwächung ihres Einflusses auf ihre europäischen Satellitenstaaten ab, aber die Grenzziehungen von Jalta, in der östlichen Terminologie gerne „Nachkriegsrealitäten" genannt, sollten so bleiben. Nur hinter vorgehaltener Hand war aus Moskau zu vernehmen, dass es vielleicht auch einen Plan B gab, in dem eine Konföderation der beiden deutschen Staaten möglich gemacht werden könnte. In diese Richtung wies auch der vom neuen Ministerpräsidenten der DDR, Hans Modrow, er kam am 13. November 1989 ins Amt, ins Spiel gebrachte Begriff einer „Vertragsgemeinschaft" zwischen beiden deutschen Staaten. Das war am 17. November in seiner ersten Regierungserklärung. Damit war, ob es Modrow nun bewusst war oder nicht, ein Stein ins Rollen gekommen. Für die Bundesregierung ergab sich sofort die Notwendigkeit, in der deutsch-deutschen Politik die Initiative zu ergreifen, damit, um im Bild zu bleiben, der Stein in die richtige Richtung rollen würde.

## 8.1.2 Der Zehn-Punkte-Plan Helmut Kohls

Der Bundesregierung, in erster Linie Bundeskanzler Kohl, der von nun an die Fäden der deutschen Vereinigungspolitik nach innen und nach außen nicht mehr aus der Hand gab, gelang das mit einem Überraschungscoup, nämlich der Vorlage des „Zehn-Punkte-Programms zur Überwindung der Teilung Deutschlands und Europas" in einer Rede vor dem Deutschen Bundestag am 28. November. Das war nicht zuletzt auch eine geschickte Wahl des Forums, denn Kohls Rede wurde von den Regierungsfraktionen, aber auch von der SPD mit kräftigem Beifall aufgenommen. Dieser Resonanzboden erhöhte die Bedeutung der Rede.

Dabei waren nicht alle zehn Punkte Kohls gleichermaßen wichtig. Er kündigte (1) Sofortmaßnahmen konkreter Hilfestellung an, wo diese sich infolge der Fluchtbewegungen und des erhöhten Reiseverkehrs der letzten Wochen als notwendig erweisen würden. (2) Es sollte die Zusammenarbeit mit der DDR überall dort fortgesetzt werden, wo sie den Menschen beiderseits der Grenze unmittelbar zugute kommt. Auch verwies Kohl (3) darauf, Zusammenarbeit und Hilfe umfassend auszuweiten, sofern in der DDR ein grundlegender Wandel des politischen und wirtschaftlichen Systems verbindlich beschlossen und unumkehrbar in Gang gesetzt würde. Dazu zählte er explizit die Aufhebung des Machtmonopols der SED. Sodann griff Kohl (4) den Gedanken der Vertragsgemeinschaft auf und sprach von einem immer dichter werdenden Netz von Vereinbarungen und gemeinsamen Institutionen auf den verschiedensten Sachgebieten. Es folgte dann der wichtigste der zehn Punkte. „Fünftens. Wir sind aber auch bereit, noch einen entscheidenden Schritt weiterzugehen, nämlich konföderative Strukturen zwischen beiden Staaten in Deutschland zu entwickeln mit dem Ziel, eine Föderation, d. h. eine bundesstaatliche Ordnung in Deutschland, zu schaffen. Das setzt aber eine demokratisch legitimierte Regierung in der DDR zwingend voraus."

Weil dieser fünfte Punkt absehbar für Aufregung in den anderen Hauptstädten Europas sorgen würde, wurde er sogleich multilateral abgepuffert. Kohl unterstrich (6), dass die Entwicklung der innerdeutschen Beziehungen in den gesamteuropäischen Prozess der West-Ost-Beziehungen (das sagte man damals in Bonn, wenn man die Ost-West-Beziehungen meinte) eingebettet bleiben müsse. „Die künftige Architektur Deutschlands muß sich einfügen in die künftige Architektur Gesamteuropas." Entsprechend solle (7) die Europäische Gemeinschaft gestärkt und (8) der KSZE-Prozess vorangetrieben werden. Ein Element dieser multilateralen Entwicklung sollten (9) auch weitreichende und zügige Schritte in der Rüstungskontrolle und Abrüstung sein. Auf diese Weise könnten (10) Frieden in Europa und freie Selbstbestimmung der Deutschen über ihre staatliche Einheit miteinander verbunden werden (Auswärtiges Amt 1995, 632–638).

Mit dieser programmatischen Rede waren die Tage und Wochen der deutschlandpolitischen Improvisation vorbei. Zwar ahnte zu diesem Zeitpunkt auch der Bundeskanzler nichts von der Geschwindigkeit, mit welcher sich der Einigungsprozess vollziehen würde. Jedenfalls wurde in Bonn nicht länger aus Vorsicht oder Pietät oder aus anderen Gründen drumherum geredet – manifestes und sichtbar angestrebtes Ziel war die staatliche Einheit, „wenn die Menschen in Deutschland sie wollen", wie Kohl sich ausdrückte. Zugleich war mit diesen Aussagen jeder Versuch von Politikern oder Intellektuellen, gleichviel welcher politischer Provenienz, der DDR eine Überlebensperspektive zu geben, abgeblockt.

### 8.1.3 Befürchtungen

Die Menschen in beiden Teilen Deutschland waren sich 1989/90 nicht ganz klar darüber, ob sie die staatliche Einheit wirklich wollen sollten. Jedenfalls täuscht der vielzitierte Ausspruch von Willy Brandt, „Jetzt wächst zusammen, was zusammengehört" darüber hinweg, dass der Vorgang der Vereinigung von einer nicht zu vernachlässigenden Zahl von Deutschen (vor allem in der Bundesrepublik) nicht als etwas *Natürliches* verstanden wurde. Die Metapher, die Brandt im Hochgefühl des Jubels über den Fall der Mauer benutzte – dieses Hochgefühl wurde allerdings so gut wie überall in Deutschland und darüber hinaus geteilt –, stammt aus der Biologie. Politikwissenschaftler und politisch gebildete Menschen müssen dabei kritisch die Augenbrauen hochziehen – Prozesse in der Politik verlaufen anders als in der Biologie (oder der Physik, auch ein beliebter Metaphern-Lieferant für ungenaue politische Aussagen). Die Skepsis gegenüber der Vereinigung unter deutschen Intellektuellen dieser Jahre ist inzwischen häufig untersucht worden (vgl. z. B. Langguth (Hg.) 1997). DDR-Intellektuellen, die zur politischen Elite des Regimes zählten, galt die Vereinigung als Albtraum. Andere Intellektuelle in der DDR, die sich zuvor ganz oder halb mit dem Regime arrangiert hatten, hätten das weitere Bestehen einer reformierten, irgendwie freiheitlich-sozialistischen DDR vorgezogen. In der Bundesrepublik befanden sich Vereinigungs-Enthusiasten wie Martin Walser eher in der Minderheit. Viele westliche Intellektuelle verhielten sich angesichts der Vereinigungs-Perspektive eher reserviert. Manche lehnten sie auch ab, aus einer Vielzahl von Gründen heraus. Als prominentester Vereinigungs-Kritiker kann Günter Grass gelten. In einem „Spiegel"-Interview vom 20. November 1989 meinte er kategorisch, er mache sich Sorgen, dass in der Bundesrepublik das Wiedervereinigungsgeschrei wieder losgehe. Und am 2. Oktober 1990 hielt er seine damals berühmt gewordene Rede, übrigens im Berliner Reichstag, das Publikum bildeten die Fraktionen der Grünen und von Bündnis 90, über „Ein Schnäppchen namens DDR" mit der Kernprognose für das vereinigte Deutschland „Ein Monstrum will Großmacht sein." Das alles zeugt von wenig politischer Urteilskraft. Aber warum sollten Intellektuelle und Schriftsteller davon mehr besitzen als andere?

In dieses Diktum von Grass waren zwei Vorstellungen über das vereinigte Deutschland eingelagert, die sich gegenseitig verstärkten. *Erstens* die Furcht vor einer schleichenden innenpolitischen Entdemokratisierung. *Zweitens* die Furcht, dass ein wiedervereinigtes Deutschland außenpolitische Traditionen des Kaiserreichs und des Nationalsozialismus wieder aufnehmen könnte. Schon allein aus Gründen der europäischen Sicherheit sei die vertragsgemeinschaftliche Zweistaatlichkeit Deutschlands eine sinnvollere Lösung gewesen.

Über solche Befürchtungen, sie werden in Günter Grass' Roman „Weites Land" noch einmal ausführlich hin- und hergewendet, ist die Zeit hinweggegangen. Fundiert waren sie auch damals nicht. Aber sie erzeugten doch ein Hintergrundmurren, das den Einigungsprozess nicht lautstark, aber doch immer hörbar begleitet hat.

## 8.2 Visionen über Ende und Neuanfang

Die Durchlöcherung des Eisernen Vorhangs, die im Sommer 1989 insbesondere durch die bewusste und wenn auch vielleicht nicht alle, so doch entscheidende Konsequenzen antizipierende Entscheidung der ungarischen Regierung (und der Duldung dieser Politik durch den Kreml) zustande kam, und der Fall der Mauer in Berlin am 9. November 1989 waren Signale für das bevorstehende Ende des Ost-West-Konflikts. Wenn eine über Generationen hinweg bestehende Struktur der internationalen Beziehungen ihre diese Beziehungen strukturierende Kraft verliert, jubeln die, welche unter der bisherigen politischen Ordnung gelitten haben und sie ändern wollten. Zugleich jedoch entsteht aber auch eine gewisse Unsicherheit. Denn niemand weiß genau, in welche Richtung sich die einmal ins Rollen gekommenen politischen Angelegenheiten bewegen werden. Von daher gesehen, lassen sich die oben geschilderten westdeutschen Befürchtungen, so absurd sie sich im Einzelnen auch ausnehmen mögen, schon nachvollziehen, nämlich als Ausdruck einer Art politischen Orientierungsverlusts. Mangels anderer sollen die bisherigen Wahrnehmungsmuster dazu dienen, das Neue zu deuten und zu erklären. Bevor sich neue Wahrnehmungsmuster entwickeln, vergeht einige Zeit. Um sie zu überbrücken, liegt es nahe, auf die neuen politischen Gegebenheiten, wenn man sie denn schon nicht mehr mit den Kategorien des Ost-West-Konflikts erklären kann, mit einem Rückgriff auf ältere Deutungsmuster zu reagieren.

Für die deutsche Vereinigung heißt das nichts anderes, als dass viele Beobachter sie mit den Begriffen und Konzepten der Nationalpolitik wahrgenommen haben, die vor und nach dem Ersten Weltkrieg die internationalen Beziehungen in Europa bestimmten. Es brauchte eine Weile, bis sich deutlich herausgestellt hatte, dass diese Betrachtungsweise die Sachverhalte, um die es ging, eher verzerrte als angemessen zu erklären imstande war.

### 8.2.1 Zurück in die Zukunft?

Einer der ersten Politikwissenschaftler, der einen fundierten und argumentationsreichen Aufsatz über die Gestalt des internationalen Systems nach dem Ende des Ost-West-Konflikts publizierte, war John Mearsheimer, ein offensiver und streitlustiger Neorealist. Der Titel seines Auf-

**Zurück in die Zukunft?**

„In diesem Zusammenhang ist es besonders wichtig, dass die Beziehungen zwischen Deutschland und seinen Nachbarn behutsam geregelt werden. Viele Deutsche hegen mit einigem Recht die Vorstellung, dass sich ihr Land in den letzten 45 Jahren sehr verantwortungsbewusst verhalten und ehrliche Anstrengungen gemacht habe, die hässliche Periode seiner Vergangenheit nicht zu verdrängen, sondern aufzuarbeiten. Deshalb sind sie es leid, von anderen immer wieder darauf verpflichtet zu werden, sich für Verbrechen zu entschuldigen, die verübt wurden, bevor die meisten der heute lebenden Deutschen geboren wurden. Andererseits können die Völker, die unter den Deutschen gelitten haben, diese Zeit nicht vergessen und verlangen folgerichtig Garantien gegen eine Wiederkehr dieser Vergangenheit. Diese Konstellation könnte eine Spirale gegenseitiger Vorwürfe bewirken, ein Gefühl der Diskriminierung bei den Deutschen und dann sogar einen erneuten deutschen Nationalismus. Es ist deshalb wichtig, dass dieser Diskurs von allen Beteiligten in gegenseitigem Verständnis und Respekt geführt wird. Insbesondere sollten die Deutschen von heute nicht immer wieder aufgefordert werden, sich für Verbrechen zu entschuldigen, die sie selbst gar nicht begangen haben. Die Deutschen ihrerseits müssen allerdings anerkennen, dass die immer wiederholte Frage nach ihrer Zuverlässigkeit einen legitimen Grund in der Geschichte hat, und sie sollten deshalb dieser Frage mit Geduld und Verständnis begegnen."

(Aus: John J. Mearsheimer, Back to the Future: Instability in Europe After the Cold War. In: International Security, 15. Jg., Sommer 1990, Nr. 1, S. 56, eigene Übersetzung)

satzes vom Sommer 1990 spielt mit dem Titel eines seinerzeit noch recht bekannten Hollywood-Films: *Back to the Future*, zurück in die Zukunft. Mearsheimer stellte fest, dass die Bipolarität des Ost-West-Konflikts, das militärische Gleichgewicht und gerade auch das nukleare Patt für das Europa nach 1945 eine Periode des Friedens gebracht haben. Dass eine zuvor durch Krieg und Gewalt geprägte Region in ein friedliches Fahrwasser geraten ist , das sei hauptsächlich dem Kalten Krieg zu verdanken. Zwar habe dieser Frieden zweifellos auch seine Kosten gehabt. Sie waren beträchtlich. Aber immerhin. Der Niedergang der bipolaren Gleichgewichts-Ordnung erhöhe jedoch die Gefahr größerer Krisen und Kriege in Europa. Es könne passieren, dass sich Europa wieder zurückentwickelt in einen Kontinent der Konflikte, wie sie die Jahrzehnte vor dem Ersten Weltkrieg bestimmt haben.

In der Zeitschrift *International Security* gab es sogleich eine ziemlich heftige Debatte dieser eher melancholisch gefärbten Vorstellungen von Mearsheimer, und die meisten Autoren, die sich daran beteiligten, etwa der amerikanische Europa-Kenner Stanley Hoffmann oder Thomas Risse-Kappen, lehnten sie mit Nachdruck ab. Von einem „Zurück in die Zukunft" könne vor allem deshalb nicht die Rede sein, so der kritische Tenor, weil die Welt nach dem Ost-West-Konflikt ganz andere politische Strukturen und Akteure aufweist als die Welt vor oder nach dem Ersten Weltkrieg. Die Integration Europas sei bereits so weit fortgeschritten, dass sie durch das Ende des Ost-West-Konflikts nicht bedroht werde und damit des „Feindes", gegen den die westlichen Demokratien Europas nach 1945 zusammenrückten, nicht mehr bedürfe. Nicht militärische Macht, sondern sich ausbreitender ökonomischer Wohlstand sei für die makro-regionale Stabilität von primärer Bedeutung. Internationale Organisationen und Regime würden künftig an Bedeutung zunehmen.

Diese Debatte klingt heute, achtzehn Jahre später, wie ein Vorklang der transatlantischen Auseinandersetzungen, die mit den unterschiedlichen Wahrnehmungen der Bedrohung durch den internationalen Terrorismus seit 2001 an Schärfe zugenommen haben. Sie haben für die transatlantische Politik eine besondere Bedeutung, aber sie werden auch inneramerikanisch und inner-europäisch geführt.

Mearsheimer mag die damalige Integrationsbereitschaft der Staaten Europas unterschätzt haben; seine Prognosen gewalttätiger Konflikte auch in europäischen Konfliktzonen war richtig. Damit sticht er all jene hyper-optimistischen, meist allerdings deutlich von Wunschdenken geprägten Vorstellungen aus, die das Ende des Ost-West-Konflikts mit dem Ende von größeren Kriegen und Gewalteruptionen gleichsetzten und sich von den 1990er Jahren eine rasch wachsende „Friedensdividende" versprachen.

## 8.2.2 Ein europäisiertes Deutschland

Der staatliche Einigungsprozess Deutschlands, der sich bekanntlich keineswegs in den Grenzen von 1937 abspielte, sondern auf die Territorien von Bundesrepublik und DDR eingeschränkt blieb, wurde trotz dieser von den Deutschen ohne Vorbehalte hingenommenen Einschränkung von vielen Beobachtern mit den Wahrnehmungsmustern und Deutungskategorien herkömmlicher Nationalpolitik wahrgenommen. Diese oben getroffene Feststellung wird hier nicht deshalb noch einmal aufgegriffen, weil das gleichermaßen auf die Kritiker der deutschen Einheit und auf neo-realistische Politikwissenschaftler wie Mearsheimer zutrifft. Vielmehr geht es hier darum, die Reaktion der deutschen Einigungs-Politiker auf solche mal leise, mal lautstärker geäußerten Unmuts- und Skepsis-Äußerungen in den Blick zu nehmen. Die deutschen Außenpolitiker waren sich der „nationalen Problematik" wohl bewusst und versuchten deshalb mit großem Geschick, Befürchtungen und Vorbehalte der Kritiker (jedenfalls in den Nachbarstaaten, bei solchen im eigenen Lande war das nicht möglich) zu zerstreuen, am besten schon, bevor diese richtig formuliert wurden. Dies war kein Trick, sondern schon längst habituell geworden. Das Verständnis der Bundesrepublik Deutschland als einer „post-nationalen Gesellschaft" hatte sich tief in die politische Kultur des Landes eingeprägt. Die staatliche Einheit war in diesem Verständnis nicht oder (vorsichtiger ausgedrückt) nur in zweiter Linie ein Ziel nationaler, schon gar nicht nationalistischer Aspirationen, sondern die Konsequenz der Befreiung der DDR-Bewohner von der Repression durch das SED-Regime. Demokratie, Menschenrechte und Weltoffenheit konnten nun auch den Menschen „drüben" zugute kommen.

Wie aber sollte die Befürchtung zerstreut werden, dass dies alles nur entweder ein Vorwand oder ein erster Schritt war, dessen Fortsetzung wieder auf die alten Wege der Hegemonial-Bestrebungen aus Europas Mitte heraus führen würde? Ein Argument und ein Handlungsstrang boten sich an. Das Argument lautet: Wir Deutsche wollen kein deutsches Europa, sondern ein europäisiertes Deutschland. Und der Handlungsstrang, den man sogleich mit Verve weiterflocht, war der Aufbau von europäischen Institutionen, an die auch und gerade das vereinigte Deutschland gerne Teile seiner Souveränität wieder abzugeben bereit war.

Auf letzteres wird im Kapitel 9 näher eingegangen. Hier soll noch einmal eine andere Version des Europäisierungs-Arguments vorgeführt werden. Es wurde 1990/91 von deutschen Politikern auf sehr vielen internationalen Foren vorgetragen.

Dies etwa sagte die Präsidentin des Deutschen Bundestages, Rita Süßmuth, anlässlich einer Podiumsdiskussion der Hebräischen Universität und des *Israel Council on Foreign Relations* am 26. Juni 1990 in Jerusalem:

„1. Ohne die Überwindung der deutschen Teilung kann es keine Einigung Europas geben. Ohne die Vereinigung der Deutschen würden weder das Konfrontationsdenken noch die Machtblöcke in Europa schwinden. Wer eine europäische Friedensordnung zum Nutzen aller Beteiligten will, der muss auch die deutsche Einheit wollen und sie unterstützen. 2. Zur wichtigsten Lektion unserer eigenen Vergangenheit gehört, dass Frieden, Stabilität und Sicherheit in Europa von der europäischen Einbindung der Deutschen und von konstruktiven Bindungen zu ihren Nachbarn abhängen. Deshalb können die Deutschen – aus Einsicht und Verantwortung – jetzt und in Zukunft nur europäische Einigungspolitik betreiben ... 3. Das künftige Deutschland ... wird, fest verankert im Westen und in der transatlantischen Partnerschaft mit Nordamerika, seiner Mitverantwortung für das ganze Europa nachkommen" (Auswärtiges Amt 1995, 677f.).

Dies war die Antwort auf die von einem israelischen Politikwissenschaftler geäußerte Furcht, in der Machtansammlung der Deutschen liege eine Gefahr, die nämlich, dass es in Europa nicht zu einem Gleichgewicht kommen werde, sondern zu einer unbestrittenen deutschen Dominanz.

So wie Rita Süßmuth versicherten fast alle deutschen Politiker einander und der internationalen Öffentlichkeit, das vereinigte Deutschland werde seine Kooperations- und Integrationspolitik ganz in der Tradition der „alten Bundesrepublik" fortführen.

---

### Bekenntnisse zum „europäisierten Deutschland"

*– Aus der Rede von Bundeskanzler Helmut Kohl über „Die deutsche Frage und die europäische Verantwortung" am 17. Januar 1990 in Paris:*

„Niemand will ... die Wiedervereinigung verbinden mit der Verschiebung bestehender Grenzen – Grenzen, die in einem künftigen Europa der Freiheit an Bedeutung verlieren werden ... In Wahrheit gibt es zwischen deutscher Einheit und europäischer Integration keinen Widerspruch ... Die Bundesrepublik Deutschland wird daher auch nicht – wie hie und da behauptet wurde – zum ,Problemfall' in der Europäischen Gemeinschaft ... Die Bundesrepublik Deutschland steht ohne Wenn und Aber zu ihrer europäischen Verantwortung – denn gerade für uns Deutsche gilt: Europa ist unser Schicksal!"

– *Aus der Rede von Bundespräsident Richard von Weizsäcker am 15. März 1990 in Prag:*

„Wir Deutsche wissen sehr wohl, wie wichtig es ist, bei unseren Nachbarn durch unsere Einigung keine alten oder neuen Sorgen entstehen zu lassen. Wir wollen und werden ihre Empfindungen, mit denen sie unsere Entwicklung begleiten, ganz ernst nehmen ... Mit unseren Worten und Taten wollen wir die Menschen davon überzeugen, daß eine Einheit nicht nur demokratisch legitim ist, sondern daß sie förderlich für den friedlichen Geist in Europa ist."

– *Aus der Erklärung deutscher Bischöfe zum 1. Juli 1990:*

„Überholtes nationalstaatliches Denken kann nicht unsere Sache sein. Das geeinte Deutschland muß seinen Platz in Europa finden. Von Deutschland müssen jetzt kräftige Impulse zur europäischen Zusammenarbeit ausgehen ... Eine die Interessen unserer Nachbarn berücksichtigende deutsche Einigung wird für das größere Europa kein Hindernis sein; im Gegenteil, sie fördert und beschleunigt diese Entwicklung."

(Gesammelt von: Renata Fritsch-Bournazel: Europa und die deutsche Einheit. Stuttgart und München 1990, S. 244, S. 251f., S. 257f.)

## 8.2.3 Der Schatten der Globalisierung

Die politischen Veränderungen in Deutschland und auf dem europäischen Kontinent sowie in anderen kommunistischen Staaten sind eine Folge davon, dass der Ost-West-Konflikt 1989/90 aufhörte, weil die Sowjetunion und die kommunistischen Staatsführungen anderswo konzedieren mussten, den „Wettkampf der Systeme" verloren zu haben. Wenn man so will, stellen die Gemeinsame Erklärung der 22 Staaten der NATO und der Warschauer Vertragsorganisation vom 19. November 1990 in Paris und die zwei Tage später von der KSZE verabschiedete Charta von Paris so etwas wie die Rücknahme der russischen Revolution dar. Vorher schon hatte der „Vertrag über die abschließende Regelung in bezug auf Deutschland vom 12. September 1990" (2-plus-4 Vertrag) die Aufgabe übernommen, als Ersatz für den seit der Kapitulation Deutschlands am 8. Mai 1945 eigentlich fälligen, jedoch nie abgeschlossenen und seither eben auch nicht mehr nötigen Friedensvertrag mit Deutschland zu fungieren.

Zwei sehr unterschiedliche „offene Rechnungen" des 20. Jahrhunderts waren damit am Beginn seines letzten Jahrzehnts beglichen worden. Das Ende des Ost-West-Konflikts bedeutete eine massive Veränderung in der Struktur und der Gestalt des internationalen Systems. Das war übrigens den allermeisten Beobachtern der Ereignisse 1989/90 klar. Wie sich diese Veränderungen allerdings kurz-, mittel- und langfristig auswirken würden, darüber herrschten Unklarheit und Uneinigkeit. Die frühen 1990er Jahre erscheinen im Rückblick auch als eine Zeit, in der politische Großprognosen und Weltordnungs-Entwürfe aller Art florierten.

In vielen dieser Prognosen und Entwürfe ging es darum, den aktuellen Strukturbruch im internationalen System zu verallgemeinern und auszubauen. In der Politikwissenschaft, speziell in den Internationalen Beziehungen, intensivierte sich die Theorie-Debatte über das Ende der Politik mit militärischen Mitteln, das Ende des „Westfälischen Systems moderner Staaten", das Ende des modernen Staates überhaupt und seine Ablösung durch andere Formen politischer Organisation sowie schließlich auch, mit großer kulturwissenschaftlicher Gestik, das Ende der Geschichte, das Ende der Moderne und den Beginn von, ja wovon eigentlich, der Post-Moderne, der Zweiten, vielleicht gar der Dritten Moderne?

Das war schon eine kuriose Konstellation für die deutsche Außenpolitik: Im Alltag galt, dass sie in erster Linie von Kontinuität und dem Weitermachen wie bisher geprägt sein sollte. Aber diese Kontinuitätsweise lief weiter, während sich die Bühne mit den internationalen Akteuren dramatisch veränderte. Auch die Deutungsrahmen des Geschehens veränderten sich, allerdings ohne dass sogleich deutlich wurde, in welche Richtung die internationalen Beziehungen sich entwickeln würden.

Ein politischer Begriff, der für die meisten der konkurrierenden Deutungsrahmen eine wichtige Rolle spielte, war der Terminus Globalisierung. Er wird auf recht verschiedenartige Weise definiert. Vor allem, wenn er normativ aufgeladen wird, wird es unübersichtlich. Deshalb soll Globalisierung hier ganz nüchtern verstanden werden als die von Raum und Zeit zunehmend weniger beeinflusste Ausdehnung des Handlungsbereichs staatlicher und nicht-staatlicher Akteure. Sie wurde ermöglicht und vorangetrieben durch die Weiterentwicklung der Informations-, Kommunikations- und Mobilitätstechnologien. Sie hat ihre Wirksamkeit zunächst auf dem Gebiet der Wirtschaft durch die Schaffung weltweiter Märkte, vor allem Finanzmärkte demonstriert, auch durch die Zerstückelung von Produktionsprozessen, dessen einzelne Sequenzen an Orten ablaufen können, die Tausende von Kilometern voneinander entfernt sind. Fast ebensogut sichtbar ist die Globalisierung auf dem Gebiet der Politik, vor allem auch der Sicherheitspolitik. Und schließlich sind uns in den letzten Jahren mehr und mehr widersprüchliche Wirkungen der Globalisierung auf dem Gebiet der Kultur ins Bewusstsein getreten.

All das hat mit dem Ost-West-Prozess nur insofern zu tun, als dessen Ende Globalisierungsprozesse, die es schon vorher gab, noch einmal mit einer neuen Dynamik versah. Für die Außenpolitik eines Landes wie Deutschland hat diese Dynamik der Globalisierung nach 1990 zur Folge gehabt, dass sie nicht nur für den Nahbereich neu konzipiert werden musste, also der Makro-Region Europa, sondern dass jetzt auf ein paar neue und anspruchsvolle Herausforderungen geantwortet werden musste.

„Deutschland ist nur eine europäische Großmacht", hat Hans-Peter Schwarz (1994, 75) geschrieben. Das ist korrekt. Aber auch kontinentale Großmächte, Mittelmächte überhaupt und letztlich alle anderen Staaten auch sind im Schatten der Globalisierung gehalten, ihre Außenbeziehungen weltweit zu gestalten, denn sie sind ja, *nolens volens*, in weltweite Kontexte einbezogen. Früher war makro-regionale Arbeitsteilung eine Möglichkeit, sich das Geschäft der Außenpolitik zu erleichtern. Spätestens nach 1990 gibt es diese Möglichkeit nicht mehr.


## 8.3 Doch wieder Krieg

1990 ist das Jahr der politischen Zäsuren – die Landkarte Europas veränderte sich, damit auch seine Sicherheitsarchitektur; die Umrisse der modernen Staatenwelt wurden mit einem Male als schon recht löchrig sichtbar; manche glaubten, am Ende der Moderne oder gar am Ende der Geschichte angelangt zu sein. Würde sich nicht auch, dachte manch einer, die Natur von Politik ändern lassen, jetzt, wo eine der gefährlichsten Konfrontationen der Weltgeschichte, das nukleare Ost-West-Patt mit gesicherter Zweitschlagskapazität beider Akteure, überwunden war? Würde sich jetzt nicht organisierte physische Gewalt als Mittel der Politik, würde sich nicht der Krieg als die Fortsetzung des politischen Verkehrs von Akteuren mit gegenläufigen Interessen abschaffen lassen? Die Forderung danach besitzt eine lange Tradition in der bürgerlichen Gesellschaft. War jetzt der Augenblick gekommen, sie umzusetzen?

## 8.3.1 Frieden und Dividende

Die Bilder der fast überall in den ehemaligen kommunistischen Staaten friedlich verlaufenden politischen Umstürze („Revolutionen") und die Beteuerungen der neuen, manchmal auch der alten Politiker in den nun so genannten Transformationsgesellschaften des östlichen Mitteleuropa schienen dies nahe zu legen. Bilder und Beteuerungen sind nun allerdings keine Beiträge zu einer Theorie der Politik. Eine solche gab es aber auch, jedenfalls in Umrissen, die Theorie vom demokratischen Frieden. Sie besagt in ihrer Grundform, dass die Staatsführung einer demokratischen Gesellschaft prinzipiell dazu neigt, Konflikte ohne Gewaltanwendung auszufechten, vor allem dann, wenn die andere Konfliktpartei auch eine Demokratie ist. Eine Welle von Demokratisierungen in der Welt, und eine solche konnte man um 1990 in der Tat beobachten, bedeutet dann zugleich auch einen Schritt in Richtung auf die Entmilitarisierung von Politik.

Für einen kurzen Moment, eigentlich nur einen Wimpernschlag lang, schien es so, als habe mit dem Ende des Ost-West-Konflikts wirklich ein neues Zeitalter der Entmilitarisierung von Politik begonnen.

Der populäre Ausdruck für diese Illusion, wie sich schon beim nächsten Augenöffnen herausstellte, hieß *Friedensdividende*. Den kapitalismuskritischen unter den Pazifisten konnte dieser Begriff allerdings nicht recht behagen. Dabei besaß er in gewissem Sinne einen sachlichen Kern: Nach 1990 ist es in der Tat zu einem Rückgang der Militärausgaben in der Welt gekommen. Auch wurden gleichzeitig die Umfangstärken der Streitkräfte wichtiger Länder zum Teil erheblich reduziert. Der größte Militärhaushalt der Welt, der der Vereinigten Staaten von Amerika, sank 1990 im Vergleich zum Vorjahr um 3,8 %, im Jahr 1991 um weitere 4,6% und im Jahr 1992 sogar um 5,3 % (vgl. v. Bredow 1994, 96f.).

Die auf diese Weise für andere Zwecke zur Verfügung bleibenden Finanzmittel sind allerdings nicht so umfangreich gewesen, dass man eine ganze Reihe erfreulicher wirtschaftlicher Entwicklungen dieser Jahre allein oder auch nur hauptsächlich auf sie zurückführen könnte.

Das Friedensdividenden-Argument war eine politisch verlockende Spekulation. Zwar wurden 1990 für Europa eine Reihe militärischer Optionen, die im Übrigen auch schon vorher nicht unbedingt sachgerecht waren, endgültig reif für's Archiv. Das betrifft die offensive wie die defensive Version eines Ost-West-Bewegungskrieges mit Panzerverbänden, ferner den begrenzten Ost-West-Atomkrieg auf europäischem Territorium. Insofern ist die große sicherheitspolitische Erleichterung von 1990 gewiss verständlich.

Jedoch gab es mit dem Krieg am Golf, der sich im Sommer 1990 anbahnte und Anfang 1991 durchgefochten wurde, und mit dem sich schon länger ankündigenden, durch das Ende des Ost-West-Konflikts aber in sein akutes Stadium tretenden Zerfall Jugoslawiens neue militärische Konfrontationen, die es nicht zuließen, weiter vom Rückzug des Krieges aus der Politik zu träumen.

## 8.3.2 Lehrmeister Krieg

In Deutschland war dies ein Traum im Traum; man musste gleich doppelt aufwachen. Der Schlüsseltext für dieses doppelte Erwachen stammt aus der Feder eines weltklugen Soziologen. Unter dem provozierenden Titel „Lehrmeister Krieg" veröffentlichte der ‚Spiegel' in seiner Nr. 4/1991 einen Essay von Karl Otto Hondrich.

Dieser kurze Text war Teil der öffentlichen deutschen Debatte zwischen den Pazifisten und den sogenannten Bellizisten (vgl. Kap. 6.2.3), die anlässlich des zweiten Golfkriegs entbrannte und die in Deutschland vor allem deshalb eine vergleichsweise hohe Intensität annahm, weil es hier um eine Neujustierung des Verhältnisses Politik-Streitkräfte ging, die für andere Länder in ähnlicher Form nicht nötig war.

Hondrich (1992) hat seinen Text ein Jahr später zu einem schmalen Buch erweitert. Es ist vor allem auch deshalb so lehrreich geblieben, weil es den notwendigen außenpolitischen Umdenkprozess im deutschen Selbstverständnis in klaren Umrissen beschrieb. Die Niederlage 1945 lehrte die Deutschen, dass es sich lohnt, sich in ein friedfertiges Kollektiv zu verwandeln. Zwar blieb ihnen am Anfang keine andere Wahl, aber bald wurden die ihnen oktroyierten Haltungen auch innerlich akzeptiert. Das war sozusagen die Lehre des verlorenen Krieges.

„Der Kalte Krieg schließlich schürte die rationale Angst vor den atomaren Waffen, die wie nirgends sonst in Deutschland zusammengeballt und aufeinander gerichtet waren, ohne dass die Deutschen selbst darüber verfügten; wer den Supermächten ausgeliefert und politisch und militärisch letztlich nicht Täter, sondern Erduldender, ja Hauptleidtragender eines möglichen Krieges in Europa sein würde, für den ist Friedfertigkeit ein absolutes Muss. Mit diesem Lehrstoff füllten die Deutschen ihre Rolle, die ihnen nach dem Zweiten Weltkrieg verordnet worden war. Sie entwickelten sich, nicht nur äußerlich, sondern ‚echt': zu Musterschülern der Friedfertigkeit" (Hondrich 1992, 30).

Die militärischen Auseinandersetzungen im Nahen Osten, nicht zuletzt auch das Schicksal Israels als Ziel von Raketenangriffen aus dem Irak, relativierte diese erste Lehre des Krieges. Sie bedurfte der Ergänzung. Bei Hondrich liest sich das, vereinfacht, aber nicht über Gebühr vergröbert so:

„Das Lernergebnis dieses Krieges, für die Deutschen als Zuschauer, läßt sich also nicht als eine Umwandlung friedfertiger in kriegsfreundliche Gesinnung begreifen. Vielmehr besteht es darin, den bislang eher absolut gesetzten Wert des Friedens im Lichte einer neuen Erfahrung, also einer veränderten Sicht der Wirklichkeit, zu relativieren und zu differenzieren: ...
– Begrenzte Kriege sind führbar. Bisher hieß es: Der nächste Krieg bedeutet unbegrenzte Vernichtung.
– Deutschland kann in einen Krieg außerhalb seiner Grenzen hineingezogen werden. Bisher: Kein Einsatz deutscher Soldaten außer zur Landesverteidigung.
– Es gibt Interessen und Werte, für die Krieg zu führen man in Erwägung ziehen kann. Bisher: Krieg ist durch nichts mehr zu rechtfertigen; Frieden ist der oberste Wert.
– Nur an einem von der UNO für notwendig erachteten, insofern von der Völkergemeinschaft als ‚gerecht' definierten Krieg ist eine deutsche Beteiligung denkbar. Bisher: Eine deutsche Beteiligung am Kriege darf es nicht mehr geben, auch nicht zur Durchsetzung von UNO-Beschlüssen" (Hondrich 1992, 37f.).

Diese Gegenüberstellung ist freilich eine Zuspitzung, aber eine erkenntnisfördernde. Im Rückblick stellte sich der nuklear abgestützte Ost-West-Konflikt als eine Zeitspanne heraus, zumindest die 1960er, 1970er und 1980er Jahre, in der es Deutschland ermöglicht wurde, eine Kultur der Friedfertigkeit, der Entspannung, der Kriegsferne zu entwickeln, die sich in den Augen der Nachbarn und den eigenen auch sehr vorteilhaft von früheren politischen Kulturen in Deutschland unterschied. Es bedurfte aber des Rahmens einer hinreichend symmetrischen gegenseitigen nuklearen Abschreckung, der – ein Paradox – diese Kultur der Friedfertigkeit gedeihen ließ. 1990 fiel dieser Rahmen weg. Es gab neue außenpolitische Herausforderungen und Erfahrungen. Daraus mussten neue Maßstäbe erwachsen. Das brauchte Zeit, wie es immer Zeit braucht, bis sich veränderte Sachverhalte gegen träge Seh- und Denkgewohnheiten durchsetzen.

## 8.3.3 Verantwortung

Der Ausdruck *Verantwortung* hat im außenpolitischen Diskurs gemeinhin einen freundlich-seriösen Unterton. Ein Akteur zeigt Verantwortung, er übernimmt Verantwortung, er handelt verantwortlich – dann möchte man ihm gleich ermutigend auf die Schulter klopfen. Im außenpolitischen Diskurs meint, wer diese Ausdrücke verwendet, ein Handeln, das nicht rein und ausschließlich im eigenen Interesse liegt, bei Staaten also ein unilateral definiertes nationales Interesse, vielmehr ein Handeln, das sich in den Dienst einer höheren Werteordnung stellt, seien es z. B. die Menschenrechte oder die Überwindung der Armut. Zugleich wird damit allerdings auch, direkt oder indirekt, eine gewisse Handlungsbereitschaft und -fähigkeit betont.

Im Fall der Bundesrepublik Deutschland besannen sich die Politiker und die anderen Teilnehmer am außenpolitischen Diskurs 1990 dieses Begriffs, um zweierlei deutlich zu machen: *Erstens* würde die Außenpolitik des vereinten Deutschland weiterhin berechenbar bleiben, multilateral ausgerichtet sein und auf Kooperation setzen. Damit sollten die Befürchtungen der Nachbarn beschwichtigt werden. *Zweitens* würde die Außenpolitik des vereinten Deutschland aber auch versuchen, bei der Gestaltung der internationalen Politik stärker mitzubestimmen, also ein Mehr an Verantwortung für die Entwicklung einer friedlichen Weltordnung zu übernehmen – falls dies denn gewünscht würde.

In seinem Einleitungsaufsatz zu dem explorativen vierbändigen Werk der Deutschen Gesellschaft für Auswärtige Politik (DGAP) zur neuen deutschen Außenpolitik aus der Mitte der 1990er Jahre schreibt der *spiritus rector* dieses Unternehmens, Karl Kaiser:

„Die neue internationale Verantwortung des vereinten Deutschlands, das am Ausgang des 20. Jahrhunderts wieder in die internationale Politik eintritt, hat eine völlig andere Grundlage als die vergleichbarer Großmächte wie Frankreich und Großbritannien ... Die Destabilisierungstendenzen in der Weltpolitik nach dem Ende des Ost-West-Konflikts und das gewachsene Gewicht des vereinten Deutschlands mit seinem hohen Verflechtungsgrad mit der Weltökonomie und -politik stellen für die deutsche Politik eine unausweichliche Herausforderung dar. Dies gilt nicht nur für die globalen Entwicklungen, sondern auch für die europäischen, denn aufgrund seiner Geschichte sowie seiner geostrategischen Position im Herzen des Kontinents und an der Bruchlinie zwischen dem ehemaligen Westen und dem ehemaligen Osten wird kein anderes Land Westeuropas in so starkem Maße von den Entwicklungen in dieser Region betroffen. Deshalb kann die größte Demokratie Westeuropas nicht der Verantwortung ausweichen, durch ökonomische, diplomatische und auch militärische Mittel die Durchsetzung der Völkerrechtsordnung mitzutragen ...“ (Kaiser 1994, 8ff.)

Ekkehart Krippendorff hat seinen Kollegen Kaiser einmal den „akademischen Vertrauten des Außenministeriums" genannt, in seinen Augen alles andere als ein Kompliment. Aber er hat insofern Recht, als Karl Kaiser, bis vor wenigen Jahren als Direktor des Forschungsinstituts der Deutschen Gesellschaft für Auswärtige Politik tätig, über Jahrzehnte hinweg über einen ‚besonderen Draht' ins Auswärtige Amt verfügte. Seine Vorstellungen zur deutschen Außenpolitik und ihre argumentative und sprachliche Präsentation haben Eingang in viele offizielle Erklärungen der jeweiligen Minister gefunden. Die Probe auf's Exempel kann man leicht machen. Denn ein hervorragendes Beispiel für die außenpolitische Verantwortungs-Rhetorik in der deutschen Außenpolitik sind die Reden deutscher Außenminister vor der Generalversammlung der Vereinten Nationen.

### Deutsche Außenpolitik präsentiert sich vor der UNO-Generalversammlung

*Bundesaußenminister Hans-Dietrich Genscher vor der 45. UN-Generalversammlung am 26. September 1990:*

„Besinnung auf Geschichte und Verantwortung, nicht nationalistischer Überschwang, bestimmen die Gefühle der Deutschen in diesen historischen Tagen. Das unendliche Leid, das in deutschem Namen über die Völker Europas und der Welt gebracht wurde, werden wir nicht vergessen. Wir gedenken aller Opfer des Krieges und der Gewaltherrschaft. Wir gedenken in besonderer Weise der unsäglichen Leiden des jüdischen Volkes. Wir erkennen unsere Verantwortung, und wir nehmen sie an ... Vom Boden des vereinten Deutschland wird nur Frieden ausgehen ... Als gleichberechtigtes Glied in einem vereinten Europa wollen wir dem Frieden der Welt dienen. Diese Verpflichtung aus der Präambel unseres Grundgesetzes bestimmt unsere Politik. Sie ist Absage an Machtpolitik, sie bedeutet Politik der Verantwortung."

*Der deutsche Außenminister Klaus Kinkel vor der 47. UN-Generalversammlung am 23. September 1992:*

„Der Schwerpunkt unseres deutschen Beitrags zur internationalen Stabilität wird weiter im Bereich der Friedensgestaltung liegen: bei der wirtschaftlichen Zusammenarbeit, dem Schutz der Menschenrechte, der humanitären Hilfe und beim internationalen Umweltschutz.

Wir müssen aber auch die verfassungsmäßigen Voraussetzungen dafür schaffen, daß unsere Streitkräfte, nach Zustimmung des Bundestages, den Vereinten Nationen für friedensbewahrende und friedensschaffende Einsätze zur Verfügung gestellt werden können. Wie müs-

sen als wiedervereinigtes und souveränes Land alle Rechte und Pflichten eines Mitglieds der Vereinten Nationen übernehmen, damit nicht eine Kluft entsteht zwischen unserem verbalen Engagement für Friede und Menschenrechte und unserem tatsächlichen Eintreten für sie ...
Der Sicherheitsrat ist der Wächter über den internationalen Frieden. Seine Handlungsfähigkeit und seine Glaubwürdigkeit sind gleichermaßen von Bedeutung. Eine Diskussion über seine Reform ist in Gang gekommen. Wir Deutschen ergreifen hier keine Initiative. Wenn aber eine Änderung der jetzigen Zusammensetzung des Rats konkret ins Auge gefaßt wird, werden auch wie unseren Wunsch nach einem ständigen Sitz vorbringen."

*Der deutsche Außenminister Klaus Kinkel vor der 49. UN-Generalversammlung am 27. September 1994:*

„Vor einem Jahr habe ich an dieser Stelle erklärt, dass mein Land bereit sei, künftig mehr Verantwortung bei UN-Friedensoperationen zu übernehmen. Heute kann ich feststellen, daß Deutschland sich voll an Friedensoperationen der UN beteiligen kann. Das deutsche Verfassungsgericht hat dafür vor wenigen Monaten den Weg frei gemacht."

*Der deutsche Außenminister Joseph Fischer vor der 54. UN-Generalversammlung am 22. September 1999:*

„Die Vereinten Nationen müssen zum Kernstück einer wirksamen ‚global governance' werden. Eine Stärkung der UN, die mit der Sicherung ihrer finanziellen Grundlagen beginnen muss, ist für Deutschland eines der wichtigsten außenpolitischen Ziele. Deutschland hat in den vergangenen fünfzig Jahren erstmals in seiner Geschichte ganz auf multilaterale Einbindung gesetzt und dadurch die Demokratie, die Freiheit und die Wiedervereinigung erlangt. Unser Land bekennt sich heute aus tiefster Überzeugung und aus historischer Verantwortung zum friedlichen Interessenausgleich und zum Multilateralismus."

*Bundeskanzler Gerhard Schröder vor der 58. UN-Generalversammlung am 24. September 2003:*

„Im Bewusstsein unserer eigenen Geschichte nehmen wir unsere Verantwortung für eine kooperative Friedenspolitik wahr. Wir tun dies mit wirtschaftlichen, politischen und humanitären Mitteln. Aber wir übernehmen auch, Seite an Seite mit unseren Partnern in der NATO und in der Europäischen Union, militärische Verantwortung dort, wo das zur Sicherung des Friedens und zum Schutz der Menschen unumgänglich ist."

*Bundeskanzlerin Angela Merkel vor der 62. UN-Generalversammlung am 25. September 2007:*

„Deutschland hat sich in den vergangenen Jahren in der Debatte (um die Reform der Vereinten Nationen) stark engagiert. Deutschland ist bereit, auch mit der Übernahme eines ständigen Sicherheitsratssitzes mehr Verantwortung zu übernehmen."

(Quelle: Zeitschrift für die Vereinten Nationen, H. 6/90, 5/92, 6/94, 5/99, 5/03, www.bundeskanzlerin.de/Content/DE/Rede/2007/09/2007-09-25-bk-un-vollversammlung.html)

Beide Dimensionen der Verantwortungs-Rhetorik finden sich in so gut wie allen repräsentativen Texten aus dem Auswärtigen Amt: Der dunkle Teil der Vergangenheit Deutschlands im 20. Jahrhundert wird nicht verdrängt oder vergessen.

– Die Verantwortung für die Folgen der nationalsozialistischen Kriegs-, Verfolgungs- und Vernichtungspolitik bleibt bestehen und wird akzeptiert.

– Die fragile Stabilität der internationalen Ordnung, die Bedrohung von Frieden und Sicherheit sowie die Gefährdung der Rechte und des Lebens von Menschen verlangen einen höheren Einsatz Deutschlands. Er soll vom Prinzip des Multilateralismus (europäisch und global) und möglichst im Kontext der Vereinten Nationen erfolgen.

Mit diesem zunächst noch sehr allgemeinen Programm begann der außenpolitische Kurs des vereinigten Deutschland. Es hat seither Wechsel in den Ämtern von Bundeskanzler und Außenminister gegeben, kleinere Korrekturen wurden am Kurs vorgenommen, aber seine entscheidenden Koordinaten haben sich nicht verändert.

# 9. Welches Europa?

Im Rückgriff auf einen Ausdruck des Historikers A. H. L. Heeren, der am Anfang des 19. Jahrhunderts in Göttingen lehrte, hat Hans-Peter Schwarz das vereinte Deutschland als „Zentralmacht Europas" bezeichnet.

„Deutschland ist wieder dreierlei in einem: ein Nationalstaat (postmodern, gewiß, da unauflöslich mit Westeuropa verflochten und mit einem durchaus belebenden Element von Türken und anderen ethnischen Einsprengseln in einer sonst vergleichsweise recht homogenen Bevölkerung), eine europäische Großmacht (postmodern gleichfalls, da im Westen des Kontinents das Zeitalter voll autonomer Großmächte vorbei ist) und die Zentralmacht Europas. Denn es gibt nur ein Land, das dank geographischer Lage und dank immer noch vorhandener Dynamik die Aufgabe einer Zentralmacht wahrnehmen muß – und das ist eben Deutschland" (Schwarz 1994, 8).

Deutschland als Nationalstaat, als makro-regionale Großmacht und als Zentralmacht – selbst wenn man an jedem dieser Begriffe eine gewisse Wacklichkeit feststellt (die zu benennen sich das leicht bösartig schillernde Adjektiv *postmodern* ja geradezu anbietet), lässt sich an dieser Reihung gut ausmachen, dass die außenpolitischen Herausforderungen für Deutschland nach 1990 größer waren, als man anfangs meinte. Man muss ja noch hinzuzählen, dass die nach 1990 mit forciertem Tempo voranschreitende Globalisierung es der Regierung nicht länger erlaubte, den außenpolitischen Handlungshorizont auf den eigenen Kontinent und anliegende Gebiete zu konzentrieren und anderen Kontinenten, z. B. Asien, Afrika oder Südamerika, nur erheblich verminderte Aufmerksamkeit zukommen zu lassen.

Deutschland als Zentralmacht Europas, was muss man sich darunter vorstellen? Wie haben die Verantwortlichen für die deutsche Außenpolitik ihre Europa-Politik nach 1990 gestaltet, welche Ziele wurden anvisiert? Das sind die Fragen, denen in diesem Kapitel nachgegangen wird.

## 9.1 Währung, Wirtschaft, Politik

Bis zum Umzug der Bundesregierung nach Berlin firmierte die deutsche Außenpolitik auch nach der Vereinigung für ein paar Jahre weiterhin als Bonner Außenpolitik. Die symbolische Bedeutung der Hauptstadt Bonn wurde in den frühen 1990er Jahren häufig beschworen, so als würden die freundliche Überschaubarkeit und die von häufig heruntergelassenen Bahnschranken in der Stadtmitte erzwungene Verlangsamung des Verkehrslebens unmittelbar einen dämpfenden, beruhigenden, auf Zurückhaltung drängenden Einfluss auf den Stil und die Ziele der Außenpolitik haben. Das ist natürlich Unsinn. Aber in der Gegenüberstellung des ruhigen Bonn und des hektischen und geschichtlich auch irgendwie belasteten Berlin („Bonner Republik" vs „Berliner Republik") hatte man ein Schema gefunden, mit dessen Hilfe sich unterschiedliche Ausrichtungen der deutschen Außenpolitik bildhaft darstellen ließen. Bonn stand dann symbolisch für die Kontinuität der Westintegration, Berlin ebenso symbolisch für einen Neuanfang und zugleich, in den Augen besorgter Beobachter, für eine Rückkehr zu hegemonialen Aspirationen und Ansprüchen in der Außenpolitik. Rheinische Außenpolitik hier, eine Außenpolitik der neuen Unbescheidenheit dort.

Auch die Bundesregierung, wiewohl nach einigen internen Abstimmungsproblemen fest entschlossen, die Hauptstadt nach Berlin zu verlegen, benutzte nach 1990 fleißig das Bild einer zurückhaltenden, kooperativen und deutsche Sonderinteressen in Europa nur behutsam vorbringenden Bonner Außenpolitik. Ihr Kunststück bestand darin, diese Seiten der Außenpolitik glaubwürdig zu demonstrieren, zugleich aber doch die Außenpolitik neu zu justieren. Das ging nicht ohne *trial and error* ab.

## 9.1.1 Ausfallschritt

Ein Elefant gewinnt kein Vertrauen, wenn er sich als Taube ausgibt, hat Timothy Garton Ash (1993, 557) angesichts der ungezählten Versuche deutscher Politiker nach 1990 angemerkt, mithilfe der Verantwortungs-Rhetorik den realen Machtzuwachs Deutschlands zu bemänteln. Allerdings muss man auch hinter dem Begriff des „realen Machtzuwachses", den die staatliche Einheit Deutschlands quasi automatisch mit sich gebracht habe, ein Fragezeichen setzen. Die Vergrößerung des staatlichen Territoriums und die gewachsene Zahl der Staatsangehörigen allein reichen nicht aus, um die Chancen der Regierung wesentlich zu erhöhen, ihren außenpolitischen Willen auch gegen Widerstände anderer Akteure in der internationalen Politik durchzusetzen. Schon recht bald nach dem 3. Oktober 1990 war deutlich geworden, dass der Vereinigungsprozess selbst für die nächsten Jahre, vielleicht Jahrzehnte viele wirtschaftliche und andere Ressourcen binden würde, die somit für außenpolitische Zwecke nicht abgerufen werden konnten.

Um die Metapher von Garton Ash aufzugreifen: Wenn Deutschland durch die Vereinigung zu einem Elefanten geworden sein sollte, war es zuvor auch schon mindestens ein Wasserbüffel gewesen. Diese Mutation hat bei den auswärtigen Beobachtern der deutschen Außenpolitik schneller Erwartungen bezüglich ihrer Veränderung geweckt als bei den Regierenden in Deutschland. Für diese mag die vielleicht etwas zu kräftig zugespitzte kritische Bemerkung Arnulf Barings zutreffen, die er 1991 formuliert hat:

„Wir sind jetzt wieder stärker darauf angewiesen, aus eigener Kraft die auswärtige Konstellation zu analysieren, dann auszubalancieren. Darauf sind wir nicht vorbereitet. Wir haben auch keine Vorbilder, haben uns historisch noch nie zufriedenstellend einen Reim auf uns selbst zu machen vermocht ... Wir haben anders als in den ersten Nachkriegsjahrzehnten weniger und weniger eine politische Führungsschicht. Wir sind auf die kompliziertere neue Lage in keiner Weise vorbereitet ... Unseren Führungsgruppen ist auch heute nicht recht klar, was die Interessen unseres Landes sind und wie sie mit denen der anderen zu kombinieren wären" (Baring 1991, 18, 26, 131).

Gemeint war das als Vorwurf. Man kann es aber auch als eine simple Feststellung lesen – in der Tat gab es nach 1990 keine Vorbilder, keine Erfahrungen, keine Routinen für eine wirklich eigenständige deutsche Außenpolitik, die ja selbst dann, wenn sie von der Außenpolitik der Bundesrepublik vor 1990 kein Jota abweichen wollte oder abgewichen wäre, beides auf andere Weise begründen und ins Werk setzen musste. Trotz der leicht einsehbaren Notwendigkeit, zunächst einmal die Kontinuität der deutschen Außenpolitik, ihre Bündnis-Verlässlichkeit und ihr allen machtpolitischen Sonderwegen abholdes Verantwortungsbewusstsein in den Vordergrund zu stellen (vgl. dazu etwa Brenke 1995, 121), musste ausprobiert werden, ob das überhaupt möglich war. Denn Außenpolitik ist immer Interaktion, bei der die Rahmenbedingungen und die Handlungen anderer Akteure das eigene Verhalten wesentlich mitbestimmen.

Als erstes und wichtigstes Ausprobierfeld für die deutsche Außenpolitik bot sich nach Meinung der meisten Experten die Europapolitik an. Denn die meisten europäischen Partner, insbesondere Frankreich, hatten ja vor dem 3. Oktober 1990 deutlich genug durchblicken lassen, dass sie von einem vereinten Deutschland eine mehr als nur symbolische Selbsteinbindung in europäische Gemeinschaftsstrukturen und damit zugleich auch Impulse für die weitere Integration Europas erwarteten. Das Autorengespann Bonder, Röttger und Ziebura (1992, 205) sieht Deutschland zwar keine politische oder ökonomische Führungsrolle in Europa übernehmen; jedoch hoffen sie auf seine Rolle als „Scharniermacht" in einer gesamteuropäischen Ordnung jenseits bloß nationalstaatlicher Strategien. Das klingt ein bisschen kryptisch. Für Nicos Kotzias (1993, 118) läuft die deutsche Europapolitik letztlich doch nach einer solchen nationalstaatlichen Strategie ab, nämlich auf eine deutsche Hegemonie-Absicht hinaus – die deutsche Außenpolitik strebe an, die Europäische Union so umzugestalten, dass zwar die europäischen Institutionen (Kurzformel: Brüssel) gestärkt werden, aber so, dass Deutschland dabei an Positionen gewinnt.

Der Publizist Arthur Heinrich hat die Schwierigkeiten der deutschen Außenpolitik nach 1990 zwischen Kontinuitäts-Betonung und Verantwortungs-Rhetorik auf der einen Seite und den Versuchen, als freundliche, aber eben doch mit mehr Nachdruck handelnde Führungsmacht aufzutreten, in einem Aufsatz vom Dezember 1991 scharfsinnig analysiert. Die außenpolitischen „Selbstversuche zwischen Zagreb und Brüssel" waren mal mehr, mal weniger erfolgreich. Man kann dieses Versuchsfeld, das Heinrich hier abgezirkelt hat, noch um einen dritten Ort erweitern, Bagdad. Alles in allem ging es jedesmal darum, eigene außenpolitische Vorstellungen zu erarbeiten, sie mit den Verbündeten abzustimmen und in diesem Abstimmungsprozess möglichst viel von den eigenen Vorstellungen durchzubekommen, ohne dass die anderen Akteure sich von Deutschland übergangen, ausgetrickst, gegängelt oder ungebührlich bedrängt fühlen. (In der Außenpolitik geht es allermeist genau nach diesem Schema zu. Für Deutschland war jetzt nur neu, dass der Part „eigene Vorstellungen erarbeiten" ein erheblich größeres Gewicht gewonnen hatte.)

Der Selbstversuch mit Bagdad, also die eigentümlich indirekte Beteiligung am zweiten Golf-Krieg zu Beginn des Jahres 1991, war teuer und zeigte, dass jedenfalls auf dem Gebiet der Militär- und Sicherheitspolitik mit dem Kontinuitäts-Topos kein Staat zu machen war. Der Selbstversuch mit Zagreb, genauer die vordrängende Anerkennungspolitik gegenüber Slowenien und Kroatien, brachte die Erkenntnis, dass Deutschland noch nicht die Statur für eine bestimmende Rolle in der gemeinsamen Außen- und Sicherheitspolitik der Europäischen Union besaß. Der Selbstversuch mit Brüssel hingegen, die Konturierung der Wirtschafts- und Währungsunion, lief erstaunlich vielversprechend ab.

## 9.1.2 Der Abschied von der DM

Es ist noch nicht sehr lange her, dass in den meisten Mitgliedsländern der Europäischen Union der EURO als gemeinsame Währung eingeführt worden ist. Aber schon beginnt man zu vergessen, was für heftige Auseinandersetzungen es darüber gegeben hat, unter Fachleuten nicht weniger als in der politischen Öffentlichkeit. Was Deutschland betrifft, lässt sich die Heftigkeit oder (wie die Schweizer sagen) Harzigkeit dieser Auseinandersetzungen nicht zuletzt auch auf das hohe Ansehen zurückführen, das die 1948 eingeführte DM im Lande genoss. Diese Währung, um die sich auch eine Menge politisch-wirtschaftliche Folklore gesponnen hatte, stand in dem Ruf der Verlässlichkeit. Man traute ihrem „Hüter", der Bundesbank, zu, sie vor den Gefahren der Geldentwertung wirksam schützen zu können. Geldentwertung (Inflation) gehört zu den kollektiven Traumata der Deutschen aus der ersten Hälfte des 20. Jahrhunderts.

Ein Abschied von der DM stand schon länger als europäische Option auf der Tagesordnung, schließlich gab es bereits seit dem 1. Januar 1979 ein Europäisches Währungssystem (EWE) mit einer Europäischen Währungseinheit (European Currency Unit ECU). Der Wert der ECU bestimmte sich nach einem Währungskorb, „in dem die Mitgliedswährungen ... mit einem ihrer wirtschaftlichen Bedeutung entsprechenden Gewicht" enthalten waren (Thiel 1998, 159). Das Gewicht der DM in diesem Korb fiel immer größer aus als das anderer Währungen. Seit dem März 1995 machte der DM-Anteil am ECU fast ein Drittel aus (genau: 32,68%). Entgegen vielen skeptischen Prognosen (gerade auch von Wirtschaftswissenschaftlern) bewährte sich dieses Währungssystem, und die Verfechter einer weitergehenden Europäischen Integration, darunter auch der sehr umsichtig agierende Kommissionsvorsitzende Jacques Delors, plädierten in der zweiten Hälfte der 1980er Jahre für seinen Ausbau zu einer Wirtschafts- und Währungsunion. Diese würde mithilfe einer dem Ziel der Preisstabilität verpflichteten Europäischen Zentralbank (EZB) nach gewissen Übergangsfristen die Geldpolitik der Mitgliedsstaaten vereinheitlichen und ebenfalls dafür sorgen, dass es in der Europäischen Union über eine Reihe von Konvergenzkriterien zu einer gemeinsamen Stabilitätspolitik kommt, die sich z. B. in der Disziplin der öffentlichen Haushalte oder in verantwortbaren Größenordnungen bei Neuverschuldungen ausdrückt (vgl. auch Woyke 1998).

Diese Entwicklung besaß immer schon neben einer ökonomischen auch eine politische Seite. Sehr bildkräftig wird das in einer Überlegung des französischen Staatspräsidenten François Mitterand deutlich, der Ende August 1987 gegenüber Felipe Gonzáles (damals Ministerpräsident Spaniens) meinte:

„Wir müssen auf eine gemeinsame Währung zugehen. Die Weiterentwicklung des ECU ist ausschlaggebend. Die Deutschen werden sich selbstverständlich dagegen stellen. Ich bin zu der Überzeugung gelangt, dass sie, weil sie keine diplomatische und militärische Macht vom gleichen Rang wie ihre Wirtschaft haben, ihre Herrschaftsausübung (*domination*) auf die Wirtschaft verlagern, mit dem dafür natürlichsten Mittel der Übertragung, dem Geld. Die Mark ist, was die Macht von Deutschland (*la puissance de l'Allemagne*) offenbart. Das ist eine sehr tiefliegende Triebkraft, die über die Reflexe der Banker und selbst über psychologische Reflexe hinausreicht" (zit. bei Schabert 2002, 332f.).

Was immer das sein mag, das bei den Deutschen selbst über psychologische Reflexe hinausreicht – nicht nur der französische Staatspräsident, sondern die große Mehrheit der europäischen Partner der Bundesrepublik nahm das am Ende der 1980er Jahre so wahr: Deutschlands Waffe ist seine Währung. Um zu verhindern, dass aus dieser Wahrnehmung im Vereinigungsprozess und der Zeit danach ein strukturelles Misstrauen oder, wenn man so will, ein noch tiefer eingeprägtes strukturelles Misstrauen gegenüber Deutschland entstünde, blieb den deutschen Politikern nichts übrig, als diese „Waffe" weiter zu vergemeinschaften. Dies durch eine französisch-deutsche Initiative in Gang zu setzen, war ebenso kluge Diplomatie wie die durch diese Initiative aufgerissene Perspektive einer über die Wirtschafts- und Währungsunion hinausgehenden Politischen Union. Weidenfeld (1998, 640) zählt diese Initiative vom Frühjahr 1990 zu den vier entscheidenden Aktionen von Bundeskanzler Kohl und Außenminister Genscher, welche die rasche und weitgehend reibungslose Vereinigung Deutschlands nachhaltig erleichtert haben.

Dass sich in den Verhandlungen zur Vorbereitung der beiden schließlich am 15. Dezember 1990 feierlich eröffneten Regierungskonferenzen, in denen der Vertrag über die Europäische Union (Maastrichter Vertrag) zur Unterschriftsreife gebracht wurde, das deutsche Konzept für die Europäische Zentralbank und der Grundsatz durchsetzen ließ, die gemeinsame Geldpolitik der EZB solle von politischen Weisungen unabhängig sein, gehört sicherlich auch zu den Pluspunkten der deutschen Diplomatie. Den Deutschen wurde auf diese Weise der Abschied von der DM leichter gemacht, denn sie konnten einen großen Teil ihres Vertrauens in die Zuverlässigkeit der nationalen Währung auf die europäische Währung übertragen.

## 9.1.3 Vertiefung

In seiner Darstellung der deutschen Europapolitik in den 1980er Jahren kommt Eckart Gaddum (1994, 362) zu dem Schluss, der Regierungswechsel 1982 von der sozial-liberalen Regierung Schmidt zur konservativ-liberalen Regierung Kohl habe der deutschen Europapolitik ihren gemeinschaftlichen Bezugsrahmen zurückgewonnen und den Primat des Integrationsfortschritts bewirkt. Das ist vielleicht etwas zu pointiert ausgedrückt, denn die Anlässe für Integrationsverlangsamung in den Jahren davor gehen nicht oder nur zu einem geringen Teil auf die Bundesregierung zurück. Richtig ist jedoch, dass Helmut Kohl (CDU) als die Richtlinien der Außenpolitik bestimmender Bundeskanzler ebenso wie der überständige Außenminister Genscher (FDP) von der Notwendigkeit weiterer Integrationsfortschritte überzeugt waren und sie kräftig zu beschleunigen suchten.

Bis 1990 hieß dies vor allem: mehr Integration, verbesserte Handlungsmöglichkeiten, mehr Gemeinsamkeit. In diesem Sinne hat die deutsche Europapolitik in diesem Zeitraum tatkräftig an den Vorbereitungen zur Vollendung des Binnenmarktes und zu einer Währungsunion beigetragen.

Nach 1990 veränderte sich die Lage. Binnenmarkt und Währungsunion wurden, mit einigen Abstrichen, erreicht. Aber schon im Moment des Mauerfalls und während all der anderen Ereignisse, die 1990 dann das Ende des Ost-West-Konflikts und damit der ideologisch-ordnungspolitischen Spaltung Europas bewirkten, schob sich eine zweite Dimension des Konzepts vom Integrationsfortschritt in den politischen Vordergrund, nämlich die Erweiterung der Europäischen Gemeinschaft/Europäischen Union um die postkommunistischen Länder Ostmitteleuropas und Südosteuropas.

Die Erweiterung der Europäischen Union (so der offizielle Name seit dem 1. November 1993, als der Maastrichter Vertrag in Kraft getreten ist) gewinnt gleichsam von selbst aus übergeordneten politischen Gründen eine ganz hohe Priorität für die deutsche Außenpolitik. Die Frage war, ob eine solche Erweiterung der Union um eine beträchtliche Zahl von Ländern, die gerade mitten im Transformationsprozess steckten und mit vielen wirtschaftlichen Problemen zu kämpfen hatten, die Willensbildungsprozesse in der Union nicht automatisch verlangsamen und so zu einer Verflachung der Integration führen würde. Für einige Mitgliedsländer der Union besaß diese Erweiterungs- und Verflachungsperspektive nichts, was ihren eigenen Vorstellungen von der Weiterentwicklung der Union widersprach. Die Bundesregierung sah das anders. Sie wollte gerade verhindern, dass die Erweiterung zu einer Verflachung der Integration führen würde, weil sie auch ein geschärftes Interesse an einer Vertiefung der Integration besaß. Dieses Interesse speiste sich aus mehreren Quellen. Die am häufigsten zitierte ist das wachsende Unbehagen an einem Transparenz- und Legitimitätsdefizit der europäischen Institutionen. Für die Bürger der Union war, wenn sie nicht zur kleinen Gemeinde der Europa-Spezialisten gehörten, das Ensemble der europäischen Institutionen nur undeutlich erkennbar; das Europäische Parlament besaß zu wenig Kontroll- und Entscheidungsbefugnisse. Bei folgenreichen Entscheidungen auf den verschiedensten Politikfeldern blieb das Hin und Her zwischen den verschiedenen Agenturen und Instanzen des europäischen „Mehrebenen-Systems" meist völlig undurchschaubar. Um nur ein simples Beispiel zu nennen: Wer sich über den Inhalt des Maastrichter Vertrages kundig machen wollte, musste sich mit einem unmöglich strukturierten, unübersichtlichen und nur Eingeweihten sogleich verständlichen Text herumschlagen, der nicht zur Lektüre einlud, sondern von ihr abschreckte. (Leider ist das, zum Schaden für Europa, mit dem Text der Europäischen Verfassung kaum anders. Auch deshalb wurde sie 2005 von Frankreich und den Niederlanden abgelehnt.)

Ohne am Ziel der EU-Erweiterung Abstriche machen zu wollen, strebte die deutsche Europapolitik seit 1990 immer auch zugleich die EU-Vertiefung an. „Die Parallelität von Erweiterungs- und Vertiefungsinteressen unterscheidet die deutsche Position von der anderer Mitgliedstaaten" (Janning 1996, 36).

## 9.2 Ost-Erweiterungs-Politik

Man kann sich fragen, ob die europapolitische Zielsetzung Deutschlands seit 1990 – Erweiterung *und* Vertiefung – ein Ausdruck weitreichender politisch-strategischer Überlegungen ist. Es könnte auch sein, dass in diesem Fall der Ansatz, zwei eigentlich einander widersprechende Vorstellungen schlicht zusammenzubinden, nur aus Trägheit verfolgt wird und weil er in der Vergangenheit der Bundesrepublik wider Erwarten erfolgreich war. Im politischen System der „alten" Bundesrepublik ist ein solcher Sowohl-/Als-Auch-Ansatz öfter verwendet worden. Die Soziale Marktwirtschaft ist gleichermaßen auf Wettbewerb und auf Solidarität angelegt. Wehrpflichtigen und Zivildienstleistenden ist bestätigt worden, einen Friedensdienst zu leisten, die einen mit, die anderen ohne Waffe. Die beiden Kreise der Westintegration, der europäische und der transatlantische, wurden in mühevoller Balance gehalten, bis zum Jahr 2002. Und die Neue Ostpolitik kombinierte Systemauseinandersetzung mit Entspannung.

Politisches Handeln ist häufig von der Notwendigkeit bestimmt, Zielkonflikte auszugleichen. Aber nicht immer geht das so erfolgreich ab wie in den genannten Beispielen. Bei dem Zielkonflikt zwischen Erweiterung und Vertiefung der Europäischen Union scheint ein Ausgleich sogar relativ leicht möglich zu sein, etwa indem man für die beiden Prozesse unterschiedliche Zeitsequenzen ansetzt. Dennoch hat es sich in den letzten zehn, zwölf Jahren gezeigt, dass eine Optimierungsstrategie für beide Ziele vor riesigen Problemen steht.

### 9.2.1 Balkanpolitik

Das Ende des Ost-West-Konflikts bewirkte auch, dass sich die schon längere Zeit prekäre innere Situation Jugoslawiens zu einer Krise entwickelte, die nicht nur das Land und seine Bewohner in Unglück und Krieg stürzte, sondern auch die internationale Ordnung bedrohte und die Fähigkeit europäischer Organisationen zur friedlichen Konfliktvermittlung und -beilegung überstrapazierte. Für die deutsche Außenpolitik der frühen (wie dann auch in einem anderen Zusammenhang der späten) 1990er Jahre wurde die Balkanpolitik zu einem schmerzlichen Test. Dreierlei wurde getestet: die eigene außenpolitische Handlungsfähigkeit; die Option, für die Europäische Außenpolitik eine Führungsposition einzunehmen; und die Möglichkeiten einer weitreichenden Konfliktbearbeitung ohne den Einsatz militärischer Mittel. „Der Test mißlang, weil die Logik der Politik zu stark innenpolitisch determiniert war. Wenn Deutschland seinen weltweiten oder europäischen Einfluß ausdehnen wollte, dann war es nicht erfolgreich" (Axt 1993, 351).

Der Testfall, um den es ging, war die Frage nach der staatlichen Einheit Jugoslawiens. Es besaß den Ruf eines standfesten neutralen, nichtpaktgebundenen Landes, den es sich im Laufe der Jahre, etwa in der KSZE, erarbeitet hatte. Im Westen war man geneigt, über die Instabilität des seinen eigenen Weg zum Sozialismus verfolgenden, föderal strukturierten Landes hinwegzusehen. 1989/90 wurde immer mehr erkennbar, dass der Zusammenhalt der Republik auf der Kippe stand. Slowenen, Kroaten, Bosnier, Kosovo-Albaner und andere ethnische Gruppen forderten, gerichtet an die Adresse der serbisch dominierten Staatsführung, mehr Mitbestimmung und bald auch die politische Selbstbestimmung. Obgleich die Staaten Westeuropas und die Vereinigten Staaten dem Recht auf nationale Selbstbestimmung einen hohen Stellenwert einräumten und gerade auch Deutschland, weil es ihm seine Wiedervereinigung verdankte, zu seinen nachdrücklichen Anhängern gehörte, war es doch die ursprüngliche Politik aller dieser Staaten, die staatliche Einheit Jugoslawiens gegen Sezessionsbestrebungen zu stützen. Ende Juni 1991 erklärten Slowenien und Kroatien ihren Austritt aus der Föderation und ihre Unabhängigkeit. Daraufhin intervenierte die jugoslawische Armee in beiden Ländern. Das brachte die Westeuropäer in Zugzwang. Man einigte sich erst einmal auf Moratorien und Friedenspläne, was aber wenig Erfolg zeitigte. Seit Anfang Juli 1991 folgte Deutschland dieser gemeinsamen Linie der europäischen Staaten nur mit halbem Herzen. Das Selbstbestimmungsrecht galt in Bonn jetzt mehr als der Erhalt der staatlichen Einheit. Nach einem heftigen Ringen innerhalb der EG schien sich eine solche gemeinsame Linie wiedergewinnen zu lassen: Eine Untersuchungskommission sollte bis Anfang Januar 1992 herausfinden, ob die EG-Bedingungen für die Anerkennung Sloweniens und Kroatiens (Rechtsstaatlichkeit, demokratische Strukturen, Minderheitenschutz und Unverletzlichkeit der Grenzen) erfüllt seien. Schon bevor die Kommission ihren (im Fall Kroatiens gewiss ziemlich geschönten) Bericht vorgelegt hatte, wurde deutscherseits im Alleingang die Anerkennung der Unabhängigkeit beider Staaten ausgesprochen. Das geschah am 23. Dezember 1992.

Nicht so sehr dieses Vorziehen der Anerkennung im Alleingang um zwei, drei Wochen, vielmehr vor allem auch die deutsche Politik in der zweiten Hälfte 1991 und die hohen Wogen der innenpolitischen Auseinandersetzung über die deutsche und die europäische Jugoslawienpolitik brachte Deutschland in die internationale Kritik. „Bei einigen Partnern tauchte sofort der unschöne Verdacht auf, Deutschland bewege sich nach seiner Vereinigung auf eine einseitig nationale Politik zu" (Haftendorn 2000, 409).

Hans-Jürgen Axt (1993, 353) führt für den Positionswechsel der deutschen Außenpolitik in der Mitte des Jahres 1991, der sie in Gegensatz zu den meisten EG-Partnern und den Vereinigten Staaten brachte, zwei Hauptgründe an. Erstens sei Deutschland (gemeinsam mit Österreich) zum Zielland der massenhaften Fluchtbewegungen aus Jugoslawien geworden, den zu stoppen die Anerkennungspolitik als Heilmittel angesehen wurde. Zweitens hätten die öffentliche Meinung und speziell einige

Massenmedien die Regierung heftigst dazu gedrängt, zum Vorreiter der Anerkennung zu werden. „Genschers Wende kann als anschauliches Beispiel für die sogenannte Demokratisierung der Außenpolitik angesehen werden" (Axt 1993, 354). Ähnlich die Argumentation von Axel Lüdeke (2002, 282), für den es sich beim deutschen Vorpreschen um eine ‚Ersatzhandlung' gehandelt hat, „die nicht in erster Linie auf die außenpolitische Wirkung zielte, sondern vielmehr an innenpolitischen Opportunitäten ausgerichtet war." Da aber kluge Außenpolitik sich nicht nur an irgendwelchen Opportunitäten ausrichten darf, sondern unter anderem auch die nicht-intendierten Folgen ihrer Handlungen so gut es geht, zu antizipieren hat, läuft diese Deutung darauf hinaus, dass die Bundesregierung und vor allem der Außenminister dilettantisch gehandelt hätten. Unmöglich ist das nicht, aber angesichts der Professionalität der deutschen Außenpolitik im Vereinigungsprozess und der langjährigen Erfahrung von Außenminister Genscher in diesem Geschäft doch eher unwahrscheinlich.

Christian Hacke (2003, 406) meint demgegenüber in der Terminologie des politischen Realismus von Hans Morgenthau, die vorgezogene Anerkennungs-Entscheidung in Bonn markiere einen Wandel in Richtung Machtdemonstration des vereinten Deutschland, allerdings einer schief angelegten Machtdemonstration, denn die militärisch nicht unterfütterten diplomatischen Schritte brachten nicht etwa eine Eindämmung, vielmehr eine Eskalation der Konflikte auf dem Balkan mit sich. Auch hier kann man einen Dilettantismus-Vorwurf heraushören.

In der Folgezeit dominierte wieder mehr das Muster der Selbstbeschränkung in der aktuellen deutschen Außenpolitik. Für die Versuche der Europäischen Gemeinschaft/Europäischen Union, eine gemeinsame Außen- und Sicherheitspolitik zu entwickeln, wirkte sich das Anerkennungs-Desaster um die Jahreswende 1991/92 eher negativ aus. Nicht nur konnte Deutschland keine wirkliche Führungsrolle übernehmen, es erhöhte durch sein Vorgehen auch die Abneigung der europäischen Partner gegen ein solches Konzept.

### 9.2.2 Transformationen

Was sollte nach dem Zusammenbruch der sowjetsozialistischen Herrschaftsstrukturen und Gesellschaftsordnung mit den Staaten Mittel- und Osteuropas passieren? Aus diesen Gesellschaften heraus gab es einen starken „Drang nach Westen". Und wie wurde das dort gesehen?

„Im Westen war die Einsicht ausschlaggebend, eine vertiefte Zusammenarbeit bei massiver Hilfe, in Form von Handelserleichterungen und einem begrenzten Ressourcentransfer, für die neuen Demokratien könnte den in Bewegung geratenen Kontinent in Richtung Demokratie und Marktwirtschaft stabilisieren. Von östlicher Seite kamen sehr schnell Forderungen nach Mitgliedschaft in den beiden entscheidenden Institutionen westeuropäischer Stabilität, dem nordatlantischen Bündnis (NATO) und dem europäischen Integrationsprozeß. Erst allmählich gewann unter den Mitgliedsstaaten der Europäischen Union die Auffassung an Boden, dass beide Strategien einander bedingen: Eine dauerhafte Stabilisierung würde nur durch Mitgliedschaft der mittel- und osteuropäischen Staaten im Integrationsprozeß, allerdings nur nach einem strategisch durchdachten und von massiver Hilfe begleiteten Anpassungsprozeß, möglich sein" (Freudenstein 1995, 103).

An diesem Urteil fällt auf, dass eine dritte europäische Institution, die zunächst prädestiniert schien, den Transformationsprozess in den post-kommunistischen Ländern zu koordinieren, gar nicht erwähnt wird, die Organisation für Sicherheit und Zusammenarbeit in Europa (OSZE). Nicht alle Mitglieder der OSZE waren 1990 so optimistisch bezüglich der Zukunft der Organisation wie Deutschland und sein Außenminister Genscher. Aber es stellte sich sehr bald, spätestens im Jugoslawien-Konflikt, heraus, dass die OSZE nur für unspektakuläre Dienste tauglich war. Die mögen im Einzelfall sehr hoch zu veranschlagen sein. Als zentrale Koordinationsstelle des Transformationsprozesses und als Basis für den Aufbau neuer europäischer Strukturen wäre sie überfordert gewesen.

Die vorletzte Erweiterung der Europäischen Gemeinschaft fand 1995 statt, als Österreich, Finnland und Schweden, alles Demokratien und Marktwirtschaften und im Übrigen Mitglieder der Freihandelszone EFTA, aufgenommen wurden. Das war relativ problemlos. Im Mai 2004 kam es nach langen und komplizierten Beitrittsverhandlungen zur Aufnahme von gleich zehn neuen Mitgliedsstaaten. Darunter befanden sich acht ‚Transformationsgesellschaften‘, also ehemals sowjetsozialistisch regierte Staaten, die ihr ökonomisches System auf die Marktwirtschaft und ihr politisches System auf eines der Modelle westlicher Demokratie umgestellt hatten: Polen, Ungarn, Tschechien, Slowakei, Slowenien und die drei baltischen Staaten, Estland, Lettland und Litauen. (Die beiden anderen neuen Mitglieder waren Zypern und Malta.)

Deutschland ist in diesem Erweiterungsprozess eine besonders wichtige Rolle zugefallen. Es gehörte mit einigen anderen Ländern der ‚Nordschiene‘ innerhalb der EU zu den drängenden Befürwortern dieser Erweiterung. Die Gründe für diese Haltung liegen auf der Hand:

– Durch die Osterweiterung gerät Deutschland vom östlichen Rand des EU-Territoriums in seine Mitte. Das ist ein erheblicher Gewinn an Sicherheit.

– Die Alternative zu einer gelungenen Transformation wäre wirtschaftliche und politische Instabilität, deren Auswirkungen Deutschland in besonderem Maße ausgesetzt wäre.

– Ein wirtschaftlicher Aufschwung dieser Länder liegt nicht zuletzt im wirtschaftlichen Interesse Deutschlands, das aus der Perspektive der mittel- und osteuropäischen Staaten als das ‚Tor zum Westen‘ gilt.

Alle deutschen Regierungen haben sich, auch aufgrund von Versprechungen in der unmittelbaren Übergangsphase 1989/90, für die Osterweiterung stark gemacht. Dennoch hat es viele Jahre gedauert, bis sie endlich erreicht war. Das liegt nicht zuletzt an der Komplexität der Materie – die Transformation der Beitrittskandidaten musste so weit vorangekommen sein, dass sie fähig waren, in den EU-Einrichtungen ihre Rechte wahrnehmen und ihre Pflichten annehmen konnten. Denn es gehörte ja zu den Absichten der Bundesregierungen, den Erweiterungsprozess nicht mit Abstrichen ihrer Pläne für eine Vertiefung der europäischen Integration zu erkaufen. Das ist ihr mehr schlecht als recht gelungen.


### 9.2.3 Von Freunden umzingelt

Die Öffnung der NATO für ehemals sowjetsozialistisch regierte Staaten Mittel- und Osteuropas war ebenfalls ein wichtiges Ziel deutscher Außenpolitik. Die Gründe dafür stimmen zu einem großen Teil mit denen überein, die schon für die EU-Osterweiterung ins Feld geführt wurden. Allerdings musste man sich auf diesem Feld, weil die Sicherheitsinteressen Russlands direkt berührt werden, sehr viel vorsichtiger bewegen.

Im öffentlichen Diskurs der Bundesrepublik gab es in den frühen 1990er Jahren viele Stimmen, die sich einer NATO-Osterweiterung gegenüber skeptisch bis ablehnend äußerten. Russland müsse sich von einer sich nach Osten erweiternden NATO bedroht fühlen. Fortbestand, Erweiterung und Stärkung der NATO würden eine Europäisierung der europäischen Sicherheitspolitik (= ihre Emanzipation von den USA) erschweren. Drittens wurde noch, aber eher im Lager der zum Pazifismus neigenden Kommentatoren, die Vorstellung vorgebracht, die europäische Sicherheitslandschaft sollte eher von der OSZE oder einem aus ihr hervorgehenden Europäischen Sicherheitssystem dominiert werden, was zu einer gründlichen Entmilitarisierung der Sicherheitspolitik in der und für die Makro-Region Europa führen würde.

Die Bundesregierungen setzten auf eine andere Politik. Insbesondere Verteidigungsminister Volker Rühe drängte schon relativ früh auf eine NATO-Osterweiterung. Sie wurde behutsam, aber relativ rasch eingeleitet, nachdem sich auch die amerikanische Regierung dazu entschlossen hatte. Der wichtigste Teil der Verhandlungen bezog nicht nur die drei Beitrittskandidaten Polen, Tschechien und Ungarn, sondern auch und vor allem Russland sowie die anderen mittel- und osteuropäischen Staaten ein. Es musste deutlich gemacht werden, dass sich der NATO-Beitritt einiger ehemaliger Mitglieder des Warschauer Paktes keineswegs gegen Russland richtete. Das tat es in der Perspektive der Beitrittsländer freilich doch, untergründig jedenfalls.

Über die Veränderung der NATO wird im nächsten Kapitel berichtet. Hier geht es um das Gesamtkonzept der deutschen Ost-Erweiterungspolitik, und da setzte sich Minister Rühe gegen alle Bedenken im Kabinett letztlich durch. Die Bundesregierung handelte hier einerseits druckvoll, andererseits auch durchaus mit diplomatischem Geschick, galt es doch etwa, unterschiedliche Erweiterungs-Vorstellungen (,große' gegen ,kleine' Erweiterung) auszubalancieren. Frankreich hätte eine größere Zahl von Beitrittsländern vorgezogen, wohingegen die USA zunächst nur Polen, Tschechien und Ungarn aufnehmen wollte. Nach gar nicht einmal langen Verhandlungen (von September bis November 1997) und einer längeren Ratifizierungs-Phase wurden die drei Länder im April 1999 NATO-Mitglieder.

„Mit der Öffnung des Bündnisses nach Mittel- und Osteuropa hatte die Bundesregierung drei zentrale Ziele erreicht: die Aufnahme der östlichen Anrainerstaaten Polen und Tschechien sowie Ungarn bei gleichzeitigem Interessenausgleich mit Russland und vertiefter Zusammenarbeit mit den noch nicht berücksichtigten Partnern sowie die Offenhaltung des Bündnisbeitritts für weitere qualifizierte Kandidaten" (Meiers 2004, 190).

Im Bundestag gab es schließlich für diese Politik eine breite Zustimmung von 553 : 37 Stimmen bei 30 Enthaltungen. Der Volker Rühe zugeschriebene saloppe Ausspruch, Deutschland sei nun „von Freunden umzingelt", ist nicht untriftig.

## 9.3 Intergouvernemental und/oder supranational

Es ist sicherlich angenehmer, an Staaten anzugrenzen, zu denen stabile gute Beziehungen bestehen. Mit dem Ende des Ost-West-Konflikts, spätestens aber mit der am 1. Mai 2004 vollzogenen Osterweiterung der EU stellte sich eine alte Frage mit neuer Dringlichkeit, nämlich die Frage nach dem Ziel des Integrationsprozesses. Welches Europa wird angestrebt? Welche äußere und welche innere Gestalt soll es haben? In der Politik geht es häufig anders zu als in anderen Handlungsbereichen, wo es ja in der Regel üblich ist, sich *vor* Beginn einer Handlungssequenz Klarheit darüber zu verschaffen, was erreicht werden soll. In der Politik hingegen kommt es gar nicht selten vor, dass erst einmal angefangen wird. Wohin der Hase läuft, sieht man dann später. Viele Treiber mit ganz unterschiedlichen Zielvorstellungen wollen den Kurs des Hasen beeinflussen.

### 9.3.1 Föderation oder Konföderation

Mit anderen Worten: über das Ziel der europäischen Integration hat es von Anfang an konkurrierende Konzepte gegeben. Darüber gibt es eine umfangreiche Fachliteratur, die allerdings die Tendenz hat, sich von der allgemeinen politischen Diskussion abzuschotten (vgl. Jachtenfuchs, Kohler-Koch 1996). Aus deutscher Perspektive galt seit 1945/46 als Fernziel, Konrad Adenauer war hier eine der treibenden Kräfte, die Gründung der Vereinigten Staaten von Europa. Für die Bundesrepublik war es leichter als für die anderen westeuropäischen Staaten, ein solches Fernziel anzustreben, weil die eigene nationale Tradition so gründlich angeknackst war und weil die eigene Nation auf unbestimmte Zeit mit kaum abschätzbaren Konsequenzen geteilt war. Für die Europapolitik drängte sich also eine post-nationale Perspektive geradezu auf. Sie gab einen zukunftsfreundlichen Rahmen ab für die Außenpolitik Adenauers. Hat Adenauer wirklich geglaubt, dass ein europäischer Bundesstaat in Reichweite liegt?

„Es gibt zahllose öffentliche Äußerungen, die genau dies zum Ausdruck bringen. Skeptische ausländische Beobachter hegten allerdings auch den Verdacht, Adenauer sei nur deshalb auf den Zug der Europa-Bewegung gesprungen, um elegant und rasch die westalliierte Kontrolle abzubauen. Die Bewunderer Adenauers sind indessen davon überzeugt, dass er in den supranationalen Institutionen nicht nur den Weg aus der Besatzungsherrschaft gesehen hat (dies allerdings ganz sicher!), sondern zugleich die einzig verlässliche Möglichkeit, den deutschen Kernstaat im Westen, vielleicht eines Tages auch ein wiedervereinigtes Deutschland, aus der Isolation herauszuführen, vor künftiger Isolation zu bewahren, im organisierten Zusammenwirken der großen, mittleren und kleineren Mächte den westlichen Teil des Kontinents zu konsolidieren und die Selbstbehauptung Europas zu sichern" (Schwarz 2004, 105).

Für die meisten anderen westeuropäischen Akteure, insbesondere für Frankreich, gingen solche föderativen Vorstellungen allerdings viel zu weit. Spätestens mit der Absage der französischen Nationalversammlung an das Projekt einer gemeinsamen europäischen Verteidigung 1954 war das Scheitern der Vereinigten Staaten von Europa als eines europäischen Bundesstaates besiegelt. Von jetzt an, schreibt Schwarz in Fortsetzung der eben zitierten Passage, sieht man Adenauer zweigleisig fahren – supranationale Ansätze, soweit möglich, und vertiefte zwischenstaatliche Kooperation ebenfalls soweit möglich. Insofern könnten sich Föderalisten und Konföderalisten gleichermaßen auf ihn berufen.

Wie bei so vielen anderen Aspekten der deutschen Außenpolitik, hat Adenauer auch hier den Maßstab für das Handeln der Bundesregierungen bestimmt. Insbesondere Helmut Kohl stellte sich ganz bewusst und mit dem eigentümlich missverständlichen Pathos groß gewachsener, massiger Individuen in die Tradition Konrad Adenauers. Für ihn, aber im Grunde auch für alle anderen Bundeskanzler und ihre Außenminister galt das Adenauer'sche Maß: so viel supranationale Kooperation wie möglich plus so viel zwischenstaatliche Kooperation wie möglich.

### 9.3.2 Kern und Peripherie

Heute ist diese seinerzeit die europapolitischen Debatten bestimmende Alternative in den Hintergrund gerückt. Mehr und mehr hat sich die Vorstellung durchgesetzt, dass die europäische Integration ein Prozess ist, den angemessen zu beschreiben es neue Begrifflichkeiten braucht. Deshalb ist übrigens auch der kognitive Ertrag der verschiedenen Integrationstheorien (Funktionalismus, Neofunktionalismus, Föderalismus, Neoföderalismus, Regime-Theorie, um nur die wichtigsten zu nennen) eher dünn geblieben. Jedenfalls, meint Wichard Woyke (1998, 382) mit Recht, seien die alten Bezugsmuster wie Bundesstaat und Staatenbund heute nur noch Muster ohne Wert. Die politischen, wirtschaftlichen und sozialen Binnenprozesse der EU spielen sich auf und zwischen mehreren Ebenen ab (EU-Ebene, nationale Ebene, regionale Ebene, zivilgesellschaftliche Ebene), was ihr im Fachdiskurs die sperrige Bezeichnung *Mehrebenen-System* eingebracht hat.

Wenn aber mit der Erhöhung der Zahl der EU-Mitglieder das europäische Mehrebenen-Spiel immer komplizierter, unübersichtlicher und infolgedessen erheblich verlangsamt wird, sind neue Integrations-Modi gefragt. Sie laufen meist darauf hinaus, Unterschiede in der Integrationsdichte zwischen einem Kern und einer Peripherie der Union zuzulassen. Man kann hier mit Woyke (1998, 383) unterscheiden zwischen:

- *Abgestufter Integration* (Integrationsschritte werden von einigen Staaten früher vollzogen, andere ziehen zu gegebener Zeit nach);
- *Integration der variablen Geometrie* (einige Staaten sind tiefer, andere auf Dauer nicht so tief integriert) und einem
- *Europa à la carte* (die Staaten wählen sich jeweils die Politikbereiche aus, in denen sie tiefer oder nicht so tief integriert sein wollen).

Aus Deutschland wurde diese Debatte 1994 durch eine Veröffentlichung aus der Bundestagsfraktion der CDU/CSU angestoßen, dem nach ihren Hauptautoren so genannten Schäuble-Lamers-Papier. Die Bundesrepublik gehört traditionell zu den Verfechtern eines sich immer weiter integrierenden Europas, allerdings, wie wir gesehen haben, ohne die Erweiterungsperspektive vernachlässigen zu wollen. Eine der logischen Möglichkeiten, Erweiterung und Vertiefung miteinander zu verknüpfen, ist der Gedanke eines Kerneuropa, um das sich in konzentrischen Kreisen die anderen Mitgliedsstaaten der Union anlagern, wobei ihnen prinzipiell die Möglichkeit offen bleibt, früher oder später die Integrationsdichte des Kerns zu erreichen, also dann selbst zu Kerneuropa zu gehören.

Man muss die deutschen Vorschläge, die europaweit diskutiert, aber nicht umgesetzt wurden, auch als eine Art *Antwort zweiter Ordnung* auf die in den 1990er Jahren nicht verstummenden Prognosen von einem Europa unter deutscher Führung (vgl. z. B. Judt 1996) ansehen.

### 9.3.3 Finalität ohne Verfassung

Auch die viel zitierte Berliner Humboldt-Rede aus dem Jahr 2000 von Außenminister Fischer ist ein Dokument, an dem man die Grundlinie des Sowohl/Als auch studieren kann, die in der deutschen Europapolitik seit längerem dominiert. Einerseits unterstreicht Fischer das Streben nach einem föderalen Europa, also nach Supranationalität. Andererseits sollen auch die intergouvernementalen Strukturen und Institutionen weiterbestehen. Die französischen und die britischen Regierungen halten seit jeher nicht besonders viel von der supranationalen Perspektive, wenn auch aus verschiedenen Gründen. Frankreich könnte sich damit dann anfreunden, wenn diese Supranationalität im Kern so etwas wie eine erweiterte französische Nationalität ausdrückte. Dieser Gedanke lag ja auch bereits dem Konzept der Europäischen Verteidigungsgemeinschaft zugrunde. Großbritannien besteht demgegenüber strikt auf der intergouvernementalen Deutung der europäischen Integration.

---

**Aus der Rede von Außenminister Joschka Fischer am 12. Mai 2000 an der Humboldt-Universität Berlin:**
**„Vom Staatenverbund zur Föderation –**
**Gedanken über die Finalität der europäischen Integration"**

„Quo vadis Europa? Fragt uns ... ein weiteres Mal die Geschichte unseres Kontinents. Und die Antwort der Europäer kann aus vielerlei Gründen, wenn sie es gut mit sich und ihren Kindern meinen, nur lauten: vorwärts bis zur Vollendung der europäischen Integration ... Wie stellt man sich eigentlich einen Europäischen Rat mit dreißig Staats- und Regierungschefs vor? Dreißig Präsidentschaften? Wie lange werden Ratssitzungen dann eigentlich dauern? ... Wie soll man in dem heutigen Institutionengefüge der Europäischen Union zu Dreißig Interessen ausgleichen, Beschlüsse fassen und dann noch handeln? ... Fragen über Fragen, auf die es allerdings eine ganz einfache Antwort gibt: den Übergang vom Staatenverbund der Union hin zur vollen Parlamentarisierung in einer Europäischen Föderation, die Robert Schuman bereits vor 50 Jahren gefordert hat. Und das heißt nichts Geringeres als ein Europäisches Parlament und eine ebensolche Regierung, die tatsächlich die gesetzgebende und die exekutive Gewalt innerhalb der Föderation ausüben ... Dies alles wird aber nicht die Abschaffung des Nationalstaates bedeuten. Denn auch für das finale Föderationssubjekt wird der Nationalstaat mit seinen kulturellen und demokratischen Traditionen unersetzlich sein, um eine von den Menschen in vollem Umfang akzeptierte Bürger- und Staatenunion zu legitimieren ... Die Nationalstaaten werden fortexistieren und auf europäischer Ebene eine wesentlich stärkere Rolle behalten als dies die Bundesländer in Deutschland tun. Und das Prinzip der Subsidiarität wird in einer solchen Föderation künftig Verfassungsrang haben."

(Aus: Integration, 23. Jg. 2000, Nr. 3, S. 149–156)

Die Bundesrepublik spricht seit 1998 europapolitisch mit einer selbstbewussteren Sprache. Ob das die Konsequenz des Bewusstseins der nunmehr erreichten „vollen Souveränität" ist? „Mit dem Ende der deutschen Scheckbuch-Diplomatie – das kündigte sich ... als Konstante der neuen Europapolitik an – wird Deutschland seine ‚nationalen', insbesondere finanziellen Interessen offensiver als bisher üblich vertreten" (Müller-Brandeck-Bocquet 2003, 60).

Macht sich hier ein neuer europapolitischer Führungsimpuls aus Deutschland bemerkbar, oder handelt es sich mehr um eine Art Pfeifen im Walde, weil die finanziellen Möglichkeiten Deutschlands in den letzten Jahren erheblich geschrumpft sind? Scheckbuch-Diplomatie geht gar nicht mehr. Womit sonst aber will die Zentralmacht Europas Einfluss nehmen auf die politische Gestalt des Kontinents?

Die rot-grüne Bundesregierung hat es mit *soft power* versucht, mit Diplomatie und Überredung und mit der demonstrativen Verstärkung ihrer Integrationsbereitschaft. Auch blieben die Ankündigungen, den deutschen Nettobeitrag für die Union zu mindern, zunächst nur ‚vorgezeigte', aber nicht verwendete Druckmittel. Deutschland hat die Schaffung einer europäischen Grundrechts-Charta und die Ausarbeitung des Europäischen Verfassungsvertrages mit Nachdruck befördert. In diesem Vertrag werden die Drei-Säulen-Struktur der Europäischen Union abgeschafft und damit ihre rein intergouvernementalen Elemente formal aufgelöst (vgl. Fischer 2004, 98). Er wurde auf der Regierungskonferenz 2004 vom Europäischen Rat verabschiedet. Inzwischen haben einige Mitgliedsstaaten ihn auch bereits ratifiziert. Allerdings haben andere Mitgliedsstaaten, nämlich solche, die in einer Volksabstimmung darüber befinden, ihn abgelehnt. Die Vertiefungs-Erweiterungs-Spirale hat sich einmal umsonst gedreht. Denn mit der europaweiten Auseinandersetzung über einen Beitritt von Ländern wie der Türkei oder der Ukraine zur Union verschärft sich auch die Frage nach den Möglichkeiten, die Union handlungsfähiger zu machen, was eine Vertiefung der Integration voraussetzt.

Der Europäische Verfassungsvertrag ist 2004 gescheitert und wurde ruhmlos begraben. Nur vordergründig kann man den Franzosen und den Niederländern hierfür die Schuld geben. Sie haben mit ihren negativen Voten in dem jeweiligen Referendum zwar den Ausschlag gegeben. Aber man braucht sich den Verfassungsvertrag nur einmal anzusehen, um selbst zu erkennen, dass es sich dabei um ein unübersichtliches Stückwerk handelt, das in dieser Form besser gar nicht zur Abstimmung hätte gestellt werden sollen.

Die Regierung der großen Koalition, seit Ende November 2005 im Amt, hat bruchlos an die Europapolitik ihrer Vorgängerin angeknüpft. Zur Überraschung vieler brauchte Angela Merkel keine längere Eingewöhnungsphase, um sich in dem Feld der Außen- und Europapolitik frei zu bewegen. Ein vordringliches europapolitisches Ziel der Bundesregierung war es, nach dem Scheitern des Verfassungsvertrages und einer nicht zu langen Denkpause (was Pause zum und nicht etwa vom Denken heißt) einen neuen Anlauf zu nehmen, um wenigstens den dringlichsten Reformbedarf der EU-Institutionen ins Werk zu setzen. Für die erste Jahreshälfte 2007 stand turnusgemäß wieder eine deutsche Ratspräsidentschaft an. In der Vorbereitung darauf und während dieser Zeit ist es der deutschen Diplomatie und, besonders gut sichtbar, der Bundeskanzlerin persönlich gelungen, die Reformblockade aufzubrechen. Das Ergebnis, das erst Reformvertrag und dann nach dem Ort seiner Unterzeichnung Vertrag von Lissabon genannte Dokument, auf das sich die Staats- und Regierungschefs der 27 EU-Mitgliedsstaaten geeinigt haben, wird von den meisten Beobachtern als ein beachtlicher und voraussichtlich funktionsfähiger Kompromiss angesehen. Selbst die Fraktion der Grünen im Europäischen Parlament konnten sich dazu durchringen, das Ergebnis des EU-Gipfels Ende Juni 2007, auf dem der Vertrag beschlossen wurde, kräftig zu loben. Das ist auch sachgerecht, denn es gab eine Menge Querelen zu überwinden, und die Verhandlungsführung der Bundesregierung hat genau die richtige Mischung von Führungsstärke und Nachgiebigkeit gegenüber (dieses Mal) nicht zu überwindenden Sonderinteressen einzelner EU-Regierungen entwickelt, um die Zustimmung aller zu erreichen. Es bleibt abzuwarten, ob dieser Vertrag auch in allen Staaten nach den jeweils dort geltenden Regeln ratifiziert werden wird.

Das zweite vordringliche Ziel der Bundesregierung für Europa war, die Gefahren des Klimawandels zu einem zentralen Thema der EU zu machen. Wenn auch hier die Ergebnisse hinter den Erwartungen ein wenig zurückgeblieben sind, so wird auch hier der Bundeskanzlerin zu allermeist ein großes Lob ausgesprochen, denn dieses Thema gehört zweifellos zu den außenpolitischen „Chefsachen" der großen Koalition.

# 10. Gegenwärtige Probleme und Aufgaben

Die Gedächtnisfeiern zum 60. Jahrestag des Kriegsendes 1945 machten einmal mehr deutlich, dass die nationalsozialistische Vergangenheit Deutschlands und die Erinnerung an die von Deutschen begangenen Verbrechen gegen die Menschlichkeit (Menschheit) nach wie vor die Innen- und die Außenpolitik Deutschlands beeinflussen. Es wäre allerdings falsch, würde man dies nur als Behinderung ansehen. Aber die im ersten Kapitel genannten Schlüsselbegriffe für den außenpolitischen Diskurs: *Normalität, Kontinuität, Gestaltungsmacht,* werden es noch auf längere Zeit bleiben. Die ersten beiden sind gewissermaßen ein deutsches Spezifikum.

Für die Analyse der gegenwärtigen Probleme und Aufgaben deutscher Außenpolitik (eingeschlossen solche in den nächsten Jahren) reicht allerdings das Licht dieser deutschen Besonderheit nicht aus – schließlich gibt es auch eine große Zahl von Impulsen zu beachten, die aus dem internationalen System heraus die deutsche Außenpolitik beschäftigen werden. In diesem notgedrungen etwas heterogenen Kapitel werden nacheinander drei verschiedene Analyse-Einstellungen vorgeführt. Zunächst geht es um Deutschlands Beziehungen zu den Vereinigten Staaten von Amerika, den ‚zweiten Kreis' der Westintegration. Im zweiten Unterkapitel sollen Probleme und Aufgaben im Politikfeld Sicherheit in den Blick genommen werden. Und schließlich werden wir uns mit drei anderen wichtigen, in diesem Studienbuch ein wenig vernachlässigten Bereichen der Außenpolitik beschäftigen.

## 10.1 Transatlantische Beziehungen

Den Beitrag, den die USA zur Erfolgsgeschichte Deutschlands als eines stabilen, prosperierenden und seit einer halben Generation auch wieder vereinigten demokratischen Nationalstaats geleistet haben, kann man gar nicht hoch genug einschätzen. Die Liste amerikanischer Hilfestellungen für die Deutschen und die deutsche Politik ist lang und reicht von den auf private Initiative zurückgehenden CARE-Paketen über den Marshall-

Plan und die inhaltliche Hilfestellung bei der Formulierung des Grundgesetzes bis zur Aufnahme in die NATO und schließlich zur kräftigen Beförderung der deutschen Einheit. Auch darf man nicht vergessen, dass die Kultur der Bundesrepublik Deutschland durch den Amerikanisierungs-Schub nach 1945 kosmopolitischer und lockerer geworden ist, jedenfalls sehr viel gewonnen hat. Kurz: die Pflege der transatlantischen Beziehungen gehört zu den vordringlichsten Aufgaben deutscher Außenpolitik.

## 10.1.1 Distanz und Nähe

Diese zwei Generationen überspannende Freundschafts-Geschichte hat ihre politische Bedeutung, auch wenn Kategorien wie *Freundschaft* oder *Dankbarkeit* in der Politik nur von beschränktem Wert sind (womit nebenbei ein Problem der Freund-Feind-Unterscheidung zur Kennzeichnung des Politischen bei Carl Schmitt angesprochen ist). Deutschland hat den USA viel zu verdanken. Aber nicht nur in der Gegenwart, sondern bereits in früheren Jahrzehnten gab es auch immer wieder Interessendivergenzen zwischen beiden Staaten, die zu Verstimmungen und einer Abkühlung der Beziehungen geführt haben. Deutlich wurden solche Divergenzen in den frühen 1960er Jahren. Und am Ende der 1970er Jahre, zur Zeit der Präsidentschaft von Jimmy Carter in Washington und der Kanzlerschaft Helmut Schmidts in Bonn fielen die deutsch-amerikanischen Beziehungen auf einen jahrelangen Tiefpunkt (vgl. Wiegrefe 2005).

Wenn man die deutsch-amerikanischen Beziehungen auf ihre Struktur hin untersucht, stößt man auf eine Merkwürdigkeit, nämlich eine Mischung aus Distanz und Nähe, wobei das eine nicht etwa das andere ablöst, um dann nach einiger Zeit wieder von ersterem abgelöst zu werden. Vielmehr existiert beides nebeneinander. Je nach dem Aspekt, dem man besondere Aufmerksamkeit widmet, steht das eine oder andere im Vordergrund.

Aus der Perspektive von Samuel Huntingtons „Kampf der Kulturen" bilden Nordamerika und Europa „den Westen", eine besondere staatenübergreifende *Werte-Gemeinschaft* mit gemeinsamen Gegnern – früher die Sowjetunion und den Kommunismus, heute all jene anti-westlichen Kulturen, die nicht einfach nur das Recht auf Andersartigkeit in Anspruch nehmen, sondern die westliche Kultur aktiv bekämpfen, zum Beispiel mit terroristischen Mitteln. Diese Vorstellung einer transatlantischen

Werte-Gemeinschaft war und ist bei vielen Deutschen, insbesondere auch bei vielen deutschen Politikern tief verankert.

Zugleich jedoch verstärkt sich hüben wie drüben die Aufmerksamkeit für alle Anzeichen eines kulturellen Auseinanderdriftens der beiden Kontinente. Sie werden vor allem dort erkannt, wo in der Nachkriegszeit eine tiefreichende Annäherung zwischen den Vereinigten Staaten und der Bundesrepublik zu verzeichnen war, nämlich auf dem Gebiet der kulturellen Werte und der politischen Kultur. Der Aufschwung der politisch-religiösen Rechten in Amerika wurde hier vielerorts mit Verwunderung aufgenommen, nicht zuletzt deshalb, weil die große Bedeutung der religiösen Sphäre für die Politik der Vereinigten Staaten in der Vergangenheit schlicht übersehen worden war. Dass in vielen Staaten der USA die Todesstrafe noch gang und gäbe ist, wurde erst dann zu einem (wenn auch nur kleineren) Problem der deutschen (und europäischen) Außenpolitik, als die Beförderung der Menschenrechte in dieser Außenpolitik so nachdrücklich betont wurde. Die politischen Auseinandersetzungen um die Nichtbeteiligung einiger europäischer Staaten am Krieg gegen den Irak 2003 eskalierten auf teils skurrile Weise. All das schuf eine politische Atmosphäre der transatlantischen Distanz. „In nur zehn Monaten hat das Deutschland-Bild in Washington erstaunliche Wandlungen durchgemacht. Ursprünglich, seit den Zeiten des Kalten Krieges, war Deutschland ein Verbündeter, dessen man sich in den USA einfach sicher war. Mit seinem Auftreten gegen den Irak-Krieg seit dem Sommer 2002 erntete Deutschland in Washington blanke Verachtung und heute wird es so gut es geht ignoriert" (Livingston 2003, 35).

Zwar wurde auch auf dem Gipfelpunkt dieser Auseinandersetzungen von allen Seiten immer wieder betont, dass die engen transatlantischen Wirtschafts- und Handelsbeziehungen durch solche politische Distanzierung keineswegs in Mitleidenschaft gezogen würden, und die entsprechenden Statistiken unterstützen dies (so auch Risse 2003, 11). Aber wenn man nicht der irrigen Meinung ist, dass es ohnehin *nur* auf die Wirtschaft ankomme und die Politik von den Wirtschaftsentscheidungen abhänge, dann muss diese transatlantische Distanzierung irritieren.

## 10.1.2 Demokratische Globalisierung

Von Beatrice Heuser (1996, 113) stammt die Aufforderung: „North America and the European Union must be the two poles of a magnet which radiates its shared values throughout the world, until through persuasion and example, and where appropriate through leadership, these values become the underpinning of international order." Eine solche Perspektive, in der die globale Verbreitung und Durchsetzung westlicher Werte als gemeinsame transatlantische Aufgabe dargestellt wird, erscheint nach den politischen Auseinandersetzungen der letzten zwei, drei Jahre fast schon ein bisschen anachronistisch. Nebenbei bemerkt – unser Thema ist die deutsche Außenpolitik, aber je näher wir der Gegenwart kommen, desto unübersehbarer wird auch, dass die deutsche Außenpolitik tief eingebettet ist in das Außenverhalten der Europäischen Union. Die transatlantischen Beziehungen werden heute beiderseits des Atlantiks in dieser Weise wahrgenommen. Europa hat jetzt, um ein Wort von Henry Kissinger aufzugreifen, eine außenpolitische Telefonnummer, und es kommt darauf an, was die Europäer antworten, wenn sie angerufen werden. Diese gemeinsame Telefonnummer (gegenwärtig erreicht man das Amtszimmer von Javier Solana) erhöht die Erwartungen an eine gemeinsame europäische Außen- und Sicherheitspolitik. In der Vorphase des Irak-Krieges und bei vielen anderen Themen der internationalen Politik können die Europäer den gestiegenen Erwartungen allerdings nur ansatzweise entsprechen.

Zwei Extrem-Einschätzungen zu den transatlantischen Beziehungen kann man als viel zu überspitzt aus dem Kreis der wahrscheinlichen Entwicklungen herausnehmen. Erstens ist es wenig plausibel, dass die transatlantischen Verstimmungen zwischen Deutschland und den USA seit 2002 mit wenigen Gesten freundschaftlichen Verhaltens überwunden werden können. Diese Verstimmungen drücken vielmehr jenseits aller persönlichen Idiosynkrasien der Regierungs-Chefs vor allem aus, dass sich auch die transatlantischen Beziehungen in einem strukturellen Änderungsprozess befinden. Die Rückkehr zu einem *business as usual* ist nicht zu erwarten, wäre auch im Falle eines Wahlsiegs des demokratischen Gegenkandidaten im Präsidentschaftswahlkampf 2004, John F. Kerry, nicht erfolgt. Genauso unwahrscheinlich ist ein immer weiter gehendes Auseinanderdriften der USA und Europas, etwa in dem Sinne, dass sich die Europäische Union langsam, aber unaufhaltsam zu einem genuinen weltpolitischen Rivalen der USA entwickelt. Diese Vorstellung, sie wird genährt von den pessimistischen Grundanschauungen einer realistischen oder neorealistischen Politikbetrachtung, verkennt die Bedeutung von gemeinsamen politischen Interessen und Werten beiderseits des Atlantik, die sich keineswegs verflüchtigt haben.

Die USA und Europa haben nämlich gemeinsam das Interesse an einer Weltordnung, die geprägt ist von Marktwirtschaft, Freihandel und Demokratie. Unter dem Terminus Weltordnung darf man sich dabei nicht ein weltumspannendes politisch-soziales Gebilde mit überall gleichen Ordnungsgrundsätzen vorstellen, die überall quasi verfassungsmäßig verankert sind und überall mit der gleichen Rigorosität umgesetzt würden. Das wäre ja fast schon so etwas wie eine föderale Weltregierung. Der Begriff klingt, zugegeben, etwas pompös. Er besagt aber im Grunde nicht mehr, als dass es unter dem Vorzeichen der Globalisierung oberhalb der makro-regionalen, nationalen und lokalen politischen Ordnungsnetze und -strukturen eben auch ein globales Geflecht von Werten, Normen, Regeln, Interessen gibt, das auf die darunterliegenden Ebenen einwirkt (wie es auch von diesen Ebenen, *bottom-up*, beeinflusst wird).

Diese Weltordnung so zu gestalten, dass möglichst viele Länder ihre Ökonomie marktwirtschaftlich ausrichten, sich dem freien Welthandel öffnen und sich demokratisieren, das ist zweifellos ein gemeinsames Projekt auf beiden Seiten des Atlantik. Zwar kommen hier auch andere Faktoren ins Spiel, z. B. eigene Protektionismus-Traditionen. Aber grundsätzlich geht es den USA und der Europäischen Union und in ihr ganz besonders Deutschland darum, eine demokratische Globalisierung zu erreichen.

Deswegen wird es auch in Zukunft immer wieder in wichtigen weltpolitischen Fragen zu einer engen transatlantischen Kooperation kommen. Aber sie hat etwas verloren, was sie bis in die 1990er Jahre trotz aller früheren Konflikte kennzeichnete, nämlich die Aura des Selbstverständlichen. Man kann das auch daran ablesen, dass entgegen allen beschwichtigenden Gesten und Formeln die deutsch-amerikanischen Beziehungen auch durch den Wechsel der Regierung in Berlin nur atmosphärisch lockerer geworden, in vielen Sachfragen (z. B. der Klimapolitik) aber nicht zu wirklich tragfähigen neuen Übereinkommen gelangt sind.

### 10.1.3 Sicherheitsbeziehungen

Ein besonders wichtiges Kapitel der transatlantischen Beziehungen sind die Sicherheitsbeziehungen.

Im Ost-West-Konflikt machten die sicherheitspolitische Präsenz der USA in Westeuropa (über die NATO) und besonders auch die Präsenz amerikanischer Streitkräfte auf dem Territorium der Bundesrepublik den eigentlichen Schutz des Landes aus. Washingtons „schützende Hand über

Deutschland" (Hacke 2005) hat seit dem Ende des Ost-West-Konflikts an Bedeutung verloren. Wenn Michael Rühle, der übrigens bei der NATO arbeitet, davon spricht, dass die USA und die europäischen Länder einander nach wie vor als wichtigste Bündnispartner betrachten, dann ist das zwar auch heute noch nicht ganz falsch. Indes schwindet auf beiden Seiten des Atlantiks das Bewusstsein von der Notwendigkeit dieser *very special relationship*. Man kann das gut anhand der Schriften ihrer Befürworter studieren – deren Argumente werden schriller, ohne an Überzeugungskraft zu gewinnen.

---

### Transatlantische Kooperation in der Sicherheitspolitik

„Nach wie vor existiert auf beiden Seiten des Atlantiks ein fundamentales Interesse an sicherheitspolitischer und militärischer Zusammenarbeit. Die Elemente dieses transatlantischen Acquis lassen sich ... in vier Punkten zusammenfassen:

– Die Stabilität Europas bleibt für die USA von immensem strategischem Interesse. Die ‚Vollendung' Europas als ungeteilter, demokratisch und marktwirtschaftlich verfasster Kontinent bleibt ein Hauptziel amerikanischer Außen- und Sicherheitspolitik. Nur im Rahmen der NATO, des zentralen Legitimationsrahmens amerikanischer Macht in Europa, können die Vereinigten Staaten in diesem Prozess eine politische Führungsrolle übernehmen – und behalten.

– Die Europäer bleiben die wichtigsten strategischen Verbündeten der USA für globale Aufgaben. Die militärischen Fähigkeiten der NATO-Verbündeten liegen zwar deutlich hinter den amerikanischen zurück, Europa ist dennoch die weltweite Nummer zwei ...

– Die USA bleiben umgekehrt der wichtigste Bündnispartner der Europäer. Als politischer Krisenmanager und militärischer ‚coalition-builder' sowohl innerhalb als auch außerhalb Europas bleiben die USA konkurrenzlos. Diese amerikanische Sonderrolle wird von den Europäern durchaus anerkannt ...

– Auch wenn derzeit viel von amerikanischem Unilateralismus die Rede ist, so zwingen die neuen Herausforderungen die USA letztlich zur Kooperation mit anderen Staaten."

(Aus: Michael Rühle: Amerika braucht Europa – und die NATO. In: Neue Zürcher Zeitung vom 4. Februar 2004.)

Dennoch gibt es diese Sonderbeziehungen, nicht nur (wenn auch besonders ausgeprägt) zwischen den USA und Großbritannien, sondern auch zwischen den USA und Deutschland. Und es ist gewiss angebracht, sie gerade auch auf dem Gebiet der Sicherheitspolitik weiter zu pflegen. Das heißt unter anderem, dass auch aus europäischer Perspektive die NATO, der „zentrale Legitimationsrahmen amerikanischer Macht in Europa" (Michael Rühle), gehegt und gepflegt werden sollte.

Es gibt allerdings drei Entwicklungen zu konstatieren, die die sicherheitspolitischen Beziehungen über den Atlantik hinweg erschweren:

– *Erstens* driften die grundsätzlichen Lagebeurteilungen in Washington und den meisten europäischen Hauptstädten, in Berlin jedenfalls, langsam weiter auseinander. Selbst deren Sprache ist weniger einheitlich, als es den Anschein hat. Ein Vergleich der jüngsten Sicherheitsstrategien Europas und der USA (vgl. dazu die Aufsätze in: Jäger, Höse, Oppermann 2005) kann dies eindrücklich belegen.

– *Zweitens* hat sich die Schere bei den Zahlen für Militärausgaben in den USA und den europäischen Staaten weit geöffnet. Deutschland zumal hat, aus innenpolitischen Gründen ist das verständlich, seine Militärausgaben ziemlich weit heruntergefahren. Seine Streitkräfte sind, gemessen an ihrer Struktur und an ihrem Aufgabenspektrum, eindeutig unterfinanziert (Meiers 2004). Es besteht die Gefahr, dass sich die ohnehin schon bestehende technologische Lücke bei der Ausrüstung und Bewaffnung amerikanischer und europäischer Streitkräfte derart verbreitert, dass die multinationale Zusammenarbeit (Interoperabilität heißt der Fachausdruck dafür) kaum noch möglich ist.

– *Drittens* hat sich die EU bereits 1992, dann mit größerer Entschlossenheit 1998 auf den Weg gemacht, eine autonome (= von der NATO unabhängige) europäische Militärkomponente zu institutionalisieren (vgl. Witulski 2002). Amerikanische Regierungen sehen das mit leichtem Missbehagen. Aber da es ja immerhin denkbar ist, dass die Probleme der Zusammenarbeit von EU und NATO beim militärischen Konfliktmanagement (Küllmer 2004) zur beiderseitigen Zufriedenheit gelöst werden können, ist das Missbehagen bislang gedrosselt geblieben. Die Vorstellungen über die Zukunft der NATO, über welche auf jedem NATO-Gipfel und jeder der Sicherheitskonferenzen in München seit Jahren debattiert wird, wollen sich jedenfalls nicht auf einen tragfähigen Nenner bringen lassen.

## 10.2 Sicherheit aus deutscher Sicht

In diesen drei Prozessen hat Deutschland eine nicht ganz einfach auf einen Nenner zu bringende Rolle gespielt. François Heisbourg (2000, 37) beschreibt sie so:

„Wenn man mit drei Adjektiven die gegenwärtige Position Deutschlands zusammenfassen müsste, dann würden sie lauten: ‚gut' – was seine politischen Fähigkeiten angeht, sich an den Petersberg-Aufgaben zu beteiligen, ‚mittelmäßig' – angesichts der gegenwärtig für die Erfüllung dieser Aufgaben zur Verfügung stehenden Einheiten, und ‚entsetzlich' – was die Haushaltsmittel betrifft."

Als „Petersberg-Aufgaben" werden die sicherheitspolitischen Ziele bezeichnet, die im Juni 1992 der Reform der Westeuropäischen Union (WEU) vorgegeben wurden. Die WEU, die inzwischen in die EU integriert worden ist, sollte eine stärkere operative Rolle bekommen. Ihr zugeordnete militärische Einheiten der Mitgliedsstaaten sollten neben den gemeinsamen Verteidigungsaufgaben vor allem auch folgende Aufgaben zu übernehmen in die Lage versetzt werden: humanitäre Aktionen und Rettungseinsätze, friedenserhaltende Aufgaben und Kampfeinsätze bei der Krisenbewältigung.

Viele Fachleute betrachten die Sicherheitspolitik Deutschlands wegen der Diskrepanz von Anspruch und Mitteln mit einiger Skepsis. „Der Wille zur positiven Mitgestaltung der internationalen Verhältnisse äußert sich in der Bundesrepublik bislang weitgehend in Lippenbekenntnissen, die weder auf Konzepten und Initiativen noch auf ausreichender materieller Ausstattung des sicherheitspolitischen Instrumentariums fußen" (Overhaus, Harnisch, Katsioulis, 2004, 261). Wie hat sich die deutsche Sicherheitspolitik in den letzten Jahren entwickelt und mit welchen Herausforderungen ist sie gegenwärtig konfrontiert?

### 10.2.1 Im UNO-Rahmen

Das, was hier „UNO-Rahmen" genannt wird, steht nicht nur und exklusiv für UNO-Organisationen, sondern in einem weiteren Sinne für alle globalen oder makro-regionalen Organisationen, die sich zum Ziel gesetzt haben, Sicherheit für eine auf den Grundsätzen des Multilateralismus und der Kooperation aufbauende internationale Ordnung zu liefern. In der deutschen Außenpolitik spielte in diesem Zusammenhang nach 1990 zum Beispiel auch die KSZE/OSZE eine wichtige Rolle.

„Weil die ... Organisation für Sicherheit und Zusammenarbeit alle Staaten des euro-atlantischen Systems umfaßt, könnte die Zusammenarbeit darin die Systemanarchie und das Sicherheitsdilemma drastisch reduzieren. Allerdings müßte sie erheblich aktiviert werden, damit sie diese wichtige Leistung erbringen kann" (Czempiel 1999, 111).

Als Czempiel dies formulierte, war es aber schon einige Zeit vorbei mit der Aura der OSZE. Die Bundesregierung (übrigens auch die Regierung Kanadas) versuchte zu Beginn der 1990er Jahre, der damals noch KSZE genannten Organisation eine Schlüsselrolle für die europäische Sicherheitslandschaft zu geben. Die Konflikte und Gewaltausbrüche im ehemaligen Jugoslawien, später auch in anderen Mitgliedsstaaten der Organisation machten da einen Strich durch die Rechnung. Seither ist die OSZE eine wichtige, aber keineswegs mehr eine Organisation, die gestalterischen Einfluss auf die europäischen Sicherheitsstrukturen ausüben könnte.

Statt Sicherheit im UNO-Rahmen könnte man sagen: der deutsche Beitrag zur Pflege (Erhaltung, gegebenenfalls auch Wiederherstellung) des Weltfriedens und der internationalen Sicherheit. In den nächsten Jahren und Jahrzehnten werden solche Beiträge unter anderem auch dadurch geleistet, dass sich die Regierung bereiterklärt, an internationalen Friedensmissionen – der gegenwärtig aktuellste Fachbegriff für solche Missionen lautet *Crisis Response Operations* (CRO) – teilzunehmen. Je nach Situation vor Ort braucht es dazu zivile oder militärische Kontingente, meistens beides. Solche globale Sicherheits- und Ordnungspolitik hat ihren Preis. Deutschland hat nach 1990 seine Aktivität auf der UNO-Ebene ausgeweitet, wenn auch mehr auf der Anspruchs-, als auf der Leistungsebene. Viele Beobachter konstatieren eine Lücke zwischen dem Anspruch auf prominente Mitgestaltung einer multilateral organisierten Weltordnung einerseits und den dazu bereitgehaltenen Mitteln andererseits, und zwar sowohl auf der zivilen als auch auf der militärischen Ebene. Diese Lücke kann einige Zeit lang, aber nicht sehr lange offen bleiben. Bleibt sie zu lange offen, verfällt die eigene Glaubwürdigkeit.

### 10.2.2 Im NATO-Rahmen

Der Nordatlantikpakt wurde 1949 gegründet, um der Sowjetunion politische Gewinne als Folge von ‚Säbelrasseln' zu verwehren, um einen als möglich bis wahrscheinlich angesehenen Angriff der Roten Armee und ihrer Verbündeter abzuschrecken und schließlich um im Falle des Versagens der Abschreckung das Territorium der NATO militärisch zu verteidigen. Man kann diesen Hauptzweck der NATO im Ost-West-Konflikt mit einem Ausspruch knapp zusammenfassen, der ihrem ersten General-sekretär, Lord Ismay, zugeschrieben wird: *to keep the Russians out.* Orga-nisationen haben meist mehr als nur einen Zweck, so auch die NATO. Der häufig zitierte Ausspruch von Lord Ismay heißt vollständig: *To keep the Russians out, to keep the Americans in, and to keep the Germans down.* Das spiegelt die frühen Jahre des Kalten Krieges wider.

Nach der Ablösung des Kalten Krieges durch die Ost-West-Entspan-nung wurde die NATO auch zu einem Akteur der „antagonistischen Ko-operation" zwischen Ost und West. Abschreckung *und* Entspannung, lau-tete nun ihr Motto. Nach dem Ende des Ost-West-Konflikts wurde dann eine weitgehende Neudefinition der Aufgaben des Verteidigungsbündnis-ses fällig. Sie hatte ihren „Feind" verloren. Da aber eingespielte Sicher-heitsbeziehungen zwischen westlichen Ländern nach wie vor als hochwill-kommen angesehen werden und auch für andere als die im Gründungsakt der NATO ausdrücklich festgelegten Zwecke genutzt werden können, übernahm diese jetzt zwei andere wichtige Aufgaben: sicherheitspolitische Kooperation mit den früheren Gegnern mit dem Ziel eines Stabilitäts-transfers und Beteiligung an Friedensoperationen außerhalb des eigenen Territoriums.

Was die erste dieser beiden Aufgaben betrifft, so sind darunter einmal bestimmte Unterstützungs- und Kooperationsleistungen zu zählen, die etwa im Rahmen des *Nordatlantischen Kooperationsrates* (NAKR) seit 1991 oder der *Partnership for Peace* (PfP) seit 1997 erbracht worden sind, freilich auch die zunächst (gerade auch in Deutschland) nicht unumstritte-ne NATO-Osterweiterung. Zu den Friedensoperationen der NATO au-ßerhalb ihres Territoriums gehören beispielsweise der Luftkrieg in Jugo-slawien zur Abwehr einer ethnischen Säuberungsaktion im Kosovo 1999 und die internationale Stabilisierungstruppe (ISAF) in Afghanistan, wo die NATO seit dem August 2003 eine Führungsrolle inne hat.

Die Zukunft der NATO ist, insbesondere nach dem Irak-Krieg 2003, unsicher. Viele Beobachter kommen, nicht ohne eine gewisse Besorgnis, auf Strukturprobleme zwischen den Vereinigten Staaten und Europa zu sprechen (siehe Kap. 10.1). Die meisten konstatieren einen Bedeutungs-verlust der NATO, der teils durch nicht immer wohlabgewogene Politik, teils aber eben auch durch eine Perspektiven-Differenz in den politischen Eliten beiderseits des Atlantiks hervorgerufen wurde. Ganz deutlich wur-de die gesunkene Bedeutung der NATO in der ad-hoc-Koalition gegen den internationalen Terrorismus nach den Anschlägen vom 11. September 2001.

„Die freundlichste Interpretation besagt, dass die Vereinigten Staaten nach den Terrorakten des 11. September ihr Selbstverteidigungsrecht beanspruchen und möglichst rasch und effektiv die Voraussetzungen für den Krieg gegen den Terrorismus schaffen wollten. Sie waren bereit, dabei den Löwenanteil der politischen und finanziellen Kosten zu tragen.

Doch das ist nur die halbe Wahrheit. Während des Kosovokrieges hatten die USA die Erfahrung gemacht, dass die NATO-Verbündeten ein hohes Maß an Mitsprache erwarteten. Dies verlangte zeitraubende Konsultationen, die sie angesichts der begrenzten militärischen Kräfte der Europäer für wenig gerechtfertigt hielten. Mit Sorge beobachtet die amerikanische Regierung den dramatischen Rückgang der europäischen Verteidigungsausgaben und die Diskrepanz zwischen den militärischen Fähigkeiten der USA und denjenigen der Europäer. Gerade mit Blick auf Deutschland kritisieren die Amerikaner das Auseinanderfallen von Mitspracheanspruch und militärischen Leistungen" (Haftendorn 2003, 219).

Zwar finden sich unter den Äußerungen der Politiker zum Stand und zur Entwicklung der transatlantischen Sicherheitsbeziehungen überwiegend freundliche bis dringlich-optimistische Aussagen zur Rolle der NATO. Aber selbst wenn man das handwerkliche Ungeschick und manche mutwillig vorgenommene Vergrätzung bei der Gestaltung dieser Beziehungen während der letzten fünf Jahre wieder ausgleichen kann, so spricht doch vieles dafür, dass die NATO für die Sicherheitspolitik Deutschlands und Europas insgesamt längst nicht mehr so wichtig ist wie in früheren Jahrzehnten.

### 10.2.3 Im europäischen Rahmen

Der Schwerpunkt der deutschen Sicherheitspunkt wird über kurz oder lang ganz eindeutig in ihrem europäischen Rahmen liegen. Das ist, wohlgemerkt, keine Entscheidung gegen eine global ausgerichtete oder eine transatlantische Sicherheitspolitik, vielmehr nichts als die logische Konsequenz des Fortgangs der Integration Europas. Im Vertrag über die Europäische Union (dem Maastrichter Vertrag) vom Dezember 1991 kündigte der Europäische Rat eine Gemeinsame Außen- und Sicherheitspolitik (GASP) an. Das war zwar noch nicht viel mehr als eine Ankündigung, aber mit der Schaffung der politischen und rechtlichen Grundlagen für eine solche gemeinsame Perspektive war der entscheidende Schritt getan, übrigens nicht zuletzt auch durch kräftige Mithilfe der Bundesregierung.

238

Der nächste große Schritt erfolgte dann im Sommer und Spätherbst 1999. Auf den Treffen des Europäischen Rates in Köln (3. und 4. Juni) sowie in Helsinki (10. und 11. Dezember) wurde beschlossen, europäische Streitkräfte aufzustellen – dazu brauchte es institutionelle Neueinrichtungen (Politischer und Sicherheitspolitischer Ausschuss, Militärausschuss, Generalstab) und militärisch-operative Kapazitäten (Bereitstellung von Krisenreaktionskräften im Umfang von 60.000 Soldaten). Außerdem wurde im Oktober 1999 Javier Solana zum Generalsekretär des Rates und zum „Hohen Repräsentanten für die gemeinsame Außen- und Sicherheitspolitik" der Europäischen Union ernannt.

Über GASP und ESVP (Europäische Sicherheits- und Verteidigungspolitik) gibt es bereits eine umfangreiche Literatur (vgl. u. a. Borchert 1999; Gottschald 2001; Ehrhart 2002; Lüdeke 2002; Müller-Brandeck-Bocquet 2002; Reiter, Rummel und Schmidt 2002; Ehrhart und Schmitt 2004; Regelsberger 2004; Graf von Kielmansegg 2005; Kaim 2007). Sie ist geprägt von einer gewissen Skepsis hinsichtlich der Zielvorgaben, die sich die Europäische Union gesetzt hat.

Dass solche Skepsis, sie kommt etwa in dem Titel des von Reiter, Rummel und Schmidt (2002) herausgegebenen Bandes „Europas ferne Streitmacht" zum Ausdruck, nicht einfach beiseite geschoben werden kann, lässt sich an der Entwicklung seit 1999 ablesen. Jedoch muss man auch in Rechnung stellen, dass solche Zielvorgaben oft mit großem Ehrgeiz gesetzt werden. Was dann umgesetzt wird, ist weniger und braucht länger.

Die deutsche Sicherheitspolitik und zumal ihr vom Verteidigungsministerium zu verantwortender Teil ist besonders mit zwei gleichzeitig zu bewältigenden Aufgaben belastet, nämlich erstens der Umstellung (Transformation) der Bundeswehr auf die neuen Sicherheitsaufgaben und zweitens der Erhaltung oder sogar Wiederherstellung von Anschlussfähigkeit der deutschen Streitkräfte an die der verbündeten Länder.

*Transformation:* In zahlreichen sicherheitspolitischen Dokumenten der Bundesregierungen, vom *Weißbuch 1994* über die *Verteidigungspolitischen Richtlinien von 2003* bis zum *Weißbuch 2006,* wird die Notwendigkeit einer grundlegenden Reform der Bundeswehr hervorgehoben, da sich die Sicherheitslandschaft in der Region, aber auch global verändert habe. Die entsprechenden Passagen im Weißbuch 2006 lauten:

„Der Aufbau neuer, zukunftsfähiger Elemente und der Abbau nicht mehr benötigter Strukturen dienen der konsequenten Einsatzorientierung der Bundeswehr. Die herkömmliche Landesverteidigung gegen einen konventionellen Angriff als strukturbestimmende Aufgabe entspricht nicht länger den aktuellen sicherheitspolitischen Erfordernissen. Die große Anzahl der noch bestehenden nichtaktiven Truppenteile wird bis 2010 deutlich verringert.

Die Streitkräfte werden in drei Kräftekategorien gegliedert: Eingreif-, Stabilisierungs- und Unterstützungskräfte. Diese werden jeweils aufgabenorientiert ausgebildet, ausgerüstet und eingesetzt. Diese Kräftekategorien bilden die konzeptionelle Basis für die Gestaltung der Grundstrukturen in den militärischen Organisationsbereichen der Streitkräfte" (Weißbuch 2006, 93).

Mit einigem Zögern hat die Bundesregierung Abschied genommen von dem Konzept der territorialen Landesverteidigung als der Hauptaufgabe der Streitkräfte. Seit 1990 war eigentlich klar, dass es ab jetzt um andere Arten des Einsatzes gehen würde. Aber Organisationen und Bürokratien, und Verteidigungsministerium und Streitkräfte-Führung sind geradezu Prachtexemplare von Bürokratien, benötigen einen längeren Zeitraum, um sich ganz auf gewandelte Umstände einzustellen.

*Europäisierung:* Es gibt wenig konkrete Vorstellungen über die Tiefe der Integration einer europäischen Sicherheits- und Verteidigungspolitik. Die *Europäische Sicherheitsstrategie* vom Dezember 2003 bildet nur einen weiten Rahmen für die Anstrengungen der EU-Mitgliedstaaten, ihre diesbezüglichen politischen Perspektiven und Planungen, ihre Militärorganisationen und deren unterschiedliche militärischen Kulturen zu vergemeinschaften. Deutschland hat auch hier einerseits große Erwartungen formuliert und bei anderen Akteuren erweckt, aber wegen der als prekär empfundenen Lage der eigenen Sozialstaatspolitik werden solche Erwartungen andererseits auch immer wieder heruntergespielt und gedämpft.

In systematischer Analyse ergibt sich aber, dass in Zukunft vor allem der europäische Rahmen für die deutsche Sicherheits- und Verteidigungspolitik bestimmend sein wird, auch für die der anderen EU-Staaten (vgl. Kaim 2007). Deswegen werden sich hier die interessantesten Entwicklungen abspielen. Blieben sie aus, hätte man hier ein großes Politikfeld mit verpassten Chancen.

## 10.3 Andere wichtige Politikfelder

Die Außenpolitik Deutschlands greift auch in andere Politikfelder staatlicher Politik ein, genauso wie von diesen anderen Feldern in die Außenpolitik eingegriffen wird.

Wir haben uns in den bisherigen Kapiteln und Unterkapiteln vornehmlich auf die bislang im Vordergrund stehenden Aspekte außenpolitischen Handelns konzentriert, allerdings ohne dabei aus dem Gedächtnis zu verdrängen, dass neben diese auch andere Aspekte treten und bei einer umfassenden und in die Tiefe reichenden Analyse berücksichtigt werden müssen. In wenigen Jahren, davon bin ich überzeugt, wird eine einführende Darstellung der deutschen Außenpolitik auch längere Passagen über die deutsche Politik gegenüber wichtigen asiatischen Ländern (besonders China und Indien) enthalten, über die deutsch-russischen Beziehungen und über Deutschlands Afrika-Politik. Beispielhaft sollen im Folgenden drei Bereiche oder Felder außenpolitischen Handelns in den Blick genommen werden, deren Bedeutung für Staat und Gesellschaft, für das Selbstverständnis Deutschlands und seine Wahrnehmung in den Augen anderer Akteure großes Gewicht haben. Wenn sie hier nur gewissermaßen kursorisch und als Merkposten abgehandelt werden, dann wird das ihrer Bedeutung nicht gerecht, denn jedem Einzelnen könnte man eine gesonderte Untersuchung widmen.

### 10.3.1 Wirtschaft

Das Auswärtige Amt mit seinen Auslandsvertretungen begreift sich auch als Dienstleister für die deutsche Wirtschaft. In manchen politischen Weltbildern und politikwissenschaftlichen Ansätzen ist das gesamte politische System einer Gesellschaft ohnehin hauptsächlich um die Wirtschaft zentriert, und, so könnte man schließen, wer das Sagen hat, der bestimmt auch die Politik. Das ist auch, wenn man so will, halb richtig; nur dass halb richtige Einsichten keine sind. Anders ausgedrückt: selbstverständlich ist eine Gesellschaft insgesamt in starkem Maße an ihrem wirtschaftlichen Wohlergehen interessiert. Wenn ein Staat diese Grundrichtung stark betont, hat das auch Auswirkungen auf die Strukturen außenpolitischen Handelns. Insofern ist etwa die Rede vom „Handelsstaat Deutschland" (Staack 2000) nicht unberechtigt. Aber es gibt auch andere Interessen und Werte, manche davon ganz und gar nicht materiell, die in einer Gesellschaft politikbestimmend sein und auch wirtschaftlichen Interessen widersprechen können.

Dieser Streit ist alt und findet heute noch seinen Niederschlag in den „theorievergleichenden" Veröffentlichungen in unserer Disziplin. Wirtschaftsakteure mit einem grenz-überschreitenden Handlungshorizont, also zum Beispiel die transnationalen Konzerne, aber auch mittlere und kleinere Firmen, die Güter importieren oder exportieren, haben in der Regel ein großes Interesse daran, von staatlicher Seite nicht behindert, sondern gefördert zu werden. Für den Staat lohnt sich Förderung, weil ein wachsender Außenhandel der Volkswirtschaft nützt, etwa indem Arbeitsplätze geschaffen und Steuern gezahlt werden. Es geht aber auf diesem Politikfeld nicht nur um Außenhandel, sondern auch um den Spezialfall der Entwicklungszusammenarbeit (siehe Kap. 10.3.2). Drittens gehört die nach außen gerichtete Währungs- und Finanzpolitik ebenfalls zu den klassischen Staatsaufgaben. Diese ressortieren aber bei anderen Ministerien oder Institutionen des Staates.

Parallel zum politischen Aufstieg der Bundesrepublik Deutschland von einem unter dem Kuratel der Besatzungsmächte stehenden Territorium zu einem zwar behutsam im Rahmen der Westintegration agierenden Staat, der bald schon erst eine kleinere, dann eine mittlere Mittelmacht wurde, fand auch die Wiedereingliederung des Landes in die Weltwirtschaft statt (vgl. Buchheim 1990). In den 1960er Jahren kam die Rede auf, die Bundesrepublik sei ein wirtschaftlicher Riese, aber ein politischer Zwerg. Da waren die Größenverhältnisse einmal über- und einmal untertrieben worden. Aber gewiss ist unabweisbar, dass die Bundesrepublik eine Reihe ihrer politischen Ziele mittels wirtschaftlicher Lockungen oder wirtschaftlichem Druck zu erreichen suchte (u. a. die Geltung der Hallstein-Doktrin). Wirtschaftliche Lock- und Druckmittel spielen auch in den Jahren nach 1990 eine wichtige Rolle.

Unter dem Vorzeichen zunehmender Internationalisierung und Globalisierung – letztere ist ja kein ökonomisches Phänomen, aber sie zeigt sich am deutlichsten auf dem Feld der Ökonomie – ist staatliche Politik zur Gestaltung der Außenwirtschaft generell schwieriger geworden. Im Fall der EU-Mitgliedsstaaten kommt hinzu, dass die Außenwirtschaftspolitik bereits seit den 1970er Jahren vergemeinschaftet ist. Dennoch hat die Servicefunktion des Staates und auch des auswärtigen Dienstes für die Wirtschaft noch eine sehr hohe Bedeutung. Wenn der Bundeskanzler nach China reist, begleiten ihn nicht nur viele Mitarbeiter der Regierung, sondern auch Geschäftsleute. Und der Abschluss von Wirtschaftsabkommen, sei es über wissenschaftlich-technische Kooperation, sei es über den Export bestimmter Leistungen und Güter, gilt nach wie vor als Indikator für den Erfolg solcher Reisen.

Das wird auch in Zukunft nicht anders sein.

## 10.3.2 Entwicklung

„Gleichgerichtete Anstrengungen in allen Politikbereichen, die die Entwicklungsländer berücksichtigen, sind erforderlich. Dies ist nur im Rahmen einer *kohärenten Außenpolitik* möglich, die neben der Entwicklungspolitik u. a. Aspekte der Sicherheitspolitik, der Außenwirtschaftspolitik, der internationalen Finanzpolitik und der Agrarpolitik berücksichtigt. Eine derartige Politik muss auch versuchen, multilateral und bilateral Kohärenz mit dem Vorgehen anderer Geberländer herzustellen" (Auswärtiges Amt 2001, 180).

Programmatische Formulierungen wie diese finden sich immer wieder in Dokumenten des Auswärtigen Amtes; ihnen entströmt gewissermaßen der feine Duft der Öffentlichkeitsarbeit. Aber das macht sie ja nicht anrüchig: In der Tat ist Entwicklungspolitik oder, wie einer der neueren politischen Euphemismen heißt, Entwicklungszusammenarbeit, nicht Sache des Auswärtigen Amtes. Da aber der diplomatische Verkehr mit den in Frage kommenden Ländern auf vielen anderen Ebenen über das Auswärtige Amt läuft, ist es angemessen, eine kohärente Außenpolitik einzufordern. Adressat dieser Forderung sind vor allem die anderen Ministerien der eigenen Regierung, in diesem Fall insbesondere das Bundesministerium für wirtschaftliche Zusammenarbeit und Entwicklung (BMZ).

Unterentwicklung, Entwicklungshilfe, Entwicklungspolitik, Entwicklungszusammenarbeit – nicht nur der deutsche politische Diskurs tut sich schwer mit diesem Handlungsbereich grenzüberschreitender Beziehungen. Das liegt an mehreren Gründen. Es gibt zwar einen brüchigen Konsens über die Ursachen der wirtschaftlichen, politischen und in beunruhigend großen Zahlen auch existenziellen Lebensproblemen der Menschen in den „armen Ländern" der Welt. Auch sind ganze Bücherregale vollgeschrieben worden mit Vorschlägen zur Überwindung von Elend und Armut in diesen zuweilen gar nicht so armen Ländern, deren Reichtum an Ressourcen nur denen so gut wie gar nicht zugute kommt, die in ihnen leben. Es handelt sich hier um ein hoch-brisantes politisches und moralisches Problem zugleich. Sein riesiges Ausmaß legt nahe, dass es multilateral angegangen wird, was hier heißt: von einer wirklich Großen Koalition von Staaten, internationalen Organisationen und nicht-staatlichen Akteuren verschiedener Kategorien (NGOs, Wirtschaftsunternehmen). Die nationalstaatliche Außenpolitik ist immer der Versuchung ausgesetzt, Entwicklungspolitik für andere Zwecke zu instrumentalisieren. Günstigstenfalls entwertet das den „Geber-Impuls" nur unwesentlich; schlimmstenfalls werden falsche Programme mit den falschen Leuten ins Leben gerufen, die nicht Entwicklung (= die Summe aus: Überwindung der Armut; menschliche Sicherheit; Aufbau und Pflege einer menschenwürdigen politischen Ordnung; ökologische Sicherheit), sondern das Gegenteil bewirkt, Stagnation oder sogar Rückschritte.

Entwicklungspolitische Perspektiven und Instrumente haben in letzter Zeit an Bedeutung gewonnen, und zwar hauptsächlich im Zusammenhang mit Anstrengungen von UNO und anderen, zusammengebrochene und in sich gefährdete und für die Umwelt deswegen auch gefährliche Staaten neu aufzubauen. Das ist etwa in Afghanistan der Fall. Die richtige Mixtur von militärischen, zivil-politischen und entwicklungspolitischen Methoden und Mitteln, die für einen mittel- und langfristigen Erfolg nötig ist, wird noch gesucht. Aber auf jeden Fall spielt die Entwicklungspolitik und entsprechend das dafür zuständige Ministerium dabei eine nicht zu unterschätzende Rolle.

### 10.3.3 Kultur

„Die Kultur- und Bildungsarbeit einer deutschen Auslandsvertretung erfüllt praktische Aufgaben, ist aber ein Mittel zu politischen Zwecken. Ein substanzieller Teil der wichtigen politischen Kontakte von Auslandsvertretungen sind Menschen, die – sei es durch ein deutsches Stipendium, einen Bildungsaufenthalt in Deutschland oder durch Interesse an der deutschen Kultur – einen engen Bezug zu Deutschland haben" (Enders 2002, 180).

Die „politischen Zwecke", von denen der seinerzeitige Kulturreferent an der deutschen Botschaft in Peking schrieb, sind die allgemeinen Zwecke diplomatischer und staatlich-außenpolitischer Aktivität, nämlich die Beförderung der Interessen des eigenen Landes und seiner Bürger. Manche sehen das als Instrumentalisierung der Kultur. Aber solcher Kritik liegt eine naive und abgehobene Vorstellung von Kultur zugrunde. Tatsächlich muss man alles menschliche Handeln, auch die Politik, als kulturell geprägtes Handeln betrachten. Aber gleichviel, ob man mit einer weiten oder einer der vielen engeren Definitionen von Kultur arbeitet, kein Staat kann es sich leisten, auf kulturelle Kontakte mit anderen Staaten und auf die Präsentation der eigenen Kultur zu verzichten. Dabei geht es einmal um Werbung und Unterstützung für die eigene Kultur (Sprache, Kunst und Literatur, Wissenschaft usw.) im Ausland, zweitens um die Integration der eigenen Kultur mit denen anderer Staaten und Gesellschaften und drittens um die angemessene Beteiligung an der Entwicklung einer in sich vielfältigen, aber diese Vielfalt als eines ihrer Insignien akzeptierenden Weltkultur.

Große Worte, wird mancher denken. Wenn man es etwas niedriger hängen will, könnte man sagen: Auswärtige Kulturpolitik ist ein typisches Element von *soft power*. Die Werte und Traditionen der eigenen Kultur können dabei helfen, die politische Attraktion eines Landes beträchtlich zu vergrößern. Dies geschieht übrigens nicht auf Einbahnstraßen (als Kulturexport sozusagen), sondern im Austausch zwischen den Kulturen.

Bedauerlicherweise lassen sich die Zugewinne an Attraktivität eines Landes mittels seiner auswärtigen Kulturpolitik nicht eindeutig messen. Außerdem amortisieren sich Ausgaben für auswärtige Kulturpolitik oft erst nach vielen Jahren. Wenn Studenten, die ein Stipendium für eine deutsche Universität erhalten haben, nach vielen Jahren in ihrem Heimatland wichtige Positionen inne haben – wie kann man dann erfahren, ob überhaupt oder inwieweit bestimmte politische oder wirtschaftliche Entscheidungen von ihnen durch den damaligen Deutschland-Aufenthalt positiv beeinflusst werden?

In der deutschen auswärtigen Kulturpolitik spielt eine Reihe nichtstaatlicher Einrichtungen eine herausgehobene Rolle. Die wichtigste unter ihnen ist zweifellos das Goethe-Institut, dessen offizieller Name „Goethe-Institut zur Pflege der deutschen Sprache im Ausland und zur Förderung der internationalen kulturellen Zusammenarbeit e. V." lautet. Schulte (2000, 208ff.) zählt in seiner Übersicht über die „wichtigsten Durchführungsorganisationen auswärtiger Kulturpolitik" über 100 solcher Einrichtungen auf, zu denen man noch die staatlich geförderten Auslandsschulen rechnen muss.

Aus meinem eigenen Erfahrungsbereich muss ich an dieser Stelle besonders auf die Alexander von Humboldt-Stiftung hinweisen, die vor allem vielversprechende ausländische Wissenschaftler zu einem längeren Forschungsaufenthalt an einer deutschen Universität einlädt. Das so über die Jahrzehnte entstandene Netzwerk ist ein Beispiel für gelungene auswärtige Kulturpolitik ohne nationale Scheuklappen, sondern im klassischen kosmopolitischen Sinne des Namensgebers der Stiftung.

Andere Staaten verlassen sich mehr auf zentral-staatlich gelenkte Einrichtungen (die DDR tat das systembedingt freilich auch). Dass in Deutschland eine gewisse, übrigens nicht allzu große Distanz zwischen Staat und Praxis der auswärtigen Kulturpolitik existiert, hat auch etwas mit den „Lehren der Vergangenheit" (Witte 1998, 20) zu tun. Für Schulte (2000, 140) liegt in dieser Distanz oder in diesem Delegationsprinzip, wie er es nennt, das „Erfolgsgeheimnis deutscher Auswärtiger Kulturpolitik begründet".

Allerdings beklagen alle Beobachter der auswärtigen Kulturpolitik, die ja seit Jahren etwas vollmundig als die „dritte Säule" der Außenpolitik bezeichnet wird, ihre finanzielle Unterausstattung. Die Schließung zahlreicher Goethe-Institute in den letzten Jahren war einzig und allein eine Folge mangelnder Ressourcen, an ihrer Arbeit gab es nichts Wesentliches auszusetzen. Auch andere Länder betonen gern die Wichtigkeit ihrer auswärtigen Kulturpolitik, ohne dass sich deren Wertschätzung in den Finanzplänen widerspiegelt. Die gewachsene oder jedenfalls neu erkannte Bedeutung kultureller Faktoren für die Eskalation oder De-Eskalation von Konflikten in einer sich weiter globalisierenden Welt müsste eigentlich bewirken, dass diese „dritte Säule" ausgebaut wird, um belastungsfähiger zu werden (vgl. Schreiner 2008).

Schluss:

# Normalität ja, aber welche?

## Normalität ja, aber welche?

Am Beginn der Niederschrift dieses Buches stand der deutsche Anspruch auf einen Ständigen Sitz im Sicherheitsrat der Vereinten Nationen als Ausdruck eines neuen außenpolitischen Selbstverständnisses der Bundesregierung für kurze Zeit im Vordergrund außenpolitischer Debatten. Seither ist es um diesen außenpolitischen Programmpunkt zwar nicht stiller geworden. Die Aussichten auf seine Durchsetzung haben sich eher verdüstert. Trotzdem verfolgt auch die Regierung der großen Koalition dieses Ziel weiter – es wurde von Bundeskanzlerin Merkel auf der UNO-Generalversammlung im September 2007 ebenso unverdrossen wiederholt wie vor ihr von Außenminister Fischer oder Bundeskanzler Schröder. Hier gibt es also keine große, nein: überhaupt keine Diskontinuität zwischen der Außenpolitik der rot-grünen Koalition von 1998 bis 2005 und der großen Koalition seither. Frank-Walter Steinmeier, der Außenminister seit 2005, verkörpert sozusagen die sozialdemokratische Kontinuitätslinie dieser Außenpolitik, wohingegen Angela Merkel in mancher Beziehung die Fortsetzung der grünen Außenpolitik betreibt, was man an vielen ihrer Einzelentscheidungen ablesen kann.

Bilanzen der rot-grünen Außenpolitik aus der Feder von Fachkollegen (zum Beispiel von Christian Hacke in der Neuen Zürcher Zeitung vom 16. Juni 2005) fielen im Jahr des Regierungswechsels eher skeptisch aus. Mittlerweile scheint sich die langsam wachsende zeitliche Distanz zu dieser Ära urteils-mildernd auszuwirken.

*Normalität, Kontinuität und Gestaltungsmacht* – diese drei Begriffe wurden am Anfang als Schlüsselbegriffe der Auseinandersetzung um die Ziele, die Richtung, die Mittel und das Selbstverständnis der deutschen Außenpolitik eingeführt. Am Ende des historischen und systematischen Durchgangs durch die außenpolitischen Geschehnisse seit 1949 stellt sich heraus, dass sie auch heute noch und wohl auch noch auf absehbare Zukunft diesen Charakter als Schlüsselbegriffe behalten werden.

## Gestaltungsmacht

Die Kontroversen um die Interessen, Werte und Mittel der Außenpolitik können in einer Demokratie sowieso nie als beendet erklärt werden. Welche Prioritäten verfolgt das Land mit seiner Außenpolitik, welche Widersprüche gilt es dabei auszutarieren? Wie nachdrücklich wird deutsche Außenpolitik in Zukunft zu einem Element gemeinsamer europäischer Außenpolitik? Wie entwickelt sich das transatlantische Verhältnis? Wie soll sich Deutschland gegenüber Russland verhalten, ohne dass die Beziehungen zu den zwischen Deutschland und Russland liegenden Staaten leiden? Der Fragenkatalog ist lang und wird immer einmal wieder um neue Fragen erweitert. Wenn man sie im öffentlichen Diskurs und in der Sphäre der Politik aufgreift, dann stößt man dabei sofort und unvermeidlich auf die Möglichkeiten und Grenzen eigener, nationaler Gestaltungsmacht. Wie kann man sie optimieren? Soll sich Deutschland in der liberal-internationalistischen Tradition als reiner Handelsstaat verstehen und verhalten, also bei den militärischen Mitteln für die Außen- und Sicherheitspolitik sparen? Dagegen spricht, dass zwar nicht die Verteidigung des eigenen Territoriums, aber die Verteidigung des deutschen Interesses an einer Eindämmung von Gewalt im internationalen System militärische Mittel vorzuhalten zwingend erscheinen lässt. Denn zwei Optionen – politische Beschränkung auf das engere Umfeld einerseits, leere Versprechungen in die Welt hinein andererseits – mögen kurzzeitig hinnehmbar erscheinen, besonders in Wahlkämpfen. Jedoch stehen sie beide in krassem Widerspruch zur Lage des eigenen Landes und zur Notwendigkeit einer kreativen Außen- und antizipatorischen Sicherheitspolitik als Elemente einer multilateralen Weltpolitik mit den Zielen: Gewaltverhinderung, Schutz der Menschenrechte, Armutsbekämpfung, Weltsicherheit. Diese Ziele verlangen höhere Einsätze.

Mit „höheren Einsätzen" ist zweierlei gemeint:
- *Erstens* ein erheblich verbreitertes konzeptionelles Fundament für die verschiedenen Ebenen der Sicherheitspolitik. Da gibt es bisher nur Ansätze.
- *Zweitens* erheblich mehr finanzielle Mittel, die nicht ausschließlich für die militärische Komponente der Sicherheitspolitik gebraucht werden

sollen, obgleich hier der Bedarf inzwischen besonders stark angewachsen ist.

Es spricht einiges dafür, dass der Satz „Die Sicherheit der Bundesrepublik wird nicht nur, aber auch am Hindukusch verteidigt" nicht ganz falsch sein könnte. Aber was Verteidigungsminister Struck genau damit sagen wollte, ist offen geblieben. Warum am Hindukusch und nicht am Euphrat? Gegen wen verteidigt? Und wie steht es mit Afrika – wird auf diesem Kontinent die Bundesrepublik ebenfalls zu verteidigen sein? Und wo dort: im Kongo, in Darfur? Die konzeptionellen Ansätze für ein integratives Sicherheitskonzept, die es gibt, müssen weiterentwickelt werden. Wie lange sollen Friedenseinsätze dauern? Schließlich besteht die Gefahr, dass jede einzelne solcher Missionen sich immer wieder und immer weiter verlängert, so dass bald keine Einsatzkräfte mehr für neue Friedenseinsätze zur Verfügung stehen.

Auf konzeptioneller Ebene bieten sich hier Vorstellungen an, wie sie im internationalen *Human Security Network* verfolgt werden. Sie haben zudem den Vorteil, dass man auf bewährte multilaterale Verbindungen zurückgreifen und Erfahrungen anderer Staaten (z. B. Kanadas) aufnehmen und überprüfen kann.

Auf der institutionellen Ebene muss die inter-ministerielle Zusammenarbeit zwischen den Ressorts Auswärtiges Amt, Verteidigungsministerium, Ministerium für Entwicklungszusammenarbeit verbessert werden. Insbesondere müssen, weil diese Aufgabe in den nächsten Jahren nichts von ihrer Wichtigkeit einbüßen wird, die personellen und materiellen Voraussetzungen für internationale Friedenseinsätze von zivilen Experten verbessert werden. Die zivil-militärische Zusammenarbeit bei solchen Friedenseinsätzen muss klarer bestimmt werden. Wer macht was am Hindukusch, um den Aufbau einer funktionsfähigen Gesellschaft und wirksamer staatlicher Strukturen zu ermöglichen und voranzutreiben? Da solche Einsätze in aller Regel in multilateralem Rahmen erfolgen, sind diese konzeptionellen Fragen nicht nur national, sondern auch mit denjenigen Verbündeten zu klären, die eine ähnliche Grundvorstellung von Friedenseinsätzen und Konfliktmanagement haben.

In einem sehr meinungsfreudigen, sehr anregenden Essay hat der Schweizer Journalist Eric Gujer fünf Aspekte zusammengestellt, die bei der Entscheidung über die Beteiligung an einer Friedensmission genau betrachtet werden sollten:

- Erfolgsprognose der Intervention;
- Vorhandensein nationaler oder europäischer Interessen;

– Aufwandsprognose;
– Zeitprognose;
– Tragfähigkeit der politischen Legitimation in der Öffentlichkeit (Gujer 2007, 41 f.).

Jeder dieser Aspekt muss nüchtern und realistisch durchgeprüft werden. Hier liegt, fürchte ich, der Hase im Pfeffer, denn nur allzuleicht sind Politiker und Öffentlichkeit von kurzfristigen Gefühlen oder Kalkülen zu beeinflussen. Das ist aber, kleiner Trost, nicht nur in Deutschland so.

## Kontinuität

Die Kontinuität der deutschen Außenpolitik von der Zeit Konrad Adenauers bis zur Wiedervereinigung ist unübersehbar. Sie bekommt fast einen heroisch zu nennenden Anstrich, wenn man zugleich an den fundamentalen Bruch denkt, der diese Außenpolitik von jener trennt, die im Dritten Reich betrieben wurde, aber auch von der Außenpolitik der Weimarer Republik und der des Kaiserreichs. Die Geographie hat sich freilich nicht geändert, wohl aber die politische Landkarte Mitteleuropas. Das hat unter anderem zur Folge gehabt, dass sich eine Reihe geopolitischer Gegebenheiten mit dem Ende des Zweiten Weltkriegs verändert haben.

Danach aber ist die deutsche Außenpolitik, gemeint ist freilich nur die westdeutsche, in ihren Grundentscheidungen von Kontinuität gekennzeichnet. Die Eingliederung in die westlichen Bündnisse, die europäische Integration, die langsame Anreicherung mit Souveränitäts-Partikeln, der Aufbau der Bundeswehr, die behutsame Gestaltung des Verhältnisses zu Israel, die Ergänzung der Westpolitik um eine neue Ost- und Entspannungspolitik, die solche Entspannungspolitik komplettierende Deutschlandpolitik – alles, was sich hier aufgrund weltpolitischer oder regionaler Einflussfaktoren verändert hat, blieb doch im Rahmen *einer* außenpolitischen Grundkonzeption. Diese war und ist allerdings flexibel genug, um neuen Herausforderungen wirksam begegnen zu können.

Nach der Wiedervereinigung gehörte die Betonung der außenpolitischen Kontinuität über dieses Datum hinaus zu den beliebtesten Sprachspielen der deutschen Politiker, nicht zuletzt um Sorgen über eine Wiedergeburt hegemonialer Ambitionen zu zerstreuen. Wenn auch die Grundprinzipien deutscher Außenpolitik im Wesentlichen unverändert geblieben sind, so haben sich doch deren Status und Rolle im internationalen System geändert. Nicht im Sinne eines „Back to the Future"

(Mearsheimer 1990), vielmehr als Konsequenz von Veränderungen auf der Oberfläche, aber auch auf der Strukturebene internationaler Beziehungen. Die „große Kontinuität", die auf 1945 (Niederlage des nationalsozialistischen Deutschland) und 1949 (Gründung der Bundesrepublik Deutschland) zurückgeht, hat sich erhalten. Aber in sie eingebaut sind auch zahlreiche Wandlungsprozesse, die in ihrer Summe mehr als nur kleine Korrekturen eines einmal festgelegten Kurses sind. Die „Westintegration" ist nach wie vor ein Strukturelement deutscher Außen- und Sicherheitspolitik. Aber die Kriterien für die Balance zwischen den transatlantischen Beziehungen und der gemeinsamen europäischen Außen- und Sicherheitspolitik haben sich verändert. Multilateralismus ist nach wie vor die am meisten Erfolg versprechende Methode außenpolitischen Handelns. Aber im Gegensatz zur Zeit vor 1990 schließt das eindeutiges Führungsverhalten im makro-regionalen und zunehmend auch im globalen Kontext nicht aus.

Und hier kann man wiederum in Bezug auf den Regierungswechsel 2005 sagen, dass damit keine entscheidende außen- und sicherheitspolitische Zäsur verbunden war. Der Wechsel der Personen an der Spitze der hier wichtigen Ämter und Ministerien hat gewiß eine Modifikation in der Art des Auftretens bewirkt, besonders klar erkennbar an den unterschiedlichen Stilen von Bundeskanzler Schröder und Bundeskanzlerin Merkel. Die Folge davon ist, dass nach 2005 manche Risse in politischen Beziehungsgeflechten, die sich zuvor entwickelt hatten, mehr oder weniger solide zugespachtelt wurden, ebenso wie sich in manchen anderen Beziehungsfiguren, die vorher ganz und gar gefestigt erschienen, kleine Risse gezeigt haben.

Nachdenklich stimmen muss in diesem Zusammenhang eine ziemlich heftige Kritik von Michael Zürn (in: Die ZEIT vom 12. Oktober 2006), der eine riesige Lücke zwischen außenpolitischen Worten und Taten der Bundesregierungen konstatiert. „Wahrscheinlich gibt es neben Kanada und unseren skandinavischen Nachbarn kein anderes Land in der Welt, in dem die Prinzipien der globalen Verantwortung und des Multilateralismus in internationalen Institutionen so weitgehende Unterstützung finden wie in Deutschland", schreibt er, um dann fortzufahren: „Die Umsetzung solcher Prinzipien in handfeste Ressourcen und Kapazitäten sowie deren Widerspiegelung in in öffentlichen Debatten lassen allerdings zu wünschen übrig." Für ihn gilt es, diesen „Konsens der Selbstzufriedenheit" zu entzaubern. Das dürfte gar nicht so leicht fallen.

# Normalität

Mit der Normalität tun wir uns am schwersten. Denn wer dieses Wort verwendet, steht sofort im Verdacht, die Last der Geschichte, der Jahre 1933 bis 1945, abschütteln zu wollen. Weil das so ist, müssen diejenigen, die diesen Begriff verwenden und damit nicht den berüchtigten „Strich unter der Vergangenheit" machen wollen, dies auch sogleich deutlich machen, womit dann der Sinn des Wortes Normalität wieder verpufft ist.

Egon Bahr (2003) und Gregor Schöllgen (2003) haben für Normalität plädiert und sozusagen ausprobiert, ob man dies in aller Unschuld tun kann. Sie haben Kritik dafür bekommen (vgl. Gießmann 2004), sogar heftige, was sie gewiss ebenso geärgert hat wie der Beifall von der falschen Seite. Letzterer ist im Übrigen ein Symptom dafür, dass es immer noch eine Aura des Ausnahmefalles um Deutschland gibt. Die Vergangenheit entscheidet nicht selbst darüber, ob sie vergehen will oder nicht. Erinnerung ist nicht nur ein selbst-reflexiver Vorgang. Andere Menschen bringen uns zuweilen etwas in Erinnerung, was wir uns selbst vielleicht lieber nicht in Erinnerung rufen möchten. Schon allein deswegen ist es ziemlich zwecklos, unter die Vergangenheit Striche ziehen zu wollen. Die würden durch die Erinnerung der von den Deutschen misshandelten Völker immer wieder perforiert werden.

Ähnlich ist es mit der außenpolitischen Normalität. Man kann sich vorstellen, wann sie gegeben ist – nämlich dann, wenn niemand sie vermisst, niemand sie herbeisehnt oder trotzig einfordert. Vorhandene Normalität ist kein Gesprächsgegenstand. Nur als Abwesende wird über sie geredet und geschrieben. Na, und? Die post-nationalsozialistische Erfahrung im Alltag und in der Politik ist und bleibt geprägt von dem Imperativ des *Nie wieder*. Das hat aber nichts von einer rückwärtsgewandten Haltung. Es fesselt die Außenpolitik Deutschlands nicht, oder nur dort, wo es auch ganz richtig ist.

# Anhang

## Zeittafeln

### Bundesrepublik Deutschland

| | |
|---|---|
| 7./8.5.1945 | Bedingungslose Kapitulation der deutschen Wehrmacht |
| 5.6.1945 | Einsetzung des Alliierten Kontrollrats in Berlin und Aufteilung Deutschlands in vier Besatzungszonen |
| 17.7.–2.8.1945 | Potsdamer Konferenz der Staats- und Regierungschefs der UdSSR, USA und Großbritannien |
| 1.1.1947 | Schaffung des vereinigten Wirtschaftsgebiets (Bizone) |
| 14.3.1947 | Ministerpräsidenten der amerikanischen Zone beschließen Einrichtung eines „Deutschen Büros für Friedensfragen" |
| 5.6.1947 | Ankündigung des Marshall-Plans |
| 24.6.1948 | Beginn der Berlinblockade, West-Berlin wird durch die Luftbrücke versorgt (Ende 12.5.1949) |
| 1.9.1948 | Der Parlamentarische Rat in Bonn tagt zum ersten Mal |
| 23.5.1949 | Verkündung des Grundgesetzes |
| 15.9.1949 | Wahl Konrad Adenauers (CDU) zum Bundeskanzler |
| 20.9.1949 | Adenauer hält die erste Regierungserklärung |
| 21.9.1949 | Besatzungsstatut für die Bundesrepublik tritt in Kraft |
| 22.11.1949 | Unterzeichnung des Petersberger Abkommen zwischen den Westmächten und der Bundesrepublik |
| 1.4.1950 | Errichtung der Dienststelle für Auswärtige Angelegenheiten im Kanzleramt |
| 15.3.1951 | Gründung des Auswärtigen Amt als Bundesministerium, Kanzler Adenauer übernimmt das Amt des Außenministers |
| 10.3.1952 | Stalin-Note zu einem Friedensvertrag und einer möglichen Wiedervereinigung Deutschlands |
| 26.5.1952 | Unterzeichnung des Deutschlandvertrags und Zusatzverträgen zwischen den drei Westmächten und der Bundesrepublik |

| | |
|---|---|
| 7.6.1955 | Heinrich von Brentano (CDU) wird Außenminister der Bundesrepublik |
| 8.–10.12.1955 | Die Hallstein-Doktrin wird Bestandteil der westdeutschen Außenpolitik |
| ab 28.11.1958 | Neue Berlin-Krise, Chruschtschow fordert die Westalliierten auf, binnen sechs Monaten aus Berlin abzuziehen |
| 13.8.1961 | Bau der Berliner Mauer |
| 14.11.1961 | Gerhard Schröder (CDU) wird Außenminister der Bundesrepublik |
| 26.6.1963 | John F. Kennedy hält in West-Berlin seine Rede, die mit dem berühmten Ausspruch „Ich bin ein Berliner" endet |
| 15.7.1963 | Egon Bahr erläutert in Tutzing seine Ideen zu einer Politik des „Wandels durch Annäherung" |
| 16.10.1963 | Ludwig Erhard (CDU) wird zum Bundeskanzler gewählt |
| 1.12.1966 | Kurt Georg Kiesinger (CDU) wird zum Bundeskanzler, Willy Brandt (SPD) zum Außenminister gewählt. |
| 13./14.12.1967 | Der Bericht des NATO-Rats („Harmel-Bericht") stellt eine neue Doktrin vor, die militärische Sicherheit und Entspannung umfasst |
| 21.10.1969 | Willy Brandt (SPD) wird Bundeskanzler, sein Nachfolger als Außenminister wird Walter Scheel (FDP) |
| 3.9.1971 | Die Westalliierten und die UdSSR unterzeichnen das Viermächteabkommen über Berlin |
| 21.12.1972 | Unterzeichnung des Grundlagenvertrags zwischen der Bundesrepublik und der DDR durch Egon Bahn und DDR-Staatssekretär Kohl |
| 18.9.1973 | Die Bundesrepublik wird in die UNO aufgenommen |
| 15./16.5.1974 | Außenminister Scheel wird zum Bundespräsidenten gewählt. Sein Nachfolger wird Hans-Dietrich Genscher. Neuer Kanzler nach dem Rücktritt Willy Brandts ist Helmut Schmidt |
| 1.10.1982 | Nach dem Misstrauensvotum gegen Helmut Schmidt (SPD) wird Helmut Kohl (CDU) neuer Bundeskanzler |
| 22.11.1983 | Der Bundestag beschließt die Stationierung amerikanischer Mittelstreckenraketen (Pershing-II) |
| 12.6.1987 | Ronald Reagan hält am Brandenburger Tor eine Rede, in der er Gorbatschow auffordert, die Mauer niederzureißen: „Mr. Gorbachev, tear down this wall!" |
| 12.6.–15.6.1989 | Gorbatschow besucht die Bundesrepublik |

| | |
|---|---|
| 9.11.1989 | Die Grenzen in die Bundesrepublik und nach West-Berlin werden von der DDR geöffnet. Fall der Berliner Mauer |
| 28.11.1989 | Helmut Kohl legt den Zehn-Punkte-Plan zur Deutschen Einheit vor |
| 12.2.–14.2.1990 | Auf der gemeinsamen Konferenz des Warschauer Pakts und der NATO in Ottawa wird die Aufnahme der 2+4-Gespräche beschlossen |
| 12.9.1990 | Der „Vertrag über die abschließende Regelung in Bezug auf Deutschland" wird in Moskau unterzeichnet. Damit enden die 2+4-Gespräche, das wiedervereinigte Deutschland erhält mit dem Inkrafttreten die volle Souveränität |
| 3.10.1990 | Vereinigung der beiden deutschen Staaten |
| 18.5.1992 | Klaus Kinkel (FDP) wird Nachfolger Genschers als Außenminister |
| 12.7.1994 | „Out-of-Area"-Entscheidung des Bundesverfassungsgerichts. Der Einsatz deutscher Soldaten außerhalb des NATO-Gebiets ist damit verfassungmäßig |
| 27.9.1998 | Im Zuge der Bundestagswahlen kommt es zur Bildung einer rot-grünen Koalition. Gerhard Schröder (SPD) wird Nachfolger von Helmut Kohl (CDU) als Bundeskanzler, Joschka Fischer (B90/Grüne) folgt Klaus Kinkel (FDP) im Amt des Außenministers |
| 24.3.1999 | Beginn von Luftangriffen der NATO im ehemaligen Jugoslawien, ohne UNO-Mandat, aber mit Beteiligung Deutschlands |
| 16.11.2001 | Bundestags-Abstimmung über den Afghanistan-Einsatz der Bundeswehr, zusammen mit der Vertrauensfrage von Bundeskanzler Schröder |
| 18.9.2005 | Vorgezogene Bundestagswahlen; die rot-grüne Regierung verliert ihre Mehrheit |
| 22.11.2005 | Wahl der CDU-Vorsitzenden Angela Merkel zur Bundeskanzlerin einer großen Koalition aus CDU/CSU und SPD; Frank-Walter Steinmeier (SPD) wird neuer Außenminister |
| 6.-8.6.2007 | G8-Gipfel in Heiligendamm mit dem Hauptthema Klimaschutz |

## Deutsche Demokratische Republik

| | |
|---|---|
| 6.–8.12.1947 | I. Volkskongress der SED im sowjetischen Sektor Berlins |
| 7.10.1949 | Die Verfassung der DDR tritt in Kraft |

| | |
|---|---|
| 25.7.1950 | Walter Ulbricht wird Generalsekretär des Zentralkomitees der SED |
| 29.9.1950 | Aufnahme der DDR in den Rat für Gegenseitige Wirtschaftshilfe |
| 10.3.1952 | Stalin-Note zu einem Friedensvertrag und einer möglichen Wiedervereinigung Deutschlands |
| 17.6.1953 | Volksaufstand in der DDR |
| 26.7.1953 | Walter Ulbricht wird Erster Sekretär des Zentralkomitees der SED (bis 1971) |
| 14.5.1955 | Die DDR wird Mitglied des Warschauer Paktes |
| 23.10.–<br>11.11.1956 | Volksaufstand in Ungarn, der im November von sowjetischen Truppen niedergeschlagen wird |
| 13.8.1961 | Bau der Berliner Mauer |
| 12.6.1964 | Die DDR und die UdSSR schließen einen Vertrag über Freundschaft, gegenseitigen Beistand und Zusammenarbeit |
| 21.8.1968 | Der „Prager Frühling" wird durch den Einmarsch von Truppen des Warschauer Paktes gewaltsam beendet |
| 19.3.1970 | Treffen von Willy Brandt und DDR-Ministerpräsident Willi Stoph in Erfurt |
| 3.5.1971 | Erich Honecker wird Nachfolger Ulbrichts als Erster Sekretär des ZK der SED |
| 21.12.1972 | Unterzeichnung des Grundlagenvertrags zwischen der Bundesrepublik und der DDR durch Egon Bahr und DDR-Staatssekretär Kohl |
| 18.9.1973 | Die DDR wird in die UNO aufgenommen |
| 1.8.1975 | Die Helsinki-Schlussakte wird unterzeichnet |
| 11.12.–<br>13.12.1981 | DDR-Besuch von Helmut Schmidt. Treffen mit Honecker am Werbellinsee |
| 12.3.1985 | Michail Gorbatschow wird Generalsekretär der KPdSU |
| 7.–11.9.1987 | Offizieller Besuch der Bundesrepublik durch Erich Honecker |
| ab Juli 1989 | Viele DDR-Bürger flüchten über Ungarn und Österreich in die Bundesrepublik oder warten auf die Ausreise in den Botschaften in Budapest und Prag und der Ständigen Vertretung in Ost-Berlin |
| ab September 1989 | Regelmäßige Massendemonstrationen in der DDR, v.a. in Leipzig und Ost-Berlin |
| 9.11.1989 | Die Grenzen in die Bundesrepublik und nach West-Berlin werden von der DDR geöffnet. Fall der Berliner Mauer |

3.10.1990     Vereinigung der beiden deutschen Staaten

# Europapolitik

| | |
|---|---|
| 18.4.1951 | In Paris wird der Vertrag über eine Europäische Gemeinschaft für Kohle und Stahl (EGKS) unterzeichnet |
| 27.5.1952 | Der Vertrag über die Europäische Verteidigungsgemeinschaft (EVG) in Paris wird unterzeichnet |
| 27.2.1955 | Der Bundestag ratifiziert die Pariser Verträge (unterzeichnet zw. 19.10 und 23.10.1954) |
| 25.3.1957 | Die Verträge über die Europäische Atomgemeinschaft (EURATOM) und Europäische Wirtschaftsgemeinschaft (EWG) werden in Rom unterzeichnet |
| 22.1.1963 | de Gaulle und Adenauer unterzeichnen den Elysée-Vertrag |
| 8.4.1965 | Der Vertrag über die Fusion der EWG, EURATOM und EGKS zur Europäischen Gemeinschaft (EG) wird unterzeichnet. Die Gründungsmitglieder der EG sind Belgien, Deutschland, Frankreich, Italien, Luxemburg und die Niederlande |
| 1.1.1973 | Dänemark, Irland und das Vereinigte Königreich treten der EG bei |
| 10.6.1979 | Die Bürger Europas wählen zum ersten Mal direkt Vertreter für das Europäische Parlament |
| 1.1.1981 | Griechenland wird zehntes Mitglied der EG |
| 1.1.1986 | Die EG wächst mit Spanien und Portugal auf 12 Mitglieder an |
| 1.1.1987 | Die Einheitliche Europäische Akte tritt in Kraft; sie sieht eine Änderung der Gründungsverträge und die Schaffung eines Binnenmarktes vor |
| 7.2.1992 | In Maastricht wird der Vertrag über die Europäische Union (EU) von den 12 Mitgliedstaaten unterzeichnet |
| 1.1.1993 | Der Europäische Binnenmarkt tritt in Kraft |
| 1.1.1995 | Die EU erweitert sich mit Finnland, Österreich und Schweden auf 15 Mitgliedstaaten |
| 26.3.1995 | Das Schengener Abkommen zum Abbau der Kontrollen an den innereuropäischen Grenzen tritt in Kraft |
| 30.6.1995 | Der Bundestag beschließt die Entsendung von 1.500 Soldaten im Rahmen des Bosnieneinsatzes |
| 6.12.1995 | Beschluss des Deutschen Bundestags sich an der internationalen Friedenstruppe für Bosnien-Herzegowina (IFOR) zu beteiligen |

| | |
|---|---|
| 13.6.1996 | Der Vorschlag deutsche Soldaten im Rahmen der neuen Friedenstruppe SFOR nach Bosnien zu entsenden wird mit großer Mehrheit des Bundestags angenommen. |
| 16./17.6.1997 | Der EU-Stabilitätspakt wird in Amsterdam verabschiedet |
| 2.10.1997 | Die EU-Außenminister unterzeichnen den Amsterdamer Vertrag |
| 12./13.12.1997 | Die EU beschließt die Aufnahme von Beitrittsverhandlungen mit ost-mitteleuropäischen Staaten |
| 2./3.5.1998 | Auf dem Gipfel der EU-Staats- und Regierungschefs wird die Euroeinführung zum 1.1.1999 in elf der 15 Mitgliedstaaten beschlossen |
| 7.–9.12.2000 | Der Europäische Rat verabschiedet den Vertrag von Nizza. Verkündung der Grundrechts-Charta |
| 1.1.2002 | Der Euro wird in 12 EU-Staaten offizielles Zahlungsmittel und ersetzt die jeweilige Landeswährung |
| 16.4.2003 | In Athen wird der Beitrittsvertrag zwischen der EU und den 10 Beitrittskandidaten unterzeichnet |
| 1.5.2004 | Die EU-Osterweiterung tritt in Kraft. Estland, Lettland, Litauen, Malta, Polen, die Slowakei, Slowenien, die Tschechische Republik, Ungarn und Zypern treten der damit 25 Staaten umfassenden EU bei |
| 29.10.2004 | Die im Verfassungskonvent unter Vorsitz von Valéry Giscard d'Estaing ausgearbeitete EU-Verfassung wird mit geringen inhaltlichen Änderungen von den 25 Staats- und Regierungschefs unterzeichnet. Sie tritt nach der Ratifizierung durch die Mitgliedstaaten in Kraft |
| 29.5./1.6.2005 | In Frankreich bzw. den Niederlanden wird der Verfassungsentwurf in Referenden von der Bevölkerung abgelehnt |
| 1.1.2007 | Bulgarien und Rumänien werden EU-Mitgliedsstaaten Nr. 26 und 27 |
| 21.–22.6.2007 | Der Europäische Rat beschließt das Mandat für einen Grundlagen- oder Reformvertrag als Ersatz für die gescheiterte Verfassung |
| 13.12.2007 | Unterzeichnung des Reformvertrages, der jetzt Vertrag von Lissabon heißt |

# Transatlantische/Internationale Beziehungen

| | |
|---|---|
| 7./8.5.1945 | Bedingungslose Kapitulation der deutschen Wehrmacht |
| 5.6.1945 | Einsetzung des Alliierten Kontrollrats in Berlin und Aufteilung Deutschlands in vier Besatzungszonen |
| 17.7.–2.8.1945 | Potsdamer Konferenz der Staats- und Regierungschefs der UdSSR, USA und Großbritannien |
| 5.6.1948 | Ankündigung des Marshall-Plans |
| 4.4.1949 | Gründung der NATO |
| 10.3.1952 | Stalin-Note zu einem Friedensvertrag und einer möglichen Wiedervereinigung Deutschlands |
| 26.5.1952 | Unterzeichnung des Deutschlandvertrags und Zusatzverträgen zwischen den drei Westmächten und der Bundesrepublik |
| 9.5.1955 | NATO-Beitritt der Bundesrepublik |
| 22.10.–9.11.1962 | Kuba-Krise |
| 1964–1975 | Vietnamkrieg (2. Indochinakrieg) |
| November 1969 | Gespräche über eine Rüstungsbegrenzung strategischer Waffen zwischen der UdSSR und den USA (SALT-Verhandlungen) |
| 3.9.1971 | Die Westalliierten und die UdSSR unterzeichnen das Viermächteabkommen über Berlin |
| 26.5.1972 | Leonid Breschnew und Richard Nixon unterzeichnen den SALT I-Vertrag, der die Reduzierung ballistischer Raketenabwehrsysteme vorsieht |
| 3.–8.7.1973 | Die Konferenz über Sicherheit und Zusammenarbeit in Europa findet in Helsinki statt. |
| 30.10.1973 | In Wien beginnen die MBFR-Verhandlungen |
| 1.8.1975 | Die Helsinki-Schlussakte wird unterzeichnet |
| 18.6.1979 | Der SALT II-Vertrag wird von Jimmy Carter und Leonid Breschnew unterzeichnet. Er tritt jedoch aufgrund fehlender Zustimmung des US-Senats nie in Kraft |
| 12.12.1979 | NATO-Doppelbeschluss |
| 25.12.1979 | Die UdSSR marschiert in Afghanistan ein |
| 16.1.–28.2.1991 | Operation „Desert Storm" zur Befreiung Kuwaits (Golfkrieg) |
| 31.3.1991 | Auflösung des Warschauer Pakts |
| 25.12.1991 | Gorbatschow tritt als Präsident zurück, die Sowjetunion löst sich auf und die Gemeinschaft Unabhängiger Staaten (GUS) wird gegründet |

| | |
|---|---|
| 2.4.1993 | Die Bundesregierung beschließt die Teilnahme deutscher Soldaten an AWACS-Aufklärungsflügen über Bosnien |
| 20.4.1993 | Die Bundeswehr beteiligt sich an der UN-Blauhelm-Mission UNOSOM II in Somalia |
| 12.3.1999 | Die Tchechische Republik, Polen und Ungarn werden Mitglied der NATO |
| 24.3.–10.6.1999 | Deutsche Soldaten sind im Kosovo-Krieg im Rahmen der NATO zum ersten Mal nach Ende des Zweiten Weltkriegs an Kampfhandlungen beteiligt |
| 11.9.2001 | Bei den Terroranschlägen mit vier entführten Passagierflugzeugen sterben in New York, Washington und Shankville, PA, etwa 3.000 Menschen |
| 2.10.2001 | Der Nordatlantikpakt erklärt den Bündnisfall nach Art. 5 des NATO-Vertrags |
| 7.10.2001 | Beginn der Luftschläge gegen Ziele in Afghanistan. Bundeswehreinheiten beteiligen sich nach dem Bundestagsbeschluss vom 16.11. an militärischen Operationen |
| 1.5.2003 | US-Präsident Bush erklärt die Kampfhandlungen im Irak für beendet, eindeutig zu früh |
| 29.3.2004 | Bulgarien, Estland, Lettland, Litauen, Rumänien, die Slowakei und Slowenien werden Mitglied der NATO |
| 24.6.2005 | Wahl des Bürgermeisters von Teheran Mahmud Achmedineschad zum Präsidenten des Iran; an den internationalen Bemühungen, auf den Iran einzuwirken, sein Atomprogramm einzustellen, ist Deutschland im Rahmen der P 5+1 beteiligt (die 5 ständigen Mitglieder des Sicherheitsrates plus Deutschland) |
| Sommer 2006 | erneute Verschärfung der gewalttätigen Konflikte in Darfur |
| 12.7.2006 | Israelische Angriffe auf den Libanon als Vergeltung für Überfälle der Hisbollah-Miliz auf israelisches Territorium |
| 15.10.2006 | Deutschland übernimmt bis Ende Februar 2008 das Kommando über die Marrtime Task Force (MTF) im Ragmen der United Nations Interim Force in Lebanon (UNIFIL) |

# Berufswunsch: Diplomat

## I. Allgemeine formale Voraussetzungen

1. deutsche Staatsangehörigkeit oder Volkszugehörigkeit (i.S.d. Artikel 116 GG)
2. Volljährigkeit sowie noch keine Vollendung des 32. Lebensjahres
3. gesundheitliche Eignung (Untersuchung durch amtseigenen Gesundheitsdienst)
4. Sicherheitsüberprüfung
5. Qualifikation im jeweiligen Auswahlverfahren

## II. Laufbahnspezifische Einstellungsvoraussetzungen

*mögliche Laufbahnen:*
- höherer Auswärtiger Dienst
- gehobener Auswärtiger Dienst
- mittlerer Auswärtiger Dienst (Bewerbungsdetails s. nächste Seite)

*weitere Tätigkeiten:*
- Fremdsprachenassistent/in im Auswärtigen Dienst
- Ausbildungsgang Verwaltungsfachangestellte/r
- Sprachendienst des Auswärtigen Amtes
- Referendarprogramm des Auswärtigen Amtes für Juristen
- studienbegleitende Praktika bei deutschen Auslandsvertretungen und in der Zentrale des Auswärtigen Amts
(weitere Informationen finden Sie auf der Seite: http://www.auswaertiges-amt.de/www/de/aamt/job/index_html)

*Vorbildungsvoraussetzungen und Fremdsprachenkenntnisse*
- **höherer Dienst:** abgeschlossenes Universitätsstudium; Englisch und Französisch
- **gehobener Dienst:** Abitur oder Fachhochschulreife; Englisch und Französisch
- **mittlerer Dienst:** mittlerer Bildungsabschluss (z. B. mittlere Reife) oder Hauptschulabschluss mit einer abgeschlossenen (förderlichen) Berufsausbildung (bspw. im kaufmännischen Bereich); Englisch

# III. Bewerbung

| | höherer Auswärtiger Dienst | gehobener Auswärtiger Dienst | mittlerer Auswärtiger Dienst |
|---|---|---|---|
| Bewerbung | Nur Online über www.auswaertiges-amt.de | Online-Bewerbungsverfahren soll eingeführt werden (www.auswaertiges-amt.de) | Bewerbung bei der Aus- und Fortbildungsstätte des Auswärtigen Amtes, Bonn (Näheres unter http://www.auswaertiges-amt.de/www/de/aamt/job/jobs_aa/md/bewerbung_html) |
| Zeitraum | 1. Mai – 30. Juni für Einstellung Mai des Folgejahres | 1. April – 31. Oktober für Einstellung Anfang August des Folgejahres | 1. Juni – 31. Oktober für Einstellung Anfang des Folgejahres |
| Auswahlverfahren | schriftlicher Teil (Prüfungsorte: Berlin, Bonn und München) im August mündlicher Teil Oktober/November in Bonn | schriftlicher Teil im November in acht deutschen Städten (Aktualisierungen beachten) mündlicher Teil Februar/März in Bonn | schriftliches Vorauswahlverfahren im Januar in fünf deutschen Städten (Aktualisierungen beachten) mündliches Endauswahlverfahren März/April in Bonn |
| Einstellungstermin | i.d.R. Anfang Mai | i.d.R. Anfang August | i.d.R. Anfang September |
| „Vorbereitungsdienst" | Dauer: 1 Jahr *Praktikum* in der Zentrale des Auswärtigen Amts in Berlin oder an einer Auslandsvertretung *Seminare* in der Aus- und Fortbildungsstätte des Auswärtigen Amts (AFS) *zweimonatige Sprachintensivkurse* für Englisch oder Französisch (ggf. auch Drittsprache) im Ausland | Dauer: 3 Jahre *Einführungswoche* mit anschließendem *Grundstudium* (6 Monate) in der Aus- und Fortbildungsstätte des Auswärtigen Amts (AFS) *Fünfmonatiges Praktikum* in einem Referat in der Zentrale des Auswärtigen Amts in Berlin *Sechsmonatigen Hauptstudium I* an der FH für Verwaltung und Rechtspflege in Berlin *Vorbereitungsmonat* in der AFS *Neunmonatiges Praktikum* an einer deutschen Auslandsvertretung *vierwöchiger Sprachintensivkurs* *siebenmonatiges Hauptstudium II* in der AFS | Dauer: 21 Monate *Viereinhalbmonatiger Einführungslehrgang* in der Aus- und Fortbildungsstätte des Auswärtigen Amts *Zweimonatige praktische Ausbildung* in einer Registratur in der Zentrale des Auswärtigen Amts in Berlin („Inlandspraktikum") *Neunmonatige praktische Ausbildung* an einer deutschen Auslandsvertretung, weltweit („Auslandspraktikum") *Fünfeinhalbmonatiger Abschlusslehrgang* in der Aus- und Fortbildungsstätte des Auswärtigen Amts Behördenaufbau und Geschäftsabläufe, Schriftgutverwaltung |

| | höherer Auswärtiger Dienst | gehobener Auswärtiger Dienst | mittlerer Auswärtiger Dienst |
|---|---|---|---|
| Schwerpunkte | Bereiche Volkswirtschaftslehre, Geschichte und Politik, Völkerrecht, Rechts- und Konsularwesen Sprachunterricht in Englisch und Französisch (ggf. Drittsprache) Rhetorik, Verhandlung, Personalführung, Medien | Bereiche Recht, Wirtschaft, Verwaltung im Hauptstudium II Unterricht in Englisch und Französisch | Haushalts-, Kassen- und Rechnungswesen Konsularrecht Staatsangehörigkeits-, Pass- und Ausländerrecht Öffentliches Dienstrecht, Besoldungs- und Reisekostenrecht Sprachaus- bzw. -fortbildung |
| Kernaufgaben | Pflege der Auswärtigen Beziehungen der Bundesrepublik Deutschland praktische Mitgestaltung der deutschen Außenpolitik (bspw. in Botschaften, Ständigen Vertretungen oder Generalkonsulaten) | Rechts- und Konsularwesen, Verwaltung Tätigkeiten in den Arbeitsgebieten Wirtschaft, Wirtschaftliche Zusammenarbeit und Entwicklung, Kultur, Presse und Öffentlichkeitsarbeit, Protokoll | interne Verwaltung (z. B. Registrator/in, Zahlstellenverwalter/in, Bürosachbearbeiter, IT-Betreuer/in) Rechts- und Konsularbereich (z. B. Pass- und Visastelle) |
| Ansprechpartner | Hans-Helge Sander, Tel.: +49(0)30-5000-1139, 1-af-0-2@auswaertiges-amt.de Leila Christmann, Tel.: +49(0)30-5000-1145, 1-af-00@auswaertiges-amt.de | Matthias Koch, Tel.: +49(0)30-5000-1121, matthias.koch@auswaertiges-amt.de | Referat 1-AF-21, Tel.: +49(0)30-5000-2975 1-AF-21@auswaertiges-amt.de |
| weitere Informationen | http://www.auswaertiges-amt.de/ www/de/aamt/job/jobs_aa/hd_html | http://www.auswaertiges-amt.de/ www/de/aamt/job/jobs_aa/gd/index_html | http://www.auswaertiges-amt.de/ www/de/aamt/job/jobs_aa/md/index_html |

bzgl. **studienbegleitender Praktika** bei deutschen Auslandsvertretungen und in der Zentrale des Auswärtigen Amts:

• http://www.auswaertiges-amt.de/www/de/aamt/job/jobs_aa/praktika_html

**Quelle:** www.auswaertiges-amt.de (Stand: 31.08.2005)

# Fragen und Aufgaben

## 1. Nationales Selbstbewusstsein und außenpolitische Normalität

▶ Welche Argumente werden von Gegnern und Befürwortern eines deutschen Sitzes im UN-Sicherheitsrat vorgebracht? Welche Argumente halten für Sie überzeugender?

▶ Angela Merkel hat im September 2007 den Dalai Lama, das Oberhaupt der tibetischen Buddhisten, im Bundeskanzleramt empfangen. Dies ist vielfach besonders gelobt worden, aber auch auf Kritik gestoßen. Was sind die Gründe der einen und der anderen?

▶ Die rot-grüne Regierung trat 1998 mit dem Ziel an, „die Grundlinien bisheriger deutscher Außenpolitik weiterzuentwickeln". Hinter dieser Aussage verbirgt sich sowohl Wandel als auch Kontinuität. Welche Veränderungen gab es seit 1998 und wo könnte man eher von einer Fortführung der bis dahin verfolgten Außenpolitik sprechen?

▶ Gibt es Beispiele für Gerhard Schröders Behauptung, dass Deutschland heutzutage seine Interessen „vielleicht deutlicher und klarer" verfolgt?

▶ Welche Faktoren bestimmen das deutsche nationale Interesse und auf welche Bestimmungsgrößen lässt sich dieses zurückführen?

▶ Ist Deutschland eher eine Mittel-, Zentral- oder Großmacht? Welche unterschiedlichen Vorstellungen kommen in den Begriffen zum Ausdruck?

▶ Warum gibt es gerade in der großen Koalition seit 2005 immer wieder einmal Reibungen zwischen Bundeskanzlerin und Außenminister wegen der Prioritäten in der auswärtigen Politik?

## 2. Was ist und wer macht Außenpolitik?

▶ Die Frage „Ist Außenpolitik wirklich *Außen*-Politik?" wurde schon von zahlreichen Politikwissenschaftlern diskutiert. Welche Determinanten der deutschen Außenpolitik sprechen für, welche gegen die These?

▶ Welche Akteure neben den Staaten beeinflussen die Außenpolitik?

▶ Wie lässt sich der Begriff „Außenpolitik" in Verhältnis zu den Begriffen „internationale Politik", „transnationale Politik", „internationale Beziehungen" setzen?

▶ In welchem Verhältnis stehen Außen- und Innenpolitik zueinander? Gibt es hierbei Unterschiede zwischen der nationalen Außenpolitik und der supranationalen Außenpolitik der EU (GASP)?

▶ Bei einer Analyse der Außenpolitik gilt es drei Gegenstandsbereiche zu untersuchen: prozessbezogenene, strukturbezogene und intentionsbezogene Aspekte. Welche Möglichkeiten gibt es für die politikwissenschaftliche Forschung, diese möglichst realitätsnah zu analysieren?

▶ In Kapitel zwei wurden zahlreiche Definitionen von Außenpolitik vorgestellt. Welche Definitionen halten Sie für die überzeugendste? Welche Aspekte werden darin vernachlässigt? Dürfen diese Aspekte Ihrer Meinung nach vernachlässigt werden?

## 3. Aus der Not ein Erfolgsrezept

▶ Die Außenpolitik der frühen Jahre wird gerne mit dem Begriff der Selbstbeschränkung verbunden. Inwieweit beruhte diese Selbstbeschränkung auf Freiwilligkeit und inwieweit war sie den äußeren Umständen geschuldet?

▶ Die „deutsche Frage" wurde sowohl als innen- als auch außenpolitisches Problem betrachtet. Welche nationalen und internationalen Debatten bzw. Weltanschauungen sind damit verbunden?

▶ Nach dem Zweiten Weltkrieg fand in der Bundesrepublik eine Abkehr vom Dritten Reich statt. Inwieweit äußerte sich dies in der Außenpolitik?

▶ Wo liegen die Gemeinsamkeiten und wo die Unterschiede in den außenpolitischen Konzepten von Konrad Adenauer (CDU) und Kurt Schumacher (SPD)?

▶ Die deutsche Außenpolitik wurde nachhaltig durch die Prinzipien der Zurückhaltung, der Selbstbeschränkung und des Multilateralismus geprägt. Bewerten Sie anhand dieser Prinzipien die Außenpolitik vor und nach 1990!

► Beide deutsche Staaten wurden nach dem Zweiten Weltkrieg in Bündnisse integriert. Welche Bedeutung hatte dies für die Außenpolitik beider Staaten? Welche Entscheidungen hatten dabei besonderen Einfluss?

► Die bundesrepublikanische (Außen-)Politik ist nach 1945 von drei Westverschiebungen gekennzeichnet. Was ist damit gemeint?

► Die „deutsche Frage" hatte großen Einfluss auf die Politik beider deutscher Staaten aber auch jene der Alliierten. War mit der „deutschen Frage" jeweils dasselbe gemeint?

► Nach dem Zweiten Weltkrieg bis zu Beginn der fünfziger Jahre stand neben der Integration der Bundesrepublik in das westliche Bündnissystem (und der DDR in den Ostblock) auch die Möglichkeit eines geeinten, neutralen Deutschlands im Raum. Wenn man diese hypothetische Konstellation weiterspinnt: Welche Konsequenzen hätten sich daraus ergeben? Wäre ein neutrales Deutschland eine mögliche historische Alternative gewesen?

## 4. Der Beginn: Auf der Suche nach post-traumatischer Normalität

► Skizzieren Sie anhand der Politik Adenauers und der Westmächte nach, inwieweit sich die außenpolitischen Handlungsspielräume der Bundesrepublik aus strukturellen Zwängen bzw. Handlungsmöglichkeiten der Bundesrepublik ergaben!

► Unter den Beobachtern der deutschen Außenpolitik ist insbesondere der Ausgangspunkt deutscher Außenpolitik umstritten. Was stand am (bzw. im) Anfang der bundesrepublikanischen Außenpolitik?

► Skizzieren Sie kurz den Weg vom „Deutschen Büro für Friedensfragen" zum „Auswärtigen Amt"!

► Welche Kontinuitäten aber auch Neuanfänge lassen sich hierbei im Vergleich zur Zeit vor 1945 ausmachen?

► Welche Ziele und Prioritäten für die (west-)deutsche Außenpolitik formulierte Adenauer in seiner ersten Regierungserklärung?

## 5. Souveränität und Selbsteinbindung

▶ Welche Akteure und Entwicklungen durchdringen (bzw. perforieren) die Souveränität heutiger Staaten im Allgemeinen und die der Bundesrepublik im Besonderen?

▶ Donald Rumsfelds Einteilung in ein neues und altes Europa impliziert verschiedene Vorstellungen der europäischen Länder und den USA zu den europäischen und den transatlantischen Beziehungen. Welche verschiedenen Perspektiven kommen darin zum Ausdruck? Trifft die Unterscheidung Rumsfelds zu, oder ist das Europa der 27 homogener, als dies der amerikanische Verteidigungsminister annimmt?

▶ Die transatlantische und Europa-Politik der Bundesregierungen seit den 1950er Jahren sah sich immer einem Zielkonflikt ausgesetzt. Anhand welcher historischer Ereignisse/Entscheidungen lässt sich dies illustrieren? Wie wurde dieser Zielkonflikt abgemildert? Lässt sich in der bundesrepublikanischen Politik der letzten Jahren eine Änderung der Politik des Austarierens beider Ziele erkennen?

▶ Detlef Junker identifiziert sieben Ursachenkomplexe, die das Verhältnis der USA zur Bundesrepublik und damit auch die deutsche Außenpolitik geprägt haben. Welche Ursachenkomplexe sind dies?

## 6. Sicherheitsprobleme

▶ Wie lässt sich Sicherheits- von Außenpolitik abgrenzen und wo überschneiden sich die beiden Bereiche?

▶ Welche Ziele werden mit nationaler Sicherheitspolitik primär verfolgt?

▶ Wie war die Debatte um die Wiederbewaffnung mit der westdeutschen Außenpolitik verknüpft? Welche internationalen und nationalen Entscheidungen ermöglichten die Schaffung der Bundeswehr?

▶ Inwieweit beeinflussten die nukleare Strategie/Politik der USA und der NATO die Außen- und Sicherheitspolitik der Bundesrepublik?

▶ Mit sicherheitspolitischen Fragen waren in der Geschichte der Bundesrepublik immer auch wieder gesellschaftliche Debatten verbunden. Versuchen Sie, jeweils die Argumente der verschiedenen Lager in den Auseinandersetzungen um (a) die Wiederbewaffnung, (b) die (indirekte) Atombewaffnung der Bundeswehr, (c) die Politik gegenüber der

DDR und der Entspannungspolitik, (d) die Nachrüstung und den NATO-Doppelbeschluss sowie (e) die deutsche Position zum ersten Golfkrieg 1991 nachzuzeichnen!

► Hat sich die Interpretation der deutschen Grundsätze „Nie wieder Krieg! Nie wieder Auschwitz!" seit den 1990er Jahren geändert? Diskutieren Sie die Argumente für und wider die These von deutscher Sicherheits- und Außenpolitik als „Verantwortungspolitik"!

## 7. „Drüben" – Die andere deutsche Außenpolitik

► Peter Bender stellt(e) Parallelen in der Entwicklung der Außenpolitik der BRD und DDR fest. In welchen Bereichen lassen sich Ähnlichkeiten feststellen? Auf welchen Gebieten ist ein Vergleich nicht möglich/ schlüssig?

► Die Nichtanerkennungspolitik der Bundesrepublik war bis zu den 1970er Jahren mit einem Namen verbunden. Von welcher Doktrin ist hier die Rede?

► Welche Auswirkungen hatte die Nichtanerkennungspolitik auf die Möglichkeiten der DDR eine eigene Außenpolitik zu betreiben?

► In welchem Rahmen war es der DDR überhaupt möglich eine eigene Außenpolitik zu betreiben?

► Welche Interessen wurden von der DDR auf dem Gebiet der Außenpolitik vor allem verfolgt? Gab es regionale Schwerpunkte ihrer Außenbeziehungen?

► Die DDR-Außenpolitik der 1970er und 1980er Jahre ist von Benno-Eide Siebs in drei Phasen eingeteilt worden. Welche Phasen unterscheidet er? Auf welche Zeiträume beziehen sich diese drei Phasen? In welche internationale Konstellation/Kontext sind diese Phasen eingebettet?

## 8. Zäsur 1989/90

► Welche Gründe waren für die deutsche Wiedervereinigung entscheidend? Welcher Gestaltungsspielraum kam dabei der Außenpolitik beider deutscher Staaten zu?

▶ Welche Inhalte umfasste Helmut Kohls Zehn-Punkte-Plan? Welche Rolle spielte der Plan auf dem Weg zur Deutschen Einheit?

▶ Die weltpolitischen Umwälzungen zu Ende der 1980er Jahre, die deutsche Wiedervereinigung haben die Rahmenbedingungen für deutsche Außenpolitik erheblich verändert. Lässt sich dennoch eine Kontinuität in manchen Bereichen feststellen? Wenn ja, wo?

▶ Oft wird im Rahmen der Veränderungen der 1990er Jahre von einer deutschen „Verantwortung" gesprochen. Worin besteht diese? Wird diese in den tatsächlichen außenpolitischen Handlungen reflektiert oder bleibt sie rein rhetorisch?

## 9. Welches Europa?

▶ Nach der Vereinigung konnte man vielfach hören, dass die deutsche Außenpolitik kein Konzept für ihre Europapolitik habe. Inwieweit lassen sich Gegenbeispiele finden? Welche außenpolitischen Entscheidungen stützen diese These?

▶ Die Einführung des EURO wurde von einigen Beobachtern als Beleg dafür angesehen, dass das wiedervereinigte Deutschland in Europa eingebunden werden konnte, andere sahen darin eine Durchsetzung deutscher Interessen. Stellen Sie die Argumente beider Thesen gegenüber! Welche These erscheint Ihnen plausibler?

▶ Wie verhielt sich die deutsche Außenpolitik bezüglich der Integration der EU (bis 1993 EG)? Gab es dabei Unterschiede unter der Regierung Kohl vor und nach der Wiedervereinigung?

▶ Welche Zielvorstellungen für die zukünftige Gestalt Europas wurden von den verschiedenen deutschen Regierungen seit Beginn der 1990er Jahre propagiert? Mit welchen politischen Ordnungskonzepten lassen sich diese umschreiben?

▶ Wie sahen die Vorstellungen bezüglich der EU-Osterweiterung aus? Wie lässt sich vor diesem Hintergrund ein möglicher EU-Beitritt der Türkei bewerten?

## 10. Gegenwärtige Probleme und Aufgaben

▶ Die Beziehungen zu den Vereinigten Staaten gehören seit Beginn der Bundesrepublik zu den allerwichtigsten bilateralen Beziehungen. Auf welche historischen Ereignisse und Faktoren lässt sich dies zurückführen? Anhand welcher politischer Entscheidungen lässt sich dies besonders gut illustrieren?

▶ War die „Abkühlung" der deutsch-amerikanischen Beziehungen seit 2002/2003 eher das Resultat einer „schlechten Chemie" zwischen Gerhard Schröder und George W. Bush oder gab es dafür auch strukturelle Gründe? Versuchen Sie für beide Sichtweisen Argumente zu finden!

▶ Deutsche Sicherheitspolitik war immer in einen multilateralen Rahmen eingebunden, sei es im Rahmen der Vereinten Nationen, der NATO, der KSZE/OSZE und in jüngster Zeit auch der EU. Welche Organisation(en) spielte(n) in den letzten Jahren die gewichtigste Rolle? Lässt sich dabei eine Art Aufgabenteilung zwischen den internationalen Organisationen erkennen?

▶ Die Bundesrepublik wird (wie viele andere europäische Staaten) von den Vereinigten Staaten dafür kritisiert, dass ihr eingefordertes internationales Mitspracherecht in keinem Verhältnis zu den von ihr eingesetzten finanziellen und militärischen Mitteln steht. Führt daher an einer deutlichen Aufstockung des Wehretats kein Weg vorbei? Gibt es Alternativen?

▶ Welche Ziele verfolgt auswärtige Kulturpolitik? Ist ihr Erfolg messbar? Welche Akteure/Institutionen spielen im Rahmen deutscher Kulturpolitik im Ausland eine wichtige Rolle?

▶ Wirtschaftsförderung, Entwicklungshilfe, Kulturarbeit, Sicherheitspolitik und Diplomatie bilden neben weiteren Feldern die wichtigsten Bereiche deutscher Außenpolitik. In welchem Verhältnis stehen sie zueinander? Sind alle Bereiche gleich wichtig? Wenn ja, warum? Zwischen welchen Bereichen können Zielkonflikte auftreten? Wie lassen sich solche Zielkonflikte möglichst klein halten?

# Kurzer bibliographischer Essay

Obwohl immer wieder und mit einer gewissen Berechtigung beklagt wird, dass der außenpolitische Diskurs in Deutschland niemals so richtig in Gang gekommen ist, gibt es doch zahlreiche Veröffentlichungen aus der Feder von Publizisten, politischen Praktikern und akademischen Experten zur deutschen Außenpolitik. Vieles davon ist allerdings sozusagen als Verbrauchsliteratur entworfen und ohne Anspruch auf dauerhaftere Geltung niedergeschrieben worden. Solche Texte veralten dann auch entsprechend schnell. Politiker und Publizisten haben damit wenig Probleme, wohl aber die universitären Autoren, denen es bei ihren Texten zumeist auch um einen Beitrag zur Theoriebildung geht, und da gilt der Anspruch auf „mittlere Reichweite" schon als gespielt bescheiden. Es waren denn auch vor allem aus dieser Gruppe ein paar leise Jeremiaden über die Prognose-Unfähigkeit der eigenen Fachdisziplin zu vernehmen, nachdem das Ende des Ost-West-Konflikts ganze Regale von Beschriebenem zu den außenpolitischen Perspektiven der beiden deutschen Staaten zu Makulatur hatte werden lassen.

Aber diese Zäsur ist ja auch bereits fast zwei Jahrzehnte alt. Nach der Vereinigung Deutschlands am 3. Oktober 1990 veränderten sich nicht nur die Rahmendaten der deutschen Außenpolitik. Es setzte auch ein neuer Zyklus mit Darstellungen, systematischen Reflexionen und Analysen ein. Das Schwergewicht dieses bibliographischen Essays soll auf diesem neuen Zyklus liegen, wohingegen aus der Zeit davor nur einige wenige und besonders bemerkenswerte Werke aufgeführt werden. Noch eine Vorbemerkung: Es geht hier um Texte speziell zur deutschen Außenpolitik und nicht allgemein zur Theorie und Entwicklung internationaler Beziehungen. Zwar gibt es Überschneidungen. Aber der Blick konzentriert sich doch auf unser spezielles Thema.

## 1. Erster Einblick, selbstverständlich übers Internet

Zu allererst soll ein Hinweis auf ein Projekt erfolgen, das niemand ignorieren kann, der sich mit der aktuellen Außenpolitik Deutschlands und ihrer Entwicklung beschäftigen will: Die Universität Trier baut seit 1998 eine Website auf, die unter anderem eine ausführliche und permanent fortgeschriebene Bibliographie mit Publikationen zur deutschen Außenpolitik anbietet, eine ausführliche Liste mit Links zu zahlreichen Ämtern, Institutionen und Organisationen, die sich mit deutscher Außenpolitik befassen, ein Dokumenten-Archiv und eine Liste mit (nicht nur deutschen) Experten zur deutschen Außenpolitik. Der Text dieser Website ist übrigens englisch; das dürfte aber hierzulande kein Hindernis für ihre Benutzung in Schulen und Hochschulen mehr sein.

Diese Website hat den URL: *www.deutsche-aussenpolitik.de*

Jede Internet-Recherche über deutsche Außenpolitik allgemein oder eines ihrer Detailprobleme sollte damit beginnen, dass man diese Website anklickt. Dort findet man auch eine ausführliche Linkliste, und man braucht dann die entsprechende staatliche Organisation oder Forschungseinrichtung nur anzuklicken.

## 2. Dokumentationen

Es gibt eine sehr große Zahl von veröffentlichten Dokumenten und Dokumentensammlungen zur deutschen Außenpolitik. Wer sich für jeweils größtenteils ganz aktuelle Dokumente besonders interessiert, findet in dem Dokumenten-Anhang der Zeitschrift *„Europa-Archiv"* (ab Januar 1995: *„Internationale Politik"*) jeweils gut aufbereitete und knapp kommentierte Texte.

Ferner seien an dieser Stelle zwei nützliche Akten-Editionen erwähnt:

*Auswärtiges Amt (Hg.): Außenpolitik der Bundesrepublik Deutschland. Dokumente von 1949 bis 1994. Köln (Verlag Wissenschaft und Politik) 1995.*

*Hanns Jürgen Küsters und Daniel Hofmann (Bearb.): Dokumente zur Deutschlandpolitik. Deutsche Einheit – Sonderedition aus den Akten des Bundeskanzleramtes 1989/90. München (Verlag R.Oldenbour) 1998.*

# 3. Überblicksdarstellungen ab 1949

Als gut brauchbare, zeitgeschichtlich orientierte Gesamtdarstellungen der deutschen Außenpolitik seit Gründung der Bundesrepublik Deutschland haben sich bewährt:

*Christian Hacke: Die Außenpolitik der Bundesrepublik Deutschland. Weltmacht wider Willen? Mit einem Vorwort von Gordon A. Craig. Frankfurt/M. und Berlin (Ullstein Taschenbuch Verlag) 2003, aktualisierte und erweiterte Neuauflage.*

*Gregor Schöllgen: Die Außenpolitik der Bundesrepublik Deutschland. Von den Anfängen bis zur Gegenwart. Stuttgart (Verlag C. H. Beck) 2004, 3. erw. u. aktualisierte Neuauflage.*

Beide Autoren schreiben locker und leicht verständlich, und es gelingt ihnen gut, die Dramatik und die Handlungsdynamik der deutschen Außenpolitik nach 1949 nachvollziehbar werden zu lassen. Auch finden sich einfühlsame Porträts der handelnden Personen, die Bundeskanzler und Außenminister an ihrer Spitze, in diesen beiden Texten. Man kann sie deshalb auch jeweils ohne innere Ermüdungserscheinungen hintereinanderweg lesen und bekommt dadurch einen bruchsicheren Gesamteindruck von deutscher Außenpolitik seit Gründung der Bundesrepublik Deutschland.

Eine vor allem auch die Fachliteratur zum Thema knapp und übersichtlich zusammenfassende zeitgeschichtliche Arbeit wurde vorgelegt von:

*Ulrich Lappenküper: Die Außenpolitik der Bundesrepublik Deutschland 1949-1990. München (Verlag R. Oldenbourg) 2008.*

Eine Chronologie und systematische Analyse eindrucksvoll verbindende Studie stammt aus der Feder der *grande dame* unter den akademischen Außenpolitik-Experten:

*Helga Haftendorn: Deutsche Außenpolitik zwischen Selbstbeschränkung und Selbstbehauptung 1945-2000. Stuttgart, München (Deutsche Verlags-Anstalt) 2001.*

Dieses ist die zuletzt erschienene einer ganzen Reihe von Monographien, die Haftendorn zur deutschen Außen- und Sicherheitspolitik vorgelegt hat. Wie ihre Vorgänger zeichnet sich auch dieses durch einen hohen empirischen Gehalt, klare und anregende Reflexionen sowie nicht zuletzt auch (ähnlich wie die Werke von Hacke und Schöllgen) durch einen hohen Grad von Verständlichkeit aus. Ich hebe diesen zuletzt genannten Punkt deshalb so hervor, weil es ein leider nicht selten erhärtetes Vorurteil gegenüber den deutschen Geistes- und Sozialwissenschaftlern gibt – sie würden nur ein trockenes, unanschauliches und jargon-beladenes Deutsch schreiben. Wenn das auch zu häufig so sein mag, es gibt auch Gegenbeispiele, und drei davon sind oben aufgeführt.

Als Lehr- und Handbuch konzipiert wurde der Text von

*Stephan Bierling: Die Außenpolitik der Bundesrepublik Deutschland. Normen, Akteure, Entscheidungen. München, Wien (Verlag R. Oldenbourg) 2005, 2. Aufl.*

Es ist in zwei Teile gegliedert. Im ersten und kürzeren werden Grundlagen und Prozessmuster der Außenpolitik dargestellt. Daran schließt sich ein längerer Teil an, der in einem Kurzdurchgang die Entwicklungsphasen und wichtigsten Handlungsfelder deutscher Außenpolitik seit 1949 chronologisch-systematisch vorstellt. Es folgt eine Reihe nützlicher studienpraktischer Hinweise.

Gewissermaßen parallel zu meiner eigenen Einführung in die Außenpolitik der Bundesrepublik Deutschland sind zwei weitere Einführungen erschienen. Konkurrenz belebt das Geschäft, auch das des Nachdenkens über Politik. Deswegen sollen beide, die sehr verschiedenartig konzipiert, aber jede auf ihre Art gut zu gebrauchen sind, hier als empfehlenswert angezeigt werden:

*Sven Bernhard Gareis: Deutschlands Außen- und Sicherheitspolitik. Eine Einführung. Opladen (Verlag Barbara Budrich) 2006, 2. Aufl.*

*Gunther Hellmann unter Mitarbeit von Rainer Baumann und Wolfgang Wagner: Deutsche Außenpolitik. Eine Einführung. Wiesbaden (VS Verlag für Sozialwissenschaften) 2006.*

Die Einführung von Gareis akzentuiert die sicherheitspolitischen Aspekte der Außenpolitik ganz besonders, wohingegen die ursprünglich als Fernkurs für die FernUniversität Hagen erarbeitete Einführung von Hellmann und Mitarbeitern besonderes Gewicht auf theoretische Einordnungen legt.

Wer sich mit der ‚anderen‘ deutschen Außenpolitik, der DDR-Außenpolitik, befassen will, hat zwar nach etwas längerem Suchen ebenfalls eine

Menge Titel zur Auswahl. Jedoch nützt das nicht viel. Das große Problem bei allen Darstellungen vor 1990 liegt darin, dass sich die DDR-Autoren entweder mehr oder freiwillig zum Sprachrohr östlicher Propaganda zu machen hatten. Alles, was in der DDR veröffentlicht wurde, unterlag einer genauen Zensur. Westliche Autoren, auch sie betrachteten ihre Studien zuweilen eher als Beitrag zum Systemwettbewerb als zu seiner Analyse, besaßen nur Zugang zu veröffentlichten Materialien. Dies alles besagt nicht, dass alle vor 1990 erschienenen Fachuntersuchungen zur DDR-Außenpolitik nichts taugen. Aber man muss sie besonders aufmerksam lesen. Nach 1990 ist einiges, aber noch nicht eigentlich eine ausgereifte Überblicksdarstellung publiziert worden. Das Gerüst dazu (mehr war in der Buchreihe „Enzyklopädie deutscher Geschichte" auch gar nicht beabsichtigt) findet sich bei:

*Joachim Scholtyseck: Die Außenpolitik der DDR. München (Oldenbourg Verlag) 2003.*

## 4. Neue deutsche Außenpolitik

Nach dem Ende des Ost-West-Konflikts und der Vereinigung Deutschlands am 3. Oktober 1990 setzte ein neuer Zyklus von Studien über die deutsche Außenpolitik ein. Darin werden die neuen Rahmenbedingungen und Horizonte analysiert, aber auch die Kontinuitätslinien zur Außenpolitik der „alten" Bundesrepublik auf ihre Festigkeit untersucht. Drei dieser Studien seien in der Reihenfolge ihres Erscheinungsdatums hervorgehoben:

*Wilfried von Bredow, Thomas Jäger: Neue deutsche Außenpolitik. Nationale Interessen in internationalen Beziehungen. Opladen (Verlag Leske + Budrich) 1993.*

*Karl Kaiser, Hanns W. Maull, Joachim Krause, Wolf-Dieter Eberwein (Hg.): Deutschlands neue Außenpolitik. München (Verlag R. Oldenbourg). Bd. 1: Grundlagen, 1994, Bd. 2: Herausforderungen, 1995, Bd. 3: Interessen und Strategien, 1996, Bd. 4: Institutionen und Ressourcen, 1998.*

*Volker Rittberger (Hg.): German foreign policy since unification. Theories and case studies. Manchester (Manchester University Press) 2001.*

Die erste dieser drei Monographien ist ein früher und seinerzeit noch relativ einsam und ungesichert unternommener Ausflug in die Gefilde der Außenpolitik des vereinigten Deutschlands. Es geht den beiden Autoren dabei in erster Linie um die Erkundung der Erwartungen und Zwänge, auf die der neu formierte Akteur sich im veränderten internationalen Umfeld einstellen muss, sowie um eine behutsame Neuformulierung seiner außenpolitischen Prioritäten.

Dasselbe Ziel wurde auch mit dem Großprojekt der Deutschen Gesellschaft für Auswärtige Politik in der Mitte der neunziger Jahre verfolgt. Allerdings beteiligte sich eine Vielzahl von Autoren an diesem sorgfältig konzipierten Unternehmen, dessen Stärke darin bestand, deren Sachverstand zu bündeln zu können. Entstanden ist so ein Kompendium mit Aufsätzen über viele Einzelaspekte der neuen Außenpolitik Deutschlands.

Das englischsprachige Buch von Rittberger und seinen Mitarbeitern ist als Test für eine Reihe dominierender Theorien der Außenpolitik und der internationalen Politik angelegt. Der Herausgeber lässt sich dabei von leicht modifizierten „konstruktivistischen" Theorie-Vorstellungen leiten. Das Buch wurde in englischer Sprache publiziert, um in der Theorie-Debatte der Internationalen Beziehungen, die in der Hauptsache in den Vereinigten Staaten vorangetrieben wird, rezipiert werden zu können. Deutschsprachige Texte haben da nämlich so gut wie keine Chance, es sei denn, sie werden ins Englische übersetzt.

Jetzt müssen zwei große und jedes auf seine Art gelungene Groß-Gemeinschaftswerke erwähnt werden:

*Siegmar Schmidt, Gunther Hellmann, Reinhard Wolf (Hg.): Handbuch zur deutschen Außenpolitik. Wiesbaden (VS Verlag für Sozialwissenschaften) 2007.*

*Thomas Jäger, Alexander Höse, Kai Oppermann (Hg.): Deutsche Außenpolitik. Sicherheit, Wohlfahrt, Institutionen und Normen. Wiesbaden (VS Verlag für Sozialwissenschaften) 2007.*

Beide Bücher sind ziemlich umfangreich (968 bzw. 638 Seiten). Sie sind beide gut brauchbare, materialreiche Bestandsaufnahmen der deutschen Außenpolitik, der Band von Schmidt u. a. eher an den Erwartungen der akademischen Welt ausgerichtet, wohingegen die meisten Autoren in dem Band von Jäger u. a. vor allem auch praxis-relevant argumentieren wollen. Bei näherem Hinsehen schmilzt jedoch ein Teil dieser Unterscheidung wieder weg, manche Autoren (Werner Link zum Beispiel) sind an beiden

Projekten beteiligt gewesen. Unterm Strich ist festzuhalten, dass wir es hier mit zwei noch lange mit Gewinn zu benutzenden Panoramen deutscher Außenpolitik der Gegenwart zu tun haben.

## 5. Positions-Texte zur Neuorientierung deutscher Außenpolitik

Auch die gerade aufgeführten Titel wollen mehr sein als nur kühle Beschreibungen; es geht ihren Autoren in der Regel auch um Konzeptionen und normative Impulse für die deutsche Außenpolitik nach dem Ende des Ost-West-Konflikts. Jedoch gibt es eine eigene Kategorie von Texten, in denen konzeptionelle Vorstellungen und manchmal sogar Rezepte für die politische Praxis ganz breit im Vordergrund stehen. Solche Schriften zeichnen sich häufig durch Knappheit und zugespitzte Argumentation aus, was ihre Lektüre einerseits erleichtert. Andererseits polarisieren sie auch. Manche Leser stimmen voll und ganz zu, andere entwickeln eine starke Abneigung gegen die Prämissen und die Folgerungen, die ihnen hier angedient werden. Ich nenne diese Kategorie von Literatur deshalb Positions-Texte, weil ihre Autoren nicht nur eine bestimmte außenpolitische Position vertreten, sondern mit ihrem Buch dafür werben wollen.

Ein gediegenes Beispiel dieser Literaturgattung mit eher konservativer Einfärbung ist:

*Hans-Peter Schwarz: Die Zentralmacht Europas. Deutschlands Rückkehr auf die Weltbühne. Berlin (Siedler Verlag) 1994.*

Es ist seinerzeit von Christoph Bertram in der ZEIT vom 9. 12. 1994 mit Ingrimm verrissen worden, weil sich Bertram (wenig später wurde er Direktor der größten außenpolitischen Denkfabrik der Bundesregierung, der Stiftung Wissenschaft und Politik) mit den nüchternen Überlegungen über die Unabdingbarkeit einer deutschen Führungspolitik in Europa nicht anfreunden wollte.

Was Bertram zu dem sozialdemokratischen Gegenstück zu dem Buch von Schwarz meint, ist mir nicht bekannt:

*Egon Bahr: Deutsche Interessen. Streitschrift zu Macht, Sicherheit und Außenpolitik. München (Karl Blessing Verlag) 1998.*

Bahr ist ein listiger Autor und außerdem jemand, der verlockende und ansatzweise utopische Visionen für die internationale Politik mit knochentrocken vorgetragenen Beobachtungen zum außenpolitischen Handwerk zu kombinieren versteht. Weniger eine Streitschrift als vielmehr ein außenpolitisches Programm für die sozialdemokratisch/grüne Koalitionsregierung Schröder (das diese nur teilweise übernommen hat), ist dieser dichte Text eine Art Quersumme Bahr'scher Themen und Thesen, die er seit den sechziger Jahren in der deutschen Politik immer wieder vorgetragen hat.

Wer eine weit ausholende, argumentativ reich bestückte, aber doch auch wiederum ziemlich weit daneben treffende Kritik der deutschen Außenpolitik von weit links zur Kenntnis nehmen möchte, sei auf ein Buch aus der Feder eines kürzlich in den Ruhestand getretenen Professors an der Freien Universität Berlin hingewiesen:

*Ekkehart Krippendorff: Kritik der Außenpolitik. Frankfurt/M. (Suhrkamp Verlag) 2000.*

Krippendorff, ein 68er Veteran, warnt vor einer Militarisierung der deutschen Außenpolitik, für die er die wirtschaftlichen Interessen der herrschenden Klasse verantwortlich macht. Er setzt seine Hoffnungen in eine „Außenpolitik von unten", für die er Ansätze in den Aktionen von Bürgerbewegungen und Nichtregierungsorganisationen sieht. Ich finde das ganz falsch, sowohl in der Analyse wie in dem präskriptiven Teil; aber ich lese es mit Interesse und Gewinn, denn Krippendorff ist ein sehr gebildeter Autor.

Dass man etwas ganz falsch findet und trotzdem mit Interesse liest, das gehört übrigens zu den habituellen Grundvoraussetzungen politikwissenschaftlichen Lernens. Leider wird sie zu selten gepflegt.

Rechtzeitig zu den vorgezogenen Neuwahlen des Bundestages 2005 erschien ein kleines, aber in mehrfacher Hinsicht sehr instruktives Büchlein:

*Stephan Böckenförde (Hg.): Chancen der deutschen Außenpolitik. Analysen, Perspektiven, Empfehlungen. Dresden (TUDpress) 2005.*

Der Herausgeber hatte die glänzende Idee gehabt, die *community* der deutschen Außenpolitikforschung um vergleichsweise knapp gehaltene Beiträge zu bitten, in denen jeweils ein bestimmter Außenpolitik-Bereich analysiert und schließlich eine Empfehlung an die neue Bundesregierung zur künftigen Politikgestaltung in diesem Bereich formuliert werden sollte. Darauf haben nicht alle, aber eine große Zahl von akademischen Außenpolitikforschern mit durchwegs sehr lesenswerten Beiträgen geantwortet.

# 6. Ältere, aber immer noch mit Gewinn zu lesende Studien

Literatur zur deutschen Außenpolitik, die vor der Vereinigung Deutschlands publiziert wurde, bekommt trägt das Etikett „ältere Literatur". Das hat weniger mit dem Zeitabstand zwischen heute und 1990 zu tun. Die Vereinigung stellt wirklich eine so tiefe Zäsur dar, dass alle Untersuchungen, die sich nicht darauf beziehen können, schwer gehandicapt sind. Ihren Verfassern muss man das ja nicht zum Vorwurf machen. Viele Einführungs- und Übersichtsdarstellungen aus diesen Jahren sind heute also überholt und von besonderem Interesse nur für Wissenschaftshistoriker oder Zeitgeistforscher.

Allerdings gibt es auch wiederum eine Reihe von Büchern, die trotz dieses Handicaps nach wie vor mit beträchtlichem Gewinn zu benutzen und zu studieren sind, sei es, weil sie zu Standardwerken für eine abgeschlossene Epoche der Außenpolitik geworden sind oder sich eine intellektuelle Frische bewahrt haben, die immer noch zu weiterem Nachdenken anzuregen vermag. Eine kleine und strenge Auswahl dieser Texte umfasst die folgenden Bücher:

*Hans-Peter Schwarz: Vom Reich zur Bundesrepublik. Deutschland im Widerstreit der außenpolitischen Konzeptionen in den Jahren der Besatzungsherrschaft 1945-1949. Neuwied (H. Luchterhand Verlag) 1966.*

Diese zuerst in der schon legendär gewordenen Schriftenreihe „Politica" (als Gegenstück zu den im selben Verlag erschienenen und noch ein bisschen legendäreren „Soziologischen Texte") veröffentlichte und inzwischen noch ein paar mal neu aufgelegte Arbeit bietet eine wohlgeordnete Riesenfülle von Informationen über das konzeptionelle Gebrodel bei den vier Besatzungsmächten und unter den deutschen „Politikern der ersten Stunde" bezüglich der Neugestaltung der Außenpolitischen Orientierung eines post-nationalsozialistischen deutschen Staates. Es wurden dann zwei, zunächst gedacht provisorische Zwischenlösung, später dann als ein langfristig angelegter *modus vivendi* im Kontext des Ost-West-Konflikts.

*Waldemar Besson: Die Außenpolitik der Bundesrepublik. Erfahrungen und Maßstäbe. München (Piper Verlag) 1970.*

*Richard Löwenthal: Vom kalten Krieg zur Ostpolitik. Stuttgart (Seewald Verlag) 1974.*

Bessons Buch versammelt und entfaltet souverän alle Argumente für neue ost-, deutschland- und entspannungspolitische Initiativen, wie sie seit dem ersten Drittel der sechziger Jahre immer wieder diskutiert wurden. Es markiert damit den Übergang von der Adenauer'schen zur Brandt'schen Außenpolitik und beleuchtet die wichtigste Veränderung der deutschen Außenpolitik vor der Vereinigung.

Eine ähnliche Perspektive wird in einem sehr viel knapperen Text präsentiert: Löwenthal war ein begnadeter politischer Schriftsteller, ganz und gar unprofessoral in seinem Schreibstil, und zudem ein scharfsinniger Beobachter der deutschen Außenpolitik. Sein Text, ein Zwischending zwischen Aufsatz und Monographie, stellt die deutsche Außenpolitik in einen umfassenden welthistorischen und weltpolitischen Zusammenhang.

*Ulrich Scheuner u. a. (Hg.): Außenpolitische Perspektiven des westdeutschen Staates. München, Wien (Verlag R. Oldenbourg). Bd. 1: Das Ende des Provisoriums, 1971; Bd. 2: Das Vordringen neuer Kräfte, 1972; Bd. 3: Der Zwang zur Partnerschaft, 1972.*

Dieses dreibändige Werk entstand im Auftrag der Deutschen Gesellschaft für Auswärtige Politik, wurde von den Mitgliedern einer Arbeitsgruppe verfasst und ist in gewissem Sinne der Vorgänger jenes vierbändigen Kompendiums, das die DGAP zwei Jahrzehnte später zur neuen deutschen Außenpolitik erarbeiten ließ. Als Bestandsaufnahme der außenpolitischen Handlungsspielräume der Bundesrepublik Deutschland haben die Bände ihre Gültigkeit bewahrt. Erwähnenswert ist, dass gar nicht selten im Anhang einzelner Kapitel „abweichende Meinungen" von Arbeitsgruppenmitgliedern abgedruckt sind. Die sind heute manchmal interessanter als der Mehrheitsvorstellungen in der Gruppe, zu der u.a. Richard Löwenthal, Karl Carstens, Lutz Niethammer, die DDR-Experten Manfred Rexin und Ernst Richert sowie eine Reihe anderer Kenner der damaligen Politik gehörten.

## 7. Memoiren und Zeitzeugen-Literatur

Diese Kategorie von Literatur ist ein wenig lese-gewöhnungsbedürftig, weil die meisten Autoren, die ihre Erinnerungen an die Jahre ihrer Aktivität in zentraler oder peripherer Position der für unser Thema relevanten politischen Geschäftsvorgänge publizieren, des Bücherschreibens nicht unbedingt mächtig sind. Manche von ihnen nehmen deshalb auch die pu-

blik gemachten oder öffentlich unerwähnten Dienste eines schreibge-
wandten Journalisten in Anspruch. Wie dem auch immer sei – als Quel-
leninformation sind solche Texte unschätzbar. Zwar muss man aufpassen
und darf sie niemals ganz und gar für bare Münze nehmen, denn die sub-
jektive Erinnerung trügt auch diejenigen, welche sich zu äußersten Objek-
tivität verpflichtet haben. Wenn sie besonders gut gelungen sind, bekommt man nicht nur die Schilderung bestimmter politischer Vorgänge
aus der Perspektive von Mitspielern, sondern man erhält auch einen Eindruck von den Personen und Charakteren, die daran beteiligt waren.

Für die etwas über fünfzigjährige Geschichte der Bundesrepublik
Deutschland sowie die abgeschlossene Periode der DDR-Zeit gibt es bereits eine riesige Zahl autobiographischer Berichte von politischen Akteuren. Deshalb sollen an dieser Stelle keine bibliographischen Daten, stattdessen nur ein paar Hinweise auf berühmte oder nicht mehr so ganz berühmte Memoirenschreiber aufgeführt werden. Am bekanntesten sind
wohl die vier Bände mit *Erinnerungen* des ersten Bundeskanzlers und ersten Außenministers der Bundesrepublik Deutschland, Konrad Adenauer.
Fleißige Memoirenschreiber sind auch die beiden sozialdemokratischen
Kanzler Willy Brandt und Helmut Schmidt gewesen. Auch Bundeskanzler
Gerhard Schröder hat Erinnerungen publiziert. Eine ganze Reihe von Politikern, die auf dem Felde der Außenpolitik tätig waren, haben Berichte
über ihre aktive Zeit vorgelegt, die Außenminister Heinrich von Brenta-
no, Gerhard Schröder (nicht identisch oder verwandt mit dem Bundeskanzler gleichen Namens), Walter Scheel, Hans-Dietrich Genscher etwa,
oder Egon Bahr, Rainer Barzel, Franz Josef Strauss. Bei den dienstlichen
Lebensrückblicken von Diplomaten lohnt sich u. a. die Lektüre der Bücher von Wilhelm Hausenstein, Herbert Blankenhorn, Walter Hallstein,
Wilhelm Grewe, Karl Georg Pfleiderer, Hans Kroll, Helmut Allardt, Paul
Frank, Erwin Wickert. Aber diese Liste ist wirklich nur ein Auszug.

Zwei Bücher aus jüngster Zeit sollen aber besonders hervorgehoben
werden:

*Helmut Kohl: Erinnerungen 1990-1994. München (Verlag Droemer Knaur)
2007.*

*Joschka Fischer: Die rot-grünen Jahre. Deutsche Außenpolitik vom Koso-
vo bis zum 11. September. Köln (Verlag Kiepenheuer & Witsch) 2007.*

Beide Bücher umfassen nur einen kleinen Zeitabschnitt des politischen
Wirkens und öffentlichen Lebens ihrer Autoren. Sie verdienen vor allem

deshalb besonderes Interesse, weil die in ihnen aus der subjektiven Perspektive der handelnden Autoren beschriebenen Vorgänge für die Außenpolitik der Bundesrepublik Deutschland sehr wichtig und folgenreich waren. Außerdem sind sie (im Vergleich zu manchen anderen Erinnerungsbüchern von Politikern dieser Jahre) gut zu lesen.

## 8. Fachzeitschriften und andere Periodika

Seit es das Internet gibt, sucht man sich Informationen über alle möglichen Themenbereiche mit Vorrang aus dem weltweiten Netz zusammen. Das bedeutet einen tiefgreifenden Wandel in der Art und Weise, sich zu informieren. Was die Außenpolitik betrifft, so musste man aber auch vorher schon mehr tun, als sich nur auf die in Monographien publizierten Dokumente, Darstellungen und Konzepte zu beschränken.

Für die akademische Debatte über Außenpolitik waren und sind *Fachzeitschriften* ein besonders wichtiges Medium. Alle, die sich mit deutscher Außenpolitik nach dem Zweiten Weltkrieg beschäftigen, sind deshalb auf eine Zeitschrift angewiesen, die unmittelbar nach der Niederlage 1945 gegründet von ihrem ersten Herausgeber Wilhelm Cornides als eine Mischung aus Dokumentation und Debatte konzipiert wurde. Dieses Konzept hat sich in den folgenden Jahrzehnten als sehr tragfähig erwiesen und ist es, obwohl die Zeitschrift seit 1995 einen anderen Namen trägt, im Grunde bis heute geblieben. Gemeint ist die Zeitschrift

*Internationale Politik* (seit Januar 1995 heißt sie so, davor:
  *Europa-Archiv*)

Weitere deutschsprachige Periodika mit wichtigen Beiträgen zur deutschen Außenpolitik sind:

*Aus Politik und Zeitgeschichte. Beilage zur Wochenzeitung „Das Parlament"*

Hier werden jede Woche drei, vier Aufsätze von Experten zu einem bestimmten Bereich der Politik veröffentlicht. In großer Regelmäßigkeit werden auch außen- und sicherheitspolitische Themen aufgegriffen. Redaktion und Herausgeberin (die Bundeszentrale für politische Bildung) legen Wert auf verständliche Sprache, denn es soll die politisch interessierte Öffentlichkeit angesprochen werden.

*Zeitschrift für Internationale Beziehungen (ZiB)*

Diese von der Deutschen Vereinigung für Politische Wissenschaft (Sektion Internationale Politik) herausgegebene Zeitschrift wendet sich in der Hauptsache an Fachvertreter der Disziplin Internationale Beziehungen. Man findet hier regelmäßig Aufsätze und Rezensionen von Büchern zur deutschen Außenpolitik.

*WeltTrends. Zeitschrift für internationale Politik und vergleichende Studien*

Diese Zeitschrift mit einer deutschen und einer polnischen Redaktion wurde kurz nach dem Ende des Ost-West-Konflikts gegründet und hat sich seither zu einem anregenden Forum für Fachdebatten über Außenpolitik und internationale Beziehungen entwickelt.

*S & F. Vierteljahresschrift für Sicherheit und Frieden*

Herausgegeben am Institut für Friedensforschung und Sicherheitspolitik an der Universität Hamburg, veröffentlicht diese Zeitschrift in der Hauptsache Aufsätze zur Militär- und Sicherheitspolitik. Aber es gibt auch solche zur Außenpolitik Deutschlands, z. B. das Themenheft 1/1999 „Außenpolitik als Friedenspolitik".

*Integration*

Dies ist die einzige deutschsprachige Zeitschrift, die sich speziell mit Fragen der europäischen Integration beschäftigt. Sie erscheint viermal im Jahr und wird vom Bonner Institut für Europäische Politik herausgegeben.

*Internationale Politik und Gesellschaft*

Die der Sozialdemokratischen Partei (sehr) nahestehende Friedrich-Ebert-Stiftung firmiert als Herausgeberin dieser Vierteljahresschrift, in der auch zahlreiche Aufsätze in englischer Sprache abgedruckt werden.

*KAS/Auslandsinformationen*

Der nun wirklich nicht gerade mitreißende Titel dieser schon in mehr als 20. Jahrgängen vorliegenden Monatszeitschrift wird von der Konrad-Adenauer-Stiftung herausgegeben, deshalb wohl das grausige Akronym. Aber davon lasse man sich nicht abschrecken: Es handelt sich um eine ungewöhnliche Zeitschrift mit globalem Horizont, deren Autorinnen und Autoren fundiert und mit in aller Regel beträchtlicher politischer Tiefenschärfe über innen- und außenpolitische Vorgänge in jeder Ecke der Welt berichten. Deutsche Außenpolitik ist selten ein explizites Thema, aber wer sich für die Möglichkeiten und Grenzen deutscher Außenpolitik in bi- und multinationalen Beziehungen interessiert, findet hier aufschlussreiche Informationen.

*Blätter für deutsche und internationale Politik*

Die Monatszeitschrift ist nicht eigentlich eine Fachzeitschrift. Aber zu ihren Autoren gehören viele Außenpolitik-Experten. Herausgeber und Redaktion sind in erster Linie an einer kritischen politischen Meinungsbildung interessiert. In einer Demokratie braucht der politische Diskurs solche kritischen Korrektive.

Nicht selten finden sich anregende und aufschlussreiche (längere) Texte zu aktuellen und grundsätzlichen Aspekten der deutschen Außenpolitik auch in den überregionalen *Tages- und Wochenzeitungen* wie der Frankfurter Allgemeinen Zeitung, der Frankfurter Rundschau, der Süddeutschen Zeitung, der Neuen Zürcher Zeitung oder der ZEIT. Bei der FAZ z. B. heißt die Seite im Blatt, wo derlei publiziert wird, „Die Gegenwart".

Schließlich muss noch auf ein Publikations-Genre hingewiesen werden, bei dem die einzelnen Veröffentlichungen nicht immer ganz einfach ausfindig zu machen sind, die sogenannte *graue Literatur*. Es handelt sich dabei um kurze oder auch längere Texte, die in einem Forschungsinstitut oder einer universitären Arbeitsgruppe üblicherweise in geringer Auflage und sozusagen mit drucktechnischen Bordmitteln hergestellt und an Fachkollegen oder andere, auf deren Interesse man rechnet, verschickt werden. Vier Beispiele seien aufgeführt: Die *Hessische Stiftung Friedens- und Konfliktforschung* in Frankfurt/M. veröffentlicht regelmäßig ihre HSFK-Reports; die *Stiftung Wissenschaft und Politik* in Berlin macht einen Teil ihrer Studien im Internet und in gedruckter Form öffentlich zugänglich; die Abteilung Außenpolitikforschung im *Forschungsinstitut der Friedrich-Ebert-Stiftung* in Bonn publiziert „Studien zur Außenpolitik" und das *Sozialwissenschaftliche Institut der Bundeswehr* in Strausberg produziert fleißig „SOWI-Arbeitspapiere". Letztere haben die Außenpolitik Deutschlands nur gelegentlich zum Thema, aber dafür bieten sie reichlich Material zur Militär- und Sicherheitspolitik.

Solche graue Literatur ist nicht für eine große Öffentlichkeit gedacht; die hier publizierten Texte haben häufig vorläufigen Charakter, bieten Zwischenberichte über Forschungsprojekte oder testen neue konzeptionelle Vorstellungen. Gerade deswegen sind sie manchmal eine besonders spannende Lektüre.

## 9. Andere Hilfsmittel

Wer sich nicht gleich mit der Außenpolitik Deutschlands, vielmehr zunächst mit einer allgemeinen Einführung in Außenpolitikforschung beschäftigen will, ist gut bedient mit:

*Andreas Wilhelm: Außenpolitik. Grundlagen, Strukturen und Prozesse. München (Verlag R. Oldenbourg) 2006.*

Zum Nachschlagen bei allgemeinen, manchmal auch speziellen Fragen zur deutschen Außenpolitik und den internationalen Beziehungen eignen sich:

*Wichard Woyke (Hg.): Handwörterbuch Internationale Politik. Opladen (Verlag Barbara Budrich) 2007, 11. akt. Aufl.*

*Ulrich Albrecht, Helmut Volger (Hg.): Lexikon der Internationalen Politik. München, Wien (Verlag R. Oldenbourg) 1997.*

*Andreas Boeckh (Hg.): Internationale Beziehungen. Bd. 6 des „Lexikon der Politik", München (C. H. Beck Verlag) 1994.*

# Literaturverzeichnis

Andreae, Lisette (2002): Reform in der Warteschleife. Ein deutscher Sitz im UN-Sicherheitsrat? München.

Archiv der Gegenwart (2000): Deutschland 1949 bis 1999. St. Augustin.

Aron, Raymond (1963): Frieden und Krieg. Eine Theorie der Staatenwelt. Frankfurt/M.

Auswärtiges Amt (Hg.) (2001): Deutsche Außenpolitik 2001. Berlin.

Außenpolitik der DDR – für Sozialismus und Frieden (1974). Hg. vom Institut für Internationale Beziehungen an der Akademie für Staats- und Rechtswissenschaft der DDR. Berlin (Ost).

Axt, Hans-Jürgen (1993): Hat Genscher Jugoslawien entzweit? Mythen und Fakten zur Außenpolitik des vereinten Deutschlands. In: Europa-Archiv, 48. Jg., Nr. 12, S. 351–360.

Bahr, Egon (1998): Deutsche Interessen. Streitschrift zu Macht, Sicherheit und Außenpolitik. München.

Bahr, Egon (2003): Der deutsche Weg. Selbstverständlich und normal. München.

Baring, Arnulf (1969): Außenpolitik in Adenauers Kanzlerdemokratie. Bonns Beitrag zur Europäischen Verteidigungsgemeinschaft. München.

Baring Arnulf (1991): Deutschland, was nun?, Berlin.

Beck, Kurt und Hubertus Heil (Hg.) (2007): Sozialdemokratische Außenpolitik für das 21. Jahrhundert. Baden-Baden.

Bellers, Jürgen (1999): Politische Kultur und Außenpolitik im Vergleich. München.

Bender, Peter (1989): Deutsche Parallelen. Anmerkungen zu einer gemeinsamen Geschichte zweier getrennter Staaten. Berlin.

Bender, Peter (1995[3]): Die ‚Neue Ostpolitik' und ihre Folgen. Vom Mauerbau bis zur Vereinigung. München.

Bergedorfer Gesprächskreis (2007): Interessen und Partner der deutschen Außenpolitik. Hamburg.

Besson, Waldemar (1970): Die Außenpolitik der Bundesrepublik. Erfahrungen und Maßstäbe. München.

Bierling, Stephan (2005): Die Außenpolitik der Bundesrepublik Deutschland. Normen, Akteure, Entscheidungen. München, 2. Aufl.

Biermann, Rafael (1998): Zwischen Kreml und Kanzleramt. Wie Moskau mit der deutschen Einheit rang. Paderborn.

Bluth, Christoph (2002): The Two German Militaries and Military Security in Europe. Basingstoke.

Bonder, Michael, Bernd Röttger und Gilbert Ziebura (1992): Deutschland in einer neuen Weltära. Die unbewältigte Herausforderung. Opladen.

Borchert, Heiko (1999): Europas Sicherheitsarchitektur. Erfolgsfaktoren – Bestandsaufnahme – Handlungsbedarf. Baden-Baden.

Bracher, Karl-Dietrich (1964): Außen- und Innenpolitik. In: Karl Dietrich Bracher und Ernst Fraenkel (Hg.): Staat und Politik. Das Fischer-Lexikon. Frankfurt/M., S. 33–35.

v. Bredow, Wilfried (1994): Turbulente Welt-Ordnung. Internationale Politik am Ende des 20. Jahrhunderts. Stuttgart.

v. Bredow, Wilfried (2008): Militär und Demokratie in Deutschland. Eine Einführung. Wiesbaden.

Brenke, Gabriele (1995): Die Außenpolitik der Bundesrepublik Deutschland. In: Die Internationale Politik 1991–1992. Jahrbücher des Forschungsinstituts der Deutschen Gesellschaft für Auswärtige Politik. München, S. 121–132.

Brill, Heinz (2005): Geopolitische Analysen. Beiträge zur deutschen und internationalen Sicherheitspolitik (1974–2004). Bissendorf.

Bruck, Elke und Peter M. Wagner (Hg.) (1996): Wege zum „2+4"-Vertrag. Die äußeren Aspekte der deutschen Einheit. München.

Bruns, Wilhelm (1978): Die UNO-Politik der DDR. Stuttgart.

Bruns, Wilhelm (1980): Die Uneinigen in den Vereinten Nationen. Bundesrepublik Deutschland und DDR in der UNO. Köln,

Buchheim, Christoph (1990): Die Wiedereingliederung Westdeutschlands in die Weltwirtschaft 1945–1958. München.

Bude, Heinz (1999): Die ironische Nation. Soziologie als Zeitdiagnose. Hamburg.

Busse, Nikolas (2003): Die Entfremdung vom wichtigsten Verbündeten. Rot-Grün und Amerika. In: Hanns W. Maull, Sebastian Harnisch und Constantin Grund (Hg.): Deutschland im Abseits? Rot-grüne Außenpolitik 1990–2003. Baden-Baden, S. 19–32.

Czempiel, Ernst-Otto (1999): Kluge Macht. Außenpolitik für das 21. Jahrhundert. München.

Dittmann, Knud (1981): Adenauer und die deutsche Wiedervereinigung. Die politische Diskussion des Jahres 1952. Düsseldorf.

Döring, Hans-Joachim (1999): Zur Politik der DDR gegenüber der Dritten Welt am Beispiel von Äthiopien und Mozambik unter besonderer Berücksichtigung der Außenwirtschaftsbeziehungen. In: Deutscher Bundestag (Hg.): Materialien der Enquete-Kommission ‚Überwindung der Folgen der SED-Diktatur im Prozeß der deutschen Einheit' (13. Wahlperiode des Deutschen Bundestages). Baden-Baden und Frankfurt/M. Bd. VIII/2, S. 997–1168.

Doering-Manteuffel, Anselm (1999): Wie westlich sind die Deutschen? Amerikanisierung und Westernisierung im 20. Jahrhundert. Göttingen.

Döscher, Hans-Jürgen (1987): Das Auswärtige Amt im Dritten Reich. Diplomatie im Schatten der ‚Endlösung'. Berlin.

Ehrhart, Hans-Georg (Hg.) (2002): Die Europäische Sicherheits- und Verteidigungspolitik. Positionen, Perzeptionen, Probleme, Perspektiven. Baden-Baden.

Ehrhart, Hans-Georg und Burkard Schmitt (Hg.) (2004): Die Sicherheitspolitik der EU im Werden. Bedrohungen, Aktivitäten, Fähigkeiten. Baden-Baden.

Eibl, Franz (2001): Politik der Bewegung. Gerhard Schröder als Außenminister 1961–1966. München.

Elsässer, Jürgen (2003): Der deutsche Sonderweg. Historische Last und politische Herausforderung. Kreuzlingen.

End, Heinrich (1973): Zweimal deutsche Außenpolitik. Internationale Dimensionen des innerdeutschen Konflikts 1949–1972. Köln.

Enders, Arvid (2002): Indirekte Außenpolitik: Die Arbeit der Kulturreferate. In: Enrico Brandt und Christian Buck (Hg.): Auswärtiges Amt. Diplomatie als Beruf. Opladen, 2. Aufl., S. 173–180.

Erhard, Beatrix (2004): Widerstand und Außenpolitik. Vorstellungen und Konzeptionen im Umkreis des 20. Juli. München.

Fischer, Joschka (2005): Die Rückkehr der Geschichte. Die Welt nach dem 11. September und die Erneuerung des Westens. Köln.

Fischer, Klemens H. (2005): Der Europäische Verfassungsvertrag. Texte und Kommentar. Baden-Baden.

Freudenstein, Roland (1995): Die neuen Demokratien in Ostmitteleuropa und die Europäische Union. In: Karl Kaiser und Hanns W. Maull (Hg.): Deutschlands neue Außenpolitik, Bd. 2: Herausforderungen. München, S. 103–119.

Friedrich, Roland (2005): Die deutsche Außenpolitik im Kosovo-Konflikt. Wiesbaden.

Fröhlich, Stefan (2001): ‚Auf den Kanzler kommt es an': Helmut Kohl und die deutsche Außenpolitik. Persönliches Regiment und Regierungshandeln vom Amtsantritt bis zur Wiedervereinigung. Paderborn.

Fröhlich, Stefan (2008): Die Europäische Union als globaler Akteur. Eine Einführung. Wiesbaden.

Fuchs, Stephan (1999): ‚Dreiecksverhältnisse sind immer kompliziert'. Kissinger, Bahr und die Ostpolitik. Hamburg.

Gaddum, Eckart (1994): Die deutsche Europapolitik in den 80er Jahren. Interessen, Konflikte und Entscheidungen der Regierung Kohl. Paderborn.

Gallus, Alexander (2001): Die Neutralisten. Verfechter eines vereinten Deutschland zwischen Ost und West. Düsseldorf.

Garton Ash, Timothy (1993): Im Namen Europas. Deutschland und der geteilte Kontinent. München.

Gießmann, Hans J. (2004): Deutsche Außenpolitik sollte gescheite Friedenspolitik sein. In: WeltTrends, 12. Jg., Nr. 43 (Sommer), S. 41–46.

Gottschald, Marc (2001): Die GASP von Maastricht bis Nizza. Die Ergebnisse und Beschlüsse der Gemeinsamen Außen- und Sicherheitspolitik der EU seit ihrer Entstehung bis zum Vertrag von Nizza. Baden-Baden.

Griffith, William E. (1981): Die Ostpolitik der Bundesrepublik Deutschland. Stuttgart.

Gruner, Wolf D. (1985): Die deutsche Frage. Ein Problem der europäischen Geschichte seit 1800. München.

Gujer, Eric (2007): Schluss mit der Heuchelei: Deutschland ist eine Großmacht. Ein Standpunkt. Hamburg.

Haas, Wilhelm (1969): Beitrag zur Geschichte des Auswärtigen Dienstes der Bundesrepublik Deutschland. Bonn.

Hacke, Christian (1996): Nationales Interesse als Handlungsmaxime für die Außenpolitik Deutschland. In: Karl Kaiser und Joachim Krause (Hg.): Deutschlands neue Außenpolitik, Bd. 3: Interessen und Strategien. München, S. 3–13.

Hacke, Christian (2003a): Die Außenpolitik der Bundesrepublik Deutschland. Von Konrad Adenauer bis Gerhard Schröder. Frankfurt/M. (aktualisierte Neuauflage).

Hacke, Christian (2003b): Zuviel Theorie? Zuwenig Geschichte? Eine kritische Zwischenbilanz der Disziplin der Internationalen Beziehungen in Deutschland. Hamburg.

Haftendorn, Helga (1986): Sicherheit und Stabilität. Außenbeziehungen der Bundesrepublik zwischen Ölkrise und NATO-Doppelbeschluß. München.

Haftendorn, Helga (1994): Kernwaffen und die Glaubwürdigkeit der Allianz: Die NATO-Krise von 1966/67. Baden-Baden.

Haftendorn, Helga (2001): Deutsche Außenpolitik zwischen Selbstbeschränkung und Selbstbehauptung 1945–2000. Stuttgart.

Haftendorn, Helga (2003): Die Krise der transatlantischen Beziehungen und die Transformation der NATO. In: Bernd W. Kubbig (Hg.): Brandherd Irak. US-Hegemonieanspruch, die UNO und die Rolle Deutschlands. Frankfurt/M., S. 217–223.

Hahn, Walter F. (1973): West Germany's Ostpolitik. The Grand Design of Egon Bahr. In: Geoffrey Stewart-Smith (Hg.): Brandt and the Destruction of NATO. Richmond, Surrey, S. 81 – 101 (Nachdruck aus: Orbis, 16. Jg., Nr. 4, Winter 1973).

Hanrieder, Wolfram (1981): Fragmente der Macht. Die Außenpolitik der Bundesrepublik. München.

Hanrieder, Wolfram F. (1995): Deutschland, Europa, Amerika. Die Außenpolitik der Bundesrepublik Deutschland 1949-1994. Paderborn.

Harnisch, Sebastian (2003): Theorieorientierte Außenpolitikforschung in einer Ära des Wandels. In: Gunther Hellmann, Klaus, Dieter Wolf und Michael Zürn (Hg.): Die neuen Internationalen Beziehungen. Forschungsstand und Perspektiven in Deutschland. Baden-Baden, S. 313–360.

Harnisch, Sebastian, Christos Katsioulis und Marco Overhaus (Hg.) (2004): Deutsche Sicherheitspolitik. Eine Bilanz der Regierung Schröder. Baden-Baden.

v. Hase, Karl-Günther und Johannes Marré (Hg.) (2000): Ministerialdirigent a. D. Dr. h.c. Edmund F. (Friedemann) Dräcker. Leben und Werk. Vom Kaiserlichen Vizekonsul zum indischen Guru. Eine Dokumentation. Baden-Baden.

Hawel, Marcus (2007): Die normalisierte Nation. Vergangenheitsbewältigung und Außenpolitik in Deutschland. Hannover.

Heinrich, Arthur (1991): Neue Deutsche Außenpolitik. Selbstversuche zwischen Zagreb und Brüssel. In: Blätter für deutsche und internationale Politik. 36. Jg., Nr. 12, S. 1446–1458.

Heisbourg, François (2000): Trittbrettfahrer? Keine europäische Verteidigung ohne Deutschland. In: Internationale Politik. 54. Jg., Nr. 4, S. 35–42.

Hellmann, Gunther und Reinhard Wolf (2004): Neuer Spielplan auf der Weltbühne. Deutschlands Auftritt muß abgesagt werden. In: Internationale Politik, 59. Jg., Nr. 8 (August), S. 71–78.

Heuser, Beatrice (1996): Transatlantic Relations. Sharing Ideals and Costs. London.

Hill, Christopher (2003): The Changing Politics of Foreign Policy. New York.

Hondrich, Karl Otto (1992): Lehrmeister Krieg. Reinbek.

Hondrich, Karl Otto (2002): Wieder Krieg. Frankfurt/M.

Hoppe, Christoph (1993): Zwischen Teilhabe und Mitsprache: Die Nuklearfrage in der Allianzpolitik Deutschlands 1956–1966. Baden-Baden.

Huntington, Samuel P. (1998): Kampf der Kulturen. The Clash of Civilizations. Die Neugestaltung der Weltpolitik im 21. Jahrhundert. Taschenbuchausgabe. München.

Hürsoy, Siret (2002): The New Security Concept and German-French Approaches to the European ‚Pillar of Defence', 1990–2000. Marburg.

Jachtenfuchs, Markus und Beate Kohler-Koch (Hg.) (1996): Europäische Integration. Opladen.

Jackisch, Klaus-Rainer (2004): Eisern gegen die Einheit. Margaret Thatcher und die deutsche Wiedervereinigung. Frankfurt/M.

Jacobsen, Hans-Adolf (Hg.) (1970): Mißtrauische Nachbarn. Deutsche Ostpolitik 1919/1970. Dokumentation und Analyse. Düsseldorf.

Jacobsen, Hans-Adolf, Gert Leptin, Ulrich Scheuner und Eberhard Schulz (Hg.) (1979): Drei Jahrzehnte Außenpolitik der DDR. Bestimmungsfaktoren, Instrumente, Aktionsfelder. München.

Jäger, Thomas, Alexander Höse und Kai Oppermann (Hg.) (2005): Die Sicherheitsstrategien Europas und der USA. Transatlantische Entwürfe für eine Weltordnungspolitik. Baden-Baden.

Janning, Josef (1996): Deutschland und die europäische Integration. In: K. Kaiser und J. Krause (Hg.): Deutschlands neue Außenpolitik. Bd. 3: Interessen und Strategien. München, S. 31–54.

Judt, Tony (1996): A Grand Illusion? An Essay on Europe. London.

Junker, Detlef (Hg.) (2001): Die USA und Deutschland im Zeitalter des Kalten Krieges 1945–1990. Ein Handbuch. 2 Bände. Stuttgart.

Kaim, Markus (2007): Die Europäische Sicherheits- und Verteidigungspolitik. Präferenzbildungs- und Aushandlungsprozesse in der Europäischen Union (1990-2005). Baden-Baden.

Kaiser, Karl (1968): German Foreign Policy in Transition. Bonn Between East and West. London.

Kaiser, Karl (1994): Das Vereinigte Deutschland in der internationalen Politik. In: K. Kaiser, H. W. Maull (Hg.): Deutschlands neue Außenpolitik. Bd. 1: Grundlagen. München, S. 1–14.

Kaiser, Karl (2004): Der Sitz im Sicherheitsrat. Ein richtiges Ziel deutscher Außenpolitik. In: Internationale Politik, 59. Jg., Nr. 8 (August), S. 61–69.

Kennedy, Paul (1989): Aufstieg und Fall großer Mächte. Ökonomischer Wandel und militärischer Konflikt von 1500 bis 2000. Frankfurt/M.

v. Kielmansegg, Sebastian Graf (2005): Die Verteidigungspolitik der Europäischen Union. Eine rechtliche Analyse. Stuttgart.

Kleinwächter, Lutz und Raimund Krämer (Hg.) (2007): Militärmacht Deutschland? Zur aktuellen Debatte um Auslandseinsätze. Potsdam.

Kotzias, Nicos (1993): Die Rolle der Bundesrepublik Deutschland in der neuen Architektur Europas. In: C. Thomas und K.-P. Weiner (Hg.): Auf dem Weg zur Hegemonialmacht? Die deutsche Außenpolitik nach der Vereinigung. Köln.

Kregel, Bernd (1979): Außenpolitik und Systemstabilisierung in der DDR. Opladen.

Krell, Gert (2004): Weltbilder und Weltordnung. Einführung in die Theorie der internationalen Beziehungen. 3. Aufl. Baden-Baden.

Kühnhardt, Ludger (1994): Wertgrundlagen der deutschen Außenpolitik. In: Karl Kaiser und Hanns W. Maull (Hg.): Deutschlands neue Außenpolitik, Bd. 1: Grundlagen. München, S. 99–127.

Küllmer, Michael (2004): Probleme der Zusammenarbeit von EU und NATO im Bereich des militärischen Konfliktmanagement. Ungedruckte Diplomarbeit. Marburg.

Langguth, Gerd (Hg.) (1990): Berlin: Vom Brennpunkt der Teilung zur Brücke der Einheit. Bonn.

Langguth, Gerd (Hg.) (1997): Die Intellektuellen und die nationale Frage. Frankfurt/M.

Larose, Martin und Paul Létourneau (2002): L'Allemagne et le Kosovo. Entre l'éthique et la raison d'Etat? In: Études Internationales, 33. Jg., Nr. 2 (Juni), S. 275–301.

Lemke, Michael (2001): Einheit oder Sozialismus? Die Deutschlandpolitik der SED 1949–1961. Köln.

Lerch, Marika (2004): Menschenrechte und europäische Außenpolitik. Eine konstruktivistische Analyse. Wiesbaden.

Link, Werner (1989): Die Außenpolitik und internationale Einordnung der Bundesrepublik Deutschland. In: Deutschland-Handbuch. Eine doppelte Bilanz

1949–1989, hg. von Werner Weidenfeld und Hartmut Zimmermann. Bonn, S. 571–588.

Link, Werner (1998): Die Neuordnung der Weltpolitik. Grundprobleme globaler Politik an der Schwelle zum 21. Jahrhundert. München.

Livingston, Robert Gerald (2003): Steiniger Weg. Ein Fahrplan für verbesserte deutsch-amerikanische Beziehungen. In: Internationale Politik. 58. Jg., Nr. 6 (Juni), S. 35–40.

von Löwis of Menar, Henning (1981): Die DDR und Afrika. In: Gernot Gutmann und Maria Haendcke-Hoppe (Hg.): Die Außenbeziehungen der DDR. Heidelberg, S. 221–230.

Lüdeke, Axel (2002): ‚Europäisierung' der deutschen Außen- und Sicherheitspolitik? Konstitutive und operative Europapolitik zwischen Maastricht und Amsterdam. Opladen.

Ludz, Peter C. (1977): Die DDR zwischen Ost und West. Politische Analysen 1961 bis 1976. München.

Maull, Hanns W. (2001): Außenpolitische Kultur. In: Karl-Rudolf Korte und Werner Weidenfeld (Hg.): Deutschland-TrendBuch. Fakten und Orientierungen. Bonn, S. 645–672.

Maull, Hanns W. (2003): Auf leisen Sohlen aus der Außenpolitik? In: Internationale Politik, 58. Jg., Nr. 9 (September), S. 19–30.

Mearsheimer, John J. (1990): Back to the Future: Instability in Europe After the Cold War. In: International Security, 15. Jg., Nr. 1 (Sommer), S. 5–56.

Meiers, Franz-Josef (2006): Zu neuen Ufern? Die deutsche Sicherheits- und Verteidigungspolitik in einer Welt des Wandels 1990-2000. Paderborn.

Meyers, Reinhard (1997[3]): Grundbegriffe und theoretische Perspektiven der Internationalen Beziehungen. In: Grundwissen Politik, hrsg. von der Bundeszentrale für politische Bildung, Bonn, S. 313–434.

Mitterand, François (1998): Über Deutschland. Frankfurt/M.

Mols, Manfred (1998): Politikberatung im außenpolitischen Entscheidungsprozeß. In: Wolf-Dieter Eberwein und Karl Kaiser (Hg.): Deutschlands neue Außenpolitik, Bd. 4: Institutionen und Ressourcen. München, S. 253–264.

Müller-Brandeck-Bocquet, Gisela (Hg.) (2002): Europäische Außenpolitik. GASP- und ESVP-Konzeptionen ausgewählter EU-Mitgliedstaaten. Baden-Baden.

Müller-Brandeck-Bocquet, Gisela (2003): Die Europapolitik des vereinten Deutschland. In: Wichard Woyke (Hg.): Neue deutsche Außenpolitik. Eine Einführung. Schwalbach/Taunus, S. 47–73.

Münch, Richard (1998): Globale Dynamik, lokale Lebenswelten. Der schwierige Weg in die Weltgesellschaft. Frankfurt/M.

Muth, Ingrid (2001[2]): Die DDR-Außenpolitik 1949–1972. Inhalte, Strukturen, Mechanismen. Berlin.

Nakath, Detlef (2002): Deutsch-deutsche Grundlagen. Zur Geschichte der politischen und wirtschaftlichen Beziehungen zwischen der DDR und der Bundesrepublik in den Jahren von 1969 bis 1982. Schkeuditz.

Nolte, Ernst (1974): Deutschland und der Kalte Krieg. München.

Paulsen, Thomas (1999): Außenpolitik. In: Werner Weidenfeld und Karl-Rudolf Korte (Hg.): Handbuch zur deutschen Einheit 1949–1989–1999. Bonn, S. 30–43.

Pfeil, Florian (2000): Zivilmacht für die Menschenrechte? Menschenrechte in der deutschen Außenpolitik 1990–1998. Hamburg.

Pfeil, Florian (2003): Bleibt alles anders? Kontinuität und Wandel rot-grüner Menschenrechtspolitik. In: Hanns W. Maull, Sebastian Harnisch und Constantin Grund (Hg.): Deutschland im Abseits? Rot-grüne Außenpolitik 1998–2003. Baden-Baden, S. 177–192.

Piontkowitz, Heribert (1978): Anfänge westdeutscher Außenpolitik 1946–1949. Das Deutsche Büro für Friedensfragen. Stuttgart.

v. Plate, Bernard (1989): Die Außenpolitik und internationale Einordnung der DDR. In: Deutschland-Handbuch. Eine doppelte Bilanz 1949–1989, hg. von Werner Weidenfeld und Hartmut Zimmermann. Bonn, S. 589–604.

Pleuger, Gunther (2003): Die Reform des Sicherheitsrates der Vereinten Nationen. In: Sabine von Schorlemer (Hg.): Praxis-Handbuch UNO. Die Vereinten Nationen im Lichte globaler Herausforderungen. Berlin, S. 683–693.

Pond, Elizabeth (2004): Friendly Fire. The Near-Death of the Transatlantic Alliance. Washington, D. C.

Radde, Jürgen (1976): Die außenpolitische Führungselite der DDR. Veränderungen der sozialen Struktur außenpolitischer Führungsgruppen. Köln.

Regelsberger, Elfriede (2004): Die Gemeinsame Außen- und Sicherheitspolitik der EU (GASP). Konstitutionelle Angebote im Praxistext 1993–2003. München.

Reinhard, Wolfgang (1999): Geschichte der Staatsgewalt. Eine vergleichende Verfassungsgeschichte Europas von den Anfängen bis zur Gegenwart. München.

Reiter, Erich, Reinhardt Rummel und Peter Schmidt (Hg.) (2002): Europas ferne Streitmacht. Chancen und Schwierigkeiten der Europäischen Union beim Aufbau der ESVP. Hamburg.

Rifkin, Jeremy (2004): Der europäische Traum. Die Vision einer leisen Supermacht, Frankfurt/M.

Risse, Thomas (2003): Es gibt keine Alternative! USA und EU müssen ihre Beziehungen neu justieren. In: Internationale Politik. 58. Jg., Nr. 6 (Juni), S. 9–18.

Rittberger, Volker (1993): Nach der Vereinigung – Deutschlands Stellung in der Welt. In: Hans-Hermann Hartwich und Göttrig Wewer (Hg.): Regieren in der Bundesrepublik V: Souveränität, Integration, Interdependenz – Staatliches Handeln in der Außen- und Europapolitik. Opladen, S. 119–143.

Schabert, Tilo (2002): Wie Weltgeschichte gemacht wird. Frankreich und die deutsche Einheit. Stuttgart.

Schöllgen, Gregor (2003): Der Auftritt. Deutschlands Rückkehr auf die Weltbühne. München.

Schreiner, Patrick (2008): Auswärtige Kulturarbeit zwischen Konzeption und Umsetzung. Steuerungsprobleme in einem schwierigen Politikfeld. SWP-Studie S 12/April 2008. Berlin.

Schröder, Gerhard (2003): Für eine kooperative Weltordnung. Interview. In: Internationale Politik, 58. Jg., Nr. 9 (September), S. 13–18.

Schulte, Karl-Sebastian (2000): Auswärtige Kulturpolitik im politischen System der Bundesrepublik Deutschland. Konzeptionsgehalt, Organisationsprinzipien und Strukturneuralgien eines atypischen Politikfeldes am Ende der 13. Legislaturperiode. Berlin.

Schulz, Eberhard und Peter Danylow (1985[2]): Bewegung in der deutschen Frage? Die ausländischen Besorgnisse über die Entwicklung in den beiden deutschen Staaten. Bonn.

Schwarz, Hans-Peter (1975): Das außenpolitische Konzept Konrad Adenauers. In: Klaus Gotto, Hans Maier, Rudolf Morsey und Hans-Peter Schwarz: Konrad Adenauer. Seine Deutschland- und Außenpolitik 1945–1963. München, S. 97–155.

Schwarz, Hans-Peter (1994): Die Zentralmacht Europas. Deutschlands Rückkehr auf die Weltbühne. Berlin.

Schwarz, Hans-Peter (2004): Anmerkungen zu Adenauer. München.

Schwarz, Hans-Peter (2005): Republik ohne Kompaß. Anmerkungen zur deutschen Außenpolitik. Berlin.

Schweigler, Gebhard (1985): Grundlagen der außenpolitischen Orientierung der Bundesrepublik Deutschland. Rahmenbedingungen, Motive, Einstellungen. Baden-Baden.

Sélitrenny, Rita (2005): Die DDR – ein Normensimulationsstaat? In: Deutschland-Archiv, 38. Jg., Nr. 1, S. 113–120.

Siebenmorgen, Peter (1990): Gezeitenwechsel. Aufbruch zur Entspannungspolitik. Bonn.

Siebs, Benno-Eide (1999): Die Außenpolitik der DDR 1976–1989. Strategien und Grenzen. Paderborn.

Speich, Mark, Jan Bittner, Claudia Decker und Ulf Gartzke (2003): Jenseits des Staates? „Außenpolitik" durch Unternehmen und NGOs. Bad Homburg v. d. Höhe.

Spanger, Hans-Joachim und Lothar Brock (1987): Die beiden deutschen Staaten in der Dritten Welt. Die Entwicklungspolitik der DDR – eine Herausforderung für die Bundesrepublik Deutschland? Opladen.

Staack, Michael (2000): Handelsstaat Deutschland. Deutsche Außenpolitik in einem neuen internationalen System. Paderborn.

Stark, Hans (2005): Un siège permanent pour l'Allemagne au Conseil de Sécurité? In: Allemagne d'aujourd'hui, N° 172, avril-juin, S. 5–18.

Steinhoff, Johannes und Reiner Pommerin (1992): Strategiewechsel: Bundesrepublik und Nuklearstrategie in der Ära Adenauer-Kennedy. Baden-Baden.

Steininger, Rolf (1983): Deutsche Geschichte 1945–1961. Darstellung und Dokumentation in zwei Bänden. Frankfurt/M.

Steininger, Rolf (2001): Der Mauerbau. Die Westmächte und Adenauer in der Berlinkrise 1958–1963. München.

Steinkühler, Manfred (2002): Der deutsch-französische Vertrag von 1963. Entstehung, diplomatische Anwendung und politische Bedeutung in den Jahren von 1958 bis 1969. Berlin.

Stent, Angela (2000): Rivalen des Jahrhunderts. Deutschland und Rußland im neuen Europa. München.

Sternberger, Dolf (1980): Staatsfreundschaft (Schriften IV). Frankfurt/M.

Stützle, Walther (1973): Kennedy und Adenauer in der Berlin-Krise 1961–1962. Bonn-Bad Godesberg.

Szabo, Stephen F. (2004): Parting Ways. The Crisis in German-American Relations. Washington. D.C.

Tewes, Henning (2002): Germany, Civilian Power and the New Europe. Enlarging Nato and the European Union. New York.

Thiel, Elke (1998): Die Europäische Union. Von der Integration der Märkte zu gemeinsamen Politiken. Opladen. 5. völlig neu gestaltete Auflage.

Thies, Jochen und Wolfgang Wagner (Hg.) (1990): Das Ende der Teilung. Der Wandel in Deutschland und Osteuropa – In Beiträgen und Dokumenten aus dem Europa-Archiv. Bonn.

Thunert, Martin (2003): Think Tanks in Deutschland – Berater der Politik? In: Aus Politik und Zeitgeschichte, B 51 v. 15.12.2003, S. 30–38.

Veit, Winfried (2006): Zwischen Realpolitik und historischer Verantwortung. Zur Außenpolitik der rot-grünen Koalition in Deutschland. In: Internationale Politik und Gesellschaft. H. 1/2006, S. 46-64.

Wagner, Wolfgang (1964): Einleitung. In: Hans-Adolf-Jacobsen und Otto Stenzl (Hg.): Deutschland und die Welt. Zur Außenpolitik der Bundesrepublik 1949–1963. München, S. 11–15.

Weidenfeld, Werner (1998): Außenpolitik für die deutsche Einheit. Die Entscheidungsjahre 1989/90. Stuttgart.

Weisenfeld, Ernst (1986): Welches Deutschland soll es sein? Frankreich und die deutsche Einheit seit 1945. München.

Weißbuch 2006: Zur Sicherheitspolitik Deutschlands und zur Zukunft der Bundeswehr. Berlin.

Weller, Christoph (2000): Die öffentliche Meinung in der Außenpolitik. Eine konstruktivistische Analyse. Wiesbaden.

Wiegrefe, Klaus (2005): Das Zerwürfnis. Helmut Schmidt, Jimmy Carter und die Krise der deutsch-amerikanischen Beziehungen. Berlin.

Witte, Barthold C. (1998): Von der Freiheit des Geistes. Positionsbestimmungen eines Jahrzehnts. St. Augustin.

Witulski, Alexander (2002): Ist die Europäische Union auf dem Weg zur Verteidigungsunion? Zur Schaffung autonomer europäischer militärischer Handlungsfähigkeit durch die sukzessive Entwicklung einer gemeinsamen Verteidigungspolitik im Rahmen der GASP. Diss. phil. Marburg.

Woyke, Wichard (1998): Europäische Union. Erfolgreiche Krisengemeinschaft. Einführung in Geschichte, Strukturen, Prozesse und Politiken. München.

# Abkürzungsverzeichnis

| | |
|---|---|
| AA | Auswärtiges Amt |
| ANC | African National Congress |
| BMZ | Bundesministerium für wirtschaftliche Zusammenarbeit und Entwicklung |
| BRD | Bundesrepublik Deutschland |
| CDU | Christlich Demokratische Union |
| CRO | Crisis Response Operations |
| CSU | Christlich-Soziale Union |
| DDR | Deutsche Demokratische Republik |
| DGAP | Deutsche Gesellschaft für Auswärtige Politik |
| DGB | Deutscher Gewerkschaftsbund |
| EG | Europäische Gemeinschaft |
| EGKS | Europäische Gemeinschaft für Kohle und Stahl |
| EPZ | Europäische Politische Zusammenarbeit |
| EU | Europäische Union |
| EVG | Europäische Verteidigungsgemeinschaft |
| EWG | Europäische Wirtschaftsgemeinschaft |
| FAZ | Frankfurter Allgemeine Zeitung |
| FDP | Freie Demokratische Partei |
| GASP | Gemeinsame Außen- und Sicherheitspolitik (der EU) |
| HSFK | Hessische Stiftung Friedens- und Konfliktforschung |
| IB | Internationale Beziehungen |
| IFSH | Institut für Friedensforschung und Sicherheitspolitik |
| IISS | International Institute for Strategic Studies |
| IR | International Relations |
| ISAF | International Security Assistance Force (Afghanistan-Schutztruppe) |
| KPD | Kommunistische Partei Deutschlands |
| KSZE | Konferenz über Sicherheit und Zusammenarbeit in Europa |
| LRTNF | Long-Range Theatre Nuclear Forces |
| MBFR | Mutual and Balanced Force Reduction |
| MLF | Multilateral Nuclear Force (Multilaterale Nukleare Streitmacht) |
| NAKR | Nordatlantischer Kooperationsrat |
| NATO | North Atlantic Treaty Organization (Nordatlantikpakt-Organisation) |
| NGO | Non-Governmental Organisation |
| NS | Nationalsozialismus |
| NZZ | Neue Zürcher Zeitung |
| OSZE | Organisation für Sicherheit und Zusammenarbeit in Europa |
| PfP | Partnership for Peace (NATO) |
| P5 | Permanent Five (ständige Sicherheitsratsmitglieder) |
| PLO | Palestine Liberation Organization |
| RGW | Rat für gegenseitige Wirtschaftshilfe |
| SALT 1/2 | Strategic Arms Limitation Talks 1/2 |
| SBZ | Sowjetische Besatzungszone |

| | |
|---|---|
| SED | Sozialistische Einheitspartei Deutschlands |
| SPD | Sozialdemokratische Partei Deutschlands |
| SU | Sowjetunion |
| SWAPO | South West Africa People's Organization |
| UdSSR | Union der Sozialistischen Sowjetrepubliken |
| UN | United Nations |
| UNIFIL | United Nations Interim Force in Lebanon |
| UNO | United Nations Organization (Vereinte Nationen) |
| WEU | Westeuropäische Union |
| ZANU | Zimbabwe African National Union |

# Sachregister

1848  105
1871  37, 73
1918  44, 67
1945  18f., 26, 59ff., 64, 67f., 70, 72, 75, 84, 88, 93f., 97ff., 105, 112f., 116, 131, 136ff., 145, 149, 151, 155ff., 194f., 198, 202, 222, 228f., 251f., 266, 282
1949  24, 59, 66, 74, 78, 84ff., 88f., 92, 95, 97, 99, 135f., 164, 167, 175, 236, 247, 251, 273f.
1989  15, 45, 79, 137, 162, 170, 185–193, 198f., 216, 220, 268
1990  15f., 24, 30, 32, 44, 59, 68, 72, 74, 81, 115, 124, 134, 143, 151ff., 159, 161f.2, 185, 192, 194–205, 208–211, 213–216, 219f., 224, 232, 235f., 251, 265, 268, 271, 275, 279

Abrüstung  176, 182, 191
Abschreckung  117, 119, 137–141, 157, 236f.
Abschreckung, nukleare  138f., 203
Albanien  68
Alleinvertretungsanspruch  65, 127
Allianz  87, 138, 142, 156
Alliierte  24, 61, 76, 83–86, 88, 90f., 93, 100, 155, 266
Alliierte Hohe Kommissare  86, 99
Alliierter Kontrollrat  88, 259
Amsterdam, Vertrag von  258
Amt Blank  95
Anerkennung  26, 77, 105, 124, 127f., 130, 132, 144, 153, 161, 164, 169, 171f., 180f., 217f.
Atomwaffen  145–149
Auschwitz  158f., 268
Außenhandel  46, 50, 88, 115, 169, 171, 174, 242
Außenminister  33f., 36, 45, 87, 91, 97f., 100, 119, 128, 158, 166, 183, 205ff., 213f., 218f., 223ff., 253ff., 258, 273, 281

Auswärtiger Dienst  39, 46f., 95ff., 183, 242, 261ff.
Auswärtiges Amt  17, 21, 38, 46f., 90, 92, 95–98, 146, 162, 191, 197, 205, 207, 241, 243, 249, 253, 261, 266

Berlin  45, 53, 69f., 72, 126, 130, 132, 151–155, 168, 192, 208f., 225, 234, 253ff., 259
Berlin, Blockade  89, 152, 253
Berlin, Mauer  69, 124, 153, 168, 193, 254ff.
Besatzungsmächte  61, 76, 86, 135, 152, 242, 279
Besatzungsstatut  85f., 89f., 99f., 253
Besatzungszone  69, 71, 74, 76f, 89, 91, 136, 253, 259
Binnenmarkt  114, 214, 257
Bipolarität  78, 194
Bizone  89, 91, 253
BMZ  243
Bolschewismus  37, 68, 87
Bonn  72, 89, 95, 119, 131, 151, 163, 181f., 188, 191, 208f., 217f., 253
Bonner Republik  72, 151, 209
BRD  140, 163, 268
Bretton Woods  131
Bulgarien  258, 260
Bundeskanzler  15, 22f., 32, 45, 78, 86, 95, 99, 101, 103, 115, 119f., 147ff., 173, 177, 189ff., 197, 206f., 213f., 223, 227, 242, 247, 251, 253ff., 273, 281, 320
Bundespräsident  72, 198, 254
Bundesrepublik Deutschland  26, 30, 32, 46f., 59, 63f., 66, 83, 89f., 92, 95, 98, 101, 120f., 137, 140, 153f., 163, 171, 187, 196f., 204, 229, 242, 251, 273f., 280ff.
Bundestag  95f., 99, 103, 120ff., 140, 145, 147, 190, 196, 205, 221, 254, 257
Bundeswehr  33, 90f., 117, 135, 140–144, 146, 148, 156f., 239, 250, 260, 267, 284
Bündnis 90/Die Grünen  28, 150, 158, 192

Büro für Friedensfragen, Deutsches
91–95, 266

CDU 22, 31, 77, 82, 91, 95, 126, 129, 143, 166, 189, 214, 224, 253ff.
China 18, 43, 68, 111, 242
China, VR 19, 30, 174, 180
Crisis Response Operations 236
CSU 22, 31, 119, 126, 143, 189, 224

DDR 59, 69f., 72, 76ff., 81, 85, 88, 124, 126f., 132, 135, 141, 144f., 153, 161–183, 186–192, 195f., 246, 254ff., 266, 268, 274f., 280f.
Dekolonialisierung 111, 125, 136
Demokratie 28ff., 37, 45, 63, 68, 73, 90, 96, 102f., 105, 117, 123, 126, 138, 186, 195f., 204, 206, 219, 232, 248
Demokratischer Frieden (Theorem des) 201
Department of Defense 45
Deutsche Einheit 45, 103, 121, 163, 189, 196f., 229, 255, 269
Deutsche Frage 70, 73ff., 77, 103, 118, 181, 188, 197, 265f.
Deutsche Mark 212f.
Deutschland 15, 17, 19–24, 26ff., 30, 32f., 37, 44, 46, 48ff., 52f., 59–64, 68–79, 84ff., 88–95, 99–105, 113f., 116f., 122ff., 126, 129, 131f., 135f., 141, 144, 150–153, 156–159, 162f., 166, 168, 180, 186, 189–192, 194ff., 198, 200, 202–213, 215–222, 224ff., 228–238, 240f., 244ff., 248, 250ff., 257, 264, 266, 269, 271, 275f., 279
DGAP 204, 280
Dienststelle Blank, s. Amt Blank
Dritte Welt 125, 164, 169, 173f., 177
Dritter Weg 77
Drittes Reich 61f., 65, 97f., 105, 157, 170, 250, 265

Einigungsprozess 191f., 195, 209, 213, 218
Elysée-Vertrag 113, 119f., 257
England 84, 100
Entnazifizierung 61, 69, 92
Entspannungspolitik 68, 117, 124, 141, 144, 153, 172, 250, 268
Entwicklungshilfe 173, 175, 243, 270

Entwicklungspolitik 48, 243f.
Entwicklungszusammenarbeit, s. Entwicklungspolitik
Erster Weltkrieg 51, 73, 93, 111, 193, 195
Estland 219, 258, 260
EU-Binnenmarkt, s. Binnenmarkt
EU-Osterweiterung 220, 258, 269
EU-Verfassung(sentwurf) 258
Euro 212, 258, 269
Europa 42, 46ff., 56, 64ff., 69f., 75, 79, 87, 89, 104, 107f., 111ff., 116–123, 132, 136, 139, 148f., 155, 162f., 167, 169, 172f., 176f., 186, 188f., 191, 193f., 196ff., 200ff., 205, 208f., 211, 215, 219, 221–225, 229, 231–234, 237, 259, 267, 269
Europäische Außenpolitik 36, 46, 135, 216, 248
Europäische Gemeinschaft (bis 1993) 64, 115, 121, 134, 191, 197, 214, 218f., 257
Europäische Sicherheitsstrategie (ESS) 240
Europäische Union (EU) 21, 28f., 36, 40, 45, 48, 108, 112, 115, 134, 137, 156, 207, 211–214, 216, 218f., 225f., 231f., 235, 238f., 257
Europäische Währungseinheit (ECU) 212
Europäische Zentralbank (EZB) 212f.
Europäischer Außenminister 36
Europäischer Konvent 36
Europäischer Rat 225f., 238f., 258
Europäisches Währungssystem (EWE) 210
europäisiertes Deutschland 195ff.
Europapolitik 16, 208, 227, 267

Fall der Mauer 69, 189, 191, 193, 255f.
FDP 95, 130, 214, 254f.
Finalität 224f.
Fischer-Rede 225
Force de frappe 139
Frankreich 18f., 21, 64, 73f., 78f., 84, 88, 100, 113f., 116, 118f., 123, 131, 136f., 139, 148, 180, 186, 204, 210, 215, 221, 223, 225, 257f.
Freihandel 219, 232
Frieden 57, 74, 94, 104, 140f., 146, 191, 194, 203, 205, 207
Friedensbewegung 94, 149, 187
Friedensdividende 195, 201

300

Führungsmacht 211

Gemeinsame Außen- und Sicherheits-
politik (GASP) 19, 43, 132, 236, 267
Generalversammlung, s.
UN-Generalversammlung
Gestaltungsmacht 16, 19, 109, 228, 247f.
Glasnost 177
Gleichgewicht des Schreckens 173
Gleichgewicht, nukleares 128, 138, 141,
173
Globalisierung 42, 44, 48, 110f., 198ff.,
208, 230, 232, 242
Globalismus 57
Goethe-Institut 245f.
Golfkrieg, erster 144, 259, 268
Golfkrieg, zweiter 150, 202, 211
Göttinger Achtzehn 147
Großbritannien 18f., 21, 46, 102, 119, 121,
123, 136, 186, 204, 225, 234, 253, 259
Grundgesetz 45, 65f., 78, 117, 124, 156f.,
205, 229, 253
Grundlagenvertrag 161, 163, 169, 171, 188,
254, 256
Grundrechtscharta (EU) 198, 226, 258

Hallstein-Doktrin 132, 171, 242, 254
Harmel-Bericht 142f., 254
Hegemonie 33, 64, 113f., 186, 211
Heimatvertriebene 72, 104
Hindukusch 249
HSFK 52, 284
Human Security Network 249
Humboldt-Rede 224f.

Idealismus 55, 57
Ideologie 68, 93, 164–167, 173
Innere Führung 27, 105, 156
Institutionalismus 57
Interesse, nationales; s. Nationales
Interesse
Intergouvernemental 222–226
Internationale Beziehungen, Theorien der
40, 54, 56, 271
Internationale Politik 19ff., 23, 30f., 41f.,
53, 56f., 83ff., 87, 109, 131, 135, 157, 161,
166, 171, 204, 209, 231, 265, 276f.
Interoperabilität 234
Irak-Krieg, erster (1990) 150, 203

Irak-Krieg, zweiter (2003) 16, 20, 25, 111,
123, 230f., 237, 260
ISAF 237
Israel 64, 150, 158, 180, 203, 250
Italien 21, 78, 100, 186, 257

Japan 19, 111, 147
Jugoslawien 202, 216f., 219, 236f.

Kalter Krieg 64, 67–70, 74ff., 78, 89, 92,
94, 117, 122, 125, 128, 136f., 142, 151,
155, 164, 166f., 194, 202, 230, 237
Kanada 28, 46, 132, 236, 249
Kerneuropa 224
Kommunismus 76, 87, 101, 166, 229
Konstruktivismus 57f.
Kontinuität 16, 22, 32, 60, 81, 90, 92, 96f.,
161, 170, 199, 209ff., 228, 247, 250f., 264,
266, 269, 275
Korea-Krieg 117
Kosovo 150, 158, 216, 237f., 260
KPD 104
Kriegsende 64, 104, 228
Kroatien, Anerkennung 211, 217
KSZE 132, 141, 172f., 177, 181, 198, 216,
235f., 270
KSZE-Prozess 130, 177, 182, 191
Kuba-Krise 118, 128, 173, 259
Kulturpolitik 245f., 270

Leninismus 165f.
Lettland 219, 258, 260
Liberalismus 57
Lissabon, Vertrag von 36, 227, 258
Litauen 70, 219, 258, 260
Luftbrücke 253

M.A.D., s. Zweitschlagskapazität
Maastricht, Vertrag von 45, 134, 213ff.,
238, 257
Malta 219, 258
Mark, s. Deutsche Mark
Marktwirtschaft 27, 215, 219, 232
Marshall-Plan 89, 100, 123, 228, 253, 259
Marxismus 165f.
Mehrebenensystem 215, 223
Menschenrechte 26, 28–32, 46, 48, 50, 102,
117, 122, 160, 176, 196, 204ff., 230, 248
Militärpolitik 36, 123, 155, 211, 283f.

301

Mittelmacht 59, 147, 180f., 242
Mittel-Ost-Europa 28, 218, 220f.
Moskau 68, 94, 104, 149, 152, 167f., 178, 180, 189, 255
Multilateralismus 20, 23, 28, 32, 64, 66, 159, 206f., 235, 251, 265
Münster, Frieden von (1648) 43, 110

Nachrüstung 144, 149, 268
Nationales Interesse 22, 24–28, 32, 64, 141, 159, 204, 264
Nationalsozialismus 27, 60–63, 67, 81, 87, 93, 96f., 101, 159, 170, 192
NATO 24, 48, 119, 135–138, 141f., 146, 148, 150, 156, 158, 198, 207, 219ff., 229, 232ff., 236ff., 254f., 259f., 267, 270
NATO-Doppelbeschluss 144, 148f., 177, 259, 268
NATO-Osterweiterung 220f., 237
Neoidealismus 185
Neorealismus 54, 56, 185, 193, 231
NGOs 40f., 244, 278
Nichtanerkennungspolitik 171f., 268
Nichtregierungs-Organisation, s. NGOs
Nicht-staatliche Akteure 29, 41f., 44, 49, 108f., 199, 244
Nizza, Vertrag von 258
Nordatlantischer Kooperationsrat (NAKR) 237
Nordkorea 68
Normalität 15f., 62, 81, 93, 105, 228, 247, 252, 264, 266
Nuklearstrategie 67, 146, 148f.
Nuklearwaffen 19, 32, 138f., 146–149, 156, 159

Oder-Neiße-Linie, -Grenze 71, 136
Osnabrück, Frieden von (1648) 43, 110
Ostberlin 152, 153, 163, 168, 175, 188, 256
Ostblock 130, 168, 266
Osterweiterung, s. NATO-, bzw. EU-Ostpolitik 64, 124, 128
Ostpolitik, Neue 64, 79, 124, 128, 132, 216
Ost-West-Konflikt 15, 17, 19, 52, 59, 64, 67–70, 75, 77f., 81, 98, 112, 122, 125f., 129, 131, 135f., 138, 140, 150, 152, 157, 162–165, 167, 173, 176, 180, 182, 185–188, 193ff., 198f., 201–204, 214, 216, 222, 232f., 237, 271, 275, 277, 279, 283

OSZE 24, 28, 48, 219f., 235f., 270

Partnership for Peace (PfP) 237
Paulskirchen-Bewegung 105, 145f.
Perestroika 177, 180
Pershing II 149, 177, 254
Petersberg-Aufgaben (1992) 235
Polen 71, 72, 84, 136, 169, 219, 221, 258, 260
Politikberatung 51–55
Politische Kultur 60, 64, 70, 95, 156, 159, 183, 196, 203, 230

Rat für Gegenseitige Wirtschaftshilfe 169, 256
Realismus 54ff., 218
Rumänien 258, 260
Russische Revolution 67, 198
Russland 18f., 30, 84, 87, 136, 220f., 248
Rüstungskontrolle 118, 141, 148f., 182, 191
Rüstungswettlauf 186

Scheckbuch-Diplomatie 226
Schutzwall, imperialistischer 168
SED 166, 167, 168, 172, 174, 176, 177, 178, 179, 180, 182, 186, 188, 190, 196, 255, 256
Sicherheit, -menschliche, -ökologische 244
Sicherheitspolitik 19, 21, 32f., 36, 42, 45, 53, 94, 117, 119, 134–141, 143ff., 149ff., 155, 159, 169, 179, 183, 200, 211, 218, 220f., 231, 233ff., 238f., 243, 248, 251, 267, 270
Sicherheitsrat, s. UN-Sicherheitsrat
Sicherheitsratsmitglieder, ständige 17ff., 21f., 32f., 247
Slowakei 219, 258, 260
Slowenien, Anerkennung 211, 217, 219, 258, 260
soft power 116, 226, 245
Souveränität 15, 42, 64f., 87, 107–110, 114, 167, 172, 196, 226, 250, 255, 267
Sowjetunion 43f., 67f., 70f., 75–78, 89, 101, 116, 118, 124f., 128, 130, 136, 138, 143, 147, 149, 152f., 161f., 166–170, 172–182, 186, 189, 198, 229, 236, 259
Sozialismus 68, 77, 87, 122, 125, 166, 172ff., 177f., 182f., 187, 188, 216
SPD 28, 31, 82, 91, 95f., 101, 119, 130, 143, 145, 190, 254f.

Special relationship 102, 233
SS-20 176
Staatsbürger in Uniform 156
Staatsräson 27
Stalin-Note 76, 103, 167, 253, 256, 259
State Department 45f.

Terrorismus 24, 48, 126, 195, 238
Three essentials 153
Transnationale Politik 41, 265
Truman-Doktrin 89
Tschechien 219, 221
Tschechische Republik 258
Tschechoslowakei 72, 169
Türkei 226, 269

UdSSR 19, 128, 138, 148, 153, 253f., 256, 259
Ukraine 226
UN-Charta 29
Ungarn 84, 219, 221, 256, 258, 260
UN-Generalversammlung 205f.
Unilateralismus 32, 233
UNO, Aufnahme in die 17–20, 22, 32, 158, 175f., 203, 205, 235f., 254, 256
UN-Sicherheitsrat, Sitz im 264
USA, s. Vereinigte Staaten

Verantwortung, Politik der 205
Vereinigte Staaten 18ff., 22, 25, 32, 45f., 67, 71, 73, 100ff., 111f., 115–119, 121, 123ff., 128f., 131f., 135–140, 144, 146–149, 153f., 170, 180, 186, 201, 217, 220f., 228–234, 237f., 253, 259, 267, 270, 276
Vereinigung 15f., 24, 64, 74–79, 114f., 124, 137, 148, 150, 152, 157, 159, 161, 186f., 189–193, 197, 208, 210, 213, 217, 255, 257, 271, 275, 279f.
Vereinte Nationen 17–21, 48, 149, 152, 158, 175, 205ff., 247, 270
Vergangenheitsbewältigung 60f.
Verteidigung 95, 121, 137–142, 146f., 155, 157, 223, 248

Verteidigungsministerium 45, 162, 239, 249
Vertiefung 28, 76, 115, 214ff., 220, 224, 226
Vertragsgemeinschaft 190f.
Viermächte-Abkommen 69, 155
Vietnam 131, 259
Völkerbund 18, 52
Völkermord 158
Völkerrecht 28, 34, 47f., 66, 71, 77, 109, 124, 169, 175, 204, 263

Währungsunion 114, 211–214
Wandel durch Annäherung 129f.
Wehrmacht 62, 88, 253, 259
Weimarer Republik 61, 65, 81, 105, 156, 250
Weltordnung 16, 26, 28, 199, 204, 232, 236
Werte 16, 26, 39, 63, 116f., 122f., 137, 161, 203, 229ff., 241, 245, 248
Wertegemeinschaft 27
Westberlin 130, 150, 152f., 253–256
Westdeutschland 127, 131, 163, 169
Westfälisches System 43, 49, 56, 110, 199
Westintegration 101f., 115, 118, 120, 137, 167, 209, 216, 228, 242, 251
WEU 48, 137, 235
Wiederbewaffnung 82, 87, 137, 144f., 155, 159, 267
Wiedervereinigung 59, 72, 77f., 89, 103f., 126f., 129, 146, 167, 192, 197, 206, 217, 250, 253, 256, 259, 268f.
Wilhelminismus 61
Wirtschaftswunder 90, 147

Zehn-Punkte-Programm 190, 255, 269
Zentralmacht 114, 208, 226
Zivilmacht 30f., 151
Zivil-militärische Zusammenarbeit 249
Zweiter Weltkrieg 18f., 21, 62, 67ff., 74, 78, 81f., 104, 111, 116, 135, 155f., 164, 202, 250, 260, 265f., 282
Zweitschlagskapazität 138, 200
Zypern 219, 258

# Personenregister

Achmedineschad, Mahmud  260
Adenauer, Konrad  45, 63, 65, 74, 78f.,
  82ff., 86f., 98f., 101–104, 106f., 112, 117,
  119f., 126, 128, 137, 147, 167, 179, 187,
  222f., 250, 253, 257, 265f., 280f.
Adorno, Theodor W.  61
Albertz, Heinrich  153
Aron, Raymond  43

Bahr, Egon  15f., 24, 26, 129f., 153, 252,
  254, 256ff., 281
Baring, Arnulf  82f., 98, 210
Baudissin, Wolf Heinrich Graf von  105
Bender, Peter  130, 162f., 268
Berger, Peter L.  58
Bernard-Meunier, Marie  13
Besson, Waldemar  86, 119, 135, 279f.
Bierling, Stephan  49, 131, 274
Bismarck, Otto  55, 105
Boutros-Ghali, Boutros  32
Bracher, Karl-Dietrich  37
Brandt, Willy  45, 79, 107, 130ff., 153, 191,
  254, 256, 280f.
Breitbach, Joseph  35
Bush, George sen.  16, 45, 123, 260
Bush, George W.  73, 270

Campe, Carl von  95
Carter, Jimmy  229
Chruschtschow, Nikita  168, 254
Craig, Gordon A.  82, 273
Czempiel, Ernst-Otto  39f., 236

d'Annunzio, Gabriele  110
Dalai Lama  264
de Gasperi, Alcide  112
De Gaulle, Charles  118ff., 257
Delors, Jacques  212
Dertinger, Georg  166

Eberhard, Fritz  92
Eisenhower, Dwight D.  118

End, Heinrich  127
Engels, Friedrich  56
Erhard, Ludwig  119, 254

Fischer, Joschka (Joseph)  45, 97f., 158,
  206, 224f., 247, 255, 281
Freitag, Walter  145

Gallus, Alexander  77
Ganz, Bruno  60
Gareis, Sven Bernhard  274
Garton Ash, Timothy  209f.
Genscher, Hans-Dietrich  17, 45, 183, 205,
  213f., 218f., 254f., 281
Gentz, Friedrich  94
Gerstenmaier, Eugen  119
Gießmann, Hans J.  16, 252
Gneisenau, August Graf Neidhardt von
  105
Goldhagen, Daniel Jonah  62
Gollwitzer, Helmut  145
Gonzáles, Felipe  213
Gorbatschow, Michail  149, 173, 177ff.,
  182, 185, 254, 256, 259
Görtemaker, Manfred  83
Grass, Günter  192
Gujer, Eric  249

Haas, Wilhelm  95
Hacke, Christian  26f., 218, 233, 273f.
Haftendorn, Helga  39, 65, 83, 102f., 107,
  143, 148, 189, 217, 238, 273
Hager, Kurt  178f.
Hahn, Otto  147
Hanrieder, Wolfram  85
Heeren, A.H.L.  208
Heinemann, Gustav  77
Heinrich, Arthur  211
Heisenberg, Werner  147
Hellmann, Gunther  22
Hesse, Hermann  15
Hill, Christopher  39f.

304

Hitler, Adolf 60, 62, 64, 116
Hoffmann, Stanley 195
Hondrich, Karl Otto 202f.
Honecker, Erich 141, 163, 172, 174, 179–182, 256
Huntington, Samuel P. 122, 229
Hussein, Saddam 150

Ismay, Hastings Lionel (Lord) 237

Jacobsen, Hans-Adolf 128f.
Jäger, Thomas 13, 234, 276
Junker, Detlef 116f., 267

Kaiser, Jakob (CDU) 77
Kaiser, Karl 20, 204
Kant, Immanuel 57, 94
Kennedy, John F. 153, 179, 254
Kennedy, Paul F. 111f.
Kerry, John F. 231
Kinkel, Klaus 17, 205f., 255
Kissinger, Henry 231
Kohl, Helmut 30, 45, 74, 79, 107, 115, 179, 189ff., 197, 213f., 223, 254f., 269, 281
Krell, Gert 56f.
Krippendorf, Ekkehart 204, 278

Lamers, Karl 224
Lauth, Hans-Joachim 39
Lenin, Wladimir I. 43, 55, 172, 178, 185
Lerch, Marika 29
Link, Werner 83
Littell, Jonathan 62
Luckmann, Thomas 58
Luhmann, Niklas 164
Lütkens, Gerhard 95

Machiavelli, Niccolò 55
Marx, Karl 43, 56
Maull, Hanns W. 30f.
Mearsheimer, John J. 193–196, 251
Mengistu, Haile Mariam 175
Merkel, Angela 23, 31, 45, 115, 207, 227, 247, 251, 255, 264
Meyers, Reinhard 39, 55ff.
Modrow, Hans 189f.
Monnet, Jean 112
Morgenthau, Hans J. 56, 218
Musil, Robert 35

Nitze, Paul H. 116
Nolte, Ernst 60

Ollenhauer, Erich 145

Pfeiffer, Peter 92
Pfleiderer, K. G. 95, 281
Piontkowitz, Heribert 91f.
Plate, Bernard von 166, 168
Pleuger, Gunter 21
Popper, Karl Sir 58

Reinhard, Wolfgang 108
Rifkin, Jeremy 112
Risse-Kappen, Thomas 195
Rühe, Volker 221
Rumsfeld, Donald 111, 267

Scharnhorst, Gerhard Johann von 105
Schäuble, Wolfgang 22, 224
Scheel, Walter 131, 254, 281
Schirrmacher, Frank 60
Schmidt, Helmut 79, 131, 147ff., 173, 214, 254, 256, 281
Schöllgen, Gregor 15f., 24, 136, 252, 273f.
Schollwer, Wolfgang 130
Schröder, Gerhard (Außenminister) 119, 129, 254, 281; (Bundeskanzler) 15, 23f., 45, 115, 123, 206, 247, 251, 255, 264, 270, 278
Schumacher, Kurt 82, 86f., 101, 103f., 153, 265
Schuman, Robert 112, 225
Schütz, Klaus 153
Schütz, Wilhelm Wolfgang 130
Schwarz, Hans-Peter 78, 83f., 200, 208, 223, 277, 279
Seelos, Gebhard 95
Seidelmann, Reimund 39
Senghaas, Dieter 30
Solana, Javier 231, 239
Sommer, Theo 181
Spaak, Henri 112
Spielberg, Steven 62
Steininger, Rolf 89, 168
Steinmeier, Frank-Walter 247, 255
Sternberger, Dolf 65, 94
Strauß, Franz Josef 119
Stresemann, Gustav 105

Struck, Peter   249
Süßmuth, Rita   196f.

**T**hukydides   55
Thunert, Martin   52f.
Truman, Harry S.   89, 116

**U**lbricht, Walter   163, 167, 256

**W**alser, Martin   192
Waltz, Kenneth N.   56

Weber, Alfred   145
Weber, Max   25
Weidenfeld, Werner   189, 213
Weizsäcker, Richard von   198
Weller, Christoph   54
Wolf, Reinhard   22
Woyke, Wichard   13, 39, 212, 223f.

**Z**immerling, Ruth   39
Zürn, Michael   251

# Neu im Programm Politikwissenschaft

Wilfried von Bredow
**Militär und Demokratie in Deutschland**
Eine Einführung
2007. 310 S. (Studienbücher Außenpolitik und Internationale Beziehungen)
Br. EUR 19,90
ISBN 978-3-531-15712-2

Dieses Studienbuch führt umfassen und systematisch in das Thema Militär und Demokratie in Deutschland ein. Es erzählt die Geschichte des Neuaufbaus der Bundeswehr nach 1945 und ihrer Integration in die bundesdeutsche Demokratie und analysiert die Rolle der deutschen Verteidigungspolitik in den vertraglichen Bündnisstrukturen. Vor allem aber bietet es ein umfassendes Bild vom Wandel der Bundeswehr und der Verteidigungs- und Sicherheitspolitik nach dem Epochenwechsel von 1989.

Thomas Jäger / Alexander Höse / Kai Oppermann (Hrsg.)
**Deutsche Außenpolitik**
2007. 638 S. Br. EUR 34,90
ISBN 978-3-531-14982-0

Dieser als Textbook konzipierte Band bietet eine umfassende Bestandsaufnahme der wichtigsten Handlungsfelder der deutschen Außenpolitik. Die Systematik folgt der in der Politikwissenschaft etablierten Dreiteilung der Politik in die Sachbereiche Sicherheit, Wohlfahrt und Herrschaft (hier konzipiert als Legitimation und Normen) und erlaubt dadurch einen methodisch klaren und didaktisch aufbereiteten Zugang zum Thema. Der Band eignet sich als alleinige Textgrundlage für Kurse und Seminare, in denen jeweils zwei Texte à 15 Seiten pro wöchentlicher Lehreinheit behandelt werden. Somit unterscheidet er sich von anderen Büchern zur deutschen Außenpolitik, die entweder rein historisch oder institutionenkundlich orientiert sind oder als Nachschlagewerke dienen.

Siegmar Schmidt / Gunther Hellmann / Reinhard Wolf (Hrsg.)
**Handbuch zur deutschen Außenpolitik**
2007. 970 S. Geb. EUR 59,90
ISBN 978-3-531-13652-3

Mit dem Zusammenbruch des Kommunismus hat sich die weltpolitische Lage grundlegend verändert und ist auch für die Außenpolitik der Bundesrepublik Deutschland eine vollkommen veränderte Situation entstanden. In diesem Handbuch wird erstmals wieder eine Gesamtschau der deutschen Außenpolitik vorgelegt. Dabei werden die Kontinuitäten und Brüche seit 1989 sowohl für den Wissenschaftler als auch den politisch interessierten Leser umfassend dargestellt.

Erhältlich im Buchhandel oder beim Verlag.
Änderungen vorbehalten. Stand: Januar 2008.

www.vs-verlag.de

**VS VERLAG** FÜR SOZIALWISSENSCHAFTEN

Abraham-Lincoln-Straße 46
65189 Wiesbaden
Tel. 0611.7878-722
Fax 0611.7878-400

# Neu im Programm Politikwissenschaft

Gerhard Bäcker / Gerhard Naegele / Reinhard Bispinck / Klaus Hofemann / Jennifer Neubauer
**Sozialpolitik und soziale Lage in Deutschland**
Band 1: Grundlagen, Arbeit, Einkommen und Finanzierung
4., grundlegend überarb. u. erw. Aufl.
2008. 622 S. Geb. EUR 34,90
ISBN 978-3-531-33333-5
Band 2: Gesundheit, Familie, Alter und Soziale Dienste
4., grundlegend überarb. u. erw. Aufl.
2008. 616 S. Geb. EUR 34,90
ISBN 978-3-531-33334-2

Das völlig überarbeitete und erweiterte Hand- und Lehrbuch bietet in zwei Bänden einen breiten empirischen Überblick über die Arbeits- und Lebensverhältnisse in Deutschland und die zentralen sozialen Problemlagen. Im Mittelpunkt der Darstellung stehen Arbeitsmarkt, Arbeitslosigkeit und Arbeitsbedingungen, Einkommensverteilung und Armut, Krankheit und Pflegebedürftigkeit sowie die Lebenslagen von Familien und von älteren Menschen. Das Buch gibt nicht nur den aktuellen Stand der Gesetzeslage wieder, sondern greift auch in die gegenwärtige theoretische und politische Diskussion um die Zukunft des Sozialstaates in Deutschland ein.

Manfred G. Schmidt / Tobias Ostheim / Nico A. Siegel / Reimut Zohlnhöfer (Hrsg.)
**Der Wohlfahrtsstaat**
Eine Einführung in den historischen und internationalen Vergleich
2007. 430 S. Br. EUR 24,90
ISBN 978-3-531-15198-4

Dieses Studienbuch führt umfassend in die Sozialpolitik ein. Neben einem grundlegenden Kapitel zu den Theorien und Methoden der Sozialpolitikforschung enthält es Teile zur Geschichte der Sozialpolitik in Deutschland, zur vergleichenden Perspektive auf andere Länder, zu verwandten Politikfeldern wie Wirtschafts-, Steuer-, Arbeitsmarkt-, Beschäftigungs- und Bildungspolitik. Der Band schließt mit einer Bewertung der positiven und negativen Wirkungen von Sozialpolitik.

Klaus Schubert / Simon Hegelich / Ursula Bazant (Hrsg.)
**Europäische Wohlfahrtssysteme**
Ein Handbuch
2008. 704 S. Br. EUR 49,90
ISBN 978-3-531-15784-9

In diesem Handbuch wird die Sozial- und Wohlfahrtspolitik der EU-25-Staaten und die wohlfahrtspolitische Entwicklung der EU dargestellt und analysiert. Weiterhin wird die sozial- und politikwissenschaftliche Debatte über die Entwicklung der Wohlfahrtssysteme in Europa rekapituliert und fortgesetzt.

Erhältlich im Buchhandel oder beim Verlag.
Änderungen vorbehalten. Stand: Januar 2008.

**www.vs-verlag.de**

**VS VERLAG** FÜR SOZIALWISSENSCHAFTEN

Abraham-Lincoln-Straße 46
65189 Wiesbaden
Tel. 0611.7878-722
Fax 0611.7878-400